DAS SYSTEM STARTUP

Start Up | Visualisierung | Führungskraft | Projektmanagement
Das ultimative 4 in 1 Buch zur Existenzgründung + Schritt für Schritt selbstständig machen und Unternehmer werden

CHERRY Finance

Bibliografische Information der Deutschen Nationalbibliothek
Die Deutsche Nationalbibliothek verzeichnet diese Publikation in der Deutschen Nationalbibliografie; detaillierte bibliografische Daten sind im Internet über http://d-nb.de abrufbar.

Wir sind ein relativ junger Verlag und sehr dankbar für jede Art von Feedback. Sollten Sie daher **Anregungen oder Fragen** haben, würden wir uns sehr freuen, von Ihnen zu lesen.
info@cherrymedia.de

Originale Erstauflage

978-3-96583-335-7 KDP TB
978-3-96583-336-4 Hardcover
978-3-96583-337-1 CD
978-3-96583-338-8 eBook

Redaktion: Ing. Matthias Pajek
Korrekturat: Matthias Kramer
Druck/Auslieferung: Amazon Inc. oder eine Tochtergesellschaft

Impressum:
Cherry Media GmbH
Bräugasse 9
94469 Deggendorf
Deutschland

Weitere Informationen zum Verlag finden Sie unter:
www.cherrymedia.de
Wir wünschen viel Vergnügen beim Lesen!

INHALTSVERZEICHNIS

DIE STARTUP BIBEL

Der praxisnahe Ratgeber für eine schnelle, sichere und erfolgreiche Existenzgründung!
Auch optimal neben dem Beruf geeignet!

CHERRY Finance

Ein Buch von: **Reinhard Thieler-Unge**

INHALTSVERZEICHNIS

Kostenfreies e-Book & Hörbuch inklusive

Beim Kauf jedes Taschenbuches von Cherry Media ist das **e-Book, spannende Bonusinhalte** sowie das **Hörbuch kostenfrei** für Sie **inkludiert**. Gehen Sie dazu einfach auf

https://link.cherrymedia.de/EPUB

oder scannen Sie den abgebildeten QR Code. Auf der Website können Sie dann Ihren einmalig gültigen Zugangscode eingeben.

Den **Zugangscode** zu Ihrem kostenfreie eBook, Hörbuch und zu den Bonusinhalten finden Sie auf der Seite: **140.**

Wir wünschen **viel Freude** mit Ihren **kostenfreien** Inhalten!

Haben Sie Fragen zu Ihrem e-Book? Wir sind gerne für Sie da!

Sie erreichen Sie uns unter info@cherrymedia.de

Anleitung QR Code

Kann mein Handy oder Tablet QR Codes scannen?

Um herauszufinden, ob Ihr Gerät QR Codes lesen kann, öffnen Sie die Kamerafunktion und halten Sie sie ein paar Sekunden in Richtung des zu scannenden Codes. Wenn das funktioniert hat, dann erhalten Sie eine Benachrichtigung. Falls nicht, müssen Sie in „Einstellungen" das Scannen von QR Codes erlauben. Wenn Sie hier nichts auswählen können, dann kann Ihr Handy oder Tablet nicht standardmäßig QR Codes scannen. Das bedeutet, dass Sie eine Applikation (App) herunterladen müssen, welche QR Codes lesen kann.

Gehen Sie dazu einfach in Ihren AppStore und suchen Sie nach "QR Code Scanner". Jeder QR Code Scanner, den Sie dort finden, ist geeignet um unsere Codes zu scannen.

Installieren Sie einen QR Code Scanner nach Wunsch, öffnen Sie die App und scannen Sie den im Buch abgebildeten Code um zur Website zu gelangen.

EINLEITUNG

DER VON VIELEN ARBEITNEHMERN nicht gerade als Erfüllung angesehen. Wie Umfragen und Studien zeigen, ist der Job für die meisten Personen nur **Mittel zum Zweck**, um ein geregeltes Einkommen zu erzielen und den Lebensunterhalt zu finanzieren. Da die Arbeit allerdings mindestens 40 Stunden in der Woche und somit etwa ein Drittel des Tages unter der Woche einnimmt, ist diese Einstellung selten mit einem zufriedenen Leben verbunden. Schließlich wird ein großer Teil der Lebenszeit mit einer Tätigkeit verbracht, die keinerlei Erfüllung bringt und rein zur Erzielung des Lebensunterhaltes bestritten wird.

Ein Job-Wechsel könnte daher eine große Versuchung darstellen, um **die eigene Situation zu verändern**. Dabei besteht allerdings weiterhin die Einschränkung, dass die eigene Arbeitskraft nicht für sich selber genutzt, sondern dem fremden Unternehmen zur Verfügung gestellt wird. Natürlich wird diese Arbeitskraft vergütet, doch oftmals entspricht das Gehalt nicht gerade den eigenen Vorstellungen davon, wie viel man eigentlich Wert sei. Anstatt die eigenen Fähigkeiten jemand Fremdes zu überlassen, sodass dieser davon profitieren kann, ist es sicherlich verlockender, wenn die Arbeitskraft für sich selber genutzt wird.

Naheliegend ist daher der Weg in die Selbstständigkeit. Allerdings bedeutet die Selbstständigkeit auch immer ein gewisses Risiko. Es ist nicht immer gesichert, dass die Idee auch wirklich auf dem Markt erfolgreich sein wird und selbst wenn diese sich als erfolgreich erweist, müssen dennoch weiterhin Rechnungen beglichen werden. Ein Weg in die Selbstständigkeit besteht daher, indem der Hauptberuf weitergeführt und nebenbei das eigene Gewerbe aufgebaut wird. Dies ist eine sehr gute Möglichkeit, um das Risiko zu minimieren. Gerade wenn Familie vorhanden ist und weitere Verpflichtungen dazu führen, dass jeden Monat ein festes Einkommen notwendig ist, sollte der Hauptberuf nicht gleich aufgegeben werden. Dies könnte finanziell den Ruin bedeuten und oftmals führt dies zu Spannungen innerhalb der Familie. Sicherer ist es, das Gewerbe neben dem Beruf aufzubauen.

Auf den ersten Blick klingt dies wie eine MammutAufgabe. Schließlich nimmt der Hauptberuf bereits einen Großteil der Zeit ein. Allerdings ist die Gründung auch mit etwas weniger zur Verfügung stehenden Zeit möglich. Es geht eher darum, diese so effizient wie möglich zu nutzen. In den folgenden Kapiteln werden die Grundlagen gelegt, damit die Selbstständigkeit zum Erfolg führt. Durch das Lesen dieses Buches können einige Fehler vermieden werden. Die Zeit wird effizienter genutzt und die Verwirklichung des eigenen Traumes rückt näher. Allerdings wird an dieser Stelle bereits darauf hingewiesen, dass die Selbstständigkeit im Nebenberuf mit einigen Herausforderungen verbunden sein wird. Es sind Kenntnisse auf Gebieten erforderlich, die vielleicht gar nicht zu den eigenen Fachgebieten gehören. Dazu gehört das Steuerrecht und welche Unternehmensform gewählt wird. Um diese Ungewissheit zu verringern und die Angst vor der Gründung zu nehmen, werden diese Themen im vierten und fünften Kapitel angesprochen. Zuvor werden jedoch verschiedene Geschäftsmodelle vorgestellt. Denn die Idee ist zwar ein guter Grundstein, um das Unternehmen zu gründen, es muss jedoch erörtert werden, wie die Idee am profitabelsten vermarktet werden kann. Dazu werden verschiedene Geschäftsmodelle vorgestellt. Nachdem das Geschäftsmodell ausgearbeitet wurde und bereits verständlicher wird, wie eigentlich der Umsatz erwirtschaftet werden soll, folgen die eigentlichen Schritte für die Gründung des Gewerbes. Welches ist die beste Rechtsform und worauf muss bei der Zahlung der Steuern geachtet werden?

Diese Themen werden vorgestellt, allerdings sollte klar sein, dass bei komplexen Sacherhalten nur der Steuerberater oder ein anderer Experte einen sicheren Rat geben kann. Hier werden zwar die meisten allgemeinen Fälle erörtert, die Realität sieht allerdings einige komplexe Konstruktionen vor, die nur von Experten betrachtet werden können.

Mit einem Rechtsthema geht es auch im sechsten Kapitel weiter. Wenn nämlich das Geschäftsmodell auf einer eigenen Erfindung beruht, sollte genau ergründet werden, wie diese Idee vor der Konkurrenz geschützt wird. Möglichkeiten gibt es hier, indem ein Patent angemeldet wird. Das Patent muss nicht immer mit hohen Kosten und einem großen Zeitaufwand verbunden sein. Mittlerweile gibt es auch Alternativen, die gerade für Gründer einen guten Schutz gewährleisten.

Neben dieser Übersicht über rechtliche Themengebiete, sollen auch eher praxisnahe Fragestellungen erörtert werden. Hierbei geht es vor allem darum, ob die Gründung als Team oder alleine besser geeignet ist. Diese Frage wird ausführlich im siebten Kapitel beantwortet. Ebenfalls wichtig für den Erfolg der Selbstständigkeit ist auch der Arbeitsplatz. Zu Hause zu Arbeiten mag zwar einen hohen Komfort bieten, allerdings könnte darunter die Arbeitsleistung leiden. Daher werden geeignete Alternativen aufgezeigt, welche Orte als Arbeitsplatz dienen können.

Eine gute Idee oder ein herausragendes Produkt reicht heutzutage nicht mehr, um auf dem Markt zu bestehen. Die Konkurrenz und die Angebote sind riesig. Es gibt fast zu jedem Problem schon die passende Lösung. Um dennoch aus der Masse herauszustechen, können die Marketingstrategien aus dem achten Kapitel genutzt werden. Diese beziehen sich vor allem auf moderne Strategien, welche mit dem Internet zusammenhängen. Mit der eigenen Webseite oder auf den geeigneten Social-Media-Plattformen kann eine riesige Zielgruppe angesprochen werden. Dabei sind die eigenen Investitionen sehr gering. Wie ein optimaler Marketing-Mix aussieht, wird in diesem Kapitel erläutert.

Darüber hinaus gibt es noch zahlreiche weitere Tipps, die für die Gründung entscheidend sein können, um Fehler zu vermeiden. Dazu gehört eine gute Organisation, ein einheitliches Design und ob ein Geschäftskonto wirklich notwendig ist. Diese Themen werden im neunten Kapitel behandelt und sollen Selbstständige davor schützen, Ausgaben zu tätigen, die eigentlich gar nicht notwendig wären.

Damit neben all der Arbeit die Gesundheit und das Wohlbefinden nicht zu kurz kommt, werden im zehnten Kapitel einige Möglichkeiten beschrieben, um eine gute Work-Life-Balance herzustellen. Denn auch wenn am Anfang eine sehr hohe Motivation vorhanden sein sollte, um die eigene Vision zu verwirklichen, wird sehr viel Geduld notwendig sein, um dieses ehrgeizige Ziel zu erreichen. Jeder Gründer wird dabei für sich wahrscheinlich feststellen, dass dieses Vorhaben schwieriger sein wird, als am Anfang noch angenommen. Treten doch bei jedem Schritt, der gewagt wird, wieder neue Probleme auf.

Allerdings sollte hierbei nie das Ziel aus den Augen verloren werden. Es geht darum, Probleme zu lösen und passende Lösungsstrategien in Form von Dienstleistungen oder Produkten zur Verfügung zu stellen. Erweist sich dieses Vorhaben als profitabel, kann mitunter sogar der Hauptberuf aufgegeben werden. Damit besteht die Möglichkeit, ein völlig selbstbestimmtes Leben zu führen, in welchem man selber für sich verantwortlich ist. Es besteht nicht mehr Druck, die Arbeitskraft einem Vorgesetzten zur Verfügung zu stellen und die Arbeitszeit kann völlig frei eingestellt werden.

Diese Freiheiten klingen wahrscheinlich für alle Personen verlockend. Doch nur die wenigsten wagen diesen Schritt. Mithilfe dieses Buches wird Unterstützung geboten, um ein eigenes Unternehmen zu gründen und langfristig ein zufriedeneres Leben führen zu können.

MIT DEM EIGENEN UNTERNEHMEN ERFOLGREICH SEIN

Weshalb das eigene Unternehmen gegründet werden sollte

DER LEBENSWEG IST FÜR die meisten Menschen vorbestimmt und läuft nach den gleichen Mustern ab. Zuerst wird die Schule mit dem höchstmöglichen Abschluss beendet und danach schließt sich entweder eine Ausbildung oder ein Studium an. Werden auch diese weiteren Bildungsmaßnahmen erfolgreich abgeschlossen folgen meist zahlreiche Bewerbungen, bis der passende Job gefunden wurde. Dies schließt mit ein, dass möglicherweise ein Ortswechsel notwendig ist und das eigene gewohnte Umfeld verlassen werden muss. Der Job erhält im Leben den höchsten Stellenwert und die Familie oder die Freunde müssen sich mit dieser Priorisierung abfinden.

Mit etwas Glück wird ein Job gefunden, der nicht nur Spaß macht, sondern auch finanziell lohnenswert erscheint. So schön dies auf den ersten Blick erscheinen mag, so ernüchternd mag die langfristige Perspektive sein. Denn aus dieser Festanstellung folgt in der Regel eine sehr geringe Autonomie. Als Angestellter müssen die Regeln und Anweisungen des Vorgesetzten befolgt werden. Widersprüche oder eigene Ideen sind in dieser Arbeit selten wünschenswert und bringen eher Probleme mit sich, als dass sie Vorteile schaffen. Selbst beim besten Job, den man sich als Arbeitnehmer vorstellen kann, können schon nach kurzer Zeit Probleme auftreten. Dies kann damit zusammenhängen, dass die langfristige Perspektive fehlt. Zwar mag das Einkommen in der aktuellen Situation nach dem Studium noch ausreichend sein, doch was passiert, wenn die eigene Familie gegründet werden soll? Das Gehalt passt sich nicht der eigenen Familienplanung an und der Lebensstandard muss eingeschränkt werden. Langfristig sind zwar Gehaltssteigerungen möglich, doch wie hoch werden diese ausfallen? Treten diese nur in sehr geringem Umfang ein, kann die Inflation die Gehaltserhöhungen bereits wertmäßig einholen. Eine echte Steigerung ist nur mit einem Aufstieg möglich. Doch ist dies überhaupt in dem Unternehmen vorgesehen und wie hoch könnte der nächste Gehaltssprung sein?

Neben der finanziellen Perspektive spielt auch die zeitliche Komponente eine wichtige Rolle. In den meisten Fällen wird eine Arbeitszeit von acht Stunden pro Tag vorausgesetzt. Diese beginnt meist um neun Uhr morgens und endet gegen etwa siebzehn Uhr abends. Wird der Arbeitsweg noch einbezogen, bedeutet dies, dass ein Großteil des Tages mit der Arbeit verplant ist. Damit bleibt kaum noch Zeit für die Familie oder anderweitige Hobbys. Das Leben wird voll und ganz nach dem Job ausgerichtet.

Im Klartext bedeutet dies, dass die eigenen Fähigkeiten und die Lebenszeit genutzt werden, um dem fremden Unternehmen Vorteile zu verschaffen. Die gesamte Arbeitskraft wird dazu aufgewendet, um für jemand anderes eine Leistung zu erstellen. Diese wird gegen eine, meist geringe Gebühr, zur Verfügung gestellt.

Allein dieser Grundgedanke reicht für die meisten Menschen schon aus, um zu erkennen, dass das Angestelltenverhältnis langfristig nicht die Erfüllung im Leben sein kann. Viel besser scheint es doch, wenn die Fähigkeiten genutzt werden, um für sich selber einen Vorteil zu schaffen. Wieso sollte ein fremdes Unternehmen von der eigenen Leistung profitieren, wenn diese auch für sich selber genutzt werden könnte?

Anstatt den Traum eines anderen zu erfüllen, könnten eigene Ideen verwirklicht werden, die ebenso einen gesellschaftlichen Mehrwert bringen und finanziell gut entlohnt werden. Damit scheint der Schritt in Richtung der Gründung des eigenen Unternehmens für viele Arbeitnehmer logisch. Nur während der Selbstständigkeit ist es möglich, sein eigener Boss zu sein und nicht nach den Regeln einer fremden Person zu leben, sondern selber für sein Handeln verantwortlich zu sein.

Natürlich ist mit diesem Schritt auch einiges an Risiko verbunden. So bietet ein fester Arbeitsplatz mit einem geregelten monatlichen Einkommen eine gewisse Sicherheit. Das Geld wird pünktlich überwiesen und es müssen sich keine Sorgen darüber gemacht werden, wie die nächste Miete bezahlt wird. Während der Selbstständigkeit kann das Einkommen schwanken und gerade zu der Anfangszeit sind einige Entbehrungen notwendig. Es dauert eine Weile, bis das Unternehmen profitabel ist und mehr Geld einbringt, als es der feste Arbeitsplatz zuvor noch getan hat.

Langfristig scheint diese Perspektive für die meisten Menschen hoffnungsvoller. So ist es möglich, eigene Ideen zu verwirklichen und sein Leben nicht fremdbestimmt zu führen. Allerdings ist das Einkommen viel stärker von der eigenen Leistung abhängig. Während es im Angestelltenverhältnis je nach Jobsituation auch hingenommen werden kann, wenn Fehler passieren oder nicht jeden Tag die maximale Leistungsbereitschaft abgerufen wird, hat dies während der Selbstständigkeit einen direkten Einfluss auf das Einkommen. Das eigene Unternehmen zu gründen stellt daher für einige Arbeitnehmer die folgerichtige Entscheidung dar, wenn Sie von Ihrer Leistung selber profitieren möchten. Damit das eigene Risiko minimiert wird, findet diese Unternehmensgründung am besten neben dem Beruf statt. So bleibt das feste und geregelte Einkommen weiterhin bestehen, während ebenfalls einige Zeit in die Verwirklichung des eigenen Traums investiert werden kann. Auf diese Weise wird ausgelotet, ob die Geschäftsidee überhaupt erfolgversprechend ist. Im Nebenberuf erfordert die Unternehmensgründung allerdings einiges an Disziplin. So kommt zu der bereits vorhandenen 40-Stunden-Woche noch die Zeit, die in die Selbstständigkeit gesteckt wird.

Langfristig bietet sich durch die Selbstständigkeit die Chance, dass der finanzielle Spielraum wesentlich größer ist. Während im Angestelltenverhältnis das Einkommen vom Vorgesetzten und dessen Wohlwollen abhängig ist, ist dies während der Selbstständigkeit hauptsächlich vom eigenen Einsatz bestimmt. Wird mehr Energie in das Unternehmen investiert, steigt das Einkommen und langfristig sind den finanziellen Verhältnissen kaum noch Grenzen gesteckt.

Für Arbeitnehmer ist es also sinnvoll, wenn Sie im Nebenberuf die Unternehmertätigkeit aufnehmen und schon mal testen, ob das Unternehmertum überhaupt mit der eigenen Persönlichkeit vereinbar ist. Denn die Wahrheit ist auch, dass die meisten Menschen sich zwar einen besseren Arbeitsplatz und ein höheres Einkommen wünschen, doch nicht jeder Charakter für diese Herausforderung geschaffen ist. Es erfordert eine Menge Disziplin und eine charakterliche Stärke, um die Selbstständigkeit erfolgreich zu meistern.

Der Charakter eines Unternehmers

Ob das eigene Unternehmen und die Selbstständigkeit erfolgreich ist, hängt von einigen Faktoren ab. Den meisten Einfluss hat aber natürlich der Unternehmensgründer. Gerade während der Anfangsphase wird der Gründer ohnehin die einzige Person sein, die an der Verwirklichung der Geschäftsidee arbeitet. Erst im Laufe der nächsten Monate oder Jahre ist es möglich, Mitarbeiter einzustellen, die Arbeit abnehmen und das Unternehmen gemeinsam nach vorne bringen.

Daher ist gerade während der Anfangsphase der Unternehmer und seine charakterliche Stärke der größte Einflussfaktor, wenn es darum geht, die Selbstständigkeit erfolgreich zu gestalten. Die Charaktere eines Arbeitnehmers und eines Unternehmers sind grundverschieden. Während der Arbeitnehmer vor allem die Sicherheit bevorzugt und es gewohnt ist, Anweisungen zu befolgen, muss der Unternehmer die Verantwortung für den wirtschaftlichen Erfolg übernehmen. Er trifft die Entscheidungen und muss auch mit Rückschlägen umgehen können. Neben den Chancen, die sich ergeben, ist die Selbstständigkeit also auch mit Risiken verbunden. Nur wer über die innere Stärke verfügt, mit diesen Herausforderungen umzugehen, kann langfristig erfolgreich ein Unternehmen führen.

Eine der bedeutendsten Eigenschaften, die ein Unternehmensgründer haben sollte, ist das Vertrauen in die Geschäftsidee. Wenn selber das Vertrauen in die eigenen Fähigkeiten und dem Unternehmen fehlen, wird es kaum möglich sein, andere von dieser Idee zu überzeugen. Schließlich sollen ja Produkte oder Dienstleistungen verkauft werden oder andere Geschäftspartner davon überzeugt werden, in die Idee zu investieren. Zweifel sind durchaus angebracht und Selbstvertrauen sollte nicht mit Arroganz verwechselt werden. Wer allerdings mehr von Ängsten geplagt wird und kaum von der eigenen Geschäftsidee überzeugt ist, wird nur schwer erfolgreich mit dem Unternehmen sein. Ein gesunder Optimismus sollte also in jedem Fall an den Tag gelegt werden.

Dazu gehört auch, dass die meisten Unternehmer mit einigen Problemen zu kämpfen haben. Das Sprichwort, das noch kein Meister vom Himmel gefallen sei, trifft auch auf das Unternehmertum zu. Gerade wenn im Leben noch kein vergleichbarer Schritt getan wurde und die finanziellen Mittel immer über das Angestelltenverhältnis erwirtschaftet wurden, ist die Selbstständigkeit eine große Herausforderung. Neben dem Führen des Unternehmens kommen noch die bürokratischen Fallstricke. Wie muss die erste Steuererklärung ausgefüllt werden, welche Rechtsform ist die beste und in welchem gesetzlichen Rahmen muss das Unternehmen gehalten werden? Keinem Gründer fallen diese Dinge leicht. Es fordert immer eine gewisse Beharrlichkeit, um diese Herausforderungen zu meistern und nicht schon bei den ersten Hindernissen, die einem auf dem Weg begegnen, die Flinte ins Korn zu werfen.

Unternehmer zu sein bedeutet aber auch flexibel zu reagieren. Als Arbeitnehmer ist diese Fähigkeit nicht immer gefordert. Unter Umständen kann es schon ausreichen, die immer gleichen Tätigkeiten jahrelang durchzuführen. Technische Fortschritte erfordern vielleicht kleinere Anpassungen, im Wesentlichen verändern sich die Aufgaben im selben Beruf und auf der gleichen Position aber kaum. Als Unternehmer sieht das etwas anders aus. Der Markt kann sich innerhalb eines Jahres komplett wandeln. Was heute noch erfolgreich war, kann im nächsten Jahr durch einen Konkurrenten schon besser kopiert worden sein. Daher gehört es zu der charakterlichen Stärke, dass diese Veränderungen angenommen werden. Nur indem das Unternehmen stetig weiterentwickelt wird, kann es sich überhaupt langfristig gegen die Konkurrenz durchsetzen. Dies bedeutet, dass keine Zeit für Verschnaufpausen ist. Stillstand bedeutet, dass die Konkurrenz aufholen kann und die eigene Geschäftsidee in die Bedeutungslosigkeit verdrängt wird.

Um diesen Anforderungen zu genügen, sollten Unternehmer stets mit offenen Augen durch die Welt gehen und aufgeschlossen gegenüber Neuerungen sein. Es wird kaum möglich sein, das eigene Geschäftsprinzip unverändert für die nächsten Jahrzehnte zu befolgen. Um Ideen für eine Weiterentwicklung des Unternehmens zu finden, spielt die Neugier eine große Rolle. Diese sollte sich in allen Lebensbereichen wiederfinden. Durch die Neugier können Inspirationen in allen Bereichen des Lebens gefunden werden, die einen positiven Einfluss auf das Unternehmen nehmen können. Die Natur gilt als eine unerschöpfliche Quelle der Inspiration für Unternehmen aller Art. Wer sich davor verschließt und mit Scheuklappen durch die Welt geht, wird diese Ideen natürlich nicht wahrnehmen.

Ein wesentlicher Unterschied zwischen dem Arbeitnehmer und dem Selbstständigen ist die Motivation. Der Arbeitnehmer wird vor allem extern motiviert. Er erhält das Geld ausgezahlt und wird die Arbeit nicht wie gefordert erledigt, kann er dafür von seinem Vorgesetzten diszipliniert werden. Sicherlich gibt es auch positive Arbeitsplätze, an denen die Mitarbeiter durch die Aufgabe an sich motiviert werden. Dies stellt jedoch eine Ausnahme dar und die meisten Arbeitnehmer wären wahrscheinlich froh, wenn sie die Arbeitszeit anders nutzen könnten. Als Unternehmer fallen diese externe Motivation und der Druck einen Vorgesetzten zu haben weg. Jeder Selbstständige ist für sich selber verantwortlich und damit beginnt auch die Herausforderung, dass eine innere Motivation bestehen sollte, um die anfallenden Arbeiten tatsächlich zu erledigen. Andernfalls werden die Aufgaben aufgeschoben und niemals abgeschlossen. Die Gefahr, dass das

Unternehmen nicht vorangetrieben wird, sondern auf der Stelle verbleibt, ist groß und daher sollte die Motivation vor allem von Innen kommen. Finanzielle Anreize spielen zwar auch eine Rolle, gerade während der Anfangszeit werden aber einige Monate vergehen, bis das Unternehmen überhaupt positive Geschäftszahlen vorweisen kann. Selbst danach wird es noch einige Zeit und Arbeit brauchen, bis das Einkommen so hoch ist, dass das Angestelltenverhältnis aufgegeben werden kann.

Das Unternehmertum ist mit einigen Chancen verbunden. So steht am Ende der ganzen Arbeit die Möglichkeit, mehr Geld zu verdienen, als dies im Angestelltenverhältnis jemals möglich sei. Dies bedeutet allerdings auch, dass den Chancen einige Risiken gegenüberstehen. Im Leben gibt es keine Garantie dafür, dass alles so verläuft, wie es von Anfang an geplant war. Es können immer wieder Rückschläge drohen und einige Entscheidungen erweisen sich im Nachhinein als Fehler. Ein Unternehmer muss sich diesen Risiken bewusst sein und erkennen, wann es sich lohnt diese einzugehen. Nicht nützlich wäre es, wenn immer nur die absolute Sicherheit gesucht wird. Diese gibt es in der Selbstständigkeit nicht und würde nur zu einer Starre führen in welcher keine Entscheidungen mehr getroffen werden.

Wer also den Schritt in die Selbstständigkeit wagen möchte, sollte diese Charaktereigenschaften entweder schon besitzen oder nicht davor zögern, diese zu erlernen. Zwar wird gesagt, dass der eigene Charakter und die Persönlichkeit so gefestigt sind, dass diese im fortgeschrittenen Alter kaum mehr verändert werden können. Wenn aber der Wille da ist, seinen Charakter weiterzuentwickeln und die eigene Komfortzone zu verlassen, ist der Schritt in die Selbstständigkeit im Nebenberuf zu empfehlen.

Herausforderungen während der Unternehmensgründung

Der Schritt in die Selbstständigkeit ist für jede Person mit einigen Hürden verbunden. Werden diese Entscheidungen in Form einer Nebentätigkeit neben dem Hauptberuf getroffen, ergeben sich daraus noch mehr Einschränkungen und Herausforderungen. Nur wer sich dessen bewusst ist, sollte den Schritt in die Selbstständigkeit wagen. Auch wenn die langfristigen Aussichten verlockend erscheinen, schaffen es nur die wenigsten Unternehmer aus dieser Anfangsphase.

Die wohl größte Einschränkung besteht in der geringen Zeit, die für andere Dinge zur Verfügung steht. Der reguläre Job nimmt bereits mindestens 40

Stunden in der Woche in Anspruch und dazu kommt die Gründung des eigenen kleinen Unternehmens. Idealerweise werden nochmal bis zu 20 Stunden in der Woche in diese Nebentätigkeit investiert. Andernfalls ist es kaum möglich, all die Aufgaben zu bewältigen, die während der Gründungsphase anfallen. Im Umkehrschluss bedeutet dies, dass für andere Bereiche des Lebens kaum mehr Zeit zur Verfügung steht. Besonders macht sich dies bei Freunden und Familie bemerkbar. Die Zeit für Besuche wird knapper und es fällt schwer, den gesamten Freundeskreis die notwendige Aufmerksamkeit zu schenken. Dies kann auch bedeuten, dass sich herausstellt, wer die „wahren" Freunde sind. Enge Freunde sollten auch während dieser stressigen Phase ihre Unterstützung anbieten und nicht zu einer Belastung werden. Sind allerdings Lebenspartner und Kinder vorhanden, sollten diese nicht vernachlässigt werden. Die Selbstständigkeit und die Familie unter einen Hut zu bringen kann eine große Herausforderung darstellen. Um diese zu bewältigen, muss möglicherweise der eigene Schlaf geopfert werden oder es müssen andere Lösungen herhalten.

Heutzutage ist die Gründung des eigenen Unternehmens nicht mehr zwingend mit hohen finanziellen Risiken verbunden. Gerade wenn die Tätigkeit im Internet stattfindet, wird zum Großteil nur Zeit investiert, um das Unternehmen voranzubringen. Dennoch ist mit dieser Nebentätigkeit ein finanzielles Risiko verbunden. Damit die Selbstständigkeit zum Erfolg wird, sind in der Anfangsphase einige Dinge zu beachten. So fallen Gebühren für die Anmeldung des Gewerbes an. Gegebenenfalls müssen auch Versicherungen oder andere Verträge abgeschlossen werden, die mit einer finanziellen Verpflichtung einhergehen. Geht der Geschäftsplan nicht wie gewünscht auf und die Einnahmen fallen deutlich niedriger aus, bedeutet ein Scheitern, dass die Investition sich nicht ausgezahlt hat. Die Selbstständigkeit ist also immer mit einem finanziellen Risiko verbunden und wer ohnehin schon unter einer Schuldenlast leidet, sollte mit der Gründung lieber noch etwas warten, bis eine stabile finanzielle Basis vorhanden ist.

Die Gründungsphase geht mit einer hohen mentalen, wie körperlichen Belastung einher. Der Hauptberuf zerrt bereits an den Kräften und hinzukommen nun die Herausforderungen der Selbstständigkeit. Gerade die mentale Belastung sollte nicht unterschätzt werden. Wie der Name schon andeutet, ist mit der Selbstständigkeit eine dauernde Belastung verbunden. Wochenenden und geregelte Arbeitszeiten kennen nur die wenigsten Unternehmer. Jene, die sich die Freiheit herausnehmen können, E-Mails unbeantwortet zu lassen mussten in der Regel erst einige Jahre darauf hinarbeiten, um sich diesen Luxus erlauben zu können. Für die meisten Unternehmer bedeutet die Selbstständigkeit allerdings, dass Anfragen von Kunden zügig beantwortet werden müssen. Andernfalls erhält die Konkurrenz die Zusage und die eigene Chance wurde verpasst. Mit dieser dauernden Belastung geht das Risiko eines Burn-outs einher. Um diesen Stress besser aufzufangen ist ein stabiles Umfeld notwendig. Die eigene Familie sollte von den Plänen eingeweiht werden und mit diesen einverstanden sein. Fairerweise sollte aber auch eingeräumt werden, wenn die Selbstständigkeit nicht erfolgreich war und nur zu einer dauernden Belastung wird. Bevor die eigene Gesundheit ernsthaft in Gefahr gerät, sollte die vernünftige Entscheidung getroffen werden, das Unternehmen entweder zu pausieren oder ganz aufzugeben. Die Gesundheit steht immer an oberster Stelle und ist es nicht wert, für eine Geschäftsidee geopfert zu werden.

Die höhere Belastung kann sich nicht nur im privaten Umfeld oder bei der Arbeit in der Nebentätigkeit zeigen. Möglicherweise werden im Hauptberuf nicht mehr die gewünschten Leistungen abgerufen. Hier besteht die Gefahr, dass der Vorgesetzte ernsthafte Konsequenzen aus den niedrigeren Leistungen ziehen könnte. Besteht nicht die Möglichkeit, aus der Nebentätigkeit den Lebensunterhalt finanzieren zu können, muss der Hauptberuf definitiv den Vorrang erhalten.

Es zeigt sich also, dass der Aufbau eines Unternehmens im Nebenberuf eine besondere Herausforderung darstellt. Dieses Vorhaben ist nur möglich, wenn das soziale Umfeld unterstützend tätig ist. Mitunter kann dies damit verbunden sein, dass entfernte Bekanntschaften nicht mehr die notwendige Aufmerksamkeit erhalten. Gerade die Anfangsphase ist an mentaler Anstrengung kaum zu überbieten. Stellt sich im Laufe der Unternehmertätigkeit aber der Erfolg ein, scheint der Stress wieder wie vergessen und die Motivation, die zukünftigen Aufgaben zu bewältigen nimmt zu.

Aus Rückschlägen lernen

Misserfolge gehören bei der Gründung dazu. Als Ursache hierfür werden unter anderem die Herausforderungen angesehen, die bereits beschrieben wurden. Es gibt jedoch auch zahlreiche andere Einflussfaktoren, die mit einem Rückschlag verbunden werden. Als Unternehmer geht es jetzt darum, nicht an diesen Misserfolgen zu zerbrechen. Jeder Gründer kennt diese Phasen, in denen scheinbar nichts wie gewünscht läuft. Jetzt liegt es daran, die richtigen Schlüsse zu ziehen und aus diesen Tiefs wieder positiv hervorzublicken.

Das Vertrauen in die eigenen Fähigkeiten ist eine Grundvoraussetzung als Selbstständiger. Rückschläge können selbst bei den besten Geschäftsleuten vorkommen. Die größten Unternehmen und die besten Manager können Entscheidungen treffen, die rückblickend eher als Fehler zu verbuchen sind. Dies muss aber nicht bedeuten, dass die eigenen Fähigkeiten nicht ausreichend sind, um die Selbstständigkeit erfolgreich meistern zu können. Der Misserfolg sollte nicht persönlich genommen werden, sondern immer als Ansporn dienen.

Damit aus diesem negativen Ereignis etwas Positives gewonnen wird, sollte zunächst die Gesamtsituation analysiert werden. Wie wurde die Entscheidung getroffen und warum hat diese nicht die erhoffte Wirkung gebracht? War die Entscheidung aus der damaligen Sicht vielleicht sogar folgerichtig und äußere Umstände haben zu dem Misserfolg geführt? Nur durch eine gründliche Analyse kann festgestellt werden, ob Fehler begangen wurden. Nach der Analyse folgt die Erkenntnis, wie diese Fehler zukünftig vermieden werden. Als Unternehmer besteht der Hauptfokus vor allem auf die Zukunft. Die Handlungen sind auf die Zukunft ausgerichtet und dort sollten die optimalen Entscheidungen getroffen werden. Eventuell ist es hilfreich, wenn bestimmte Maßnahmen umgesetzt werden, die das Risiko einer fehlerhaften Entscheidung minimieren. Bei einem wichtigen Entschluss kann es hilfreich sein, wenn ein Experte als Unterstützung angefordert wird.

Eine wichtige Erkenntnis bleibt jedoch immer bestehen. Rückschläge sind vollkommen normal und treten bei jeder Gründungsphase auf. Nur wenn diese akzeptiert, analysiert und zukünftig vermieden werden, kann die Selbstständigkeit gelingen. Es ist daher nicht zielführend, wenn man die Schuld in äußeren Umständen sucht und diese für den Misserfolg verantwortlich machen möchte. Wer gewinnen möchte, muss Risiken eingehen. Einzelne Rückschläge sind daher auf dem Weg zum Erfolg vollkommen natürlich.

Der langfristige Plan

Die meisten Menschen finden sich wahrscheinlich in einer Lebenssituation wieder, die nicht besonders befriedigend ist. Der Job ist mal mehr oder weniger interessant und der Vorgesetzte ist auch nicht immer der beste Freund. Die Perspektive, das gesamte Leben bis zur Rente überwiegend in diesem Job zu verbringen ist sicherlich nicht für jeden Arbeitnehmer verlockend.

Eine Möglichkeit, aus dieser Situation zu entfliehen ist die Gründung eines Gewerbes in der Nebentätigkeit. Dies bedeutet, dass neben dem Hauptberuf die Selbstständigkeit begonnen wird. Dazu muss an erster Stelle die Geschäftsidee stehen. Es ist zwar heutzutage in Mode "Entrepreneur" zu sein, aber nur aus dem reinen Selbstzweck wurde noch kein erfolgreiches Unternehmen gegründet.

An erster Stelle steht immer die Geschäftsidee. Diese kann entweder ein Produkt oder eine Dienstleistung sein. Wichtig ist hierbei, dass diese einen Mehrwert für den Kunden bietet. Die eigene Leistung muss etwas darstellen, was bisher vom Markt noch nicht zu genüge abdeckt wird. Bei der Ideenfindung muss zunächst keine Einschränkung bestehen. Wichtig ist, dass der Kreativität freien Lauf gelassen wird. Häufig werden Lösungen für Alltagsprobleme als Ansatz genommen.

Aus dieser ersten Idee wird ein Geschäftsmodell entwickelt. Dieses zielt darauf ab, dass Problem zu lösen. Dabei wird zunächst für sich selber eine Lösungsstrategie entwickelt. Diese Strategie kann danach für Kunden angeboten werden.

Damit das Unternehmen in professionelle Bahnen gelenkt wird, ist ein Businessplan notwendig. Dieser bildet die Rahmenbedingungen der Nebentätigkeit ab. Selbst wenn das Gewerbe nur neben dem Beruf betrieben wird, sollte ein Businessplan angefertigt werden. Dieser bietet eine Orientierung und zugleich Ziele, die in naher und ferner Zukunft erreicht werden sollen. Diese dienen als Maßstab dafür, ob das Vorhaben den eigenen Ansprüchen genügt und ob das Ziel realistisch ist, den Hauptberuf langfristig aufgeben zu können. Der Businessplan wird auch dann notwendig sein, wenn eine Fremdfinanzierung des Unternehmens angestrebt wird. In der Nebentätigkeit wird dies zwar seltener der Fall sein, dennoch sollte diese Möglichkeit in Betracht gezogen werden.

Nun wurden die Grundlagen präsentiert, die mit der Selbstständigkeit einhergehen. Anstatt seine Zeit zu opfern, um damit die Ideen einer fremden Person zu verwirklichen, kann mit dem Weg in die Selbstständigkeit der eigene Traum zur Realität werden. Damit steht nicht mehr im Vordergrund, dass die Lebenszeit gegen ein monatliches Gehalt eingetauscht wird. Vielmehr wird dank der eigenen Leistung ein Mehrwert erschaffen. Dieser Mehrwert wird von den Kunden vergütet. Anstatt von den Entscheidungen des Vorgesetzten abhängig zu sein und die Karriere in sehr starren Bahnen zu lenken, besteht nun die Möglichkeit selber für die Zukunft Verantwortung zu übernehmen.

So positiv sich diese Aussichten anhören, so sollte auch beachtet werden, dass die Selbstständigkeit mit großen Herausforderungen verbunden ist. Mit dieser Entscheidung geht ein finanzielles Risiko und eine hohe mentale, wie körperliche Belastung einher. Beziehungen können darunter leiden und gerade die Gründungszeit wird mit einem hohen Stress verbunden sein.

Nur wer in der Lage ist, diese Hürden zu überwinden kann langfristig von den Vorteilen profitieren. Die Aussicht sein eigener Chef zu sein sollte dabei schon Ansporn genug sein. Das Unternehmen in der Nebentätigkeit zu gründen bietet aber zusätzliche Sicherheiten. So ist weiterhin ein stabiler finanzieller Rahmen vorhanden und falls das Vorhaben scheitert, stellt dies keinen großen Rückschlag dar. Es sollte also zunächst die Chance genutzt werden, das Gewerbe als Nebentätigkeit zu gründen und auszuloten, ob dieses eine erfolgreiche Perspektive darstellt. Langfristig kann immer noch die Entscheidung gefällt werden, ob der Lebensunterhalt von der unternehmerischen Tätigkeit bestritten werden kann. Zudem muss jeder Gründer für sich herausfinden, ob er die charakterlichen Voraussetzungen erfüllt.

Ihre kostenfreies Hörbuch

Dieses Buch können Sie als neuer Audible Nutzer kostenlos als Hörbuch genießen. Folgen Sie dem Link um sich dieses Hörbuch jetzt kostenfrei zu sichern:

https://link.cherrymedia.de/StartUpCD

VERSCHIEDENE GESCHÄFTSMODELLE IM VERGLEICH

Das Geschäftsmodell als Erfolgsgarantie

DIE VISION EIN EIGENES Unternehmen zu führen und sich von der regulären Arbeitswelt zu verabschieden scheint sicherlich verlockend. Doch das Unternehmertum wird nicht zum Selbstzweck ausgeübt. Am Anfang steht die Idee, mit der ein Mehrwert generiert wird. Kunden sind bereit für diese Leistungen Geld zu bezahlen und das Unternehmen kann langfristig profitabel sein.

Ein wichtiger Unterschied liegt in der Betrachtungsweise der Unternehmensführung. In dieser wird abgegrenzt, ob entweder „im" oder „am" Unternehmen gearbeitet wird. Diese Abgrenzung mag auf den ersten Blick kaum einen Unterschied darstellen. Für die langfristige Arbeit ist diese Abgrenzung jedoch sehr wesentlich. Wer als Gründer vor allem „im" Unternehmen arbeitet, wird dies wahrscheinlich für die gesamte Dauer tun müssen. Nur durch die eigene Mitarbeit kann die Vision erfüllt werden und es muss ständig eine Leistung erbracht werden. Dies mag zunächst zwar funktionieren, es bedeutet aber auch, dass das Unternehmen niemals ohne eigene Hilfe funktionstüchtig sein kann. Damit ist es kaum möglich, die Arbeitszeit zu reduzieren und die hohe Belastung, die sich schon während der Gründungsphase abzeichnet, muss dauerhaft aufrechterhalten bleiben.

Viel attraktiver ist die Vorstellung, wenn ein Konzept entwickelt wird, dass nach einer kurzen Eingewöhnungsphase auf eigenen Beinen stehen kann. Dies wird mit der Arbeit „am" Unternehmen beschrieben. Es wird eine Idee umgesetzt, die langfristig sich selber tragen kann und keine Mithilfe des Gründers mehr benötigt. Mittel- und langfristig finden nur noch kleine Änderungen an der Ausrichtung des Unternehmens statt, die Tagesarbeit wird jedoch durch die Mitarbeiter erledigt.

Bei der Wahl der Geschäftsmodelle können zwei Basisstrategien unterschieden werden. Diese werden in jedem Kurs der Betriebswirtschaftslehre aufgezeigt. Ein Konzept, welches erfolgreich umgesetzt werden kann, ist die Kostenreduzierung. Diese beruht in der Regel darauf, dass Skaleneffekte durch die Massenproduktion ausgenutzt werden. Diese Strategie mag vor allem für größere Unternehmen und solche, die über ausreichend Kapital verfügen, erfolgversprechend sein. Für die Selbstständigkeit in der Nebentätigkeit, ist diese Ausrichtung eher nicht zu empfehlen.

Die Alternative ist, dass eine Nische abgedeckt wird, die bisher noch von keinem Konkurrenten bedient wird. Wichtig ist hierbei, dass die Nische weder zu klein, noch zu groß gewählt wird. Ist der Markt zu groß, ist es wahrscheinlich, dass schnell Konkurrenten eintreten werden, die den restlichen Markt bedienen. Handelt es sich hierbei um bereits etablierte Unternehmen, können diese das eigene Konzept bedrohen. Ist die Nische hingegen zu klein, bestehen kaum Chancen zu wachsen und genügend Umsatz zu generieren. Schließlich müssen auch bei der Gründung Skaleneffekte beachtet werden. Bleibt der Absatz in einem sehr niedrigen Bereich, ist dies mit hohen Kosten verbunden. Selbst wenn die Nische völlig neuartig wäre und noch von keiner Firma abgedeckt wurde, sind die Preise für die möglichen Kunden schlichtweg zu hoch.

Ein Weg, der für viele Gründer zum Erfolg führt, ist die Weiterentwicklung aus der eigenen Nische heraus. Zunächst kann das Geschäftsmodell noch darauf basieren, dass etwas an einem festen Ort verkauft oder angeboten wird. Nach einiger Zeit wurde der lokale Markt erfolgreich erobert und bietet keine Wachstumschancen mehr. Eine Möglichkeit besteht nun mit der Verlagerung dieser Geschäftsidee in das Internet. So kann das Angebote online ausgeweitet werden. Oder das originale Konzept wird um zusätzliche Angebote erweitert. Auf diese Weise ist es langfristig möglich, selbst in eigentlich stark eingegrenzten Nischen neue Märkte zu erobern.

Ein Begriff, der für die Bewertung des Geschäftsmodells genutzt wird, ist die Skalierbarkeit. Diese beschreibt, inwiefern das Konzept erweitert werden kann, um einen höheren Umsatz zu generieren. Dies bedeutet, dass bei gleichbleibendem Einsatz des Gründers das Unternehmen trotzdem wachsen kann. Im Vergleich dazu gibt es genügend Selbstständige, deren Geschäftsmodell nicht skalierbar ist. Dazu gehören zum Beispiel die freien Berufe oder ähnliche Selbstständige. Ein Rechtsanwalt kann seine Tätigkeit kaum skalieren. Er muss physisch anwesend sein, um die Prozesse zu führen und seine Aufgaben zu erledigen. Sein Einkommen hängt wesentlich von der Arbeitszeit ab. Je mehr Zeit er investiert und Fälle bearbeitet, desto höher ist sein Einkommen. Das Einkommen wird allerdings stark begrenzt sein. Eine gute Möglichkeit der Skalierbarkeit bieten virtuelle Produkte. Der Verkauf von Software oder sonstige virtuelle Güter sind in der Regel sehr gut skalierbar. Hierbei macht es kaum einen Unterschied, ob 10 oder 1000 Einheiten verkauft werden. Wurde die Grundarbeit geleistet und die Prozesse sind eingespielt, kann die Idee praktisch ohne Grenzen skaliert werden. Dabei ist es vollkommen egal, von wo dieses Produkt angeboten wird. Eine Möglichkeit der Skalierung wäre zum Beispiel, wenn es zunächst deutschlandweit angeboten wird. Danach findet die Markteinführung in Österreich und der Schweiz statt. Mit einer Übersetzung ins Englische kann im Anschluss ein globaler Markt angesprochen werden. Bei virtuellen Gütern besteht der Vorteil darin, dass in der Regel die Arbeit nur einmal abgeschlossen werden muss. Sind die Prozesse für den Verkauf eingerichtet und funktionieren, müssen diese nur noch überwacht und gegebenenfalls angepasst werden.

Physische Produkte sind hingegen nur mit einem größeren Aufwand skalierbar. Hierfür sind vor allem die Logistik und die Lagerhaltung verantwortlich. Zudem können die rechtlichen Rahmenbedingungen stark voneinander abweichen. Auch ist eine Anpassung des Produktes für die jeweiligen Märkte nur mit einigen Investitionen durchführbar.

Für die langfristige Perspektive ist es also wichtig, dass die Geschäftsidee stetig ausgebaut werden kann. Ist schnell eine Grenze erreicht und das Unternehmen kann nicht mehr wachsen, stellt dies einen großen Nachteil des Geschäftsmodells dar. Zwar ist es möglich, mit solch einem Konzept überdurchschnittlich viel Geld zu verdienen, es wird jedoch immer die eigene Mitarbeit erforderlich sein. Damit wird weiterhin die eigene Arbeitszeit gegen Geld getauscht. Das Unternehmertum unterscheidet sich in diesem Fall kaum von der Arbeitnehmertätigkeit.

Sich von der Konkurrenz abheben

Es wurde bereits angedeutet, dass die Besetzung einer Nische für das eigene Unternehmen meist die beste Entscheidung ist. Indem eine Idee verfolgt wird, die bisher noch gar nicht vertreten ist, muss auf die Konkurrenz kaum Rücksicht genommen werden.

Gerade in der Nebentätigkeit ist es nämlich kaum möglich, eine bestehende Konkurrenz zu überflügeln. Diesen stehen für gewöhnlich mehr finanzielle Mittel und Know-how zur Verfügung. Kann die eigene Idee leicht kopiert werden und grenzt sich kaum von bestehenden Geschäftsmodellen ab, wird diese, wenn überhaupt nur kurzfristig mit einem Erfolg verbunden sein.

Inwiefern sich das eigene Konzept von bestehenden Geschäftsmodellen auf dem Markt unterscheidet, kommt ganz auf die Nische an. Manchmal können bereits kleinere Unterschiede eine große Wirkung haben.

Eine Möglichkeit der Abwandlung bestehender erfolgreicher Konzepte besteht zum Beispiel im Bezahlmodell. Lange Zeit bestand der Grundsatz, dass Produkte gegen einen einmaligen Preis erworben werden. In den letzten Jahren und Jahrzehnten zeichnet sich hingegen ab, dass „Flatrates“ mit einem hohen Erfolg verbunden sein können. Wurde dieses Modell zunächst vor allem bei Telekommunikationsunternehmen eingesetzt, hat sich dieses Bezahlkonzept auf ganz unterschiedliche Bereiche ausgedehnt.

So haben Fitnessketten die monatliche Vertragsbindung eingeführt, um regelmäßig von den Kunden den Monatsbeitrag zu erhalten. Der Vorteil bei diesem Bezahlkonzept ist der vermeintlich niedrige Preis und der geringe Aufwand, der für das Unternehmen entsteht. Für den Kunden entsteht der psychologische Eindruck, dass der Preis sehr viel niedriger sei. Anstatt eine größere Summe bereits beim Kauf zu bezahlen, verteilt sich der Betrag auf die gesamte Vertragslaufzeit. Mitglieder oder Kunden sind eher bereit diesen Beitrag zu leisten. Zudem erhalten die Unternehmen den Betrag auch, wenn die Leistung gar nicht genutzt wird. Im Falle des Fitnessstudios bedeutet dies, dass diese den monatlichen Beitrag auch erhalten, wenn das Angebot gar nicht genutzt wurde. Damit verringert sich zum Beispiel der Verschleiß der Geräte und im Vergleich zu der Mitgliederzahl, sind die laufenden Kosten sehr niedrig. Dieses Bezahlmodell hat sich auch bei Musik- oder Videodiensten durchgesetzt.

Allein durch diese kleine Änderung kann bereits eine Veränderung angestoßen werden, die das eigene Konzept stark von der Konkurrenz unterscheidet. Es ist nicht immer notwendig, eine besondere Innovation auf den Markt zu bringen. Wenn bereits durch solch eine Änderung die Kunden überzeugt werden können, ist dies eine Möglichkeit, langfristig erfolgreich zu agieren.

Vergleich unterschiedlicher Geschäftskonzepte

Long-Tail-Geschäftsmodell

Bei regulären Geschäften und Läden besteht das Risiko, dass einige Produkte nicht so gut vom Kunden angenommen werden. Während manche Produkte zu einem wahren Verkaufsschlager werden, entpuppen sich andere als Ladenhüter, die von den Kunden kaum beachtet werden. Daher ist es in bestimmten Nischen sinnvoll, das Risiko breit zu streuen und eine große Zahl an Produkten anzubieten.

Dies wird als Long-Tail-Geschäftsmodell bezeichnet. Bei regulären Einzelhandelsgeschäften würde diese Strategie zu großen Kosten führen. Schließlich muss die entsprechende Verkaufsfläche vorhanden sein und die Kunden müssen diese Produkte allesamt präsentiert bekommen. Vorteilhaft ist es daher, wenn größere Onlineplattformen genutzt werden, um zum Beispiel die Software oder digitale Produkte anzubieten. Auf Amazon kann eine große Produktpalette ohne viel größeren Mehraufwand präsentiert werden. Durch die Abwandlung der Produkte können mehr Zielgruppen angesprochen werden. So können die Farben variieren oder andere Details leicht unterschiedlich sein. Dabei ist es auch möglich, dass Ladenhüter viel einfacher aus dem Sortiment genommen werden können und das Marketing sich auf die Produkte mit dem höchsten Umsatz fokussiert. Auf diese Weise werden die Kosten in einem geringen Rahmen gehalten und der Umsatz trotzdem gesteigert. Langfristig kann mit diesem Vorgehen herausgefunden werden, welche Produktmerkmale für den Kunden am besten sind.

Die Plattform-Strategie

Unternehmen und Kunden zusammenzubringen kann eine große Herausforderung darstellen. Die Unternehmen möchten selber Produkte verkaufen und daher mit den Kunden in Kontakt treten, doch sie haben keine geeignete Plattform dafür. Die Schaffung solch einer Plattform, wo geradezu unbewusst, diese Interaktion ermöglicht wird, stellt ein großes Potenzial dar.

Facebook und Google können als Beispiel herangezogen werden, die dieses Modell perfektioniert haben. Hier werden die Kunden durch einen eher nebensächlichen Service auf die eigene Plattform gelockt. Im Falle von Facebook ist das Angebot das soziale Netzwerk und die Interaktion mit den Freunden oder der Familie. Die Plattform zielt darauf ab, dass die Nutzer möglichst lange diesen Service nutzen und die Zeit vor dem Bildschirm verbringen.

Dies ist für den eigentlichen Unternehmenszweck notwendig. Denn es geht hier nicht darum, dass Freundschaften geknüpft werden oder dass selbst entfernte Verwandte noch am Leben teilhaben können. Facebook ist eine Werbeplattform, bei der Werbetreibende und die jeweiligen Kundengruppen zusammengeführt werden. Für die Nutzer dieser Plattform mag diese Interaktion mit den Werbetreibenden nicht immer offensichtlich sein. Doch die Anzahl an Beiträgen, die reine Werbung darstellen hat einen sehr hohen Grad angenommen und für Unternehmen ist Facebook eine ideale Werbeplattform. Gründe hierfür sind vor allem die sehr vielen Informationen, die über die Nutzer bekannt sind. Dadurch können Werbetreibende sehr gezielt die Zielgruppen ansprechen. Als Vermittler zwischen solchen Segmenten besteht ein großes Umsatzpotenzial.

Freemium

Ist das eigene Produkt vielversprechend, aber der Kaufpreis stellt eine Hürde dar, die viele Kunden nicht überwinden möchten, dann ist es sinnvoll, ein sogenanntes „Freemium"-Modell einzuführen. Dies bedeutet, dass das Produkt in einer Grundvariante kostenlos zur Verfügung gestellt wird. Bei physischen Produkten ist dies kaum umsetzbar. Schließlich sind mit der Herstellung bereits Kosten verbunden und je mehr Menschen die kostenlose Variante für sich nutzen wollen, desto teurer wird dies.

Für Software bietet sich dieses Geschäftsmodell jedoch sehr gut an. Ist der Markt doch heiß umkämpft und der Kaufpreis kann auf den ersten Blick sehr abschreckend sein. Wurde der Kunde jedoch mit der kostenlosen Basisvariante geködert und ist dieser vom Produkt überzeugt, kann er Geld investieren, um weitere Funktionen innerhalb der Software freizuschalten. Für das bereitstellende Unternehmen macht es kaum einen Unterschied, ob 1.000 oder 10.000 Nutzer die Software herunterladen. Daher ist es sinnvoll, durch die kostenlose Basisversion eine möglichst hohe Verbreitung zu erreichen. Ist die Software überzeugend, wird ein kleiner Teil der Nutzer Geld in die zusätzlichen Funktionen investieren. Gerade bei Videospielen ist dieses Geschäftsmodell von Erfolg geprägt. Hier besteht die Möglichkeit sowohl kosmetische Produkte anzubieten, die die Spielewelt etwas individueller darstellen oder mit denen Spieler einen Vorteil erhalten. Durch die Investition in diese Zusatzangebote besteht die Möglichkeit einen hohen Umsatz zu generieren, ohne weitere Kosten zu verursachen.

Bei physischen Produkten wäre dies nur möglich, wenn ein Basisprodukt zu relativ niedrigen Kosten angeboten werden würde. Danach wird versucht, deutlich teurere Zusatzprodukte zu verkaufen, die die Basisversion aufwerten. Dennoch liegt die Stärke in diesem Modell mit Sicherheit bei digitalen Produkten.

Lockmittel

An das bereits vorgestellte „Freemium"-Modell knüpft das folgende Modell direkt an. Hierbei geht es nicht darum, dass ein Produkt komplett kostenlos zur Verfügung gestellt wird. Vielmehr liegt der Fokus darauf, dass ein, meist physisches Produkt, zu einem sehr geringen Preis an den Kunden weitergegeben wird. Der Preis kann die Herstellungskosten decken und ist nicht direkt für den Gewinn des Unternehmens verantwortlich.

Das eigentliche Ziel ist es, dass weitere Produkte verkauft werden, die als komplementär angesehen werden. Ein Beispiel hierfür ist der Verkauf von Druckern und deren Druckpatronen. Drucker sind verhältnismäßig günstig zu erwerben. Wurde der Drucker einmal gekauft, steht dieser dem Kunden für die gesamte Nutzungsdauer zur Verfügung. Damit jedoch weiterhin Einnahmen generiert werden, müssen die Druckpatronen vom Hersteller gekauft werden. Diese Patronen bieten nun eine deutlich höhere Gewinnmarge. Wird der Drucker regelmäßig genutzt, müssen die Patronen zudem ständig nachgekauft werden. So besteht ein dauerhafter Einnahmefluss, der im Endeffekt zu einem höheren Umsatz führt, als wenn beide Produkte zu ihrem unabhängigen Preis angeboten würden.

Dann wäre der Drucker um ein Vielfaches teurer und damit würde auch der Absatz der Druckpatronen sinken. Kunden würden wahrscheinlich eher auf Dienstleistungen in Copy-Shops zurückgreifen, als sich selber einen Drucker anzuschaffen. Durch das Modell des günstigen Lockmittels werden diese aber von dem Kauf des Druckers überzeugt. Wird der Drucker regelmäßig genutzt, ist der Kauf der Patronen zwingend notwendig.

Als Unternehmer müssen bei diesem Geschäftsmodell aber verschiedene Gefahren beachtet werden. So sollte es keine Komplementärprodukte von Drittanbietern geben. Diese könnten die Druckpatronen sehr viel günstiger anbieten, da dadurch ja nicht die Produktion der Drucker quersubventioniert wird. Die Schnittstelle sollte also nur für die eigenen Produkte zugänglich sein.

Zudem ist es vorteilhaft, wenn die Komplementärprodukte regelmäßig hinzugekauft werden müssen. Neben Druckern und Tintenpatronen sind auch Kaffeemaschinen und deren Kapseln ein beliebtes Beispiel. Die Maschine an sich mag relativ günstig sein, der eigentliche Umsatz beruht dann aber auf dem Verkauf der Kapseln.

Wichtig ist hierbei, dass dem Kunden auch tatsächlich ein Mehrwert geboten wird. Er soll nicht etwa in die Falle gelockt werden und am Ende das Ursprungsprodukt nur mit horrenden Gebühren nutzen können, sondern er soll einen tatsächlichen Nutzen haben und selber die Entscheidung treffen, inwiefern er die weiteren Produkte annehmen möchte.

Produkte individualisieren

Die Massenproduktion ist günstig und führt dazu, dass eine hohe Stückzahl an den Kunden gebracht werden kann. Doch die Nachfrage und der Markt verändern sich. Es steigt das Bewusstsein, sich individuell ausdrücken zu möchten und dies stellt auch für Selbstständige eine neue Herausforderung dar. Anstatt nur standardisierte Produkte anzubieten, können diese individuell vom Kunden beeinflusst werden.

Eine Möglichkeit besteht zum Beispiel bei der Fertigung eines T-Shirts. Das Motiv kann hierbei vom Kunden ausgewählt und gestaltet werden. Das T-Shirt entspricht auf diese Weise viel eher dem eigenen Geschmack und bietet einen größeren Nutzen. Allerdings muss beachtet werden, dass mit dieser Produktionsweise höhere Kosten verbunden sein können. Es sind aufwändigere Maschinen notwendig, bei denen kein Umrüsten mehr vorzunehmen ist. Zudem müssen die Geschäftsprozesse so optimiert sein, dass die Wünsche des Kunden tatsächlich bei der Produktion berücksichtigt werden. Ist die Produktionskette sehr aufwendig, stellt dies eine große Herausforderung dar. Schließlich können an vielen Schnittstellen Kommunikationsprobleme auftauchen und der Kundenwunsch wird nicht wie erwartet, umgesetzt.

Bei der Individualisierung ist es zudem nicht möglich, die Produkte bereits im Lager zu halten. Damit die Wartezeit verkürzt wird, müssen die Prozesse vom Kauf des Kunden, bis zur Auslieferung ebenfalls effizient gestaltet werden. Werden diese Herausforderungen gemeistert, ist der Kunde bereit für das individuelle Produkt einen Preisaufschlag zu zahlen. Allerdings sollte die Qualität weiterhin sehr hoch sein und die Wartezeit darf nicht zu einem echten Hindernis werden.

Unterschiedliche Positionen des Unternehmens

Die Geschäftswelt ist aus verschiedenen Akteuren aufgebaut. Grundlegend werden Hersteller und Händler unterschieden. Während die Hersteller vor allem Experten in der Produktion sind, stellen die Händler eine Schnittstelle zwischen den Kunden und den Herstellern dar.

Als Selbstständiger muss die Frage beantwortet werden, welche Position innerhalb des Marktes eigentlich eingenommen wird. Besteht die Geschäftsidee aus einem besonders innovativem Produkt, dass bei den Kunden sehr gut ankommen könnte, ist es sinnvoll als Hersteller aufzutreten. In der Nebentätigkeit ist es aber selten möglich, direkt eine eigene Fabrik oder Werkstatt zu gründen. Die Kosten für die Entwicklung des Prototyps können durch die Nutzung von „Makerspaces" reduziert werden. Da neuartige Produkte immer häufiger mit sehr aufwendigen Maschinen produziert werden, hat sich das Angebot solcher Räumlichkeiten ausgeweitet. Innerhalb der „Makerspaces" stehen verschiedene Maschinen und Computer zur Verfügung, mit denen die eigene Vision umgesetzt werden kann. So gibt es häufig 3D-Drucker, mit denen selbst komplizierte Formen innerhalb kürzester Zeit kreiert werden können.

Auch für andere Branchen gibt es für Hersteller in kleinerem Rahmen attraktive Angebote. So können eventuell die Räumlichkeiten von anderen Betrieben genutzt werden, um das eigene Produkt herzustellen. Brauereien überlassen zu diesem Zweck immer öfter die Produktionsmittel, die zur Herstellung notwendig sind. Ebenfalls können auch Bäckereien in bestimmten Zeitfenstern genutzt werden. Natürlich ist mit dieser Nutzung eine Gebühr verbunden. Auf diese Weise ist es aber möglich, dass eigene Produkt in geringer Stückzahl herzustellen und dieses am Markt zu testen. Danach kann Schritt für Schritt erörtert werden, ob die Investition in eigene Räumlichkeiten und der Aufbau einer Produktionsstätte sinnvoll ist.

Steht nicht das eigene Produkt im Vordergrund, sondern das Verkaufstalent, dann ist die Positionierung als Händler unter Umständen besser. Als Händler wird keine eigene Produktion vorgenommen. Diese wird den Herstellern überlassen und der Händler ist dafür zuständig, die Waren an den Kunden zu bringen. Heutzutage ist die Tätigkeit als Händler mit geringen Hürden verbunden. Gerade durch das Internet besteht die Möglichkeit, selbst ohne eigenen Investitionen diese Aufgabe auszuführen.

In Zusammenarbeit mit Amazon oder Alibaba besteht die Option, gegen eine Provision die Waren zu verkaufen. Möglich ist dies über die eigene Webseite, welche danach auf die großen Online-Händler verlinkt. Auf der Webseite werden Informationen angeboten, die dem Kunden helfen eine bessere Kaufentscheidung zu treffen. Tätigt er danach einen Kauf bei dem Verkaufsportal, wird eine Provision eingenommen.

Es besteht aber auch die Möglichkeit viel direkter als Händler aufzutreten. Mit etwas mehr Investitionen und Risiko ist es möglich, selber als Marke wahrgenommen zu werden. Über die Plattform Alibaba kann direkt ein Kontakt mit den Produzenten in Asien hergestellt werden. Diese können nach den eigenen Anforderungen das gewünschte Produkt herstellen und als Händler wird dieses entsprechend vermarktet.

Dabei besteht die Möglichkeit, auf weitere Angebote der großen Online-Händler zurückzugreifen. Amazon bietet zum Beispiel das gesamte Fulfillment an. Dies beinhaltet die Lagerung, Verpackung und Versand zum Kunden. Damit werden einige Schritte übernommen und die Strukturen müssen nicht erst selber aufgebaut werden. Gerade für ein neues kleines Unternehmen ist dies von Vorteil, da die Investitionen überschaubar sind. Es ist möglich, die Produkte direkt von Asien zu einem Lager von Amazon liefern zu lassen und die weiteren Arbeiten werden dort übernommen. Der Eigenaufwand ist relativ gering.

Mit der richtigen Idee zum Unternehmen

Wie sollte die Geschäftsidee also aussehen und welche Position ist für das neue Unternehmen am vielversprechendsten?

Es ist klar, dass eine neue Idee als Basis für das Geschäft dienen sollte. Ein bestehendes Geschäft zu kopieren und zu hoffen, dieses erfolgreicher zu führen ist in den wenigsten Fällen wirklich zielführend. Besser ist es, wenn entweder eine komplett neuartige Idee oder zumindest eine Weiterentwicklung verwirklicht wird.

Es ist also nicht unbedingt notwendig, etwas völlig Neuartiges zu entwickeln, das es bisher noch gar nicht auf dem Markt gab. Vielmals ist es schon ausreichend, wenn bestehende Angebote verfeinert und entsprechend weiterentwickelt werden. Bei den digitalen Angeboten kann dies zum Beispiel anhand von AirBnB oder Uber veranschaulicht werden. Diese haben kein komplett neuartiges Geschäftsmodell entwickelt. Sie haben es aber geschafft, die Angebote so zu bündeln, dass die Nutzung für den Kunden sehr viel komfortabler ist. Nebenbei haben diese beiden Beispiele die Plattformstrategie umgesetzt, bei denen Anbieter und Kunden zusammengeführt werden. Diese Beispiele verdeutlichen, wie rentabel dieser Bereich als Unternehmer sein kann.

Mit einem sehr viel höheren Risiko ist die Kreation einer völlig neuartigen Geschäftsidee verbunden. Da es hier kaum Erfahrungswerte gibt, ist es schwer möglich den späteren Erfolg abzuschätzen. Gerade in der Anfangszeit ist einige Disziplin notwendig, um diese Strategie zu verfolgen. Es kann mitunter einige Zeit dauern, bis dieses Modell rentabel ist. Die Schwierigkeit besteht darin, dass es kaum abschätzbar ist, wann dieser Zeitpunkt eintritt. Diese Strategie ist nur zu empfehlen, wenn Leidenschaft in dem Projekt steckt. Es muss schon sehr viel Herzenslust vorhanden sein, um Monate und vielleicht Jahre an einem Projekt zu arbeiten, ohne zu wissen, ob dieses tatsächlich erfolgreich sein wird. Gerade für Neueinsteiger im Bereich der Unternehmensgründung ist dies nicht unbedingt zu empfehlen.

Eine andere Möglichkeit für ein eigenes Geschäftsmodell besteht in der Kombination bereits bestehender erfolgreicher Konzepte. Für sich genommen kann erörtert werden, welche Ideen schon erfolgreich sind. Anstatt diese aber nur plump zu kopieren, werden diese mit weiteren Ideen kombiniert. Dies kann zum Beispiel der Waschsalon mit angeschlossenem Café sein. Hier wird die Wartezeit überbrückt, indem Getränke oder Speisen angeboten werden. Abschließend bleibt zu sagen, dass es natürlich nicht immer das eine erfolgreiche Geschäftsmodell gibt. Wichtig ist in jedem Fall, dass die notwendige Disziplin vorhanden ist, um die Idee auch tatsächlich umzusetzen. Denn wie so oft gilt, dass viele Menschen zwar einige Ideen besitzen, im Nachhinein aber nicht bereit sind, diese auch zu verwirklichen. Nur wenn die notwendige Arbeit durchgeführt wird, um die Idee in die Tat umzusetzen, kann die Selbstständigkeit gelingen.

GRÜNDUNG DES UNTERNEHMENS

Die Rechtsformen im Vergleich

Steht eine Idee im Vordergrund, welche verwirklicht werden soll, sind mit der Gründung des Unternehmens einige Hürden verbunden. In Deutschland sind die bürokratischen Anforderungen vergleichsweise hoch und es ist eine Menge Arbeit auszuführen, bevor die eigentliche Tätigkeit aufgenommen werden kann. Diese Hürden dienen dem Schutz der Kunden und des Unternehmers. Zudem werden verschiedene Möglichkeiten aufgezeigt, mit denen das Unternehmen maßgerecht nach den eigenen Anforderungen gestaltet werden kann.

Eine der grundlegenden Entscheidungen ist die der Rechtsform. Es gibt eine Vielzahl von Optionen, wie das Unternehmen aufgebaut sein kann. Diese Varianten sind jeweils mit Vor- und Nachteilen verbunden. Diese betreffen die Haftung und die allgemeine Struktur des Unternehmens. Damit das Vorhaben der Selbstständigkeit sich nicht zum eigenen Nachteil entwickelt, muss bei der Wahl der Rechtsform sehr sorgfältig vorgegangen werden.

Unterschieden werden hierbei Personengesellschaften und Kapitalgesellschaften. Die Personengesellschaft stellt einen Zusammenschluss mehrerer natürlicher Personen zu einer Gesellschaft dar. In Zusammenarbeit agieren mehrere Personen als Geschäftsführer. Mit dieser Gesellschaft ist die Haftung der persönlichen Geschäftsführer verbunden. Diese haften mit Ihrem privaten Vermögen. Geht es dem Unternehmen schlecht und droht sogar die Insolvenz, kann das Privatvermögen zur Begleichung der Verbindlichkeiten herangezogen werden. Dies stellt natürlich ein großes Risiko dar und dieser Schritt sollte nur vollzogen werden, wenn eine ausreichend hohe Vertrauensbasis zu den weiteren Geschäftsführern besteht.

Für die Gründung einer Personengesellschaft ist ein Gesellschaftervertrag notwendig. Dieser regelt die Struktur des Unternehmens und wie die Aufgaben unter den Geschäftsführern verteilt sind. So wird zum Beispiel geregelt, was geschieht, wenn ein Gesellschafter aus dem Unternehmen ausscheidet. Ebenso muss festgehalten werden, was nach dem Tod eines Gesellschafters geschieht.

Unter den Personengesellschaften gibt es eine Vielzahl von Abwandlungen und unterschiedlichen Varianten. Eine Personengesellschaft, die gegründet werden kann ist die offene Handelsgesellschaft. Wer als Handelskaufmann tätig ist, muss diese Form der Handelsgesellschaft gründen. Von Rechtswegen ist es ausgeschlossen, als Handelskaufmann eine Gesellschaft bürgerlichen Rechts zu gründen. Die offene Handelsgesellschaft muss in das Handelsregister eingetragen werden.

Eine andere Variante bietet die Kommanditgesellschaft. Bei dieser besteht das Unternehmen aus einem Komplementär und den Kommanditisten. Der Komplementär haftet in diesem Fall mit seinem gesamten Privatvermögen. Die Kommanditisten werden als weitere Gesellschafter angesehen. Sie haften nur mit dem Kapital, welches Sie in die Gesellschaft eingebracht haben. Mit dieser Rechtsform kann die Haftung der Gesellschafter begrenzt werden. Möchten diese nur Kapital in das Unternehmen einbringen und nicht an der Geschäftsführung teilnehmen, stellt dies die wesentlich bessere Variante dar. Neben der grundsätzlichen Wahl der Personengesellschaft kann auch eine Kapitalgesellschaft gegründet werden. Diese werden nicht mehr als natürliche, sondern als juristische Person angesehen. Die Kapitalgesellschaft tritt im Außenverhältnis als eigenständige Person auf. Ein wesentlicher Unterschied besteht darin, dass die Eigentümer und Geschäftsführer im Falle der Insolvenz nicht mit Ihrem Privatvermögen haften. Steht es um die Kapitalgesellschaft wirtschaftlich schlecht und droht die Insolvenz, wird nur das Vermögen aus der Gesellschaft verwendet, um die Gläubiger zu bedienen. Gerade wenn der wirtschaftliche Erfolg unsicher ist und ein hohes Risiko besteht, sollte diese Rechtsform gewählt werden. Damit besteht keine Gefahr, dass das Privatvermögen durch die Verbindlichkeiten der Gesellschaft angegriffen wird.

Im Allgemeinen ist die Gründung einer Kapitalgesellschaft mit höheren finanziellen Investitionen verbunden. Die Haftung der Gesellschafter wird vermindert, damit aber dennoch eine gewisse Sicherheit für die Geldgeber und Kunden vorhanden ist, muss eine höhere Anfangsinvestition getätigt werden. Dieser Beitrag dient als Sicherheit, gegenüber den Gläubigern.

Die populärste Variante stellt das Einzelunternehmen dar. Das Einzelunternehmen zählt zu den Personengesellschaften und ist ein Übergriff für alle Gewerbetreibenden, sowie Freiberufler. Damit wird unter der Einzelunternehmung eine sehr breite Gruppe an Personen verstanden. Knapp drei Viertel aller Gründungen im Jahr 2015 wurde in der Form des Einzelunternehmens vollzogen. Dies liegt daran, dass für die Gründung lediglich eine Gewerbeanmeldung notwendig ist. Durch diese Anmeldung wird das Einzelunternehmen gegründet und die Geschäftstätigkeit kann aufgenommen werden. Allerdings muss bedacht werden, dass der Einzelunternehmer mit seinem Privatvermögen haftet. Wächst das Gewerbe mit der Zeit und besteht der Wunsch, die private Haftung zu begrenzen, muss die Gesellschaft die Gesellschaftsform wechseln. Aus dem laufenden Betrieb heraus ist dies mit einigem Aufwand verbunden. Schließlich müssen alle Konten, Verträge und Vermögenswerte an die neue Gesellschaft angepasst werden. Besteht schon früh der Wunsch, die Haftung zu begrenzen und ist das finanzielle Grundkapital vorhanden, um direkt eine Kapitalgesellschaft zu gründen, ist dies für die meisten Selbstständigen die bessere Entscheidung. Es muss aber auch beachtet werden, dass damit mehr Aufwand einhergeht und mit der Führung der Kapitalgesellschaft höhere Auflagen verbunden sind.

Ein Vorteil der Kapitalgesellschaften ist die einfachere Durchführung der Beteiligung. Werden finanzielle Mittel benötigt, können Gesellschafter zum Beispiel in die GmbH aufgenommen werden. Diese verfügen nicht über die Rechte, die Geschäftsführung zu beeinflussen, sondern stellen lediglich die finanziellen Mittel bereit. Damit wird eine Finanzierung erleichtert. Allerdings muss eine große Überzeugung geleistet werden, damit neue Gesellschafter als Geldgeber hinzugewonnen werden. Diese müssen vom Erfolg des Unternehmens und der Idee überzeugt sein. Tritt ein wirtschaftlicher Misserfolg ein, haften die Gesellschafter mit Ihren Einlagen.

Die Vorteile des Kleingewerbes

Eine Sonderform des Einzelunternehmers, welche vor allem für unerfahrene Gründer von Vorteil ist, ist das Kleingewerbe. Einer der größten Vorteile ist, dass die Umsatzsteuer weder eingetrieben, noch an das Finanzamt abgegeben werden muss. Gerade die Umsatzsteuer stellt für viele Selbstständige eine Herausforderung dar, die gerne vermieden wird. Stellt sie doch hohe Anforderungen an die Buchhaltung und zunächst ist wenig verständlich, inwiefern die Umsatzsteuer auch zum Vorteil des Unternehmens genutzt werden kann. Da die Selbstständigkeit bereits mit einigen Fragen verbunden ist, bietet das Kleingewerbe also diese Erleichterung. Auf den Rechnungen des Kleingewerbes darf die Umsatzsteuer nicht ausgewiesen werden. Umgekehrt bedeutet dies aber auch, dass die bezahlte Umsatzsteuer nicht erstattet wird. Auch wenn die Umsatzsteuer häufig als lästig wahrgenommen wird, kann sie nämlich auch einen Vorteil darstellen. Fallen zu Beginn der Gründung des Unternehmens einige Investitionen an, kann die Umsatzsteuer erstattet werden. Dies kann der Fall sein, wenn ein Laptop gekauft wird. In der Praxis bedeutet dies, dass der Laptop somit rund 19 Prozent günstiger im Einkauf für den Gewerbetreibenden ist, als für den Privatkäufer. Im Kleingewerbe besteht die Möglichkeit der Erstattung der Umsatzsteuer nicht.

Die Wahl zugunsten des Kleingewerbes ist vor allem für Selbstständige geeignet, die online arbeiten und dort verschiedene Dienstleistungen anbieten. Als Webdesigner oder Mediengestalter sind die eigenen Investitionen meist recht überschaubar. Falls schon ein Laptop vorhanden ist, kann dieser einfach genutzt werden und es muss nicht erst noch in ein neues Gerät investiert werden. Für diese Art der Selbstständigen entsteht durch den Wegfall der Umsatzsteuer kein spürbarer Nachteil. Auf der anderen Seite ist der bürokratische Aufwand wesentlich geringer.

Beim Schreiben der Rechnung als Kleingewerbetreibender muss ausdrücklich ein Hinweis erfolgen, dass die Umsatzsteuer nicht ausgewiesen werden darf. Das Schreiben einer ordentlichen Rechnung mit all seinen erforderlichen Angaben gehört ebenfalls zu den Pflichten eines Selbstständigen. Je nach Rechtsform bestehen andere Anforderungen, welche für die Rechnung beachtet werden müssen. Die Kleinunternehmerregelung ist nur anwendbar, wenn der Umsatz innerhalb eines Kalenderjahres unter 17.500 Euro bleibt. Wird dieser Umsatz überschritten, darf diese vereinfachende Regelung für das Folgejahr nicht mehr angewandt werden und die Umsatzsteuer muss ausgewiesen, sowie abgeführt werden. Die Regelung wird während der Gewerbeanmeldung ausgewählt.

Als Kleingewerbetreibender werden im Bereich der Umsatzsteuer Erleichterungen gewährt. Zum Großteil bleiben jedoch die gleichen Regelungen bestehen. Dies bedeutet, dass eine Haftung mit dem Privatvermögen eintritt. Für den Gründer mag dies häufig zum Nachteil ausgelegt werden und viele Personen scheuen sich davor, mit dem eigenen Vermögen zu haften. Diese Regelung bietet für ein neues Unternehmen aber auch Vorteile. So genießt das Einzelunternehmen bei Banken einen besseren Ruf. Insbesondere wenn die verantwortliche Privatperson über eine hohe Bonität verfügt und ein ausreichend hohes Privatvermögen besitzt, sind Banken eher bereit Kredite für das Unternehmen zur Verfügung zu stellen. Bei Kapitalgesellschaften ist die Kreditbeschaffung etwas schwieriger. Gerade wenn hohe Summen benötigt werden, agieren Banken sehr zögerlich. Schließlich dient nur das Gesellschaftsvermögen als Sicherheit. Das Risiko ist für den Geldgeber in diesem Fall höher und es besteht die Gefahr, dass durch den bereitgestellten Kredit ein finanzieller Verlust entsteht.

Wie wird eine Gesellschaft bürgerlichen Rechts gegründet

Neben dem Einzelunternehmen ist eine Form der Personengesellschaft, die Gesellschaft bürgerlichen Rechts, kurz „GbR". Im Jahr 2015 entfielen auf diese Rechtsform etwa 5,1 Prozent aller neu gegründeten Gesellschaften. Die gesetzlichen Vorgaben sind im Vergleich zu den Kapitalgesellschaften niedriger und daher entscheiden sich gerade viele Neugründer für diese Rechtsform. Die Hürden sind vergleichsweise gering und dennoch können einige Anpassungen vorgenommen werden.

Eine Gesellschaft bürgerlichen Rechts besteht aus mehreren Gesellschaftern. Möchten diese keine Kapitalgesellschaft gründen, können diese sich in Form der GbR zusammenschließen. Dieser Zusammenschluss ist für einige Geschäftsmodelle denkbar. Dies kann zum Beispiel der Fall sein, wenn zusammen mit einem Geschäftspartner ein kleines Café gegründet wird.

Die Gründung der Gesellschaft bürgerlichen Rechts ist relativ einfach und formlos möglich. Es reicht im Grunde der Sachverhalt aus, dass die Tätigkeit im Café gemeinsam aufgenommen wird. Dies bedeutet, dass für die Gründung kein schriftlicher Vertrag notwendig ist oder ein Stammkapital in die Gesellschaft eingebracht werden muss. Ebenfalls nicht notwendig ist die Eintragung in das Handelsregister. Der finanzielle Aufwand für die Gründung des Unternehmens beschränkt sich also hauptsächlich auf die Investition in das eigentliche Geschäftsfeld. Damit können die Gründer sich auf die Verwirklichung der Idee konzentrieren und besondere bürokratische Hürden sind nicht vorhanden.

Für die Gr ündung der GbR ist ein Gesellschaftervertrag nicht zwingend notwendig. Wird dieser nicht aufgesetzt, gelten die gesetzlichen Bestimmungen. In den meisten Fällen ist es jedoch sinnvoll, wenn solch ein Vertrag aufgesetzt wird. Dieser sorgt für Rechtssicherheit, wenn es zu Problemen oder ungewöhnlichen Vorfällen innerhalb der Gesellschaft kommt. Durch den Gesellschaftervertrag können diese Unsicherheiten beseitigt werden und die gesetzlichen Regelungen werden so angepasst, wie es für das Unternehmen am besten ist.

Eine häufige Anpassung findet im Bereich der einstimmigen Beschlüsse statt. Wird hier kein Gesellschaftervertrag aufgesetzt bedeutet dies, dass das Unternehmen nur einstimmig wichtige Verträge abschließen kann. Dies führt dazu, dass bei der Kreditaufnahme oder dem Abschluss anderer Geschäfte ab einem bestimmten Wert, eine Einstimmigkeit unter den Gesellschaftern erforderlich ist. Bei einer geringen Anzahl von Gesellschaftern mag dies noch praktisch umsetzbar sein. Sind nur zwei Gesellschafter im Unternehmen tätig, können diese sich schnell absprechen und die Entscheidungen treffen. Steigt die Anzahl der Gesellschafter, wird die Kommunikation und die Zustimmung komplizierter. Hier ist es sinnvoll, wenn anstatt der Einstimmigkeit, die Möglichkeit besteht Mehrheitsbeschlüsse durchzuführen. Dadurch bleibt die Gesellschaft bürgerlichen Rechts flexibel und kann auf Probleme relativ zügig reagieren.

Ein weiterer häufiger Kritikpunkt bei der gesetzlichen Regelung der GbR ist die Ausscheidung eines Gesellschafters. Hier sieht das Gesetz keine Möglichkeit der Fortsetzung des Unternehmens. Dieses müsste in diesem Fall aufgelöst werden. In den meisten Fällen ist es allerdings erstrebenswert, wenn das Unternehmen auch trotz Ausscheidens eines der Beteiligten weitergeführt werden kann. Die verbliebenen Gesellschafter können die Arbeit übernehmen und das Unternehmen langfristig weiterführen. Damit dies möglich ist, muss ein Gesellschaftervertrag aufgesetzt werden. In diesem wird beschrieben, wie zum Beispiel mit dem Tod eines Gesellschafters zu verfahren ist. Möglich ist, dass einer der Erben unter Zustimmung der restlichen Gesellschafter als Nachfolger eintritt. Oder der Gesellschaftsanteil kann per Abfindung an die verbliebenen Gesellschafter übertragen werden. Welche Regelung getroffen wird, steht den Gesellschaftern frei.

Besteht kein Gesellschaftsvertrag über die Gewinne und Verluste, werden diese zu gleichen Teilen unter den Gesellschaftern aufgeteilt. Dabei ist es unerheblich, wie hoch der tatsächliche Anteil an der Gesellschaft ist und wie die Arbeitszeit aufgeteilt wird. Die Gesellschafter sind zu gleichen Teilen am Gewinn, aber auch am Verlust beteiligt. Liegen Verbindlichkeiten vor, sind ebenfalls alle Gesellschafter an diesen beteiligt und müssen mit Ihrem Privatvermögen dafür einstehen. Da die Arbeit unter den Gesellschaftern in vielen Fällen nicht gleichmäßig aufgeteilt wird, sondern manche Personen mehr im Unternehmen involviert sind als andere, sollte vor der Gründung schon die Gewinnausschüttung betrachtet werden. So wird vermieden, dass es zu Missgunst unter den Gesellschaftern kommt und diese mit der Unternehmensführung nicht mehr einverstanden sind.

Ein Sonderfall besteht in der Haftung für ausgeschiedene und neu eintretende Gesellschafter. Ausscheidende Gesellschafter haften bis zu fünf Jahre für die bis zum Zeitpunkt des Ausscheidens eingegangenen Verbindlichkeiten. Werden diese nicht mehr rechtzeitig bedient, kann selbst der bereits ausgeschiedene Gesellschafter dafür haftbar gemacht werden und die Verbindlichkeiten müssen aus seinem Privatvermögen beglichen werden. In der Haftung gegenüber dem Gläubiger kann diese Nachhaftung nicht reduziert werden. Dies ist offensichtlich, andernfalls könnten im Gesellschaftervertrag Regelungen getroffen werden, die für Außenstehende zum Nachteil sein könnten. Unter den Gesellschaftern können aber eigene Regelungen für diese Nachhaftung getroffen werden. So besteht die Möglichkeit, diese nicht auf fünf Jahre zu begrenzen, sondern deutlich zu verkürzen. Allerdings betrifft dies nur das Innenverhältnis. Der Gläubiger kann weiterhin alle Gesellschafter ansprechen, die noch innerhalb des fünf-Jahreszeitfensters liegen. Im Innenverhältnis kann dann, dass Geld wieder von den verbliebenen Gesellschaftern eingefordert werden, wenn die Nachhaftung bereits abgeschlossen ist.

Um all diese Regelungen nach den eigenen Bedürfnissen zu treffen, ist der Gesellschaftervertrag die rechtliche Grundlage. Für die Gründung der GbR ist dieser zwar nicht zwingend notwendig, er ist aber sinnvoll, damit die Arbeit so effektiv wie möglich gestaltet wird.

Wahl des Firmennamens

Die Wahl des Namens für Kapitalgesellschaften ist kaum Einschränkungen unterlegen. Hier können Fantasienamen gewählt werden, die vollkommen frei erfunden sind und weder den Unternehmenszweck, noch seine Beteiligten widerspiegeln müssen. Der Name sollte allerdings so ausgewählt werden, dass dieser möglichst einprägsam ist. Dies geschieht nicht vor dem Hintergrund rechtlicher Einschränkungen, sondern dass das Unternehmen für Kunden lange im Gedächtnis bleiben sollte. Allerdings darf der Name keine falschen Tatsachen darstellen. So kann es verboten sein, bestimmte Personennamen als Firmenname zu verwenden, wenn keinerlei Verbindung zwischen dem Unternehmen und der genannten Person besteht.

Für Personengesellschaften bestehen stärkere Einschränkungen hinsichtlich der Namensgebung. Anders als bei Kapitalgesellschaften, handelt es sich bei diesen Konstrukten nicht um anonyme Mitarbeiter, die dem Unternehmen angehören. Im Firmennamen müssen alle Nachnamen der Gesellschafter und mindestens ein Vorname vorkommen. Dadurch ist zumindest ein vollständig haftender Gesellschafter nach außen hin sichtbar. Dies schafft Vertrauen und sorgt für eine größere Transparenz. Die Gesellschafter können sich nicht hinter Fantasienamen verstecken und Ihre Tätigkeiten innerhalb des Unternehmens verbergen. Scheint diese Regelung nicht umsetzbar, weil zum Beispiel zu viele Gesellschafter an der Gesellschaft bürgerlichen Rechts beteiligt sind, kann ausnahmsweise auch ein Fantasiename verwendet werden. In jedem Fall ist der Zusatz „GbR" im Namen zu nutzen. Durch diesen wird angezeigt, um welche Rechtsform es sich handelt.

Fremdfinanzierung für das frisch gegründete Unternehmen

Nicht jeder hat die Möglichkeit, das Unternehmen aus den eigenen finanziellen Mitteln aufbauen zu können. Manche Geschäftsideen gehen mit sehr geringen Kosten einher. Dies ist vor allem für virtuelle Produkte der Fall und wenn diese digital vertrieben werden. Es muss keine physische Produktion erfolgen und die Kosten sind in den meisten Fällen geringer.

Liegt dem Geschäftsmodell ein physisches Produkt zugrunde, bedeutet dies in der Regel, dass eine Fremdfinanzierung benötigt wird. Banken oder andere Investoren werden angefragt, um einen Teil der finanziellen Mittel bereitzustellen, damit die Selbstständigkeit begonnen werden kann. Bei der Gesellschaft bürgerlichen Rechts wirkt sich der Umstand der Privathaftung positiv auf die Kreditwürdigkeit aus. Die Banken erhalten das Privatvermögen als Sicherheit und das Gesamtrisiko wird durch diese Art der Haftung etwas abgefedert. Ebenfalls von Vorteil ist die Gesamthaftung jedes einzelnen Gesellschafters für die Verbindlichkeiten, die von der GbR aufgenommen wurden. Erweist sich ein Gesellschafter als wenig Zahlungsfähig, hat die Bank noch weitere Personen an die sie sich wenden kann, um die ausstehenden Verbindlichkeiten zu begleichen. Im Umkehrschluss erhöht dies aber auch das Risiko für die Gesellschafter, da diese mit Ihrem Vermögen für Verbindlichkeiten haften, die von anderen Personen eingegangen wurden. Dennoch ist diese Struktur für Banken vorteilhaft und die Finanzierung ist einfacher, als es bei Kapitalgesellschaften, mit wenig Einlagevermögen der Fall wäre.

Die GmbH gilt unter den Kapitalgesellschaften als sehr beliebt. Mehr als 10 Prozent aller neu gegründeten Unternehmen im Jahr 2015 fielen in diese Rechtsform. Die Anforderungen sind relativ überschaubar und die wohl größte Hürde ist die Einlage in Höhe von 25.000 Euro, die erbracht werden muss. Die Haftung ist auf das Vermögen der Kapitalgesellschaft begrenzt. Das Privatvermögen der Gesellschafter wird nicht angetastet. Für Banken bedeutet dies einen Nachteil, wenn hohe Kredite vergeben werden und das Stammkapital als einzige Sicherheit vorhanden ist. Diese muss genau prüfen, wie hoch das Ausfallrisiko ist und ob mit diesem Umstand eine Kreditvergabe überhaupt möglich ist. Wird der Kredit bewilligt, ist dieser in vielen Fällen nur zu relativ schlechten Konditionen erhältlich. Aufgrund des geringeren Haftungskapitals steigt der Zinssatz. Die Fremdfinanzierung für die GmbH ist damit wesentlich kostspieliger und komplizierter.

Der Staat ist bemüht die Selbstständigkeit zu fördern und mehr Interessenten diesen Schritt zu erleichtern. Das Kleingewerbe ist eine Erleichterung, die während der letzten Jahre gewährt wurde. Eine weitere neue Rechtsform ist die Unternehmergesellschaft. Hierbei handelt es sich im Wesentlichen um eine GmbH, dessen Stammkapital nicht bei 25.000 Euro, sondern mindestens einem Euro liegt. Wer also die Einlage der GmbH nicht erbringen kann, hat die Option eine Unternehmergesellschaft zu gründen.

Im Vergleich der zahlreichen Rechtsformen schneidet die Unternehmergesellschaft am schlechtesten ab. Durch das geringe Stammkapital von mindestens einem Euro und der Haftungsbeschränkung, kann es vorkommen, dass so gut wie keine Sicherheiten für den Gläubiger vorhanden sind. Scheitert die Unternehmergesellschaft, bleiben die Gläubiger auf Ihre Darlehen sitzen und ihnen entstehen auf diesem Wegehohe Kosten. Beider Unternehmergesellschaft bedarf es schon einer sehr außergewöhnlichen und profitablen Idee, um die Investoren von der Gewährung des Kredites zu überzeugen.

Wie hoch der Finanzierungsbedarf des Unternehmens während der Anfangsphase ist, sollte bei der Wahl der Rechtsform beachtet werden. Für Banken hat die Rechtsform einen hohen Einfluss darauf, ob ein Kredit gewährt oder abgelehnt wird und zu welchen Konditionen dieser vergeben werden kann.

Wann ein Gewerbe angemeldet werden muss

Der Weg zur Selbstständigkeit ist in den meisten Fällen mit einer Gewerbeanmeldung verbunden. Die Anmeldung zeigt nach Außen, dass die unternehmerische Tätigkeit aufgenommen wurde. Damit steht also fest, dass es sich nicht mehr nur um eine bloße Idee handelt, sondern dass die Selbstständigkeit wahrgenommen wird. Mit der Erfüllung der nachstehenden Kriterien, ist die Gewerbeanmeldung zwingend erforderlich. Daraus ergibt sich schon, dass in manchen Fällen die Selbstständigkeit auch ohne Gewerbeanmeldung möglich ist.

Das erste Kriterium ist die selbstständige Tätigkeit. Dies bedeutet im Gegensatz zum Arbeitnehmer, dass eigene Rechnungen geschrieben werden und das Risiko auf sich geladen wird. Der Arbeitnehmer ist höchstens berechtigt, die Rechnung als Vertretungsberechtigter des Unternehmens auszustellen und das unternehmerische Risiko wird von den Eigentümern übernommen. Als Unternehmer müssen die Fehler selber eingestanden werden. Arbeitnehmer haften nur bei grober Fahrlässigkeit und um diese nachzuweisen müssen einige belastbare Beweise vorhanden sein. Selbstständige haften allerdings für jeden kleinen Fehler. Dies kann schon ein Zahlendreher bei einer Bestellung sein.

Ein weiteres Kriterium für die Gewerbeanmeldung ist die Langfristigkeit der unternehmerischen Tätigkeit. Die Tätigkeit ist nicht auf einen bestimmten Zeitraum begrenzt, sondern langfristig angelegt. Eine zeitlich befristete Tätigkeit wird zum Beispiel während der Semesterferien durchgeführt. Wer in dieser Zeit kurz vor den Prüfungen sich als Tutor anbietet, muss kein eigenes Gewerbe dafür gründen. Wichtig ist hierfür, dass der Zeitraum stark begrenzt ist. Für solch eine Tätigkeit muss jedoch weiterhin eine Rechnung ausgestellt werden. Diese muss keine Mehrwertsteuer beinhalten, das Einkommen ist aber natürlich weiterhin zu versteuern.

Wer einen freien Beruf ausübt, muss ebenfalls kein Gewerbe anmelden. Der Begriff des Freiberuflers ist allerdings nicht allgemeingültig im Gesetzestext definiert. Hierbei handelt es sich nur um Personen, die eine „freie wissenschaftliche, künstlerische oder schriftstellerische Tätigkeit oder persönliche Dienstleistung höherer Art" anbietet. Im Sinne der höheren Bildung wird verstanden, dass für die Ausübung ein Hochschulabschluss benötigt wird. Zu den freiberuflichen Tätigen werden unter anderem Ärzte, Rechtsanwälte, Ingenieure oder Steuerberater gezählt. Diese Berufsgruppen müssen für die

Ausübung Ihrer Tätigkeit kein Gewerbe anmelden, sondern können die Regelung des Freiberufes nutzen.

Wesentlich für das Unternehmen ist die Absicht, einen Gewinn erzielen zu wollen. Damit findet eine Abgrenzung zwischen einem einfachen Hobby statt, welches nicht auf einen Gewinn ausgerichtet ist. In diesem Fall wird auch von der Liebhaberei gesprochen. Unter die Liebhaberei fällt zum Beispiel auch ein Handwerksbetrieb, welcher nach dem Tod des Geschäftsführers nicht mehr aktiv ausgeübt wird. Durch die Regelung der Liebhaberei wird den Erben nicht zugemutet, dass diese die Auflagen des Gewerbes erfüllen müssen. Bei dieser Definition der Gewinnabsicht ist nicht der tatsächliche Gewinn zu betrachten. Gerade neu gegründete Unternehmen arbeiten unwirtschaftlich und sind mit Kosten verbunden, die erst im Laufe der nächsten Jahre gedeckt werden. Diese unrentable Phase bedeutet nicht, dass Liebhaberei vorliegt. Schließlich ist immer noch die Absicht, einen Gewinn erzielen zu wollen wesentlich für dieses Kriterium.

Als etwas ungewöhnlich gilt im ersten Moment auch das Kriterium der guten Sitten. Wer gegen die guten Sitten verstößt, kann kein Gewerbe anmelden. Hierzu zählen zum Beispiel „Geschäftsmodelle", die darauf ausgerichtet sind das Geld zu erbetteln. Allerdings ist dieses Kriterium sehr schwierig in der Realität anzuwenden. Prostituierte müssen seit einem Urteil aus dem Jahre 2013 in jedem Fall ein Gewerbe anmelden. Damit sind Sie auch dazu verpflichtet, die Gewerbesteuer zu entrichten, falls die Einnahmen den Freibetrag überschreiten.

Die Unternehmensgründung ist also mit einigen Schritten verbunden, bis die eigentliche Tätigkeit so richtig aufgenommen werden kann. Die Wahl der Rechtsform stellt eine der bedeutendsten Entscheidungen dar. Wird eine ungeeignete Rechtsform gewählt, führt dies zu einigen Problemen im Laufe der Geschäftstätigkeit, die nur schwer gelöst werden können. Eine professionelle Beratung kann helfen, die optimale Wahl zu treffen.

Gerade hinsichtlich der Haftung und der Kreditwürdigkeit bestehen einige Unterschiede zwischen den Rechtsformen, die beachtet werden sollten. Für Selbstständige, die neben dem Hauptberuf diese Tätigkeit ausführen wollen, stellt das Kleingewerbe wohl die einfachste Variante dar, um den bürokratische Aufwand zu minimieren und den Fokus auf die unternehmerische Tätigkeit zu legen.

BUCHHALTUNG, STEUERN UND NOTWENDIGE VERSICHERUNGEN

Die Buchhaltung

DIE SELBSTSTÄNDIGKEIT WIRD VOR allem mit der Vision verbunden, dass die eigene Geschäftsidee verwirklicht wird. Es wird etwas auf dem Markt gebracht, dass neuartig ist und einen großen Wert für die Gesellschaft darstellt. Neben diesen löblichen Aufgaben des Unternehmers kommen aber auch andere Tätigkeiten hinzu. Die Buchhaltung und die Auseinandersetzung mit der Steuer gehören zu den eher unliebsamen Aufgaben des Selbstständigen. Sie sind aber ein notwendiges Übel, wenn das Unternehmen aufgebaut werden soll. Zu Beginn ist der finanzielle Spielraum noch sehr eng und der Gang zum Steuerberater mit hohen Kosten verbunden. Daher werden die bürokratischen Aufgaben selber erledigt.

Welche Hürden es gibt und worauf als Selbstständiger ein besonderes Augenmerk zu legen ist, wird in diesem Kapitel erklärt. Damit fallen selbst „gespenstische" Aufgabengebiete wie die Buchhaltung nicht mehr so schwer und können alleine bewältigt werden. Die einzelnen Vorschriften der Buchführung unterscheiden sich je nachdem, welche Rechtsform gewählt wurde. Die Buchführung dient sowohl als Sicherheit für den Unternehmer, aber auch für Außenstehende. Gegenüber dem Finanzamt dient die Buchführung als Grundlage für die Berechnung der Steuer.

Ein häufig gewählter Weg in die Selbstständigkeit führt über die Gesellschaft bürgerlichen Rechts oder dem Einzelunternehmen. Diese wurden bereits im vorherigen Kapitel ausführlich dargestellt. Sie stellen einen Zusammenschluss mehrerer natürlicher Personen dar, die einen gemeinsamen Geschäftszweck verfolgen. Damit verbunden sind Pflichten, die der Gesetzgeber auferlegt hat. Für die abzuführende Steuer ist der Gewinn der Unternehmung maßgeblich. Der Gewinn ermittelt sich aus der Einnahmen-Überschuss-Rechnung, die für das Gewerbe am Ende des Jahres aufgestellt wird. Hierbei werden alle Einnahmen und Ausgaben gegenübergestellt. Mittlerweile können solche

Formulare online mit dem Elster-Programm ausgefüllt werden. Dies stellt eine große Erleichterung dar und verringert den Papieraufwand immens. Zudem werden Anmerkungen gegeben, die eine Hilfestellung bieten und aufzeigen, welche Bedeutung die einzelnen Zeilen haben.

Daneben muss die Umsatzsteuererklärung abgegeben werden. Die Umsatzsteuer wird ohnehin während des laufenden Geschäftsjahres regelmäßig an das Finanzamt abgeführt. Dies kann je nach Umsatz entweder quartalsmäßig oder jeden Monat als Pflicht bestehen. Am Ende des Geschäftsjahres ist zusätzlich noch eine komplette Umsatzsteuererklärung abzugeben.

Neben der Umsatzsteuer, welche dem Bund zugeführt wird, gibt es noch die Gewerbesteuer. Hierbei gibt es einen Freibetrag von 24.500 Euro. Die Gewerbesteuer wird nicht an den Bund, sondern an die jeweilige Kommune abgeführt. Die Höhe der Gewerbesteuer wird von der jeweiligen Gemeinde festgelegt. Diese richtet sich in den meisten Fällen danach, wie gut die Infrastruktur ausgebaut ist und in welcher Lage sich die Kommune befindet. Städte haben in den meisten Fällen einen höheren Gewerbesteuersatz, als ländliche Gebiete. Damit wird der Nutzen für die Unternehmen abgebildet und wie stark diese von der Infrastruktur profitieren. Wird die Selbstständigkeit im Nebenberuf begonnen, wird der Freibetrag mit hoher Wahrscheinlichkeit nicht überschritten. Dies bedeutet leider nicht, dass die Arbeit der Gewerbesteuererklärung komplett erspart bleibt. Diese muss trotzdem an das zuständige Finanzamt abgegeben werden und dient als Nachweis über die wirtschaftliche Lage des Unternehmens.

Für den Fall das bereits Angestellte im eigenen Gewerbe vorhanden sind, muss die Lohnsteuer für diese entrichtet werden. Dies wird in vielen Gründungsfällen kaum vorkommen. Einige Bereiche, wie die Gastronomie und die Tourismusbranche sind von diesen Regelungen allerdings vermehrt betroffen. Angestellte erhöhen den bürokratischen Aufwand immens und dies sollte bei der Entscheidung für die Selbstständigkeit beachtet werden. Bei Einzelunternehmen wird der Gewinn über die persönliche Steuererklärung in der Einkommensteuer abgegolten. Da das Personenunternehmen keine rechtlich eigenständige Person ist, kann keine Steuererklärung in dessen Namen abgegeben werden. Der Gewinn wird daher in der Steuererklärung der jeweiligen Gesellschafter versteuert.

Die Einnahmen-Überschuss-Rechnung ist ein relativ einfacher Fall und kann von den meisten Selbstständigen auch ohne Hilfe des Steuerberaters oder

Buchhalters ausgeführt werden. Hierfür werden lediglich die Einnahmen und Ausgaben gegenübergestellt. Komplizierter wird es, wenn die Rechtsform die Aufstellung einer ordentlichen Bilanz erfordert. Bei der Bilanz werden die Aktiv- und Passivseite dargestellt. Die Aktivseite gibt an, wie die finanziellen Mittel eingesetzt werden und die Mittelherkunft ist in der Passivseite dargestellt. Das Aufstellen der Bilanz ist mit einem höheren Aufwand verbunden und muss sehr sorgfältig erledigt werden. Die Bilanz gibt eine ausführliche Auskunft über die wirtschaftliche Lage. Geschäftsvorfälle nehmen einen Einfluss auf die Bilanz. Hierbei spielen nicht nur tatsächliche Einnahmen und Ausgaben eine Rolle. Als zusätzliche Geschäftsvorfälle müssen zum Beispiel Abschreibungen oder andere Wertverluste immaterieller Güter beachtet werden. Damit wird das Aufstellen einer Bilanz zu einer komplizierten Angelegenheit. Allerdings muss zur Beruhigung aufgeführt werden, dass die Bilanzpflicht eher größere Unternehmen oder jene Rechtsformen betrifft, die generell mit höheren Investitionen verbunden sind. Das kleine persönliche Nebengewerbe kommt allein mit der EinnahmenÜberschuss-Rechnung aus und muss keine Bilanz aufstellen.

Wird eine Kapitalgesellschaft gegründet, sind damit einige Veränderungen gegenüber der Personengesellschaft verbunden. Beim Steuerrecht zeigt sich der Unterschied recht deutlich. Generell kann gesagt werden, dass die Kapitalgesellschaft mit mehr verwalterischen Aufwand verbunden ist. Dies fällt auch bei der kleinen Unternehmergesellschaft ins Gewicht. Erleichterungen, wie zum Beispiel beim Kleingewerbe, treten hier nicht ein. Bei der Gründung der Unternehmergesellschaft müssen also Kosten für den Steuerberater eingeplant werden, wenn diese Aufgaben alleine nicht zu bewältigen sind.

Die Kapitalgesellschaft ist grundsätzlich zur Aufstellung einer Bilanz verpflichtet. Die Grundform wurde bereits beschrieben und zeigt, wie das Kapital im Unternehmen verwendet wird und wo es herkommt. Zusätzlich muss ein Anhang erstellt werden, der die einzelnen Positionen der Bilanz noch ausführlicher darstellt. Finden starke Veränderungen statt, können diese im Anhang erklärt werden. Für mittelgroße und große Kapitalgesellschaften ist zusätzlich noch ein Lagebericht verpflichtend. Der Lagebericht geht vor allem auf die zukünftige Situation des Unternehmens ein. Durch diesen wird die wirtschaftliche Lage für die Anteilseigner transparent dargestellt. Innerhalb des Berichts werden sowohl die Chancen, als auch die Risiken erwähnt, die mit dem Unternehmen verbunden sind. Es zeigt sich also, dass Kapitalgesellschaften mehr Arbeit zu leisten haben und nicht nur eine einfache Einnahmen-Überschuss-Rechnung erstellen können.

An die Stelle der Gewerbesteuer tritt bei Kapitalgesellschaften die Körperschaftssteuer. Diese Form der Steuer unterscheidet sich nicht mehr je nach Standort und der Kommune. Der Steuersatz ist einheitlich auf einen Wert von 15 Prozent des Einkommens bundesweit festgesetzt. Die Einnahmen aus der Körperschaftssteuer werden dem Bund und den Ländern jeweils zur Hälfte zur Verfügung gestellt.

Anders als bei den Personengesellschaften werden die Gewinne der Kapitalgesellschaft nicht automatisch den Gesellschaftern hinzugerechnet. Es kann entschieden werden, wie mit den Gewinnen umgegangen wird. Eine Möglichkeit besteht in dem Verbleib der Gewinne innerhalb der Kapitalgesellschaft. Ist dies der Fall, muss nur die Körperschaftssteuer und die Umsatzsteuer an das Finanzamt abgeführt werden. Bleibt der Gewinn in der Kapitalgesellschaft, wird dies als Thesaurierung bezeichnet. Durch diesen Vorgang wird das Eigenkapital erhöht und zukünftige Investitionen können aus den eigenen Mitteln finanziert werden. Durch die Erhöhung des Eigenkapitals wird externen Geldgebern eine höhere Sicherheit geboten. Damit steigt die Wahrscheinlichkeit, dass Kredite gewährt werden und die Konditionen verbessern sich.

Die Kapitalgesellschaft kann sich auch dazu entscheiden, einen Teil des Gewinnes auszuschütten. In diesem Fall wird der Ausschüttungsbetrag für die entsprechenden Gesellschafter nicht über die Einkommensteuer verrechnet, sondern mit der Abgeltungssteuer. Diese ist unabhängig von der Höhe des Einkommens und beträgt pauschal 25 Prozent. Auf diesen Prozentsatz wird noch der Solidaritätszuschlag und die Kirchensteuer addiert.

Das Ausstellen der Rechnung

Ist das Geschäft angelaufen und die ersten Einnahmen sind zu verbuchen, ist dies mit weiteren bürokratischen Hürden verbunden. Die Rechnung muss vollständig und so gestaltet sein, dass diese für das Finanzamt nachvollziehbar ist. Hierbei müssen einige Punkte beachtet werden.

Grundsätzlich müssen sowohl die Anschriften des Empfängers, als auch Senders vorhanden sein. Auch wenn das Geschäft nur mit virtuellen Gütern oder Dienstleistungen durchgeführt wird, müssen diese Anschriften existent sein. Daher sollte der Empfänger immer seine Rechnungsanschrift angeben. Zusätzlich muss die Steuernummer auf der Rechnung stehen. Möglicherweise ist diese zu Beginn der unternehmerischen Tätigkeit noch gar nicht vorhanden. Wurde als Arbeitnehmer noch keine Steuererklärung abgegeben, ist auch keine Steuernummer vorhanden. Diese wird erst nach der Gewerbeanmeldung vom Finanzamt vergeben. Zu Beginn kann es also notwendig sein, dass das Aktenzeichen des steuerlichen Erfassungsbogens die Steuernummer ersetzt. Bei einem Umzug ändert sich die Steuernummer, da diese von dem Finanzamt abhängig ist. Um für eine höhere Sicherheit zu sorgen, kann daher zusätzlich die Umsatzsteuer-ID angegeben werden. Diese ist unabhängig vom Standort und bleibt in jedem Fall gleich. Dadurch wird ein höheres Maß an Sicherheit geboten.

Die Rechnung sollte mit einer einmaligen Rechnungsnummer versehen werden. Die fortlaufende Nummer zeigt dem Finanzamt an, dass die Einnahmen vollständig sind und keine Rechnung vergessen wurde.

Zudem muss neben dem Netto-Betrag für die Leistung auch der Brutto-Betrag ausgewiesen werden. Der BruttoBetrag ergibt sich aus dem Netto, zuzüglich der Umsatzsteuer. Die Umsatzsteuer ist von der Art der Leistung abhängig und kann entweder 7 oder 19 Prozent betragen. Der verminderte Steuersatz von 7 Prozent ist vor allem für Artikel und Dienstleistungen fällig, die zum Grundbedarf gehören. Dazu werden neben Lebensmittel auch Eintrittskarten für Sport und Kultur gezählt. Ebenso fallen Zeitschriften und Bücher unter den verminderten Umsatzsteuersatz. Die genaue Aufschlüsselung ist allerdings nicht unbedingt logisch nachvollziehbar und muss im Einzelfall in Erfahrung gebracht werden. So wird Milch mit einem Steuersatz von 7 Prozent belegt, wohingegen Sojamilch mit 19 Prozent besteuert wird. Zwar gibt es regelmäßig Bestrebungen, diese teils widersinnigen Regelungen zu reformieren, dennoch ist kaum abzusehen, dass tatsächlich grundlegende Änderungen durchgeführt werden. Die Abschaffung des reduzieren Satzes würde gerade für Personen mit geringem Einkommen eine höhere finanzielle Belastung darstellen.

Leichter fällt die Regelung für Selbstständige, die von der Kleinunternehmerregelung Gebrauch machen. Diese dürfen auf der Rechnung keine Umsatzsteuer ausweisen. Hier gilt der Grundsatz, dass Brutto=Netto ist. Allerdings muss auf der Rechnung ausdrücklich ein Hinweis erfolgen, dass das Ausweisen der Umsatzsteuer aufgrund §19 nicht erforderlich ist. Wird dieser Zusatz vergessen, kann dies zur Folge haben, dass das Finanzamt die Abführung der Umsatzsteuer fordert, obwohl diese gar nicht eingenommen wurde.

Eine fehlerhafte Erstellung der Rechnung kann nicht nur für die Organisation des eigenen Unternehmens zu Schwierigkeiten führen. Mitunter können die Fehler teuer werden, wenn das Finanzamt eine Nachzahlung oder Nacharbeit fordert. Für die Rechnungsstellung und der Buchhaltung im Allgemeinen gibt es mittlerweile verschiedene Software-Anbieter, die diese Aufgaben deutlich erleichtern. Diese Fragen die notwendigen Informationen ab und weisen diese in der Rechnung aus. Dadurch können Fehler vermieden werden und die Organisation fällt wesentlich leichter.

Krankenversicherung

Als Selbstständiger müssen Versicherungen und die Altersvorsorge selber abgeschlossen werden. Dies zeigt wiedermal auf, dass mehr Eigenverantwortung gefordert wird und diese nicht auf den Arbeitgeber übertragen werden kann.

Mittlerweile besteht seit mehr als 10 Jahren die Pflicht zum Abschluss einer Krankenversicherung in Deutschland. Damit soll verhindert werden, dass Menschen aufgrund einer Krankheit in eine Kostenfalle geraten, wo die Behandlungskosten nicht mehr getragen werden können. Daher besteht grundsätzlich die Pflicht zum Abschluss einer Krankenversicherung. Als Arbeitnehmer geschieht dies über den Arbeitgeber. Dieser führt die jeweiligen Beiträge der Krankenversicherung ab. Als Student ist die Krankenversicherung entweder über die studentische Versicherung abgedeckt oder die Mitgliedschaft in der Familienversicherung wird genutzt.

Wird das Gewerbe nur im Nebenberuf ausgeführt, erleichtert dies das Thema der Krankenversicherung. Hier gilt, dass weiterhin die Krankenversicherung über den Arbeitgeber gültig ist. Es muss also keine neue Krankenversicherung abgeschlossen werden. Entwickelt sich das Nebengewerbe wirtschaftlich so gut, dass dieses zukünftig zum Haupterwerb ausreicht, müssen die Kosten selber getragen werden. Zunächst muss allerdings selbst die Nebentätigkeit der Krankenkasse angezeigt werden. Diese wird einen Fragebogen bereitstellen, in denen wichtige Informationen abgefragt werden. Dazu gehört der Familienstand, der wöchentliche Arbeitsaufwand und ob Arbeitnehmer im selbst gegründeten Unternehmen vorhanden sind. Anhand dieser Angaben erfolgt eine eigenständige Prüfung durch die Krankenversicherung.

Die Höhe der Abgabe richtet sich nach dem Einkommen. Im Moment liegt der Krankenkassenbeitrag bei 14,6 Prozent und einem zusätzlichen Beitrag, welcher bei maximal 0,9 Prozent in Abhängigkeit von der jeweiligen Krankenkasse liegt. Bei der Gründung im Nebengewerbe muss zwar keine neue Krankenversicherung abgeschlossen werden, die Berechnungsgrundlage für die Höhe der Abgabe verändert sich allerdings. Es ist nunmehr nicht nur der Hauptberuf als Einkommensquelle vorhanden, sondern auch das Nebengewerbe. Dazu wird das Einkommen für die nächsten 12 Monate im Nebenerwerb geschätzt. Liegt das Einkommen in der Selbstständigkeit höher, als im Haupterwerb, werden die Beiträge nicht mehr über den Arbeitgeber, bzw. dem eigentlichen Beruf abgeführt.

Die Gründung im Nebenerwerb ist nicht nur für Arbeitnehmer möglich. Auch Studenten können eine Geschäftsidee verfolgen und neben dem Studium Ihr eigenes Unternehmen aufbauen. Normalerweise kostet die studentische Krankenversicherung etwa 80 Euro im Monat. Bis zum Alter von 25 Jahren besteht zudem die Möglichkeit die Familienversicherung zu nutzen. Wird die Selbstständigkeit als Haupterwerb eingestuft, kann die studentische Versicherung mit den günstigen Beiträgen nicht mehr genutzt werden. Hier besteht das Risiko, dass die vollen Abgaben in Höhe von 200 bis 300 Euro an die Krankenversicherung abgeführt werden müssen. Für Studenten kann dies eine erhebliche Belastung bedeuten. Allerdings wird heutzutage das Studium bereits als Haupttätigkeit anerkannt und mit einer 40-Stunden-Woche gleichgesetzt. Die Gefahr, dass durch die selbstständige Tätigkeit die studentische Krankenversicherung nicht mehr genutzt werden darf, ist also relativ niedrig. Bei der Mitgliedschaft in der Familienversicherung werden keine Beiträge für die Krankenversicherung fällig. Allerdings besteht dort die Einschränkung, dass nur bis zu maximal 415 Euro pro Monat hinzuverdient werden dürfen. Ist ein höheres Einkommen vorhanden, besteht automatisch die Pflicht, dass die studentische Versicherung genutzt werden muss.

Für Schüler ist die Perspektive hinsichtlich der Krankenversicherung noch etwas spezieller. Hier besteht nicht die Möglichkeit, einen gesonderten Tarif abzuschließen, der nur für Schüler gilt. Schüler sind in der Regel über die Familienversicherung erfasst. Damit besteht die bereits erwähnte Einschränkung des maximalen Zuverdienstes von 415 Euro. Verdienen Schüler mit der unternehmerischen Tätigkeit mehr als die beschriebenen 415 Euro, müssen Sie sich komplett eigenständig versichern und den Regelsatz abführen. Als Schüler besteht daher besonders schnell die Gefahr, dass das Einkommen zu einem Großteil für die Krankenversicherung aufgewendet werden muss. Es ist daher unter Umständen ratsam, bestimmte Einnahmen aufzuschieben, bis die Tätigkeit als Student aufgenommen wurde.

Die notwendigen Versicherungen finden

Die Krankenversicherung ist in Deutschland für jede Person verpflichtend. Es ist einleuchtend, dass die Gesundheit nicht unter einem finanziellen Engpass leiden sollte. Daher gilt die Versicherungspflicht für die Krankenversicherung. Doch welche Versicherungen werden sonst noch benötigt? Gerade im Hinblick auf die Selbstständigkeit gibt es zwischen den einzelnen Branchen Unterschiede, die beachtet werden müssen.

Auf dem Versicherungsmarkt ist das Angebot groß und häufig nur schwer zu durchschauen. Eine Möglichkeit die geeigneten Versicherungen zu finden besteht in der Inanspruchnahme eines Versicherungsvertreters. Versicherungsvertreter haben in der Öffentlichkeit nicht immer den besten Ruf und es herrscht ein großes Misstrauen. Bieten die Vertreter doch lediglich die Versicherungen, der eigenen Gesellschaft an. Daher sollte das Angebot sehr kritisch geprüft werden. Der Vertreter arbeitet nicht unbedingt im besten Interesse des Selbstständigen, sondern möchte selber Produkte verkaufen, an denen er gut verdient.

Anders gestaltet sich die Arbeitsweise eines Versicherungsmaklers. Dieser tritt nicht als Vertreter einer bestimmten Gesellschaft auf, sondern agiert unabhängig auf dem freien Markt. Seine Aufgabe ist es, die notwendigen Versicherungen zu günstigen Konditionen zu erhalten und an den Selbstständigen zu verkaufen. Die Unabhängigkeit des Versicherungsmaklers zeigt sich darin, dass dieser nicht am Verkauf einer bestimmten Police verdient. Er erhält keine Abschlusspauschale von der Versicherungsgesellschaft und ist daher im Verkaufsgespräch unabhängig. Im Rahmen der Selbstständigkeit ist es am günstigsten, wenn ein Makler gewählt wird, der speziell für die gewerbliche Tätigkeit geschult ist. Dieser kann sehr genau nachprüfen, welche Versicherungen für die Selbstständigkeit sinnvoll sind und welche Risiken damit abgedeckt werden. Hierbei muss sehr genau gearbeitet werden. Ob im Schadensfall die Versicherung einspringt, hängt von der Gültigkeit der abgeschlossenen Police ab. Wurde der Betrieb oder die Tätigkeit zu ungenau beschrieben, kann es passieren, dass die Versicherung ihre Leistung versagt. Der Versicherungsmakler ist dafür zuständig, dass die Bedingungen erfüllt werden, damit die Leistung auch wirklich in Anspruch genommen werden kann.

Als Selbstständiger ist eine hohe Eigenverantwortung gefordert. Nicht immer wird einem Versicherungsberater das nötige Vertrauen geschenkt und in Einzelfällen sind Zweifel berechtigt. Um das Angebot etwas genauer zu durchleuchten und sich selber einen Überblick zu verschaffen, können Vergleichsportale genutzt werden. Diese bieten in der Regel eine einfache Schritt-für-Schritt Anmeldung in der die eigene Tätigkeit und die Risiken beschrieben werden. Danach werden vom Vergleichsportal die Angebote gefiltert, die im konkreten Fall als sinnvoll erscheinen. Die Nutzung solch eines Portals ist immer zu empfehlen. Mit diesem Service kann auch überprüft werden, ob das Angebot des Versicherungsmaklers überzeugend ist oder ob nicht noch günstigere Versicherungen in Frage kommen.

Banken können ebenfalls als Versicherungsvertreter auftreten und die eigenen Produkte anbieten. Hierbei muss aber ebenfalls beachtet werden, dass diese nicht unabhängig handeln. Wenn aber bereits eine Geschäftsbeziehung, zum Beispiel in Form eines Geschäftskontos besteht, kann davon ausgegangen werden, dass Banken auf eine langfristige Partnerschaft mehr Wert legen. Sie möchten sicherlich nicht die Kunden verärgern, indem eine eher ungünstige Versicherung angeboten wird.

Die beste Methode um die benötigten Versicherungen abzuschließen besteht in der Aufnahme aller Risiken, die mit der Selbstständigkeit verbunden sind. Wurden diese erfasst und für sich selber entschieden, welche Risiken abgesichert werden, kann der Versicherungsmakler als Berater genutzt werden. Für einen besseren Vergleich kann die Beratung zweier Makler genutzt werden, um mehrere Angebote zu erhalten. Darüber hinaus bietet ein Vergleichsportal ebenfalls die Möglichkeit, die Konditionen der Versicherungen zu vergleichen. Keinesfalls sollten jegliche Versicherungen abgeschlossen werden, nur weil diese den Eindruck erwecken, für mehr Sicherheit zu sorgen. Auf der anderen Seite sollten geschäftsbedrohende Risiken immer abgesichert werden.

Die Absicherungen im Überblick

Es gibt eine Reihe von unterschiedlicher Versicherungsarten. Hier wird eine Übersicht über die notwendigen Absicherungen geboten, die im Zuge der Selbstständigkeit abgeschlossen werden sollten.

Im Privatbereich ist die Haftpflichtversicherung unerlässlich. Sie kommt immer dann zum Einsatz, wenn ein Schaden verursacht wurde. So können hohe Schäden abgesichert werden. Für den Betrieb gibt es ebenfalls die

Möglichkeit, entstandene Schäden abzusichern. Diese werden in der Betriebshaftpflicht zusammengefasst. Kommen Konsumenten zu Schaden, greift diese Versicherung und schützt vor den entstehenden Ansprüchen. Gerade wenn ein Ladenlokal vorhanden ist, sollte auf diese Versicherung ein großer Wert gelegt werden. Hier kann es schnell passieren, dass durch die eigene Unachtsamkeit ein Konsument im Laden zu Schaden kommt.

Bestimmte Berufe sind allein schon von der ausführenden Tätigkeit her mit einem hohen Risiko verbunden. Ärzte haben eine hohe Verantwortung und werden Fehler begangen, sind die Folgekosten immens. Dies kann schon bei Besteck anfangen, welches während einer Operation im Patienten vergessen wird. Durch steigende Belastungen und längeren Arbeitszeiten nimmt dieses Risiko tendenziell eher zu. Da die Folgekosten selbst für einen Arzt kaum zu stemmen wären, ist es sinnvoll eine Versicherung abzuschließen, die vor diesen Folgegefahren schützt. Auch Notare oder Rechtsanwälte besitzen eine hohe Verantwortung gegenüber Ihren Kunden. Fahrlässige Fehler können schnell geschehen und sollten mit der passenden Versicherung abgedeckt werden.

Wenn ein Ladenlokal oder eine Bürofläche angemietet wird, sollte diese ebenfalls mit einer Versicherung geschützt werden. Hierzu gibt es ähnliche Angebote, wie bei einer Hausratversicherung. Treten Schäden zum Beispiel durch Feuer, Leitungswasser, Blitzschlag oder Diebstahl ein, können diese mithilfe der Versicherung gedeckt werden. Je nach Branche und genauem Ort können weitere Schadensfälle einbezogen werden.

Die rechtlichen Anforderungen beim Schritt in die Selbstständigkeit sind hoch. Schnell kann es passieren, dass eine Abmahnung ins Haus flattert und ein Konkurrent versucht, den eigenen Markt durch rechtliche Maßnahmen zu schützen. Dies kann zum Beispiel sein, weil Markenrechte verletzt wurden oder weil Angaben auf der Webseite nicht ordnungsgemäß aufgeführt wurden. Der Gang zum Rechtsanwalt ist selbst für die Bearbeitung einer Abmahnung mit hohen Kosten verbunden und selten lohnt sich der Aufwand. Selber gegen solche Schreiben vorzugehen bedeutet, dass die Gefahr besteht, dass die Kosten nicht abgewendet werden. Eine Rechtsschutzversicherung bietet einen größeren Schutz für das eigene Unternehmen. Hierbei muss zwischen der aktiven und der passiven Versicherung unterschieden werden. Die passive Rechtsschutzversicherung greift immer dann, wenn eine Gegenseite eine Forderung gegen das Gewerbe stellt. Grund hierfür kann sein, dass angeblich der Gegenseite ein Schaden entstanden sei, welcher nun beglichenwerdensoll. Diepassive Rechtsschutzversicherung bietet in diesen Fällen ihre Unterstützung an. Die Anwalts- und Gerichtskosten werden übernommen. Es kann aber auch der Fall auftreten, dass selber eine Schadensforderung gegenüber einem anderen Unternehmen besteht. Wurde eine Lieferung nicht wie gefordert bereitgestellt, führt manchmal kein Weg daran vorbei, diesen Streitwert einzuklagen. Rechtsschutzversicherungen stellen an diese Forderungen allerdings hohe Hürden. Der Streitwert muss eine bestimmte Grenze überschreiten. Dies ist bei vielen Versicherungen ab einem Betrag von 5.000 Euro angegeben.

Als Selbstständiger besteht nicht die Pflicht, in das gesetzliche Rentensystem einzubezahlen. Die Altersvorsorge muss selber übernommen werden. Hierfür steht vollkommen frei, auf welche Weise diese Vorsorge durchgeführt wird. Manche bevorzugen den Kauf von Aktienfonds, während andere lieber in Immobilien investieren. Vom Staat gibt es zudem verschiedene geförderte Rentenangebote, von denen Selbstständige Gebrauch machen können. Es muss also nicht immer komplett privat vorgesorgt werden, sondern es besteht die Möglichkeit einer staatlichen Unterstützung.

Vorsicht ist jedoch geboten, wenn eine Scheinselbstständigkeit vorliegt. Ist diese vorhanden, existiert automatisch auch die Rentenversicherungspflicht. Die Scheinselbstständigkeit liegt vor, wenn über einen längeren Zeitraum nur ein Auftraggeber vorhanden ist, mehr als 5/6 der Einnahmen von einem Auftraggeber kommen, man weisungsgebunden handelt, die Zeit nicht frei eingeteilt werden kann und der Arbeitsort beim Auftraggeber liegt. Dies sind alles Indizien, die für eine Scheinselbstständigkeit sprechen. Im Einzelfall muss jedoch das Arbeitsgericht die Entscheidung treffen, ob die Scheinselbstständigkeit vorliegt. Gerade zu Beginn kann es vorkommen, dass ein Großteil des Einkommens nur von einem Auftraggeber abhängig ist. Mit der Zeit sollten aber weitere Kunden hinzugewonnen werden, sodass hier erst gar nicht die Gefahr der Scheinselbstständigkeit auftritt.

Bevor die geschäftliche Tätigkeit aufgenommen wird, sollte sich eingehend mit den Steuern und den notwendigen Versicherungen beschäftigt werden. Diese Tätigkeit gehört wahrscheinlich nicht zu den Lieblingsaufgaben vieler Selbstständiger, sie ist aber ein notwendiges Übel, um mögliche Risiken abzusichern. Daher sollte auch zu Beginn nicht an diesen Maßnahmen gespart werden, sondern sorgsam der Schritt in die Selbstständigkeit stattfinden. Auf diese Weise bleibt einiger Ärger in der Zukunft erspart.

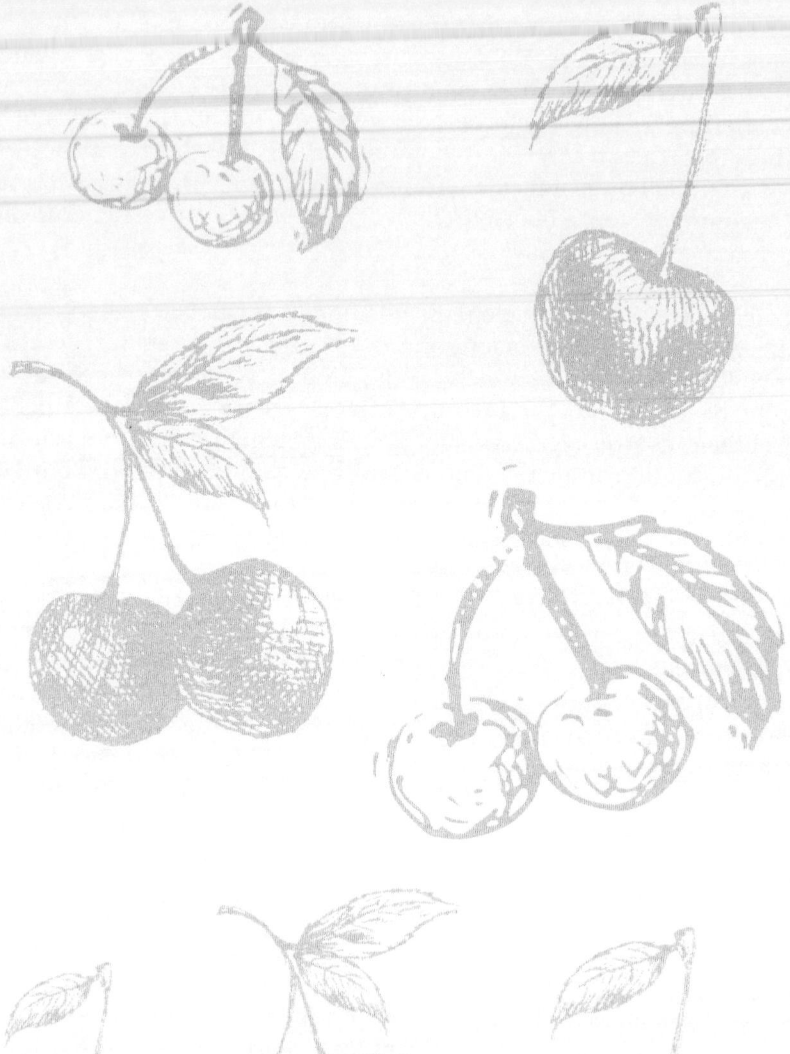

DIE EIGENE IDEE SCHÜTZEN

Muss eine Marke eingetragen werden?

GRÜNDER STEHEN BEI DER Umsetzung Ihrer Idee vor einem Zwiespalt. Einerseits muss eine umfassende Beratung erfolgen und es wird eine Unterstützung von außen benötigt. Andererseits soll natürlich die Geschäftsidee nicht auf dem Silbertablett präsentiert werden, da ansonsten die Gefahr bestünde, dass diese einfach kopiert wird. Um diesen Risiken des Kopierens der eigenen Geschäftsidee aus dem Weg zu gehen, besteht die Möglichkeit die Idee auf dem Rechtsweg zu schützen. So kann die eigene Leistung vor dem Missbrauch Dritter bewahrt werden und es ist gesichert, dass niemand anderes die Lorbeeren für die Idee erhält.

Eine Option das Geschäftsmodell und die Idee zu schützen besteht in der Eintragung einer Marke. In der Wirtschaftswelt sind Marken weit verbreitet und bekannt. Zu Beginn der unternehmerischen Tätigkeit wird wahrscheinlich noch keine wertvolle Marke vorhanden sein. Das Unternehmen setzt vielleicht auf ein relativ einfaches Logo und besitzt noch keinen hohen Wiedererkennungswert. Dies ändert sich, sobald mehrere Filialen eröffnet wurden und das Unternehmen sehr viel präsenter ist. Gerade in der Außendarstellung gegenüber den Kunden besitzt die Marke einen hohen Wert. Die Marke kann stellvertretend für das Image des Unternehmens stehen und damit eine bestimmte Zielgruppe ansprechen. Dieser Aufbau des Images ist mit einigem Aufwand verbunden, welcher sicherlich nicht kampflos der Konkurrenz überlassen werden möchte.

Wächst das Unternehmen kontinuierlich und besteht ein komplexes Corporate Design, ist es sinnvoll, dieses zu schützen. Damit wird sichergestellt, dass das Logo nicht ohne Zustimmung von einem Mitbewerber verwendet werden darf. Es wird dem Missbrauch vorgebeugt und eine bessere Kontrolle kann darüber ausgeübt werden, auf welche Weise das Logo genutzt wird. Schließlich ist das Logo ein großes Aushängeschild des Unternehmens und auf den meisten Produkten vorzufinden. Das Ziel des Schutzes des

Markenrechtes ist es nun, dem Kunden eine gewisse Sicherheit zu bieten. Der Kunde verbindet mit der Marke einen gewissen Wert und wenn ein Konkurrent einfach das Logo unerlaubterweise nutzt, kann die Qualität nicht mehr sichergestellt werden. Dadurch ist der Kunde unzufrieden und der Marke wird ein Schaden zugefügt. Ein Merkmal der Marke ist, dass sie einwandfrei wiedererkennbar ist. Am Logo ist dies am einfachsten zu erkennen, denn dieses ist für das Unternehmen einzigartig. Zu der Marke können aber auch andere Merkmale gehören. Es können eine besondere Schriftart und Kombination der Farben sein. Allein durch die Schriftart kann schon die Assoziation mit dem Unternehmen erfolgen. Solche individuellen Wiedererkennungsmerkmale sollten geschützt werden. Damit wird also nicht nur das Logo, sondern wenn möglich das gesamte Corporate Design und somit die Marke, in der Außendarstellung geschützt.

Welche Merkmale sich eintragen lassen, ist in § 1 des Markengesetzes beschrieben. Es können unter anderem Wörter, Namen, Abbildungen, Hörzeichen oder dreidimensionale Gestaltungen sein. Dazu gehört zum Beispiel auch die Gestaltung der Verpackung, wenn diese sich deutlich von der Konkurrenz abhebt und als einzigartig wahrnehmbar ist. Auch bestimmte Farbkombinationen oder deren Anwendung kann unter den Schutzbereich des Markenrechts fallen. Für das eigene Unternehmen ist vor allem der Fokus auf dem Schutz des Logos und weiterer Abbildung wichtig. Hierbei muss entschieden werden, in welchem Umfang die Marke geschützt wird. Der Schutzbereich kann sich national, europaweit oder weltweit ausdehnen. Dies ist davon abhängig, auf welchen Märkten das Unternehmen tätig sein wird. Für eine kleine lokale Marke, ist es ausreichend, wenn diese national registriert wird. Sind größere Ambitionen vorhanden und die Expansion innerhalb Deutschlands ist im Gange und möglicherweise wird ein europaweiter Ausbau angestrebt, sollte die Eintragung auch entsprechend weitreichend erfolgen. Andernfalls bestünde die Gefahr, dass das eigene Geschäftsmodell und das Unternehmen im Ausland bereits von der Konkurrenz übernommen werden. Einen Sonderfall stellt die Tätigkeit im Internet dar. Hierbei ist es selten ausreichend, wenn die Marke nur national geschützt wird. Da in diesem Bereich die Gefahr einer Kopie sehr viel realistischer ist, sollte die Marke also von Anfang an möglichst weitreichend geschützt werden.

Nachdem entschieden wurde, welche Märkte geschützt werden sollen, müssen die konkreten Schritte zur Beantragung des Markenschutzes unternommen werden. Allerdings muss hierbei beachtet werden, dass jegliche Änderungen am Logo dazu führen, dass die Neuerungen nicht mehr geschützt sind. Bevor das Logo also eingetragen wird, sollte dieses schon endgültig feststehen und keinen Änderungen mehr unterworfen sein. Gerade in der Anfangsphase besteht aber öfters der Wunsch nach Veränderungen und das Geschäftsmodell kann im Detail noch angepasst werden. Daher ist es sinnvoll mit der Eintragung zu warten, bis das Geschäftsmodell gefestigt ist.

Es kann aber auch der Kompromiss gewählt werden, dass zunächst nur die Wortmarke eingetragen wird. Die Wortmarke, welche das Unternehmen beschreibt, ist weniger flexibel und eher langfristig ausgelegt. Änderungen im Detail sind hier kaum vorhanden und wurde der Name gefunden, ist es hilfreich, diesen so schnell wie möglich einzutragen.

Danach muss geprüft werden, ob die Wortmarke bereits eingetragen wurde. Ist dies der Fall, sollte eine andere Bezeichnung für das Unternehmen gewählt werden. Andernfalls bestünde die Gefahr, dass die Schutzrechte eines Dritten verletzt werden und ein Rechtsstreit beginnen könnte. Die Überprüfung kann im Deutschen Patent- und Markenamt durchgeführt werden. Die Recherche ist auch online möglich. Hierbei muss allerdings erwähnt werden, dass es ebenfalls einige Stolperfallen gibt. Das Paten- und Markenamt bietet lediglich das Register an, in welchem die bereits geschützten Marken eingetragen wurden. Es bietet keine eigene Beratung und das Amt prüft nicht nach, ob die eigene Marke eingetragen werden darf. Dies kann dazu führen, dass die eigene Marke zwar eingetragen wird, sich im Nachhinein aber herausstellt, dass die Rechte einer anderen Marke verletzt werden. Dies obliegt der Verantwortung des Selbstständigen und dieser muss die Prüfung mit großer Sorgfalt durchführen. Es ist also nicht nur zu prüfen, ob die eigene Wortmarke schon eingetragen wurde, sondern auch, ob eine hohe Verwechslungsgefahr mit einer bereits bestehenden Marke besteht. Es ist sicherlich nachvollziehbar, dass nicht einfach eine neue Wortmarke mit dem Namen „Adibas“ eingetragen werden darf. Diese weist eine hohe Ähnlichkeit mit einem bestehenden Sportartikelhersteller auf und könnte für den Konsumenten für Verwirrung sorgen. Damit leiden sowohl der Konsument, als auch die ursprüngliche Marke unter dieser Verwechslungsgefahr.

Bevor die eigene Marke registriert wird, ist also eine sehr umfangreiche Recherche notwendig, die nicht nur die exakte Wortmarke betrifft, sondern auch alle ähnlichen bereits eingetragenen Marken. Generell gilt, dass die ältere Marke den Vorrang erhält und als schützenswert gilt. Wer also die Marke zuerst einträgt, erhältlich automatisch das Markenrecht zugesprochen. Es ist also Vorsicht geboten, wenn die Geschäftsidee so erfolgreich ist, dass diese national sowie international höchst erfolgreich ist. Eine vermeintlich „kleinere" Marke könnte dafür sorgen, dass ein langer Rechtsstreit folgt, an dessen Ende der Name der eigenen Wortmarke geändert werden muss. Es kommt also nicht darauf an, wer wirtschaftlich bedeutender ist, sondern wer die Marke als erstes eingetragen hat.

Werden die rechtlichen Hürden beachtet, kann die Markenanmeldung erfolgen. In der Regel ist dies sehr einfach möglich, wenn es sich um Fantasienamen handelt, die im alltäglichen Gebrauch nicht vorkommen. Schwieriger wird es hingegen, wenn es sich um einen Alltagsbegriff handelt. Am Beispiel des Elektronikherstellers „Apple" zeigt sich, dass es durchaus zu Problemen geben kann. Apple hatte allerdings den Vorteil, dass in Ihrem Geschäftsbereich Äpfel keinerlei Bedeutung hatten und daher durfte der Name registriert werden. Hätte es sich um einen Lebensmittelhändler gehandelt, hätte der Name nicht geschützt werden können.

Wurde die Anmeldung durchgeführt, besteht eine dreimonatige Widerspruchsfrist. Ist diese abgelaufen, wurde die Marke dem Register erfolgreich hinzugefügt. Sie ist nun geschützt und darf von keinem Dritten mehr ohne Zustimmung genutzt werden. Zudem kann das Schutzzeichen „®" an die registrierte Marke angehangen werden. Damit wird direkt signalisiert, dass der Name oder das Logo geschützt sind und nicht von Dritten genutzt werden darf.

Welchen Vorteil bietet die Patentanmeldung

Die Eintragung der eigenen Marke ist ein Vorgang, der wahrscheinlich für die meisten Unternehmer in Frage kommt. Schließlich ist die Marke mittlerweile ein wichtiger Bestandteil des Geschäftsmodells. Für die Erstellung einer Marke ist in der Regel nur ein Design oder etwas kreative Arbeit in diese Richtung notwendig.

Das Geschäftsmodell kann aber auch auf einer ganz besonderen Erfindung basieren. Es kann ein Produkt sein, dass vollkommen neuwertig ist und eine große Verbesserung für die Kunden darstellen kann. In diesem Fall wäre es sehr schade, wenn die Idee von einem Konkurrenten übernommen werden würde. Um die Erfindung zu schützen ist eine Patentanmeldung eine zwingende Voraussetzung. Durch die Anmeldung wird angezeigt, auf welche Person die Erfindung zurückgeht und wie diese verwendet werden darf. So wird verhindert, dass andere Unternehmen oder Personen von der

Erfindung profitieren, obwohl diese mit der eigentlichen Arbeit kaum in Verbindung stehen.

Als Patent kommen nicht nur Produkte in Frage. Es gibt eine Reihe von Ideen, die entweder für Konsumenten oder Unternehmen von großem Nutzen sein können. So können auch Prozesse mit einem Patent geschützt werden. In der Öffentlichkeit werden Patente vor allem durch die Streitigkeiten zwischen Samsung und Apple wahrgenommen. Die abgerundeten Ecken eines Smartphones wurden zum Beispiel per Patent geschützt. Weiterhin werden auch gerne bestimmte Softwarefunktionen per Patent geschützt. Dies kann zum Beispiel der Ladebalken sein. Durch den Schutz des Patents wird verhindert, dass ein anderes Unternehmen diese Funktion oder das Design übernehmen darf. In den meisten solcher detaillierteren Fälle muss jedoch ein Gericht entscheiden, ob tatsächlich ein Patent verletzt wurde.

Zu Beginn sollte ein Patent nur angemeldet werden, wenn es sich tatsächlich um die Grundlage des Geschäftsmodells handelt. Wohl kaum ein Gründer kann es sich leisten, die Energie in die Patentierung solch kleiner Details, wie am Beispiel des Smartphones, zu investieren. Damit ein Patent angemeldet werden kann, müssen verschiedene Voraussetzungen erfüllt sein. Diese sind im § 1 des deutschen Patentgesetzes erläutert. Demnach muss eine Idee neu, erfinderisch und gewerblich nutzbar sein. Sind diese drei Voraussetzungen erfüllt, kann eine Patentanmeldung durchgeführt werden.

Schwierig zu beurteilen ist, ob eine Idee als neu bewertet wird. Es kann sich hierbei auch um eine deutliche Abwandlung bestehender Prozesse oder Produkte handeln, die auf diese Weise nicht bekannt sind und als neuwertig gelten. Wichtig ist jedoch, dass die Idee niemals preisgegeben werden sollte. Ansonsten bestünde die Gefahr, dass die Patentanmeldung durch die fremde Person vorgenommen werden wird. Im ersten Schritt ist der Gang zum Patentanwalt zwingend. Dieser ist der richtige Ansprechpartner, wenn eine Idee patentiert werden soll. Durch dessen Hilfe kann auch eher eingeschätzt werden, ob die drei Voraussetzungen erfüllt sind. Weiterer Interpretationsspielraum liegt nämlich in der Begrifflichkeit des „erfinderisch“. Ein Schutz per Patent ist nur möglich, wenn es sich um einen erfinderischen Vorgang handelt. Von dieser Definition ausgeschlossen werden naheliegende Weiterentwicklungen. Es ist also nicht möglich, ein bestehendes Produkt in geringem Ausmaß zu verändern und zu behaupten, es handele sich dabei um eine völlig neue Erfindung. Andererseits ist es möglich, bestehende Ideen oder Produkte so zu verändern, dass diese als erfinderisch eingestuft werden. Dies ist dann der Fall, wenn die Lösung nicht naheliegend ist und das Ergebnis stark von dem Ursprung abweicht. Deutlich einfacher gestaltet sich die Anforderung der gewerblichen Nutzung. Im Prinzip kann jede Idee oder Produkt gewerblich genutzt werden. Eine Idee kann als Dienstleistung oder in Form eines Produktes zum Kauf angeboten werden. Eine Patentanmeldung scheitert selten an dem Kriterium der gewerblichen Nutzung.

Dennoch kann es einige Zeit dauern, bis das Patentamt die Prüfung abgeschlossen hat. Die Entscheidung für oder gegen das Patent kann bis zu drei Jahre in Anspruch nehmen. Während dieser Zeit ist die Erfindung noch nicht geschützt.

Wurde die Erfindung oder Weiterentwicklung während der Freizeit verwirklicht, ergeben sich keine Einschränkungen. Häufig wird eine Idee jedoch während der Arbeitnehmertätigkeit geboren. Gerade in technischen Berufen kann es vorkommen, dass ein Arbeitnehmer eine Idee zur Gestaltung eines neuen Produktes hat. Hierbei besteht die Einschränkung, dass die Leistung des Arbeitnehmers eigentlich dem Arbeitgeber überlassen werden muss. Dem gegenüber steht das Recht auf geistiges Eigentum. Um diesen Konflikt zu lösen wurde das Arbeitnehmerfindungsgesetz eingeführt. In diesem wird klar definiert, dass die Erfindung dem Arbeitgeber zuzuordnen ist. Immerhin steht dem Arbeitnehmer aber eine angemessene Vergütung zur Verfügung. In der Praxis bedeutet dies, dass es sinnvoller ist, die Erfindung nicht während der Arbeitszeit umzusetzen. Auch wenn der Arbeitgeber die technischen Möglichkeiten bietet, sollten diese nicht genutzt werden. Die Arbeit an der Idee sollte außerhalb der Arbeitszeit stattfinden und sich klar von der Arbeitnehmertätigkeit abgrenzen. Andernfalls profitiert im Wesentlichen der Arbeitgeber von der Idee und dem eigentlichen Erfinder steht nur eine geringe Abfindung zur Verfügung.

Die Anmeldung eines Patentes ist mit einigem Aufwand verbunden. Wie bereits beschrieben wurde, kann die Prüfung durch das Patentamt bis zu drei Jahre dauern. Dementsprechend müssen die Kosten von dem Antragsteller kalkuliert werden. Handelt es sich um eine relativ einfache Anmeldung und der Schutzbereich soll nur innerhalb Deutschlands gelten, ist mit Kosten bis zu 390 Euro zu rechnen. Der Schutz für ganz Europa kostet etwa 4.500 Euro und international kann dieser Betrag bis auf 5.000 Euro anwachsen. Allerdings hängt dies von der Komplexität des Patents ab. Wird ein Anwalt hinzugezogen und ist der Sachverhalt deutlich schwieriger, können die Kosten für das internationale Patent bis zu 100.000 Euro betragen. Dies sollte bei der

Gründung des Unternehmens bedacht werden. Obwohl die Kosten relativ hoch sind, ist es hilfreich, direkt von Anfang an einen Anwalt in diesen Prozess einzubeziehen. Dieser kann zügig eine Einschätzung liefern, ob die Idee mit dem Patentrecht geschützt werden kann. Erweist sich die Idee als nur schwer patentierbar, wird ein großer Aufwand umgangen.

Eine Abwandlung, die vor allem für Gründer mit geringem Budget sehr attraktiv ist, ist das „kleine Patent". Der Schutz ist ähnlich umfassend wie beim regulären Patent. Allerdings ist die Dauer auf einen Zeitraum von drei Jahren begrenzt. Dafür wird das Kriterium der Neuheit nicht so streng betrachtet, sodass der Prozess der Anmeldung schneller vollzogen werden kann. Die Wartezeit beträgt etwa ein Jahr. Nach dem Ablauf der drei Jahre kann der Schutz noch auf zehn Jahre verlängert werden.

Liegt der Selbstständigkeit eine besondere Idee zugrunde und es handelt sich um eine Erfindung, die möglicherweise zu einem großen Erfolg auf dem Markt wird, sollte diese geschützt werden. Zu beachten ist hierbei, dass die Idee nicht nach außen präsentiert wird. Sie wird lediglich dem Patentanwalt anvertraut und dieser kann beratend zur Seite stehen, welche weiteren Schritte sinnvoll sind.

Der Umgang mit dem Urheberrecht

Die rechtlichen Aspekte sind mit Betrachtung des Marken- und Patentrechtes noch nicht abgeschlossen. Ein weiteres wichtiges Feld ist das Urheberrecht. Mit dem Urheberrecht sollen vor allem die Künste der Literatur, Musik und Wissenschaft geschützt werden. Damit wird verhindert, dass Unternehmen diese Werke nutzen, ohne eine finanzielle Gegenleistung zu bieten. Anders als beim Marken- oder Patentschutz besteht das Urheberrecht bereits mit der Anfertigung des Werkes. Es muss nicht gesondert bei einer Behörde angemeldet werden.

Allerdings ist nicht automatisch jedes Werk unter dem Urheberrecht geschützt. Es ist erforderlich, dass das Ergebnis überdurchschnittlich und nicht nur mit Fleiß, sondern mit außergewöhnlichem Können verbunden ist. Diese Einschätzung stellt sich in der Realität oftmals als schwierig heraus. Als unterste Grenze für das Urheberrecht werden zum Beispiel Kochrezepte oder Werbejingles angesehen. Übertrifft das Werk nicht die Anforderungen des Urheberrechts, darf es frei von jedermann genutzt werden.

Das Urheberrecht kann als Gründer eine wichtige Rolle spielen. Dies kann schon bei der Gestaltung des Logos anfangen. Je nach Art des Logos und der geistigen Schöpfungshöhe, kann dieses bereits unter das Urheberrecht fallen. Würde das Logo unter das Urheberrecht fallen, muss für die Verwendung die Erlaubnis des Erstellers eingeholt werden. Konkret müssen also die Nutzungsrechte vom Grafiker oder Designer eingefordert werden, damit das Logo für das eigene Unternehmen verwendet werden darf. Fällt das Logo unter das Urheberrecht, ist eine Eintragung als Marke nicht notwendig. Es ist bereits automatisch nach der Anfertigung auch ohne explizite Eintragung geschützt.

Dennoch sind die Grenzen für das Urheberrecht bei der Gestaltung des Logos sehr schwammig. Ein Schutz durch das Markenrecht ist in jedem Fall empfehlenswert, um eine Rechtssicherheit zu erhalten. Das Urheberrecht bietet jedoch den Vorteil, dass der Schutz bis zu 70 Jahre nach dem Tod des Erschaffers gültig ist. Davon profitieren die Erben, die an den Nutzungsrechten mitverdienen können.

Problematisch kann das Urheberrecht werden, wenn später Angestellte im eigenen Unternehmen tätig sind. Sind diese etwa im Grafikdesign tätig, könnten den Arbeitnehmern das Urheberrecht zugesprochen werden. Daher sollte im Arbeitsvertrag geregelt werden, dass die Urheberrechte beim Unternehmen und nicht bei den Arbeitnehmern liegen. Andernfalls entsteht die Situation, dass ein Großteil der Werte gar nicht im Unternehmen liegen, sondern rechtlich zu den Arbeitnehmern gezählt werden.

So werden Abmahnungen vermieden

Die Konkurrenz ist der eigenen unternehmerischen Tätigkeit nicht immer wohlgesonnen. Bedeutet ein neuer Akteur am Markt doch, dass der eigene Kuchen immer kleiner wird und möglicherweise der Umsatz in Gefahr ist. Daher ist es mittlerweile in Mode gekommen, neue Unternehmen mit Abmahnungen zu überziehen und diese mit den Rechtsmitteln einzuschüchtern. Es hat sich geradezu eine Industrie an Anwälten gebildet, deren Hauptaufgabengebiet darin liegt, Abmahnungen zu versenden.

Im Zuge der Unternehmensgründung und der Erstellung einer Webseite gibt es einige Stolperfallen, die zu einer Abmahnung führen können. Eine Grundvoraussetzung für das rechtmäßige Betreiben einer Webseite ist das Impressum. Dieses gibt an, wer für die Webseite verantwortlich ist. Die entsprechende Pflicht zum Impressum wurde 2007 im Telemediengesetz eingeführt. Damit wurde deutlich gemacht, dass jede in Deutschland betriebene Webseite ein Impressum benötigt.

Ein gültiges Impressum zu erstellen ist aber gar nicht so schwierig. Im Wesentlichen gehören in das Impressum der Name und die Anschrift. Wird eine gewerbliche Tätigkeit mit der Webseite aufgenommen, ist die Angabe der Umsatzsteueridentifikationsnummer notwendig. Um diese Arbeit zu erleichtern, gibt es zahlreiche Generatoren im Internet, die unter Eingabe der Daten das rechtssichere Impressum erstellen. Die Pflicht zur Umsetzung des Impressums greift nicht nur bei der Webseite. Wird zum Beispiel auch ein YouTube-Kanal betrieben, muss dort ebenfalls ein Impressum ausgewiesen werden. Generell gilt dies für alle sozialen Netzwerke oder Kanäle, die mit dem Gewerbe in Verbindung stehen. Wird das Produkt über eBay angeboten, muss das Impressum vorhanden sein.

Ohne vorhandenes Impressum droht schnell die Abmahnung. Dabei sollte man nicht auf die „schlaue“ Idee kommen, dass die Webseite ja komplett anonym betrieben würde. Ohne angegebene Anschrift könne ja schließlich keine Abmahnung versendet werden. Dies ist allerdings sehr kurz gedacht. Über den Host und den dahinterstehenden Anbieter der Webseite ist es nämlich relativ einfach den Verantwortlichen ausfindig zu machen. Es ist also nicht möglich, komplett anonym die Webseite zu betreiben und darauf zu hoffen, dass ein Anwalt die Adresse ja gar nicht erhalten könnte.

Das Internet hat einige neue Geschäftsmodelle hervorgebracht. Dabei ist vor allem das Sammeln und Handeln von Daten zu einem der größten Märkte geworden. Dass Google und Facebook Daten über die Nutzer und deren Verhalten sammeln, sollte kein Geheimnis sein. Als Betreiber einer Webseite besteht die Pflicht eine Datenschutzerklärung zu veröffentlichen. In dieser Erklärung wird ausgeführt, wie die Daten der Nutzer verwendet werden und welche Schnittstellen einen Zugriff darauf haben. Handelt es sich um ein kleines Unternehmen mit angeschlossenem Online-Shop, sollten die Daten zum Beispiel niemals im Klartext vorliegen. Eine Verschlüsselung schützt davor, dass die Daten durch einen Angriff von außen missbraucht werden. Ebenfalls muss in der Datenschutzerklärung aufgeführt werden, welche Dienste genutzt werden. Wurde ein „Like-Button“ von Facebook eingebunden, erhält Facebook automatisch Daten über das Nutzerverhalten der Webseite. Dies ist vielen Webseitenbetreibern gar nicht bewusst und eventuell sollten diese sich zweimal überlegen, ob dieser Button tatsächlich einen so großen Mehrwert bietet. Die Datenschutzerklärung kann, ähnlich wie das Impressum, von einem Generator erstellt werden. Einer der zuverlässigsten Generatoren wird von eRecht24 bereitgestellt.

Werden auf der Webseite Produkte oder Dienstleistungen angeboten und es kommt ein Vertrag mit dem Kunden zustande, sollten die Allgemeinen Geschäftsbedingungen aufgeführt werden. Für rein informative Webseiten ohne Shop oder Vertragsinhalten sind die AGB nicht notwendig.

Die Allgemeinen Geschäftsbedingungen zeigen die Vertragsbedingungen auf. Damit muss nicht für jeden Kunden ein individueller Vertrag formuliert werden, sondern es dient der allgemeine Text als Grundlage. Die Pflicht zur Angabe der AGB ergibt sich aus § 305 des BGB. Bevor ein Vertrag geschlossen wird, muss der Kunde durch das Setzen eines Hakens versichern, dass er die AGB gelesen hat und in diesen einwilligt. Die meisten AGB sind von solch einem Umfang, dass es für die Kunden kaum zumutbar ist, wenn sie diese bei jeder Webseite komplett durchlesen. Der Gesetzgeber nimmt daher den Kunden in Schutz, wenn die AGB zu dessen Nachteil formuliert werden. Damit ist es dem Anbieter nicht möglich, versteckte Klauseln in den AGB zu integrieren, die für den Kunden nicht vorhersehbar waren. Die Gestaltungsfreiheit ist also stark eingegrenzt und eher zum Schutz des Konsumenten ausgelegt.

Nach dem Fernabsatzgesetz besitzen Kunden die Freiheit, bestimmte Waren beim Online-Kauf innerhalb einer Frist von 14 Tagen kostenlos zurückzusenden. Damit die Frist beginnt, muss eine Widerrufsbelehrung stattgefunden haben. Erst nach Erhalt der Ware und der Belehrung läuft die Frist. Andernfalls hätte der Kunde das Recht, auch nach einem Monat noch die Ware zurückzusenden.

Die Formulierung der Widerrufsbelehrung ist leider nicht mehr einheitlich und hängt davon ab, welche Produkte oder Dienstleistungen angeboten werden. Um die passende Formulierung zu finden, sollte ein Generator genutzt werden. Auf Basis, der zur Verfügung gestellten Informationen, erstellt dieser die passende Widerrufsbelehrung. Die Belehrung muss der Kunde entweder per E-Mail oder in Schriftform mit der Lieferung der Ware erhalten. Es ist nicht ausreichend, wenn dieser Hinweis nur auf der Webseite vorhanden und zum Beispiel unter dem Impressum aufgeführt ist.

Diese rechtlichen Aspekte müssen bei der Gründung eines Unternehmens beachtet werden. Da die Sachverhalte sehr kompliziert sein können und eine Unachtsamkeit bei der Aufnahme der Tätigkeit später mit einem hohen Aufwand verbunden sein könnte, ist die Beratung durch einen Rechtsanwalt empfehlenswert. Andernfalls kann es vorkommen, dass die eigene Geschäftsidee von der Konkurrenz kopiert wird und ein beträchtlicher Schaden hingenommen werden muss.

DAS UNTERNEHMEN NEBEN DEM BERUF

Alleine in die Selbstständigkeit oder mit einem Partner?

Bisher wurden vor allem die Vorüberlegungen getroffen, die beim Schritt in die Selbstständigkeit notwendig sind. Nachdem die grundlegenden Vorbereitungen abgeschlossen sind, geht es jetzt in die Gründungsphase. Hier stellen sich die Weichen für die nächsten Jahre und es zeigt sich, ob die Unternehmung von Erfolg gekrönt sein wird.

In den vorherigen Kapiteln wurden einige Herausforderungen aufgezeigt. Diese alleine zu bewältigen erfordert nicht nur einiges an Disziplin, sondern auch ein breites Fachwissen. Als Gründer muss man nicht nur in der Unternehmenswelt Zuhause sein, sondern sich auch in den rechtlichen und steuerlichen Fragen auskennen. Einen Anwalt oder Berater zu nutzen ist immer mit Kosten verbunden. Diese zusätzlichen Ausgaben sind nicht für jeden Unternehmer in der Gründungsphase stemmbar.

Eine Möglichkeit die Last der Selbstständigkeit zu verteilen besteht in der Aufnahme eines Mitgründers. Eventuell ist im Freundeskreis die Geschäftsidee und das Vorhaben bereits durchgesickert und es wurde ein Interesse daran bekundet, an dem Unternehmen beteiligt zu sein. Wenn unterschiedliche Expertisen vorhanden sind, ist diese Idee eine Überlegung wert. So kann sich das Fachwissen wunderbar ergänzen und das Unternehmen steht auf einer stabileren Basis.

Das Einbeziehen eines Mitgründers ist allerdings auch mit Risiken verbunden. Die Zusammenarbeit bedeutet, dass Kompromisse eingegangen werden müssen und die eigene Vorstellung nicht wie gewünscht umgesetzt werden kann. Zudem sollte der Mitgründer nicht einfach nur im Unternehmen aktiv sein, weil er ein guter persönlicher Freund ist. Bei Geld hört bekanntlich die Freundschaft auf und eine Geschäftsbeziehung kann die persönliche

Beziehung stark belasten. Es ist daher mit äußerster Vorsicht zu genießen, wenn ein Freund als Mitgründer in Betracht gezogen wird

Ein häufiger Streitpunkt besteht in der Verteilung der Unternehmensanteile und der Arbeitszeit. Gerade wenn mit mehr als nur zwei Personen gegründet wird, kann dies zu einigem Gesprächsstoff führen. Wird eine Kapitalgesellschaft mit fünf Gesellschaftern gegründet, muss vorab eine Übereinkunft getroffen werden, wie hoch die Anteile und der Arbeitseinsatz sind. Dies kann schon zu Beginn dazu führen, dass manche Gesellschafter sich ungerecht behandelt fühlen. Denn es fühlt sich nicht immer gerecht an, wenn die Anteile gleichermaßen aufgeteilt werden. Gerade in der Gründungsphase wird der Arbeitsaufwand unter den Gesellschaftern unterschiedlich sein, sodass hier andere Ansprüche geltend gemacht werden könnten. Allerdings sollte bei der Aufteilung nicht nur die frühe Gründungsphase betrachtet werden. Wichtig ist auch, wie sich die langfristige Arbeitsverteilung ergeben wird.

Bestehen hierbei Unstimmigkeiten und Personen fühlen sich ungerecht behandelt, mündet diese Situation in endlosen Diskussionen. Dabei geht es nicht wirklich um das Unternehmen und dessen Zweck, sondern es werden andere, eher nebensächliche Themen behandelt. Das Unternehmen wird auf diese Weise kein Stück nach vorne gebracht, sondern verharrt weiterhin in den Startlöchern.

Bevor ein Partner als Mitgründer einbezogen wird, sollte persönlich herausgefunden werden, ob die Charaktere und die Arbeitsweisen miteinander kompatibel sind. Es wurde bereits angedeutet, dass die Gründung mit einem persönlichen Freund nicht unbedingt die beste Idee ist. Umgekehrt ist es aber auch nicht förderlich, wenn ein Partner mit Fachwissen gefunden wird, welcher aber nicht in die Philosophie des Unternehmens passt. Möglicherweise entstehen hier ebenfalls Reibungsverluste zwischen den Gründern und es muss sehr genau darauf geachtet werden, mit welcher Person ein Unternehmen aufgebaut wird.

Eine weitere Gefahr besteht darin, dass zu viele Gründer direkt am Anfang mit ins Boot geholt werden. Gerade wenn das Unternehmen in verschiedenen Bereichen tätig ist, kann es sich verlockend anhören, Partner aus jedem Fachbereich dazuzugewinnen. Die Realität sieht aber so aus, dass die Kommunikation sehr viel langsamer ist und Entscheidungen einen längeren Weg durchlaufen. Damit wird genau das Gegenteil erreicht und die Gründung erweist sich als sehr zähe Prozedur. Besser ist es, wenn maximal drei

Personen an der Gründung beteiligt sind.

Es ist aber auch kein Problem, ein Unternehmen alleine zu starten. Dies kann einige Vorteile bieten und gerade im Nebenberuf ist es zu empfehlen. Als Gründer kann das eigene Tempo gegangen werden. Es ist nicht immer möglich, direkt im Bereich der Selbstständigkeit Vollgas zu geben. Die anderen Lebensbereiche dürfen nicht zu kurz kommen. Partner im Unternehmen hätten dafür vielleicht kein Verständnis und würden einen höheren Einsatz verlangen. Dies kann jedoch für die eigene Lebenszufriedenheit keine Lösung darstellen. Ebenfalls müssen keine Kompromisse eingegangen werden, wenn die Gründung alleine erfolgt. Die eigene Idee kann ganz alleine umgesetzt werden. Zudem besteht nicht das Risiko, dass ein Partner die Idee für seine eigenen Zwecke missbraucht. Die Gefahr, dass das geistige Eigentum von Dritten genutzt wird und wie damit umzugehen ist, wurde bereits im vorherigen Kapitel erläutert.

Gerade bei relativ simplen Geschäftsmodellen ist es also vollkommen legitim, keine Partner als Mitgründer in Betracht zu ziehen. Dies schmälert nicht die Erfolgschancen der Selbstständigkeit, sondern ermöglicht es, den eigenen Weg zu gestalten und zu verfolgen.

Welche Orte sich als Arbeitsplätze eignen

Die Selbstständigkeit nimmt so langsam seine Strukturen an. Das Geschäftsmodell wurde ausgearbeitet, die passende Rechtsform gefunden und es ist klar, mit wie vielen Personen der Schritt in das eigene Unternehmen gewagt werden soll. Jetzt stellt sich die Frage, wie und wo die Arbeit eigentlich verrichtet werden soll.

Viele Unternehmen sind nicht mehr auf einen festen Produktionsstandort angewiesen. Im digitalen Zeitalter benötigen Unternehmen nur noch einen Computer und den Zugang zum Internet, um ihre Dienste anbieten zu können. Welches ist also der geeignete Arbeitsplatz für den Schritt in die Selbstständigkeit?

Von Zuhause aus arbeiten klingt für viele Arbeitnehmer verlockend. Vorbei ist die Zeit, in der jeden Tag der Stau in der Innenstadt in Kauf genommen werden musste und anstatt der Arbeitskleidung kann die Arbeit auch in eher legerer Kleidung erledigt werden. Das Homeoffice klingt wie der perfekte Arbeitsort und die Arbeit kann ständig ausgeführt werden. Die Arbeit von

Zuhause aus ist allerdings nicht für jede Person perfekt geeignet. Neben den Annehmlichkeiten gibt es auch einige Nachteile, die mit diesem Arbeitsplatz verbunden sind. Eine Gefahr besteht in dem hohen Potenzial der Ablenkungen. Gerade wenn eine Familie vorhanden ist und im Haus oder der Wohnung sich noch Kinder befinden, wird es schwer werden die notwendige Ruhe zu finden, um sich voll und ganz auf die Arbeit zu konzentrieren. Selbst wenn die Ruhe von der Familie eingefordert wird, ist für diese die Situation ebenfalls verlockend und könnte dazu führen, dass schnell noch ein paar Besorgungen erledigt und andere dringende Aufgaben auferlegt werden. Des Weiteren ist die Atmosphäre nicht unbedingt für jede Person förderlich. Der Aufbau des Unternehmens ist mit einiger Arbeit verbunden. Es geht nicht nur darum, die Zeit am Computer halbherzig mit dem Erledigen mancher Aufgaben zu verbringen. Die Arbeitszeit Zuhause muss produktiv genutzt werden. Nicht jeder Selbstständige läuft in der gemütlichen Wohnatmosphäre zu Höchstleistungen auf. Die Vermischung des Wohn- und Arbeitsraumes stellt zusätzliche Gefahren dar. Es könnte schwerfallen, von der Arbeit abzuschalten und die Versuchung bestehen, praktisch rund um die Uhr an dem Unternehmen zu arbeiten. Für die Gesundheit und den Familienfrieden ist es aber wichtig, dass von der Arbeit abgeschaltet werden kann. Sind Wohn- und Arbeitsräume identisch, kann dies zu einem Dauerstress führen.

Beim Homeoffice müssen zudem weitere rechtliche Bedenken beachtet werden. Wird die Tätigkeit lediglich online ausgeführt, gibt es keine rechtlichen Hürden. Anders sieht es allerdings aus, wenn es sich um ein Gewerbe im „klassischen" Sinne handelt. Wenn also mit Kundenverkehr gerechnet wird oder wenn sogar Maschinen aufgestellt werden. Ein eigenes Nagelstudio im Haus muss in aller Regel mit der Gemeinde abgeklärt werden. Diese schreibt nämlich eine Trennung von Wohn- und Gewerbegebiete vor. Wird die Wohnung nur zu einem kleinen Teil gewerblich genutzt und es entstehen keine Beeinträchtigungen für die Nachbarn, sollte ein kleines Nagelstudio kein Problem darstellen. Dennoch ist dies mit der Gemeinde abzuklären.

Ein oft diskutiertes Thema ist die Absetzbarkeit des Arbeitszimmers. Damit soll erreicht werden, dass ein Teil der Miete der Wohnung oder des Hauses, als Betriebskosten geltend gemacht werden können. Das Arbeitszimmer ist grundsätzlich von der Steuer absetzbar. Handelt es sich um einen abschließbaren Raum, der ausschließlich für die gewerbliche Tätigkeit genutzt wird, ist der Fall relativ eindeutig. Anders ist der Fall gelagert, wenn es sich um ein Durchgangszimmer handelt und dieses häufig frequentiert wird. Hier kann das Finanzamt verbieten, dass das Durchgangszimmer als Arbeitszimmer anerkannt wird.

Besteht kein fester Arbeitsplatz, können Kosten in Höhe von bis zu 1.250 Euro im Jahr für das Arbeitszimmer abgesetzt werden. Dies ist vor allem für Lehrer interessant, die ein eigenes Arbeitszimmer nutzen. Hierbei muss die Miete samt Nebenkosten ins Verhältnis zur Fläche gesetzt werden. Die Einrichtung des Arbeitszimmers kann ebenfalls steuerlich abgesetzt werden. Dies betrifft in der Regel den Computer, welcher für die Arbeit zwingend genutzt wird. Die Höchstgrenze von 1.250 Euro kann überschritten werden, wenn das Arbeitszimmer den Arbeitsmittelpunkt darstellt. Dies ist zum Beispiel der Fall, wenn ein Programmierer nicht in einem Büro arbeitet, sondern fast ausschließlich Zuhause seiner Tätigkeit nachgeht. Dennoch sollten die Grundbedenken beim Homeoffice beachtet werden und nicht alle Räumlichkeiten sind für diese Tätigkeit geeignet.

Die Probleme, die ein Homeoffice mit sich bringt, sollten jetzt also offensichtlich sein. Bestehen die finanziellen Möglichkeiten, ist es vorteilhaft, sich eine Alternative als Arbeitsplatz zu suchen und den Wohnbereich nicht mit der Arbeit in Verbindung zu bringen. Eine Möglichkeit besteht in dem Mieten eines eigenen Büros. Das Büro muss dabei kein besonders großes sein, sondern nur zu den Bedürfnissen des Unternehmens passen. Ein kleiner Raum mit Schreibtisch ist für die meisten Gründer schon ausreichend. Allerdings muss bedacht werden, dass die Mietverträge für Büroräume etwas langfristiger laufen. Diese werden oftmals auf mehrere Jahre abgeschlossen und es ist fraglich, ob die Räumlichkeiten in diesem Zeitraum ausreichen werden. Zudem sind die Kosten nicht unerheblich. Neben der Miete müssen noch die Nebenkosten bezahlt werden. Ist die Perspektive der gewerblichen Tätigkeit so ausgelegt, dass es auch ohne zusätzliche Mitarbeiter gut online skalierbar ist und sind die finanziellen Möglichkeiten vorhanden, kann die Miete des Büros eine gute Wahl darstellen.

Deutlich flexibler sind sogenannte Coworking Spaces. Dabei handelt es sich um Büroräume, die ganz nach den eigenen Bedürfnissen gemietet werden können. Die Räumlichkeiten werden mit anderen Selbstständigen geteilt. Der Vorteil ist hierbei, dass die Kosten im Vergleich zum kompletten Büro meist niedriger ausfallen. Zudem gibt es zusätzliche Services, die genutzt werden können. In einfachen Coworking Spaces können dies eine Kaffeemaschine und ein Drucker sein. Größere Coworking Spaces stellen hingegen ein ganzes Café bereit und können mit zusätzlichen Freizeitangeboten überzeugen. Die Internetverbindung ist ebenfalls von hoher Qualität und der

Verwaltungsaufwand ist sehr gering. Es werden keine langfristigen Verträge abgeschlossen, sondern die Laufzeit kann ganz flexibel angepasst werden. In jeder größeren Stadt werden solche Coworking Spaces angeboten und dem Gründer wird eine gute Arbeitsatmosphäre bereitgestellt.

Bevor die Coworking Spaces immer beliebter wurden, war das Café mit seiner WLAN-Verbindung ebenfalls ein häufiges Ziel für Gründer. Diese konnten sich dort mit dem Kaffee hinsetzen und nebenbei am Laptop an der Selbstständigkeit arbeiten. So attraktiv es klingen mag, so wenig produktiv ist das Café als ernsthafter Arbeitsplatz für die meisten Personen. Es herrscht eine Hektik, unter welcher die Konzentration leidet und selbst hochwertige Kopfhörer können diesen Umstand nicht komplett abmildern. Zudem sind die Kosten nicht zu verachten, wenn das Café als dauerhafter Arbeitsplatz angesehen wird. Im Vergleich wird der Coworking Space wahrscheinlich günstiger sein und eine wesentlich bessere Arbeitsatmosphäre bieten.

Letztlich bleibt es natürlich jedem selbst überlassen, in welcher Umgebung die Produktivität am höchsten ist. Die mentale Belastung, die durch das Vermischen des Wohn- und Arbeitsbereiches entsteht, ist jedoch nicht sofort bemerkbar. Lässt der finanzielle Rahmen eine Trennung zu, sollte ein Coworking Space oder ein eigenes Büro gemietet werden. Dadurch wird eine hohe Produktivität erzeugt und letztlich bedeutet dies, dass weniger Arbeitszeit in die Selbstständigkeit investiert werden muss und mehr Zeit für die Familie vorhanden ist.

Diese Dinge müssen mit dem Arbeitgeber geklärt werden

In Deutschland ist die Ausübung eines Gewerbes grundsätzlich durch den § 1 der Gewerbeordnung abgedeckt. Besteht noch die Anstellung im Hauptberuf, dann könnte dies mit einigen Konflikten verbunden sein. Hier ist allerdings zu sagen, dass der Arbeitgeber lediglich die Arbeitskraft zu der festgelegten Arbeitszeit erhält. Wird diese Leistung vom Arbeitnehmer erfüllt, kann der Arbeitgeber gegen das Gewerbe des Arbeitnehmers keinen Einspruch einlegen.

Dennoch muss das Gewerbe dem Arbeitgeber angezeigt werden. Es besteht eine Informationspflicht und der Arbeitgeber muss erörtern, ob ein berechtigtes Interesse daran besteht, dass das Gewerbe nicht vereinbar mit der Ausübung der Haupttätigkeit wäre. Dies kann der Fall sein, wenn das Gewerbe als Konkurrent zum Arbeitgeber auftritt. Es ist offensichtlich, dass es nicht im Interesse des Arbeitgebers ist, wenn ein Arbeitnehmer ein Unternehmen gründet, welches im gleichen Markt aktiv ist und als Konkurrent wahrgenommen werden würde. Zudem verfügt der Arbeitnehmer über Informationen, die zum Nachteil des Arbeitgebers ausgelegt werden können. Hierzu zählen bereits Kundeninformationen, die der Selbstständige nun für sich nutzen könnte.

Eine weitere Einschränkung besteht, wenn die volle Arbeitskraft nicht mehr im Hauptberuf eingesetzt wird. Wird einige Energie in das Gewerbe investiert, könnte dies dazu führen, dass die Hauptaufgabe nicht mehr mit der notwendigen Sorgfalt oder Konzentration erledigt wird. Leidet die Leistung unter dem Gewerbe, kann der Arbeitgeber diese Tätigkeit untersagen oder mit einer Kündigung drohen.

Ein weiterer Punkt besteht in dem Ansehen des Arbeitgebers. Durch das Nebengewerbe darf das Ansehen nicht beschädigt werden. Dies könnte der Fall sein, wenn das Gewerbe in der Erotikbranche angesiedelt ist. Diese Tätigkeit könnte auf den Arbeitgeber abfärben und möglicherweise das Unternehmen beschädigen.

Entgegen dieser negativen Position des Arbeitgebers stehen einige aber auch der Nebentätigkeit positiv gegenüber. Manche Unternehmen bieten sogar eine Unterstützung an und sind geradezu positiv von diesem Schritt überzeugt. Sie sehen in der Selbstständigkeit vor allem die Chance, dass der Arbeitnehmer über neue Fähigkeiten verfügen wird, die im Hauptberuf eingesetzt werden. So ist in der Selbstständigkeit mehr Verantwortung gefordert und die Entscheidung ein eigenes Unternehmen zu gründen ist mit einigen Problemen verbunden, die überwunden werden müssen.

Arbeitgeber, die ihre Arbeitnehmer nicht nur als einfache Ressource wahrnehmen, sondern mit einer hohen Wertschätzung entgegentreten, werden in den meisten Fällen den Schritt zur Nebentätigkeit begrüßen. Bedeutet dies doch, dass die Fähigkeiten des Arbeitnehmers wachsen und dieser davon abgehalten wird, die Haupttätigkeit zu kündigen. Erweist sich die Selbstständigkeit als kleiner Erfolg, wird der Mitarbeiter zufriedener sein und eventuell sogar eine höhere Leistung im Hauptberuf abrufen können. Es muss also nicht immer die Angst bestehen, dass der Arbeitgeber der Gründung des Gewerbes negativ gegenübersteht. Handelt es sich um einen verständnisvollen Vorgesetzten, wird dieser eher die positiven Seiten wahrnehmen und schätzen.

Die Selbstständigkeit als Student

Das Studium kann je nach Fachrichtung einige Zeit in Anspruch nehmen. Mit der Bologna-Reform wurde darauf abgezielt, dass das Studium einer gewöhnlichen Vollzeittätigkeit entspricht. Dies bedeutet, dass jeder Student im Durchschnitt 40 Stunden mit dem Studium verbringt. Der Arbeitsaufwand verteilt sich aber nicht gleichmäßig über das Jahr. Es gibt Phasen, in denen sehr viel mehr Zeit mit dem Studium aufgewendet werden muss und es gibt prüfungsfreie Zeiträume, in denen der Student sich mit anderen Aufgaben befassen kann. Viele Studenten verbringen diese Zeit mit einem Ferienjob, der zur Finanzierung Ihres Lebensunterhaltes dient.

Das Studium bietet aber auch eine gute Möglichkeit, ein eigenes Gewerbe zu starten. Viele Universitäten bieten spezielle Gründerprogramme, die eine Unterstützung für die Selbstständigkeit bieten. Dort wird genau aufgezeigt, wie der Schritt zum eigenen Unternehmen vollzogen wird und was es zu beachten gibt. Gerade für Studenten der Wirtschaftsfächer bietet das Gewerbe eine gute Möglichkeit, die Theorie anzuwenden und selber Erfahrungen zu sammeln. Selbst wenn das Gewerbe nicht erfolgreich sein sollte, macht sich dieser Schritt im Lebenslauf gut und wird von Arbeitgebern positiv wahrgenommen.

Im Gegensatz zum Schüler bestehen beim Studenten kaum Einschränkungen hinsichtlich des Nebenerwerbs. Das Studium ist bereits als Haupttätigkeit anerkannt und wird das Gewerbe gegründet, fällt dieses in die nebenberufliche Tätigkeit. Damit werden Probleme mit der Krankenversicherung umgangen. Als Student besteht also weiterhin die Möglichkeit, den günstigen Tarif zu wählen und es gibt keine Pflicht, in einen teureren Tarif zu wechseln, der schnell mehrere hundert Euro im Monat kosten kann.

Studenten finanzieren oftmals Ihren Lebensunter

halt durch verschiedene staatliche Unterstützungen. Das Kindergeld steht jedem Stundeten im Erststudium zu, sobald er das 25. Lebensjahr noch nicht vollendet hat. Das Kindergeld ist unabhängig vom Einkommen und wird selbst bei der Gründung des Nebengewerbes weiterhin ausgezahlt. Als Student muss also keine Angst bestehen, dass durch die Gründung des Gewerbes Nachteile entstehen. Dies ist ein wesentlicher Unterschied zum Schüler, welcher dringend darauf achten sollte, dass bestimmte Einkommensgrenzen nicht überschritten werden. Andernfalls tritt die Pflicht ein, einen teuren Tarif in der Krankenkasse nutzen zu müssen.

Urlaubsregelung

Als Arbeitnehmer steht einem eine gesetzliche Mindestdauer für den Jahresurlaub zu. Wird ein Gewerbe gegründet, kann der Urlaub schon mal damit verbracht werden, diese freie Zeit in das eigene Unternehmen zu investieren. Schließlich werden sich kaum weitere Möglichkeiten bieten, in denen die entsprechende Zeit zur Verfügung steht und für die Selbstständigkeit genutzt werden kann.

Der Urlaub ist allerdings mit dem Erholungszweck verbunden. Als Arbeitnehmer kann der Urlaub daher nicht vollumfänglich nach den eigenen Vorstellungen genutzt werden. Er dient der Erholung und schützt davor, dass der Arbeitnehmer langfristig unter der vielen Arbeit leidet. Wird im Urlaub nun eine weitere gewerbliche Tätigkeit ausgeführt, kann dies dem Erholungszweck entgegenstehen. Aus rechtlicher Sicht muss daher beachtet werden, dass der Urlaub nicht komplett darin ausartet, die Zeit in das Gewerbe zu investieren.

Hierzu gibt es von Rechtswegen die Einschränkung der Arbeitszeit für das Gewerbe während des Urlaubs. Es ist sicherlich kein Problem, wenn nur wenige Stunden am Tag in das Unternehmen gesteckt werden. Kommt die Tätigkeit aber vom zeitlichen Umfang her dem Haupterwerb nahe, kann dies dem Erholungszweck entgegenstehen. Ist der Haupterwerb mit einer gewöhnlichen 40-Stunden-Woche verbunden, darf die Selbstständigkeit während des Urlaubs etwa 20 Stunden einnehmen. In diesem Zeitrahmen wird noch nicht von einer ausufernden Tätigkeit gesprochen. Die Erholung findet in ausreichendem Maße statt. Inwiefern die tatsächliche Zeit vom Arbeitgeber überprüft werden kann, sollte natürlich angezweifelt werden. Wenn die Tätigkeit online durchgeführt wird, ist dies für den Arbeitgeber kaum zu überprüfen. Wird allerdings ein kleines Lokal oder Geschäft eröffnet, sollte die Zeit während des Urlaubs dort begrenzt werden. Andernfalls könnte der Arbeitgeber den Einwand erheben, dass der Arbeitnehmer nach dem Urlaub weiterhin unter einem hohen Stress steht und die Zeit nicht für sich nutzen konnte.

Was passiert im Krankheitsfall?

Ähnlich sieht die Regelung auch bei der Krankheit aus. Liegt eine Krankschreibung für den Haupterwerb vor, darf während der Dauer der Krankheit keine Tätigkeit ausgeführt werden, die dem Genesungsprozess im Wege steht. Dies bedeutet, dass bei einer Erkältung eher keine schwere Gartenarbeit an der kalten Luft ausgeführt werden darf. Ein Spaziergang ist aber weiterhin erlaubt und die Krankschreibung zwingt den Arbeitnehmer nicht dazu, die gesamte Zeit nur Zuhause zu verbringen. Dies könnte den Genesungsprozess eher noch verzögern.

Mit der Tätigkeit im Nebengewerbe verhält es sich ähnlich. Diese darf während der Krankschreibung ausgeführt werden, insofern sie den Genesungsprozess nicht verzögert. Hierbei kommt es ganz darauf an, welches Gewerbe und welche Art der Krankschreibung vorliegt. Bei einer Erkältung können selbst leichte Tätigkeiten, wie die Arbeit am Computer, untersagt werden. Bei einer schweren Grippe ist Bettruhe angesagt und andere geistige Arbeiten sollten vermieden werden. Anders sieht es hingegen aus, wenn eine Verletzung vorliegt. Wird im Hauptberuf etwa einer körperlichen Tätigkeit nachgegangen und der Fuß ist gebrochen, kann der Hauptberuf nicht mehr ausgeübt werden. Es spricht aber nichts dagegen, wenn leichte Arbeit am Laptop ausgeführt wird, die dem eigenen Gewerbe zugutekommt. Allerdings sollten andere Tätigkeiten wiederum vermieden werden. Die Besichtigung eines Büros sollte mit dieser Art der Verletzung vermieden werden.

Letztlich ist die Definition der Einschränkung nicht einheitlich. Es kommt immer auf den Einzelfall an, welcher aufzeigt, ob die selbstständige Tätigkeit während der vorliegenden Krankschreibung ausführbar ist oder ob es zum Konflikt mit dem Arbeitgeber kommen könnte. Im schlimmsten Fall könnte der Arbeitgeber eine fristlose Kündigung aussprechen, wenn dieser herausfindet, dass der Arbeitnehmer Tätigkeiten nachgegangen ist, die im Widerspruch mit dem Genesungsprozess standen. Hier gilt ebenfalls der Einwand, dass es natürlich sehr schwer nachvollziehbar für den Arbeitgeber ist, wenn die Tätigkeit online ausgeführt wird. Dennoch sollte hier kein Risiko eingegangen werden. Der Hauptberuf stellt immer noch die größte Einkommensquelle dar und diese sollte nicht für ein paar Aufgaben in der Selbstständigkeit auf Spiel gesetzt werden. Womöglich könnte ein zäher und kostenintensiver Rechtsstreit folgen, wenn der Arbeitgeber eine Kündigung ausspricht.

In diesem Kapitel wurden weitere Informationen geliefert, die für den Gründungsprozess wesentlich sind. Die Entscheidung, ob alleine oder im Team gegründet wird, hängt hauptsächlich von der Komplexität des Geschäftsmodells ab. Für die Selbstständigkeit im Nebenerwerb ist es jedoch ratsam, wenn dieses alleine durchgeführt wird. So kann sichergestellt werden, dass die Arbeitsbelastung den eigenen Grenzen entspricht und kein Partner etwa einen höheren Arbeitseinsatz fordert.

Des Weiteren sollte die Nebentätigkeit dem Arbeitgeber angezeigt werden. Es ist wenig sinnvoll, all die Schritte im Geheimen auszuführen und zu hoffen, dass der Arbeitgeber davon nichts mitbekommen würde. Einige Arbeitgeber sind der Gründung des Gewerbes nicht negativ gegenüber eingestellt, sondern fördern diese Entscheidung. Der Arbeitnehmer erlernt neue Fähigkeiten, die auch für den Arbeitgeber im Hauptberuf von Vorteil sein können. Eine offene Kommunikation sollte immer bestehen und auch, wenn der Arbeitgeber dem Gewerbe nicht widersprechen kann, ist eine Informationspflicht vorhanden. Ebenso sollte mit den Zeiträumen während des Urlaubs und der Krankheit verantwortungsvoll umgegangen werden. Schon aus Eigeninteresse ist es wichtig, dass es auch Phasen gibt, in denen die Erholung im Vordergrund steht und die Arbeit zweitrangig ist. Andernfalls läuft man Gefahr, dass der Stress zu einer zu hohen Belastung wird und es drohen ernsthafte Folgen, wie zum Beispiel das Burn-out.

KUNDEN ERREICHEN

Was ist Marketing?

Alle notwendigen Schritte wurden unternommen und jetzt steht dem erfolgreichen Geschäft nichts mehr im Wege. Im Grunde ist jetzt alles darauf ausgelegt, dass die Kunden den Laden einrennen oder im digitalen Shop unterwegs sind und das virtuelle Lager leer räumen.

Ganz so einfach gestaltet sich die Gründung meistens nicht. Die Konkurrenz ist vielfältig und die Kunden müssen überhaupt erst erfahren, dass das eigene Gewerbe eröffnet wurde. Um die Produkte und Dienstleistungen anzupreisen ist das Marketing als Instrument notwendig. Nur indem ein umfangreiches Marketing betrieben wird, kann das eigene Angebot überhaupt auf dem Markt gefunden werden. Andernfalls entscheidet sich der Kunde lieber für ein anderes Angebot, welches viel prominenter platziert ist und über das er bereits mehr Informationen erhalten hat.

Marketing hat sich in den letzten Jahren und Jahrzehnten jedoch deutlich verändert. Während früher das eigene Geschäft mit Plakaten oder Bannern lokal beworben wurde, überwiegt jetzt die Werbung im Internet. Wenn die Leistungen ebenfalls im Internet angeboten werden, ist es naheliegend, dass die Marketingaktivitäten dort stattfinden. Mit einem Marktanteil von über 95 Prozent besitzt Google eine große Macht im Bereich der Suchmaschinen. Menschen nutzen diese, um Antworten auf Ihre Fragen zu erhalten oder wenn jene in der näheren Umgebung eine Empfehlung bekommen möchten. Das Marketing als Aktivität hat sich also deutlich verändert und daher sollten die modernen Methoden des Internets genutzt werden, um das eigene Angebot anzupreisen. Es geht jetzt nicht mehr darum, die Stadt mit Plakatwerbung zu befüllen, sondern das Internet zu erobern. Wenn das angebotene Produkt oder die Dienstleistung darauf abzielt ein Problem zu lösen, ist es naheliegend, dass das Gewerbe bei der Suchmaschine für verwandte Suchbegriffe oben platziert sein sollte. Auf diese Weise werden Menschen auf das Angebot aufmerksam und hoffentlich zu Käufern.

Moderne Marketingmethoden

Das Internet hat die Marketingaktivitäten revolutioniert. Dabei steht im Vordergrund, dass nun eine breite Masse an Kunden erreicht werden kann. Bei dieser Masse handelt es sich allerdings nicht um eine breite ungefilterte Kundengruppe, sondern die Zielgruppe kann sehr genau definiert werden. Durch die Daten, die von den jeweiligen Plattformen wie Google und Facebook erhoben werden, wird der Nutzer praktisch zum gläsernen Kunden. Was als Privatperson ziemlich beängstigend klingt, ist für den Werbetreibenden von Vorteil. Er ist in der Lage die Zielgruppe sehr genau zu definieren und anzusprechen. Hierbei ist nicht nur die Auswahl nach bestimmten demographischen Merkmalen möglich. Auch die Interessen und das Kaufverhalten der Zielgruppe kann genauer bestimmt werden.

Damit ist das Werben auf Onlineplattformen um einiges effizienter. Im Vergleich dazu sind herkömmliche Werbeplakate in der Innenstadt vollkommen ungefiltert. Sie sprechen jede Person an, egal ob diese in die Zielgruppe passt oder nicht. Gleiches gilt auch für Werbung im Fernsehen oder im Radio. Natürlich kann hier durch die Wahl des Programmes ein gewisser Filter angelegt werden, dieser ist im Vergleich zu den Möglichkeiten bei den modernen Medien aber sehr ungenau.

Wird das Geschäftsmodell hauptsächlich online verwirklicht, sollte die Marketingaktivität dort stattfinden. Eine Möglichkeit besteht in der Schaltung von Werbung auf Facebook. Hier besteht die Option, die Zielgruppe sehr genau eingrenzen zu können. Neben den demographischen Eigenschaften können die Hobbys sehr genau analysiert werden. Dies hat zur Folge, dass das Marketingbudget nicht dafür ausgegeben wird, die Marke im Allgemeinen bekannter zu machen. Stattdessen wird eine potenzielle Zielgruppe angesprochen, bei denen die Wahrscheinlichkeit hoch ist, dass diese zu Kunden werden. Verknüpft werden kann ein bezahlter Beitrag mit der Erstellung einer Fanseite. Für Unternehmen dient solch eine Fanseite als Kommunikationsbrücke zu den Kunden. Diese können über günstige Angebote informiert und langfristig gebunden werden. Das Betreiben dieser Fanseite ist zudem vollkommen kostenlos. Wichtig ist hierbei nur, dass die Inhalte für die Zielgruppe ansprechend gestaltet sind. Rufen diese nur ein geringes Interesse hervor, schränkt Facebook die Sichtbarkeit ein und nur noch ein geringer Teil der Fans sieht den veröffentlichten Beitrag in Zukunft.

Inhalte, die bei Kunden besonders gut ankommen, sind kurze Videos oder Bilder. Diese Medien können schnell konsumiert werden und erfordern keine allzu lange Aufmerksamkeit. Die Inhalte sollten daher so ausgelegt sein, dass sie schon auf den ersten Blick ansprechend sind. Etwa durch eine humorvolle Überschrift oder durch ein sehr einprägsames Bild. Weniger ansprechend sind lange Texte. Diese können zwar mehr Informationen transportieren, doch kaum ein Nutzer wird sich diesen Text durchlesen. Daher ist es vorteilhafter, wenn diese Informationen über Bilder oder kurze Videos transportiert werden. Dabei ist es sinnvoll, wenn die Kommunikation zum Kunden in regelmäßigen Beiträgen erfolgt. Dadurch wird eine engere Kundenbindung erzielt.

Neben Facebook gilt mittlerweile Instagram als führende Plattform für Werbetreibende. Im Durchschnitt wird hier eine jüngere Zielgruppe erreicht. Die Nutzer auf Instagram verbringen aber mehr Zeit auf dieser Plattform und sind daher auch empfänglicher für Werbebotschaften. Als Unternehmen hilft ein eigener Instagram-Account auf vielfältige Weise. In kurzweiligen Bildern kann das eigene Produkt angepriesen oder eine andere Botschaft vermittelt werden. Dadurch werden Nutzer auf das Produkt aufmerksam und möglicherweise zu Käufern. Instagram bietet mittlerweile auch die Möglichkeit Storys zu schalten und über den eigenen Kanal zu vertreiben. Storys sind nur für 24 Stunden sichtbar, können aber dazu genutzt werden, um einen Einblick in das Unternehmen zu gewähren. Beliebt ist hierbei der Blick hinter den Kulissen. Dadurch wird das Unternehmen den Fans noch nähergebracht und diese erkennen, welche Arbeit eigentlich im Produkt steckt. Zusätzlich kann auch die Live-Funktion hilfreich sein. In solch einer Verbindung können Fragen beantwortet werden und eine direkte Kommunikation stattfinden. All diese Funktionen sind gebührenfrei nutzbar.

Neben den kostenlosen Funktionen besteht natürlich auch die Möglichkeit, die Plattform umfassender für die eigene Werbung zu nutzen. Zu Beginn wird der eigene Account nur wenige Fans haben. Damit das Unternehmen etwas bekannter wird, können gesponserte Beiträge veröffentlicht werden. Diese tauchen in den Feeds der Nutzer auf und falls diese von dem Beitrag angesprochen werden, können Sie dem eigenen Account folgen.

Die Werbemaßnahmen können auf Instagram geschaltet werden oder es wird ein Werbebotschafter genutzt. Solche „Influencer“ werden bei Unternehmen für die Verbreitung der Werbung immer beliebter. Diese haben eine gewisse Reichweite und wenn eine große Schnittmenge mit der eigenen Zielgruppe besteht, kann diese Art der Werbung sehr effizient sein. Insbesondere für Verbraucherprodukte, die eine jüngere Zielgruppe ansprechen, ist diese Form der Werbung erfolgversprechend. Die Effektivität dieser Werbekampagne hängt vor allem von der Wahl des Werbebotschafters ab. Hier sollte eine gründliche Analyse erfolgen. Eine große Reichweite ist noch lange kein Garant dafür, dass die Kampagne ihre erhoffte Wirkung erzielt. Besser ist es, wenn die Reichweite möglichst stark mit der definierten Zielgruppe übereinstimmt. Qualität ist in diesem Bereich wichtiger, als eine große Masse an Fans. Als weitere Werbeplattform kann Google genutzt werden. Die Suchmaschine gilt als Antwort auf alle möglichen Fragen. Bietet das eigene Unternehmen und Geschäftsmodell Antworten auf Probleme, können Anzeigen in den Suchergebnissen platziert werden. Damit steht die Webseite an der obersten Stelle und wird von den Nutzern am ehesten wahrgenommen. Werden die Nutzer auf die eigene Webseite geleitet, besteht die Aufgabe nun darin, diese vom Kauf zu überzeugen.

Dies sind nur drei Varianten der modernen Marketingmaßnahmen, die genutzt werden können, um die Selbstständigkeit zu fördern. Findet die Unternehmung hauptsächlich online statt und ist nicht lokal begrenzt, sind diese Werbemöglichkeiten den klassischen Maßnahmen weit überlegen. Die Zielgruppe ist viel enger definiert und damit wird das Werbebudget effizienter eingesetzt. Zudem kann viel genauer kontrolliert werden, wie erfolgreich die jeweilige Werbekampagne ist. Facebook, Instagram und Google stellen dafür die Daten zur Verfügung, die genau aufschlüsseln, wie die Nutzer auf die Werbung reagieren. Bietet diese noch nicht die gewünschte Wirkung, können die Beiträge gezielt optimiert werden, um mehr Nutzer anzusprechen.

Eine Webseite aufbauen

Wie die meisten vorhergehenden Beispiele des modernen Marketings zeigen, zielt ein Großteil der Maßnahmen darauf ab, die Nutzer von einer Plattform zur eigenen Webseite zu führen. In der heutigen Zeit ist die Webseite für die meisten Unternehmen ein unverzichtbarer Bestandteil des Marketings. Die Webseite gilt als Aushängeschild und ist eine Art digitale und interaktive Visitenkarte. Kunden können sich auf der Webseite über die Produkte und Dienstleistungen informieren und diese über ein Shop-System bestellen. Somit wird ein Großteil des Umsatzes direkt über die eigene Webseite und deren Besucher generiert.

Für die Erstellung einer ordentlichen Webseite gibt es einige Hilfsmittel. Es ist nicht mehr notwendig, Fachwissen in HTML oder anderen Programmiersprachen zu besitzen. Das Angebot an einfachen Tools ist vielfältig und mit ein wenig Einarbeitungszeit ist es praktisch jeder etwas technikaffinen Person möglich, eine Webseite zu erstellen. Durch verschiedene Baukastensysteme und vorgefertigten Designs sehen diese ansprechend aus und stehen professionell erstellten Varianten in kaum etwas nach.

Als herausstechend muss die Möglichkeit der Erstellung einer Webseite mittels WordPress erwähnt werden. WordPress dient hierbei als Benutzeroberfläche, mit der die Webseite zum Leben erweckt und mit Inhalten gefüllt wird. Im ersten Schritt ist jedoch die Wahl eines geeigneten Hosts notwendig. Dieser stellt die Server und die ersten Installationsschritte bereit. Die Kosten hierfür belaufen sich auf weniger als 10 Euro und dabei ist schon der Name inklusive einer „ .de - Adresse " enthalten. Für die Wahl können Vergleichsportale genutzt werden, die die Unterschiede zwischen den einzelnen Hosting Anbietern aufzeigen.

Sollte die Webseite und das Unternehmen sehr erfolgreich sein und viele Besucher anziehen, ist es später immer noch möglich einen professionelleren Tarif in Anspruch zu nehmen. Bei diesem wird ein Server angeboten, der leistungsfähiger ist und die höheren Besuchszahlen ohne Probleme verkraftet. Zu Beginn ist solch eine hohe Investition aber nicht notwendig. Der Grundtarif, welcher bei den meisten Anbietern sehr günstig ist, ist für den Anfang vollkommen ausreichend.

Wurde ein Anbieter gefunden, der den eigenen Ansprüchen genügt und der eine WordPress-Installation anbietet, muss ein Name für die Domain gefunden werden. Dies ist der Name, der in der oberen Adresszeile des Browsers erscheint. Dieser Name sollte so kurz und prägnant wie möglich sein. Dadurch fällt es Besuchern leichter sich diesen zu merken und Sie werden mit einer höheren Wahrscheinlichkeit die Webseite mehrmals aufrufen. Umlaute oder andere Sonderzeichen sollten nach Möglichkeit vermieden werden.

Nach der Festlegung des Namens erfolgt die WordPress-Installation. Hierfür bieten einige HostingAnbieter eine Ein-Klick-Variante an. Der Anbieter übernimmt praktisch die Installation und es müssen nur noch die Zugangsdaten eingegeben werden. Danach kann die Oberfläche genutzt werden, um die Webseite zu gestalten. Ist das Grundgerüst aufgebaut, wird ein kostenloses Standard-Design sichtbar sein. Dieses ist für die Erstellung der Webseite nicht nützlich. Die Funktionen sind sehr eingeschränkt und die Verwechslungsgefahr mit anderen Webseiten, die ebenfalls diese Standard-Variante nutzen ist zu hoch. Besser ist es daher, wenn ein PremiumDesign gewählt wird. Hierfür gibt es wiederum einige Marktplätze, auf denen die „Themes" vorgestellt werden. Wurde ein Design gefunden, welches sowohl vom Aussehen, als auch den Funktionen ansprechend erscheint, kann dieses erworben werden. Mit diesem Kauf sind Kosten in Höhe von bis zu 100 Euro verbunden. Es handelt sich aber um eine einmalige Investition, die als Voraussetzung für die Gestaltung der Webseite notwendig ist.

Eine Webseite ist nur sinnvoll, wenn diese mit Inhalten gefüllt wird. Wird ein Produkt oder eine Dienstleistung angeboten, sollten diese ausführlich beschrieben werden. Weiterhin sinnvoll ist das Vorstellen der eigenen Person. Das mag für einige Gründer zwar befremdlich wirken, doch die eigene Persönlichkeit verleiht der Webseite direkt einen viel freundlicheren Eindruck. Andernfalls steht der Besucher nur vor einer weiteren anonymen Webseite, die kaum in Erinnerung bleibt.

Auf einem Blog können verschiedene Themen behandelt werden. Diese können direkt oder indirekt mit den Produkten oder Dienstleistungen zusammenhängen. Der Vorteil des Führens eines Blogs besteht darin, dass diese Beiträge bei Google zu finden sind. Nutzer, die eine bestimmte Suchanfrage stellen, werden auf diese Weise direkt auf die Webseite geführt. Dies ist eine Marketingmaßnahme, die ohne Investitionen vorgenommen werden kann, sondern nur etwas Fleiß erfordert. Des Weiteren vermittelt der Blog die eigene Expertise in diesem Themenbereich. Die Beiträge sind nützlich, um sich selber als Experte zu positionieren und den Mehrwert des Angebots zu unterstreichen.

Es ist also ratsam, in jedem Fall eine eigene Webseite zu gründen und diese zu führen. Dafür muss nicht direkt ein Webdesigner beauftragt werden. Eine einfache WordPress Seite inklusive Hosting ist mit Einmalkosten von etwa 100 Euro verbunden. Die weiteren monatlichen Kosten belaufen sich auf etwa 10 Euro. Bei der Gründung werden dies noch die geringsten Kostenpunkte sein. Langfristig zahlt sich diese Investition auf vielfältige Weise aus. Besucher gelangen über Suchmaschinen auf die Webseite und erfahren von dem eigenen Angebot. Ebenso kann das eigene Fachwissen den interessierten Nutzern vermittelt werden.

Die Suchmaschinenoptimierung

Marketingmaßnahmen können mit großen Investitionen verbunden sein. Gerade wenn es darum geht eine noch unbekannte Facebook Seite oder Instagram Account bekannter zu machen, ist dies mit erheblichem Aufwand verbunden. Schließlich sind die Zeiten, in denen nur ein paar wenige gute Bilder ausreichen, um eine große Kundengruppe zu erreichen, lange vorbei. Mittlerweile müssen die Bilder über eine hohe Qualität verfügen und zusätzlich muss Geld investiert werden, damit eine höhere Reichweite angesprochen wird.

Ist das Unternehmen langfristig ausgelegt und etwas Geduld und Zeit vorhanden, kann anstelle der Investition in diese Werbung auch die Suchmaschinenoptimierung vorgenommen werden. Im vorherigen Unterkapitel wurde der Nutzen eines Blogs und das Schreiben der Beiträge bereits erwähnt. Ein wesentlicher Effekt des Blogs ist, dass Nutzer über die Suchmaschine zur eigenen Webseite geleitet werden. Ist ein Blogbeitrag nützlich und bietet dem Nutzer einen echten Mehrwert, wird dieser auf Google in den oberen Positionen angezeigt. Dadurch werden Menschen auf die eigene Webseite geleitet und diese werden hoffentlich zu zahlenden Kunden.

Die Vorstellung, dass die Blogbeiträge automatisch in den höheren Positionen bei Google landen, ist allerdings sehr naiv. Das Netz ist mittlerweile übersät mit Beiträgen und Informationen. Die Chance, dass eine Nische gefunden wird, über die keine Informationen bereitstehen, ist sehr gering. Falls dennoch solch eine Nische vorhanden ist, ist der Grund dafür wahrscheinlich, dass es kaum Nutzer gibt die nach den entsprechenden Informationen suchen.

Im Klartext heißt dies, dass andere Webseiten mit den eigenen Beiträgen überflügelt werden müssen. Es herrscht also eine Konkurrenzsituation um die vorderen Positionen bei Google und anderen Suchmaschinen. Um in die vorderen Positionen zu gelangen, ist eine Optimierung notwendig. Diese vermittelt der Suchmaschine das Thema und zeigt an, dass der eigene Beitrag wertvoller ist, als der der Konkurrenz.

Bei der Suchmaschinenoptimierung erfolgt eine Unterscheidung zwischen der Optimierung auf der eigenen Seite und durch den externen Einfluss. Durch die Optimierung der Beiträge kann das Thema und der Suchbegriff, für den der Beitrag angezeigt werden soll, besser an Google vermittelt werden. Wird Beispielsweise ein Geschäft an einem festen Standort aufgebaut, ist es hilfreich, wenn die Tätigkeit und der Standort im Titel, sowie im Text vorkommt. Dadurch erhält der Beitrag eine höhere Relevanz für die entsprechenden Suchbegriffe. Ein Kammerjäger aus Gifhorn kann beispielsweise Beiträge darüber verfassen, wie bestimmte Schädlinge bekämpft werden können. Indem der Ort auf der Webseite prominent platziert wird, wird die Webseite für den Suchbegriff des Kammerjägers in Gifhorn weiter oben angezeigt.

Die zweite Methode der Suchmaschinenoptimierung besteht in der Vermittlung einer höheren Relevanz der eigenen Webseite. Dies geschieht dadurch, indem Verlinkungen aufgebaut werden. Verlinkungen zwischen Webseiten zeigen der Suchmaschine an, dass eine Webseite in diesem Bereich besonders wertvoll ist. Dieses Prinzip beruht auf der Idee der wissenschaftlichen Publikation. Hier gilt ebenfalls der Grundsatz, dass eine Arbeit umso wertvoller ist, je öfter diese von anderen Wissenschaftlern zitiert wird. Es ist logisch, dass eine Grundlagenarbeit, die ein großes Fundament in einem Bereich gelegt hat und für die Wissenschaft von großer Bedeutung ist, von sehr vielen anderen Wissenschaftlern zitiert wird. Google nutzt einen ähnlichen Algorithmus und bezieht die Verlinkungen bei der Positionierung der Webseiten mit ein. Je mehr eingehende Verlinkungen die eigene Webseite erhält, desto höher ist die Wahrscheinlichkeit, dass diese eine obere Position bei Google erhält.

Um diese Verlinkungen zu erhalten ist ein außergewöhnlich guter Inhalt die Grundlage. Sind die Beiträge besonders interessant und werden von anderen Webseiten als wichtig wahrgenommen, werden diese häufiger eine Verlinkung vornehmen. Dieser Weg ist jedoch mit einiger Geduld verbunden und ähnlich wie bei dem Marketing in den sozialen Medien muss zunächst eine Leserschaft vorhanden sein, bis dieser Multiplikator Effekt überhaupt einsetzt. Hilfreicher ist es, wenn die Verlinkungen selber aufgebaut werden. Das beste Mittel, um die eigene Webseite bekannter zu machen ist über die Wahrnehmung von Gastbeiträgen. Bei dieser Methode werden Beiträge für andere Webseiten geschrieben. Diese liegen im gleichen Themenfeld, wie die eigene Webseite und eine Verlinkung signalisiert der Suchmaschine eine höhere Relevanz. Das Schreiben eines Gastbeitrages ist zwar mit Aufwand verbunden, allerdings ist dies bei jeder Marketingmethode der Fall. Der Gastbeitrag ist in den meisten Fällen kostenlos und es fällt nur der Arbeitsaufwand für das Schreiben des Beitrages an.

Die Webseite ist also ein wichtiger Anlaufpunkt für zukünftige Kunden. Durch die Suchmaschinenoptimierung kann eine bessere Position bei den

Suchergebnissen erlangt werden. Dies ist eine vollkommen kostenlose Werbemaßnahme. Allerdings muss hierbei angemerkt werden, dass es bis zu einem halben Jahr dauern kann, bis die Beiträge auch wirklich in der Suchmaschine an den vorderen Positionen auftauchen. Google ist etwas vorsichtig und benötigt erst etwas Zeit zur Interpretation des Inhaltes.

Mit Videos zum Erfolg

Mittlerweile stehen eine Vielzahl von Medien zur Verfügung, die zur Überbringung der Werbebotschaft genommen werden können. Waren es früher eher reine Texte und Bilder, bietet die digitale Medienlandschaft die Möglichkeit, Videos einzubetten. Gerade in den sozialen Netzwerken werden Videos sehr gut aufgenommen. Studien zeigen, dass Nutzer Videos mehr Aufmerksamkeit schenken, als nur einem einfachen Bild oder Text. Als Unternehmen sollte dieser Umstand genutzt werden. Durch das eigene Anfertigen von Videos ist der Auftritt im Internet mit einer höheren Wahrscheinlichkeit von Erfolg gekrönt.

Dabei muss der Aufwand nicht besonders hoch sein. Wenn die Voraussetzungen gegeben sind, kann ein kleines Studio genutzt und die Produkte vorgestellt werden. Bei wirklich neuartigen Unternehmen und Produkten ist dies allerdings mit hohen Kosten verbunden oder aufgrund des fehlenden Produktes nicht möglich. Im Anfangsstadium steht vor allem die Idee im Vordergrund.

Um die Nutzer emotional zu erreichen, kann zunächst das Problem visualisiert werden. Hierfür reicht es aus, wenn freie Bilder verwendet werden, die im Hintergrund des Videos zu sehen sind. Im Vordergrund wird mit prägnantem Text das Problem verdeutlicht. Passende Musik unterstützt den emotionalen Effekt und je eher die Zuseher angesprochen werden, desto eher werden diese bereit sein, das Video zu teilen. Bestenfalls entsteht ein Schneeballeffekt und das Video verbreitet sich von ganz alleine und wird zu einer Internetsensation. Dies bringt dem Unternehmen sehr viel Aufmerksamkeit und steigert den Erfolg, wenn das Produkt an den Markt geht.

Wie aus Besuchern Kunden werden

Ist die Webseite eingerichtet oder das Ladenlokal eröffnet, wurden mit den Marketingmaßnahmen hoffentlich bereits einige Besucher angelockt. Besucher im Lokal alleine bringen noch kein Geld, nun geht es darum, dass diese auch zu zahlenden Kunden werden. Mit den folgenden Tipps werden diese vom Kauf überzeugt.

Egal ob im Internet oder in einem physischen Geschäft. An oberster Stelle steht das Vertrauen in das Produkt oder die Dienstleistung. Ein guter Verkäufer kann zwar die Produkteigenschaften anpreisen und diese so gut wie möglich herausstellen, damit ein Kauf stattfindet, muss der Besucher diesem Versprechen vertrauen. Als erste Maßnahme kann die eigene Persönlichkeit in die Webseite oder dem Geschäft integriert werden. Ist nicht klar ersichtlich, wer für die Webseite verantwortlich ist, besteht ein grundsätzliches Misstrauen. Schließlich könnte ja die Webseite auch aus dem Ausland betrieben werden, wo andere Gesetze gelten. Ein Besucher wäre dann von hohem Misstrauen geplagt. Steht hingegen eine vertrauensvolle Person mit echtem Namen und Kontaktinformationen hinter der Webseite, erhöht dies das Vertrauen und die Legitimität.

Weitere vertrauensbildende Maßnahmen können in der Gestaltung der Kanäle in den sozialen Medien liegen. Indem hier ein Einblick in die tägliche Arbeitsweise gewährt wird, kann der Kunde erkennen, dass es sich nicht um eine betrügerische Masche handelt, sondern dass das Unternehmen auf einem soliden Fundament steht.

Eine weitere Möglichkeit um die Besucher langfristig zu binden liegt in dem Einsammeln von E-Mail-Adressen. Die sozialen Medien sind zwar einfach zu bedienen und recht schnell kann eine große Fanbasis aufgebaut werden, die Reichweite ist jedoch von der Gunst der Plattform abhängig. Selber E-Mail-Adressen einzusammeln und über Newsletter das Angebot zu verbreiten bietet den Vorteil, dass keine Abhängigkeit gegenüber Drittanbietern besteht. Die Newsletter werden an alle Kunden versendet, die sich zuvor für dieses Angebot eingetragen haben. Damit Besucher überhaupt erst sich für einen Newsletter eintragen, sollte eine kostenlose Leistung erbracht werden. Schließlich ist die E-Mail-Adresse ein wertvolles Gut, dass nicht jeder Besucher so ohne weiteres preisgeben möchte. Ein kostenloses E-Book wird sehr gut aufgenommen und durch das Versenden der zukünftigen Newsletter werden die Kosten oder der Zeitaufwand für das Erstellen des

E-Books gerechtfertigt.

Ein gutes Geschäftskonzept und ein herausragendes Produkt sind alleine noch kein Garant dafür, dass die Selbstständigkeit gelingen wird. Das Marketing ist ein wichtiger Bestandteil, um sich von der Konkurrenz abzuheben. Das Internet bietet einige kostengünstige Methoden, um das Angebot einer möglichst großen Zielgruppe zu präsentieren. Die sozialen Medien sind ein guter Anfangspunkt, um eine hohe Reichweite zu erreichen. Danach muss versucht werden, die Reichweite über die Webseite, zu zahlenden Kunden zu konvertieren. Über den Online-Shop können die Produkte oder Dienstleistungen vertrieben und der Umsatz generiert werden.

Moderne Marketingmethoden haben den Vorteil, dass sie sehr viel zielgerichteter sind. Daher sollte im ersten Schritt die Zielgruppe definiert werden. Für wen ist das eigene Angebot besonders nützlich und wer ist bereit dafür Geld auszugeben? Danach erfolgt das Ansprechen dieser Zielgruppe. Im Idealfall platziert sich die Webseite in den vorderen Positionen in den Suchmaschinen und zieht auf diese Weise ebenfalls Besucher an. Ein Mix aus kostenlosen und kostenpflichtigen Werbemaßnahmen scheint gerade zu Beginn sinnvoll, um eine gewisse Reichweite aufzubauen. Ist dieses Ziel vollbracht, sorgen interessante Beiträge dafür, dass die Zielgruppe das Interesse am Unternehmen nicht verliert und als Kunde gebunden wird.

TIPPS FÜR DAS START-UP

Organisation üben

DER AUFBAU DES START-UPS ist mit einigem Aufwand und Arbeit verbunden. Normalerweise sollte die Formel gelten, je mehr Arbeit und Zeit in das Start-up investiert wird, desto erfolgreicher sollte dieses wachsen und schneller in die Gewinnzone gelangen. Bei der Arbeitsweise gibt es allerdings Unterschiede und obwohl einige Gründer sehr viel Zeit investieren, bewegt sich das Start-up kaum. Mit den folgenden Tipps kann das Wachstum des Start-ups besser unterstützt werden. Die Arbeitskraft wird viel effizienter genutzt und ein größerer Erfolg ist in kürzerer Zeit sichtbar.

Aller Anfang ist schwer und gerade zu Beginn der Unternehmertätigkeit fallen einige Aufgaben an. Dabei besteht schnell das Risiko, dass die Übersicht verloren geht. Wichtige Aufgaben werde gar nicht oder zu spät abgeschlossen. Damit können sehr einschneidende Konsequenzen verbunden sein. Im „harmlosen" Fall bedeutet dies einfach nur eine Verzögerung des Wachstums. Aber auch dieser Verzug kann bereits mit einem monetären Ausfall gleichgesetzt werden. In schlimmeren Fällen bedeutet das Verpassen von Fristen zum Beispiel, dass rechtliche Konsequenzen drohen oder das Start-up nicht wie gewünscht an den Start gehen kann.

Daher ist es wichtig, von Anfang an organisiert den Aufgaben gegenüberzutreten. Nicht umsonst heißt es, dass Ordnung das halbe Leben sei und in der Selbstständigkeit trifft diese Aussage auf jeden Fall zu.

Eine Möglichkeit der Organisation bietet das Anlegen von Listen. Durch das Niederschreiben der Aufgaben werden diese konkret festgehalten. Damit sinkt die Gefahr, dass diese vergessen werden. In der ersten Liste kann eine Eingangsliste erstellt werden. Dies ist eine Art Brainstorming, bei der zunächst alle möglichen Aufgaben aufgeschrieben werden. Dies bezieht sich nicht nur auf das Unternehmen, sondern betrifft sämtliche Aufgaben im Leben. Denn wahr ist auch, dass andere Lebensbereiche die Weiterentwicklung des

Unternehmens lähmen können, wenn diese im Geist verbleiben.

Durch das Aufschreiben aller Aufgaben wird das Gedächtnis von einer riesen Last befreit. Es muss nun nicht mehr den kompletten Überblick behalten, sondern kann sich auf die wesentlichen Aufgaben konzentrieren. Dadurch werden gedankliche Blockaden verhindert. Wohl jeder Student, der während des Studiums eine wissenschaftliche Arbeit schreiben musste, wird dieses Gefühl kennen, wenn trotz intensiver Vorbereitung das Schreiben einfach nicht gelingen will. Ursache hierfür kann sein, dass andere Klausuren oder Aufgaben noch im Gedächtnis mitschwingen und den Geist davon abhalten, sich voll und ganz auf die gegenwärtige Aufgabe zu konzentrieren.

Im ersten Schritt werden also alle Aufgaben niedergeschrieben, die im Gedächtnis verankert sind. Einige Aufgaben können sehr schnell und einfach erledigt werden. Im zweiten Schritt folgt daher eine Organisation der Aufgaben. Beim Betrachten der Eingangsliste wird auffallen, dass diese womöglich sehr lang und herausfordernd erscheint. Bei näherer Betrachtung wird ein Großteil der Aufgaben aber schnell zu bearbeiten sein. Es sind eher Tätigkeiten, die bisher aufgeschoben wurden, weil sie als nebensächlich betrachtet wurden. Dazu kann das Beantworten von Mails zählen oder ein kurzer Kundenanruf. Diese einfachen Aufgaben sollten umgehend erledigt werden, damit die Liste und auch der eigene Geist von dieser Last losgelöst werden. Durch das Abarbeiten der Liste wird schnell ein Erfolgserlebnis generiert. Erschienen die Aufgaben zunächst kaum lösbar, zeigt sich schnell, dass vieles doch gar nicht so schwierig ist.

Dennoch gibt es natürlich Aufgaben, die etwas mehr Arbeit erfordern und nicht so schnell abgearbeitet werden können. Diese werden in eine zweite Liste einsortiert. Können die Aufgaben für sich alleine abgearbeitet werden und gehören diese keinem größerem Projekt an, bleiben diese eigenständig stehen. Steht jedoch ein größeres Projekt an, sollten alle Aufgaben diesem Projekt zugeordnet werden. Dies kann zum Beispiel die Erstellung einer Webseite sein oder die Überarbeitung eines Produktes. Solch umfassende Aufgaben sollten generell wie ein Projekt behandelt werden.

Während der Gründungsphase werden wahrscheinlich noch keine Mitarbeiter als Unterstützung vorhanden sein. Dennoch gibt es einige Tätigkeiten, die außerhalb des Einflusses des Gründers liegen und bei denen es einfach heißt abzuwarten. Ein Antrag beim Amt ist mit einer Bearbeitungsdauer verbunden und wenn eine Mail verschickt wurde, kann es etwas dauern, bis diese beantwortet wird. Dies sind zwar keine unmittelbaren Aufgaben, es hilft aber trotzdem einen Überblick über all diese Prozesse zu behalten. Daher ist das Anlegen einer „Warte-Liste“ hilfreich. Dort wird festgehalten, welche Termine in Zukunft anstehen und welche Tätigkeiten gerade von anderen Personen ausgeführt werden. Wichtig ist hierbei, dass die Fristen und zuständigen Ansprechpartner festgehalten werden. Die Arbeitsrealität sieht leider oftmals so aus, dass Arbeiten von Geschäftspartnern eingefordert werden müssen und diese nicht zu den festgelegten Fristen bereitstehen. Hier muss öfter nachgehakt werden, damit die eigene Arbeit nicht unter den Verzögerungen leidet.

Ganz klassisch können die Aufgaben auf Papier festgehalten werden. Kleine Post-It Zettel können vielleicht die bevorstehenden Tagesaufgaben ankündigen, sie sollten aber nicht stellvertretend für die gesamte Organisation stehen. Besser ist es, wenn ein umfassender Katalog und Ordner angelegt wird. Dort werden die Aufgaben ausführlich beschrieben und abgelegt.

Die Papierform ist allerdings auch nicht mehr so wirklich zeitgemäß. Ist sie doch nicht nur mit hohen Kosten, sondern auch mit einem hohen Verwaltungsaufwand verbunden. Termine können nicht auf den ersten Blick abgelesen werden und schnell kann auch hier das Chaos ausbrechen.

Besser ist es, wenn die Organisation in digitaler Form angelegt wird. Hierzu kann zum Beispiel die Anwendung „Trello“ genutzt werden. Diese hat sich in den letzten Jahren bei den meisten Unternehmen durchgesetzt und hilft, die anfallenden Arbeiten im Überblick zu behalten und zu organisieren. Der Vorteil ist hierbei, dass sämtliche Informationen digital zur Verfügung stehen. Nicht nur am PC, sondern auch per App auf dem Smartphone kann diese Anwendung genutzt werden. Dadurch kann praktisch jederzeit eine Aktualisierung der Listen erfolgen und es fällt wesentlich leichter den Überblick zu behalten. Zudem können auch andere Personen eingeladen werden, um die Aufgaben anzusehen. Für Geschäftspartner stellt dies eine einfache Möglichkeit dar, um auf einen Blick zu erkennen, zu welchem Zeitpunkt bestimmte Arbeiten erledigt sein sollen.

Natürlich gibt es für die Organisation auch andere Anwendungen. Wer sicher im Umgang mit Excel ist und dort alle Tätigkeiten festhalten möchte, für den kann dies die einfachere Möglichkeit darstellen. Wichtig ist nur, dass ein Überblick hergestellt wird und die Aufgaben nicht aus den Augen verloren werden. Eine lose Zettelwirtschaft ist daher als Organisationsform nicht geeignet.

Ein Geschäftskonto einrichten

Die Organisation ist von äußerster Wichtigkeit, wenn die Selbstständigkeit gelingen soll. Dazu gehört auch, dass private von beruflichen Vorgängen getrennt werden. Zu Beginn werden viele Gründer noch das Privatkonto verwenden, um den Zahlungsverkehr zu tätigen. Dabei kann allerdings schnell der Überblick verloren gehen. Zudem ist nicht immer ersichtlich, ob es sich um einen beruflichen oder privaten Vorgang handelt. Bei der Steuererklärung ist dies ebenfalls von Vorteil und erleichtert die Unterteilung.

Hier stellt sich jedoch die Frage, wo das Geschäftskonto eingerichtet werden sollte. Naheliegend ist natürlich die eigene Bank, bei der auch das Privatkonto bereits vorliegt. Allerdings sehen einige Banken das Geschäftskonto für Gewerbetreibende etwas kritisch. Schnell kann hierbei das Risiko bestehen, dass die Umsätze zu gering sind und sich dieses Konto für die Bank gar nicht lohnt. Häufig lehnen Banken daher Gründer und andere Gewerbetreibende ab, sodass dort gar nicht die Möglichkeit besteht ein getrenntes Geschäftskonto anzulegen. Ebenfalls problematisch ist es, wenn negative Schufa-Einträge vorliegen und die Bonität daher von der Bank mit Einschränkungen zu betrachten ist.

Allerdings gibt es für die Einrichtung eines Geschäftskontos mittlerweile einige Online-Alternativen. Diese können den Vorteil bieten, dass diese direkt mit dem Online-Shop verbunden sind. Bezahlt ein Kunde die Ware, wird diese direkt auf dem Konto gutgeschrieben und als solche kenntlich gemacht. Zudem können bei solchen Konten ganz andere Leistungen und Eigenschaften angeboten werden, die für das Start-up nützlich sind.

Ein weiterer Punkt, der beachtet werden sollte sind die laufenden Kosten für das Geschäftskonto. Da das Privatkonto die meisten Aufgaben ebenso gut erledigt, wie das Geschäftskonto, wird die Anlage des Geschäftskontos nicht immer als notwendig erachtet. Ist das Budget sehr überschaubar, könnten diese Ausgaben eingespart werden. Hier erweist sich die klassische Bank wiederum als Kostenfalle. Kontoführungsgebühren in Höhe von 10 bis 20 Euro pro Monat für das Geschäftskonto müssen noch nicht den finanziellen Ruin bedeuten. Auf das Jahr hochgerechnet ist die Summe allerdings schon beachtlich und könnte unter Umständen für andere sinnvollere Investitionen zur Verfügung stehen.

Bedenklich sind vor allem die Überweisungsgebühren, die für jeden Zahlungsvorgang anfallen. Bei Geschäftskonten kann schnell eine Gebühr von 50 Cent pro Überweisung sich negativ zu Buche schlagen. Gerade wenn viele Überweisungen über kleinere Beträge durchgeführt werden, macht sich diese Gebühr stärker bemerkbar. Hier lohnt sich der Vergleich und es sollte genau geprüft werden, ob ein Businesskonto bei der eigenen Bank nicht zu horrenden Kosten führt. Nicht zu verachten sind daher die Angebote von Online-Banken, die für Gründer häufig die besseren Konditionen aufweisen und deutliche bessere Leistungen liefern.

Für die Organisation der Buchhaltung ist aber nicht zwingend ein Geschäftskonto notwendig. Wenn die eigene Bank kein gutes Angebot bereitstellt und die Online-Bank zu ungewiss erscheint, um die Zahlungsgänge dort anzuvertrauen, dann kann auch eine Buchhaltungssoftware genutzt werden. Mit dieser können die Zahlungsvorgänge auf dem Privatkonto besser kontrolliert und verwaltet werden. Dadurch ist es zum Beispiel möglich, jeden Vorgang entweder in privat oder geschäftlich zu unterteilen.

Dies ist nicht nur bei der Steuererklärung hilfreich, sondern ermöglicht auch, die finanzielle Entwicklung des Unternehmens besser nachvollziehen zu können. So kann für jeden Monat genau aufgelistet werden, wie hoch die Einnahmen und Ausgaben waren. Zudem wird direkt ersichtlich, welchen Bereichen diese Zahlungsvorgänge zuzuordnen sind. Eines der populärsten Programme auf diesem Gebiet wird von Lexware angeboten. Die Software kostet, je nach Umfang, bis zu 20 Euro monatlich. Dafür wird das Geschäftskonto während der Gründungsphase jedoch ersetzt und ist nicht zwingend notwendig. Weitere Vorteile sind, dass der Steuerberater sich direkt mit der Software verbinden kann und dort einen Zugriff erhält. So können offene Fragen direkt beantwortet werden und die Buchhaltung entspricht den gesetzlichen Vorgaben.

Das passende Logo und Corporate Design

Teilweise wurden Details wie das Logo und der Name schon behandelt. Hierbei ging es aber vor allem um die rechtlichen Spielräume, die in diesem Zusammenhang maßgeblich dafür sind, was erlaubt ist und was nicht. Jetzt wird viel mehr darauf eingegangen, worauf bei der konkreten Umsetzung geachtet werden muss. Vielleicht schweben schon einige Ideen in Gedanken vor, doch sind diese langfristig wirklich nützlich oder könnte sich die Vorgehensweise sogar als nachteilig entpuppen?

Als wichtigstes Erkennungszeichen gilt der Name des Start-ups. Der Name sollte in jedem Fall gut im Gedächtnis bleiben und entfernt auch darauf hinweisen, wofür das Unternehmen steht. Einen guten Namen zu finden ist gar nicht so einfach. Hierfür gibt es kein festes Schema, welches genutzt werden kann. Wenn bereits eine bestimmte Richtung festgelegt wurde, gibt es im Internet Generatoren, die genutzt werden können. Häufig generieren diese aus der Branche und bestimmten Vorgaben Fantasienamen, die genutzt werden können. Der Vorteil besteht hierbei darin, dass der Name in den meisten Fällen noch nicht im Gebrauch ist und ohne weitere Probleme genutzt werden kann. Zudem wird einige Arbeit abgenommen und es besteht eine große Auswahl an potenziellen Kandidaten. Denn bei der Namensfindung gilt ebenfalls, dass diese zwar wichtig und bedeutsam für den Erfolg der Selbstständigkeit ist, aber im Grunde wird noch kein wirklicher Fortschritt erzielt. Die Namensfindung ist eher eine Nebenaufgabe, die so schnell wie möglich, aber dennoch gründlich, abgeschlossen werden sollte. Ein Generator ist hierfür eine sinnvolle Unterstützung, die den Findungsprozess wesentlich vorantreiben kann.

Ein Fehler, der vermieden werden sollte, ist die Bindung an den erstbesten Namen. Noch bevor das Geschäftsmodell steht, haben viele Gründer bereits eine genaue Vorstellung über den Namen. Gedanklich hängt das Logo bereits über dem Eingangsbereich und der Name ist auf allen Schildern gut erkennbar. Allerdings muss der Name verschiedenste Anforderungen erfüllen. Daher ist die Wahrscheinlichkeit hoch, dass der eigentliche Wunschname letztlich gar nicht genutzt werden kann. Als Grund kann angeführt werden, dass bereits ein anderes Unternehmen unter dem gleichen oder ähnlich klingenden Namen geführt wird. Problematisch wird es ebenfalls, wenn die Domain gar nicht verfügbar ist. Dadurch hätten Kunden Probleme, die Webseite zu erreichen und es müsste auf einen anderen Namen ausgewichen werden.

Besser ist es, wenn zunächst ein Brainstorming stattfindet, bei dem etwa ein Dutzend Namen aufgeschrieben werden. Dadurch fällt es leichter, Kandidaten zu entfernen, die bei genauerer Prüfung gar nicht mehr zur Verfügung stehen und verwendet werden können.

Ist der Name gefunden, ist das Logo der nächste wichtige Schritt, um ein eigenes Corporate Design zu schaffen. Das Logo spiegelt, ebenso wie der Name wider, wofür das Unternehmen steht. Auf verschiedenen Internetportalen können Designer bereits für wenige Euro damit beauftragt werden, ein eigenes Logo zu erstellen. Dies mag zunächst verlockend klingen, doch ist in den meisten Fällen die Qualität des Logos nicht wirklich überzeugend. Immerhin gilt das Logo ebenfalls als repräsentativ für das Unternehmen und wenn das Logo bereits unprofessionell wirkt, macht dies keinen guten Gesamteindruck.

Eine andere Möglichkeit ist das kostenlose Erstellen von Logos über bestimmte Plug-Ins oder Software. Der Vorteil hierbei ist, dass selber ein größerer Einfluss ausgeübt werden kann. So entspricht das Logo eher den eigenen Vorstellungen. Allerdings ist damit auch einige Arbeit verbunden und das Ergebnis ist nicht immer überzeugend. Es kann allerdings einen gewissen Einstieg in die Unternehmenspräsentation bieten.

Bei der Gestaltung gilt es ebenfalls einige Grundregeln zu beachten. Wenn kein professioneller Designer beauftragt, sondern das Logo selber erstellt wird, gibt es einige Fallen, die beim Logodesign auftreten können. Ein häufiger Fehler ist, dass das Logo deutlich überladen vom Design her gestaltet wird. Es wird versucht, zu viele Informationen auf engem Raum unterzubringen. So werden neben dem Namen auch noch ein Claim und möglicherweise weitere Informationen im Logo untergebracht. Dies kann schnell zu einer Überforderung des Kunden führen. Anstatt auf einen Blick zu erkennen, wobei es sich bei dem Unternehmen handelt, trägt das Logo eher zu einer Verwirrung bei. Besser ist es, wenn eine klare und möglichst minimale Designsprache eingehalten wird. Dadurch findet keine Überforderung statt und der Name kann sich ebenfalls sehr gut eingeprägt werden.

Wenn das Unternehmen zunächst mit einem sehr einfachen Logo präsentiert wird, bietet dies zudem mehr Entwicklungsspielraum. Es ist nichts Ungewöhnliches, dass sich ein Logo weiterentwickelt und leicht verändert wird. Gründe können hierfür entweder in einer veränderten Geschäftsaufgabe liegen und dass in diesem Zuge eine neue Zielgruppe angesprochen wird oder dass sich die allgemeine Designsprache verändert hat. Damit das Logo modern und nicht als veraltet betrachtet wird, ist es völlig legitim, dass dieses in gewissen Zeitabschnitten angepasst wird. Je simpler das Logo zunächst ist, desto einfacher sind die späteren Anpassungen und es ist eine vollständige Entwicklung sichtbar. Einfache Designs können schon für weniger als 100 Euro angefertigt werden lassen. Wie beim Namen gilt auch hier, dass nicht zu viel Zeit in das Design des Logos investiert werden sollte. Das Logo dient zwar als Blickfang, wirklich überzeugen muss allerdings der Inhalt des Unternehmens. Es wird wohl kaum ein Käufer davon absehen ein Produkt zu kaufen, nur weil das Logo nicht besonders ansprechend ist. Welche Anforderungen bestehen, damit das Logo als Marke geschützt wird, wurde bereits erläutert. Dieser Vorgang kann hilfreich sein, wenn das Start-up bereits eine gewisse Größe erreicht hat und das Logo auf absehbare Zeit nicht mehr geändert wird.

Regelmäßige Weiterbildung

Als Gründer stehen einem einige Herausforderungen bevor, die bewältigt werden müssen. Je nach Hintergrund und eigenem Wissens- sowie Fähigkeitsstand, können diese Herausforderungen alleine bewältigt werden. Oftmals stoßen Gründer jedoch aus verständlichen Gründen an Ihre Grenzen. So müssen Sie innerhalb sehr vieler Teilgebiete über ein hohes Wissen verfügen und selber die Arbeitszeit investieren. Es ist keine Schwäche, sich einzugestehen, dass in bestimmten Bereichen Wissenslücken herrschen. Wichtig ist nur, dass passende Maßnahmen ergriffen werden, um diese Lücken zu schließen.

Eine Möglichkeit, die die meisten Gründer nutzen sollten, ist das Wahrnehmen von Coaching- und Fortbildungsangeboten. Im ersten Schritt kann ein Gründungscoaching hilfreich sein. Bei diesem werden alle Aufgaben betrachtet, die notwendig sind, um ein Unternehmen zu gründen. Dabei wird auch die Geschäftsidee kritisch betrachtet. Der Businessplan wird sehr scharf geprüft und es können Verkaufsgespräche simuliert werden. Dadurch wird bereits der harte Alltag eines Unternehmers aufgezeigt und Gründer können für sich entdecken, ob diese Arbeit überhaupt langfristig die gewünschte Erfüllung bietet.

Im Rahmen dieses Coachings können offene Fragen beantwortet werden. Jedes Unternehmen ist etwas anders und hebt sich von der Konkurrenz ab. Durch die Beratung können bestimmte Bereiche des Businessplans optimiert werden. Ebenfalls liefert solch ein Coaching eine erste Grundlage bei den rechtlichen Fragen. Welche Unternehmensform bietet sich am besten an und wie sieht eigentlich die erste Steuererklärung aus? Wenn hier noch große Unsicherheiten bestehen, ist die Teilnahme an einem Gründungscoaching sinnvoll. Hierzu gibt es verschiedene Angebote, die teilweise vom Jobcenter kostenlos angeboten werden. So kann die erste Hürde genommen werden und der Start in die Selbstständigkeit gelingt mit einem größeren Selbstbewusstsein.

Darüber hinaus können auch spezielle Seminare wahrgenommen werden. Das Thema der Existenzgründung ist sehr allgemein und umfasst ein sehr breites Feld. Wenn in bestimmten Gebieten noch offene Fragen herrschen, gibt es die Möglichkeit entweder spezielle Berater zu befragen oder Seminare zu besuchen, die genau das passende Thema anbieten. Wer also noch Bedenken bei der Gründung des eigenen Unternehmens hat, der kann die offenen Fragen mit einem Coaching klären. Dadurch gelingt die erste Phase der Unternehmensgründung viel einfacher und im weiteren Verlauf können speziellere Weiterbildungsmaßnahmen genutzt werden.

Sich im Netzwerk engagieren

Die Selbstständigkeit wird häufig mit dem Bild des Einzelkämpfers verbunden. Es wurde bereits erörtert, ob die Gründung im Team oder als Einzelperson mit mehr Vorteilen behaftet ist. Für die meisten Selbstständigen ist sicherlich die Arbeit alleine besser geeignet, um einen höheren Erfolg zu erzielen. Können Partner im Unternehmen doch dazu führen, dass die eigene Vision nicht ohne Kompromisse umgesetzt werden kann. Insbesondere wenn es sich um ein kleineres Unternehmen handelt, welches neben dem gewöhnlichen Job gegründet wird, stellt die Aufnahme von Geschäftspartnern eine größere Belastung dar.

Daraus ergibt sich aber nicht zwangsweise, dass jeder Selbstständige alleine agieren sollte. Es ist überaus sinnvoll, wenn Kontakte geknüpft werden und ein Netzwerk gebildet wird. Innerhalb des Netzwerkes können einige Personen vorhanden sein, die für die Gründung und die eigene Selbstständigkeit von Vorteil sind.

Als Kontaktpunkte können verschiedene Veranstaltungen genutzt werden. Hierzu zählen klassische Events, wie eine Messe. Auf dieser sind zahlreiche Unternehmen und Personen vertreten, die in der gleichen Branche vertreten sind und ähnliche Ziele verfolgen. Ausgestattet mit der eigenen Visitenkarte kann das Unternehmen präsentiert werden und eventuell ergeben sich aus Gesprächen mit den Messeteilnehmern interessante Möglichkeiten. Dabei sollte allerdings beachtet werden, dass solch eine Beziehung immer von beidseitigem Interesse geprägt sein sollte. Es müssen also beide Seiten von diesem Erfahrungsaustausch profitieren. Wer einfach ziellos auf eine Messe geht in der Hoffnung, dass es dort genügend Geschäftsleute geben würde, die ein kostenloses Coaching anbieten, wird sicherlich schnell enttäuscht sein.

In der Gründungsphase kann es noch sehr schwerfallen, den größeren Unternehmen etwas anzubieten, dass für diese von Interesse sein könnte. Meistens werden Großunternehmen von einer Geschäftsbeziehung absehen. Bessere Chancen bieten sich, wenn andere Gründer als Kontaktpersonen hinzugezogen werden. Dies können zum Beispiel Gründer sein, die in der gleichen geografischen Region aktiv sind. Wird ein Ladenlokal eröffnet, ist es sicherlich sinnvoll, wenn die anderen Ladeninhaber in der Umgebung über das Vorhaben informiert werden. Diese profitieren ebenfalls davon, wenn in direkter Nachbarschaft ein gut laufendes Geschäft sich platzieren kann und das Einkaufsviertel belebt wird.

Die Selbstständigkeit bedeutet zwar, dass einige Aufgaben alleine bewältigt werden und dass große Anstrengungen mit dieser Bewältigung verbunden sind. Dies bedeutet aber nicht, dass es keine Hilfe gibt. Sowohl Coachings, als auch Netzwerke helfen, ein professionelles Umfeld zu schaffen in dem ein größerer Erfahrungsaustausch stattfinden kann. Dadurch können Fehler vermieden werden und die Gründung wird größere Erfolgschancen aufweisen können.

Geduld beweisen

Der Erfolg des Unternehmens kommt nicht über Nacht. Sicherlich werden viele Gründer voller Enthusiasmus loslegen und schon bald darauf hoffen, dass die Einnahmen nur so sprudeln und das Start-up der nächste Hit wird. Solch ein gesundes Selbstbewusstsein ist sicherlich hilfreich und kann über einige Fehlschläge hinwegtäuschen. Gerade für Gründer, die nebenbei noch berufstätig sind, sollte allerdings eine realistische Einschätzung erfolgen. Hier muss allein schon der Vergleich mit anderen Unternehmern realistisch sein, die Ihre gesamte Zeit in die Gründung investieren können. Selbst bei solchen Vorhaben kann es Jahre dauern, bis diese mit dem gewünschten Erfolg verbunden sind.

Es muss daher von Anfang an die Geisteshaltung eingenommen werden, dass die Gründung und die Mitarbeit im Start-up kein Sprint ist. Ob die Gründung innerhalb von wenigen Tagen oder Wochen erfolgt, ist nebensächlich. Wichtig ist, dass das Ziel langfristig verfolgt wird. Wer hier zu ungeduldig ist und zu schnell Erfolge erwartet, wird schnell enttäuscht sein. Die Enttäuschung kann zu einer Motivationskrise führen und schon wird die Arbeit am Unternehmen schrittweise immer weniger.

Hilfreicher ist es, wenn von Anfang an realistische Ziele gesetzt werden. Dabei sollten nicht unbedingt Ziele gesetzt werden, die nur mit einem Ergebnis zusammenhängen. So ist es wenig aussichtsreich, wenn gleich zu Beginn bestimmte Umsätze angestrebt werden. Vielmehr sollte versucht werden, die eigene Arbeitszeit so effektiv wie möglich zu nutzen, um die Aufgaben zu bewältigen. Erst wenn dies erfüllt wurde und das Unternehmen sich am Markt etabliert hat, können langsam Umsatzziele angestrebt werden.

Wichtig ist hierbei auch, nicht die Familie und die eigene Gesundheit zu vergessen. Zum Gedanken des „Marathons" gehört auch, dass die Arbeitsweise nicht dazu führen sollte, dass sie dauerhaft nicht aufrechtzuerhalten ist. Sicherlich wird es gerade am Anfang Phasen geben, die mit einem höheren Stress verbunden sind. Danach sollten aber auch Phasen der Erholung folgen. Nur durch das Einhalten des Gleichgewichtes ist es möglich, dass das Unternehmen nachhaltig wächst und gleichzeitig die Familie und Gesundheit nicht leiden.

Mit diesen Tipps fällt der Weg in die Selbstständigkeit etwas leichter. Als wichtigster Punkt kann wohl erwähnt werden, dass Selbstständigkeit nichts mit Egoismus zu tun hat und Unwissenheit keine Schwäche darstellt.

MENTALE STÄRKE ALS SELBSTSTÄNDIGER

Die eigene Stärke finden

WELCHE SIND DIE WICHTIGSTEN Fähigkeiten, die ein Unternehmer benötigt? Ist es das Fachwissen, mit dem ein Produkt entwickelt wird, welches der Konkurrenz um Meilen voraus ist? Oder sind die besten Voraussetzungen für ein Start-up, wenn eine möglichst hohe Finanzierung garantiert wird?

Die eigentlich größte Investition und Leistung befindet sich im Mindset des Gründers. Die Geisteshaltung ist dafür entscheidend, ob die Selbstständigkeit gelingt oder zu einem Misserfolg führt. Dabei geht es nicht unbedingt darum, die größtmögliche Motivation zu finden und pausenlos zu arbeiten. Dies mag zu Beginn noch sehr erstrebenswert sein und sicherlich zu schnelleren Ergebnissen führen. Allerdings ist dieses Tempo nicht langfristig durchführbar. Welche Geisteshaltung muss ein erfolgreicher Gründer also mit sich bringen und wie kann das eigene Mindset verbessert werden?

Zunächst sollte klar sein, dass das Gründen eines Unternehmens eine große Belastung sein wird. Gerade, wenn dies im Nebenberuf geschieht und ein Vollzeitjob die Hauptaufmerksamkeit verlangt, muss genau nachgeforscht werden, was die Motivation hinter der Selbstständigkeit ist. Geht es einfach nur darum, möglichst viel Geld zu verdienen und ein zusätzliches Einkommen zu erwirtschaften? Oder soll eine eigene Idee verwirklicht werden?

Das Gründen eines Unternehmens stellt eine große Herausforderung dar. Der Schritt in die Selbstständigkeit wird zu einer ständigen mentalen Belastung führen. Schnell werden hierbei Grenzen erreicht und der eigene Charakter einem Test ausgesetzt, wie dies kaum in einem anderen Bereich möglich sein könnte.

Viele erfolgreiche Unternehmen bauten vor allem auf der Vision des Gründers auf. Apple wurde rastlos von Steve Jobs angeführt und dieser hat mittels der technischen Produkte seine Kreativität verwirklicht. Dies zeigt, wie vielseitig Unternehmer eigentlich sein müssen. Es geht nicht nur darum, über außergewöhnliches Fachwissen zu verfügen. Das Wissen kann sich im Prinzip jede Person im Selbststudium aneignen. Dies ist nicht unbedingt ein Faktor, der das Unternehmen einzigartig macht. Es ist vielmehr der Charakter des Gründers, der für das Unternehmen und dessen Erfolg steht.

Ebenfalls im Vordergrund sollte nicht der Profit stehen. Wer nur darauf aus ist, schnell ein zusätzliches Einkommen zu erwirtschaften, wird ohnehin schnell einsehen müssen, dass dieses Ziel nur schwer zu erreichen ist. Werden dann die festgelegten Umsatzziele verpasst, kann dies schnell dazu führen, dass die Motivation für die Fortführung der Selbstständigkeit nicht mehr vorhanden ist. Soll ein Unternehmen langfristig erfolgreich aufgebaut werden, muss dies aus dem Inneren des Gründers erfolgen. Er muss selber an den Erfolgt des Produktes glauben und überzeugt davon sein, dass dieses einen Nutzen bringt, welches für den Konsumenten einen echten Vorteil darstellt. Probleme werden durch das Produkt oder die Dienstleistung gelöst und Vorgänge vereinfacht.

Die Unternehmensidee sollte auf diesem Prinzip beruhen und die Entwicklung des Produktes vor allem aus diesem Zweck vorangetrieben werden. Am Ende des Prozesses sollte nicht der mögliche Gewinn als Hauptzweck festgestellt, sondern ein wirklicher Nutzen erzielt werden. Hierzu kann schon von Beginn an visualisiert werden, wie das Produkt konkret in der Praxis genutzt wird. Inwieweit ist das Produkt in der Lage Probleme zu lösen und welcher Nutzen kann verwirklicht werden?

Solch eine Vorstellung und Vision zu besitzen, stellt schon genügend Motivation bereit, um das eigentliche Ziel zu erreichen. Auch wenn gerade am Anfang einige Hürden vorhanden sind und die Selbstständigkeit mit einigen Anstrengungen verbunden ist, wird diese Vision zusätzliche Kräfte verleihen. Fehlt diese Vision und ist das gesamte Projekt nur von Profitinteressen getrieben, wird es höchstwahrscheinlich zum Scheitern verurteilt sein. Dies sollte beim Weg in die Selbstständigkeit beachtet werden. Es gibt einige andere und vor allem einfachere Möglichkeiten, das Einkommen zu steigern. Eine Weiterbildung oder eine andere Ausrichtung der Karriere können sich als vielversprechender herausstellen, als die Gründung eines Unternehmens.

Liegt jedoch die innere Vision vor, wird diese tagtäglich einen neuen Motivationsschub bringen. Erledigte Aufgaben werden mit einem Glücksgefühl belohnt und es ist ein bestärkendes Gefühl, dem Ziel wieder einem Schritt näher zu sein. Die Vision ist so etwas wie eine Leitplanke für das Projekt der Selbstständigkeit. Sie gibt eine Richtung vor und hilft, nicht auf die Ablenkungen des Alltags hereinzufallen. Es gibt einige Verlockungen, die während der harten Arbeit als sinnvoller erscheinen und zumindest kurzfristig einen kleinen Glücksschub geben. Wirkliche Zufriedenheit wird aber nur erreicht, indem der eigene Traum verfolgt wird. Der Begriff der Vision ist allerdings sehr vielfältig einsetzbar. Häufig wird dieser missverstanden und mit etwas Perfektem gleichgesetzt. So wird die Vision des eigenen Unternehmens bereits mit dem perfekten Endresultat auf eine Stufe gesetzt und es besteht eine unrealistische Vorstellung von dem, was aus der Selbstständigkeit einmal erwachsen soll. Diese Definition der Vision führt schnell zu einer Unzufriedenheit, denn es wird sich schnell herausstellen, dass dieser Zustand kaum zu erreichen sein wird. Generell ist Perfektion als Unternehmer selten erstrebenswert. Führt es doch eigentlich nur dazu, dass notwendige Arbeiten nicht abgeschlossen werden, weil es immer noch kleine Details gibt, die verbessert werden könnten. Wie sollte jetzt die eigene Zukunft visualisiert werden?

Eine Mission kreieren

Um ein besseres Leitbild zu erschaffen, gibt es eine bestimmte Vorgehensweise. Diese hilft dabei, ein realistisches Bild über die Zukunft zu gestalten. Im ersten Schritt dient wieder die Vision als leitgebend. Die Vision ist entweder ein Gefühl oder Endzustand, dass durch die Unternehmung verbreitet werden soll. Als Hilfestellung können die Leitmotive anderer Großunternehmen dienen. So hat Microsoft die Wunschvorstellung, dass in jedem Haushalt ein PC stehen soll, auf dem die Software von Microsoft läuft. Vergleicht man dieses anfängliche Motiv mit dem jetzigen Zustand, kann festgestellt werden, dass dieses Ziel mit einem hohen Verwirklichungsgrad erreicht wurde. Auch andere Unternehmen besitzen ein Hauptziel, das ihr Handeln beschreibt. Ikea zum Beispiel strebt an, den Alltag der Menschen zu verbessern. Wikipedia möchte hingegen vor allem das Wissen verbreiten und frei zur Verfügung stellen. Wie könnte die Vision für das eigene Unternehmen aussehen? Es muss nicht gleich so anspruchsvoll sein, dass es darauf abzielt das Leben der gesamten Menschheit zu verbessern. Aber worin besteht eigentlich der Nutzen und wie kann der innere Antrieb des Unternehmens beschrieben werden?

Nachdem die Vision als oberstes Ziel feststeht, muss erörtert werden, wie dieses Ziel umgesetzt werden kann. Muss dafür ein bestimmtes Produkt entwickelt oder eine Dienstleistung angeboten werden? Auf welche Weise können Konsumenten und Nutzer am besten von dieser Vision profitieren? Als Beispiel kann hierfür Facebook angesehen werden. Die Plattform möchte den Nutzern eine Möglichkeit geben sich miteinander zu vernetzen und die eigenen Gedanken und das Leben zu teilen. YouTube verfolgt den Ansatz, dass Videos schnell und frei für jedermann abgerufen werden können. Zudem sollten Nutzer selber Videos hochladen können. Wie ist jetzt also der Ansatz beim eigenen Unternehmen? Können Nutzer daran aktiv mitwirken oder auf welche Weise wird die Mission erfüllt?

Nachdem die eigene Mission und die Vision kreiert wurden, muss diese Idee in die Tat umgesetzt werden. Nicht nur Geschäftsmodelle basieren heutzutage auf digitale Plattformen und nutzen das Internet für sich. Als Gründer bietet das Internet ebenfalls einige Vorteile. Um den Einstieg zu erleichtern, gibt es zahlreiche Möglichkeiten, das eigene Wissen zu steigern und sich Tipps für die Gründungsphase zu holen. Ein Grundbaustein kann hierfür unter dem Überbegriff des E-Learnings gefunden werden.

Kurse werden online angeboten und können entweder in Video- oder in Skript-Form abgerufen werden. Vorteilhaft an solchen Onlineseminaren ist, dass diese gemeinsam mit anderen „Studenten“ genutzt werden können. Hierfür wird oftmals ein gemeinsames Forum angeboten. Dieses ähnelt dem alten Klassenraum und wird vor allem zur Kommunikation unter den Studenten genutzt. Dadurch werden Lerninhalte besser eingeprägt und die Motivation steigt, die eigenen Ideen zu verwirklichen.

Neben diesen Plattformen bietet das Internet noch weitere Möglichkeiten, um dieses Wissen zu nutzen. Gerade im Bereich der Gründung gibt es einige Blogs, die praktischerweise eine Schritt-für-Schritt Anleitung bieten. Natürlich ist hierbei immer etwas Vorsicht geboten und es muss darauf geachtet werden, dass die Informationen vertrauenswürdig und aktuell sind. Die Webseiten können aber bereits aufzeigen, worauf bei der Gründung zu achten ist.

Wie wichtig die Organisation des gesamten Vorhabens ist, wurde bereits verdeutlicht. Auch bei der Umsetzung sollte sehr gewissenhaft und organisiert vorgegangen werden. Ideen, die für die Umsetzung der eigenen Vision genutzt werden, sollten festgehalten werden. Hierfür ist es hilfreich, wenn zunächst alle Möglichkeiten auf einem Whiteboard oder Flipchart zusammengetragen werden. Anschließend können die Punkte mit Kunden oder anderen Personen besprochen werden.

Generell ist es vorteilhaft, wenn so oft wie möglich ein äußerer Einblick gewährt wird. Dies ermöglicht eine Einschätzung, wie realistisch die Umsetzung des Vorhabens ist. Zudem werden durch die Ideen der Außenstehenden ganz neue Perspektiven eröffnet. Diese können Tipps äußern, wie die Vision generell zum Erfolg wird.

Bei der Auswahl der Außenstehenden, die um ein Feedback zur Geschäftsidee gebeten werden, sollte allerdings darauf geachtet werden, welche Personen Ihre Meinung abgeben. Feedback ist hilfreich, es muss aber immer im Kontext zur Person betrachtet werden. Jemand, der bereits den Schritt in die Selbstständigkeit gewagt hat und damit keinen Erfolg hatte, wird wahrscheinlich sehr viel ängstlicher das Geschäftsvorhaben betrachten. Auf der anderen Seite verfügt die Person auch über praktisches Wissen und kann einen realistischen Einblick gewähren.

Dennoch gilt, dass das Feedback immer nur als Hinweis verstanden werden sollte. Ist man selber von der Vision überzeugt und besteht kaum ein finanzielles Risiko bei der Umsetzung, dann sollte negatives Feedback einen noch nicht zur Aufgabe zwingen. Wichtig ist hierbei, dass Durchhaltevermögen bewiesen werden sollte. Handelt es sich allerdings um konstruktive und berechtigte Kritik, sollte diese angenommen und nicht verdrängt werden.

Mit diesen Methoden kann die Umsetzung der eigenen Mission gelingen und die Selbstständigkeit in Angriff genommen werden. An erster Stelle sollte die Vision stehen, dem Kunden einen einmaligen Nutzen zu bieten. Danach erfolgt die eigentliche Überlegung, in welcher Weise der Nutzen generiert und das eigene Unternehmen profitieren kann.

Mastermind-Prinzip

Die Gründung stellt eine große Herausforderung dar. Gerade in Deutschland sind die Anforderungen sehr hoch und neben der eigentlichen Geschäftsidee müssen einige Auflagen beachtet werden. Der Weg in die Selbstständigkeit ist also mit einem hohen Aufwand und Kenntnissen verbunden. Es ist wenig empfehlenswert, diesen steinigen Weg alleine zu gehen. Kaum jemand wird in der Lage sein, in allen Wissensbereichen, die für die Selbstständigkeit gebraucht werden, die erforderlichen Kenntnisse zu besitzen. Jede Person wird auf manchen Gebieten talentierter sein und es ist zudem wenig sinnvoll, in allen Bereichen ein Experte sein zu wollen.

Diese Schwierigkeiten bedeuten allerdings nicht, dass die Gründung immer im Team und mit mehreren Personen erfolgen muss. Es ist durchaus möglich, auch alleine das Unternehmen aufzubauen. Allerdings ist es hilfreich, wenn externe Personen in den Gründungsprozess einbezogen werden. Diese können Ratschläge geben oder bei Problemen eine Lösung bieten. Der Aufbau eines „Mastermind-Teams" ist von entscheidender Bedeutung für den Erfolg der Selbstständigkeit. Hierbei geht es darum, ein Netzwerk zu schaffen, das als Unterstützung für die Selbstständigkeit genutzt werden kann.

Diese „Masterminds" können zu einem festen Team vernetzt werden. Wer diese Personen sind und welche Funktion diese haben ist völlig offen. Falls Mitgründer bestehen, sollten diese Teil des Teams sein. Es können aber auch andere Selbstständige sein, die sich entweder gerade selber in der Gründungsphase befinden oder bereits über etwas mehr Erfahrung verfügen. Auf Messen oder anderen Veranstaltungen bestehen ebenfalls Möglichkeiten, Personen anzutreffen, die für das eigene Netzwerk von großer Bedeutung sein könnten.

Die einzelnen Personen sollten dabei nicht unabhängig voneinander agieren. Besser ist es, wenn wirklich eine gemeinsame Gruppe aufgebaut wird, in der die Mitglieder voneinander profitieren können. Jede Person bringt Ihr Wissen in die Gruppe ein und am Ende entstehen Synergieeffekte. Damit die Energie auch wirklich aufgenommen wird, sind regelmäßige Treffen anzuraten. Der alleinige Austausch über digitale Kommunikationsplattformen kann zwar helfen, um das Wissen auszutauschen, aber die zwischenmenschliche Komponente fehlt. Mit anderen Gründern an einem Tisch zu sitzen und Ideen auszutauschen bringt zudem eine ganz neue Energie mit sich. Neue Ideen können aufgenommen werden und nach solch einem Treffen ist die Motivation, die eigene Vision umzusetzen mit Sicherheit nochmal höher.

Damit solch ein Aufbau einer Gruppe erfolgreich ist, sollte eine Harmonie unter den Mitgliedern herrschen. Andernfalls könnte Missgunst die Stimmung beeinträchtigen und die Gruppendynamik wird eher als negativ wahrgenommen.

Gelingt es allerdings eine kleine Gruppe aus vielleicht einer Handvoll Mitgliedern aufzubauen, die in einem regelmäßigen Austausch stehen, ist ein höherer Erfolg des Unternehmens zu erwarten. Zudem dienen Treffen als

Ideenaustausch und die Motivation wird auf ein höheres Level gehoben. Insbesondere kreative Personen, die eine bestimmte Vorstellung von der Zukunft haben, können innerhalb der Gruppe als wertvoll wahrgenommen werden.

Der langfristige Erfolg

Gelingt der Start in die Selbstständigkeit und es sind erste Erfolge zu sehen, ist dies mit Sicherheit ein wahnsinnig gutes Gefühl. Endlich können die Früchte der harten Arbeit geerntet werden und die anstrengende Zeit der Gründungsphase macht sich finanziell positiv bemerkbar.

Die ersten Erfolge sind mit Sicherheit ein Grund zur Freude. Allerdings muss auch daran gearbeitet werden, dass dieser Erfolg langfristig erhalten bleibt. Schließlich soll das Unternehmen nicht nur für einige Monate am Markt bestehen, sondern im besten Fall sich langfristig als feste Größe etablieren können. Andernfalls wird es kaum möglich sein, den eigentlichen Hauptberuf zu verlassen und sich voll und ganz der Selbstständigkeit widmen zu können. Die folgenden Punkte sind daher wichtig, damit das Unternehmen für die nächsten Jahre weiterhin ein Wachstum aufweist und erfolgreich am Markt bestehen kann.

Eine erste Erfahrung, die gemacht werden muss, ist das eigene Umfeld zu betrachten. Leider ist es in der heutigen Gesellschaft so, dass einige Personen selber unzufrieden mit der eigenen Situation sind und daher anderen Menschen keinen Erfolg gönnen. Anstatt sich selber einzugestehen, dass das Vorhaben der Selbstständigkeit für jeden Menschen möglich ist, sehen Sie vor allem die negativen Eigenschaften. Sie argumentieren, dass die Gründung sowieso nicht funktionieren würde und wenden diese Gedankengänge aus Selbstschutz an. Mit dem ersten Erfolg werden die Stimmen aus dem Umfeld wahrscheinlich noch lauter, die am besten keine Veränderung der eigenen Person wünschen. Anstatt diesen Leuten Gehör zu schenken, sollten diese ignoriert werden. Stellen diese sich permanent als negativ heraus, ist es besser, wenn diese aus dem Umfeld verbannt werden. Es mag zwar schmerzlich sein, wenn der Kontakt zu solchen Freunden minimiert wird, aber wohl jeder kennt solche Personen, die keine Veränderung wünschen und es am liebsten hätten, wenn alles beim Alten bleiben würde. Solche negativen Einflüsse kosten nur Energie, die bei der Führung des Unternehmens fehlt.

Die Energie ist auch der nächste wichtige Punkt, wenn es um die Selbstständigkeit geht. Häufig werden völlig falsche Annahmen darüber getroffen, wie schnell sich der Erfolg der Selbstständigkeit einstellen sollte. Es besteht die Hoffnung, innerhalb weniger Wochen bereits ein profitables Unternehmen zu gründen. Die Wahrheit ist allerdings, dass dies in den seltensten Fällen zutreffend ist. Als Konsequenz geben viele Gründer bereits in kurzer Zeit auf und gelangen erst gar nicht an den Punkt, an dem das Unternehmen auf eigenen Beinen stehen kann.

Die Selbstständigkeit ist nur mit großer Ausdauer von Erfolg gekrönt. Anstatt direkt bei der ersten Niederlage aufzugeben, sollten diese Herausforderungen angenommen und die Probleme gelöst werden. Hierfür ist einiges an Disziplin notwendig, um auch in den schlechten Phasen weiterhin am Unternehmen zu arbeiten. Dies sollte allerdings von Anfang an bedacht werden. Die Erfüllung der eigenen Vision ist sicherlich nicht innerhalb weniger Wochen und Monaten umsetzbar. Und wo wären Erfolgsfiguren wie Bill Gates oder Steve Jobs, wenn Sie schon nach wenigen Wochen aufgegeben hätten? Nicht ohne Grund haben Sie Jahre damit verbracht und praktisch Ihre gesamte Lebensenergie dafür aufgewendet, das Unternehmen nach vorne zu bringen und zu einem Erfolg zu führen.

Im Sinne der Ausdauer zählt nicht nur die Gesamtzeit, die in die Selbstständigkeit investiert wird. Wenn die Gründung des Unternehmens im Nebenberuf erfolgt, ist die Zeit ohnehin stark begrenzt. Wichtig ist nun, dass die wenige Zeit, die zur Verfügung steht, immerhin so intensiv wie möglich genutzt wird. Es ist ein Unterschied, im Fitnessstudio für eine Stunde halb-motiviert auf dem Ergometer zu sein oder für 20 Minuten Vollgas zu geben. Die 20 Minuten werden wesentlich intensiver und besser für den Körper sein.

Genauso sollte es auch bei der Selbstständigkeit sein. Während der Zeit, die für die Gründung aufgebracht wird, sollte ein voller Fokus bestehen. Alle Nebensächlichkeiten gehören ausgeblendet. Dazu gehört, dass private Nachrichten auf dem Smartphone ignoriert und mögliche Ablenkungen im Internet nicht wahrgenommen werden. Wem es hilft, kann dazu auch verschiedene Programme nutzen, die bestimmte Webseiten sperren. So kann die Zeit nicht etwa unbewusst doch auf Facebook oder YouTube verschwendet werden.

Auch bei der Auswahl der Teammitglieder und des näheren Umfeldes sollten Personen eingebracht werden, die diesem Charakter entsprechen. Indem Sie dieselbe Motivation und Arbeitsweise an den Tag legen, können Sie das Unternehmen viel besser mitgestalten und die Energie ist geradezu ansteckend.

Das Studium ist keine Voraussetzung

Die Selbstständigkeit ist mit einigen Schwierigkeiten verbunden. Schnell könnte daher der Eindruck entstehen, dass ein BWL-Studium Pflicht ist, um die wirtschaftlichen Zusammenhänge zu verstehen und das Unternehmen profitabel zu gestalten.

In Wahrheit bereitet da BWL-Studium aber so gut wie gar nicht, auf die harte Realität der Selbstständigkeit vor. Meist werden Vorlesungen in überfüllten Hörsälen abgehalten und die Themen werden eher theoretisch behandelt. Schließlich geht es mehr darum, wissenschaftliche Theorie zu lehren, als den Studenten den Einstieg in die Selbstständigkeit zu erleichtern. Das BWLStudium ist für die Selbstständigkeit also nicht wirklich notwendig.

Wenn also die Idee bereits in jungen Jahren besteht und die Selbstständigkeit verfolgt werden möchte, ist es besser diese so schnell wie möglich umzusetzen. Egal ob gerade das Abitur beendet wurde und noch nicht klar ist, wohin es gehen soll oder gerade eine Ausbildung angefangen wurde. Es gibt keinen besseren Moment, um den Schritt in die Selbstständigkeit zu wagen, als in diesem Augenblick. Die Absicht, erst ein Studium abzuschließen, um danach die Gründung vorzunehmen ist nicht mehr als eine Ausrede, um nicht sofort das Risiko einzugehen. Das Studium bedeutet einfach nur, dass das Unternehmen mit drei Jahren Verspätung am Markt etabliert werden kann. Besteht bereits eine Idee und soll diese umgesetzt werden, gibt es keinen Grund damit zu warten.

Auf der anderen Seite sollte dies aber nicht so verstanden werden, dass ein Studium abgebrochen werden soll. Vielmehr geht es darum, das Lernen als nützlich zu empfinden. Selbst wenn es sich um fachfremde Themen handelt, ist die Universität ein geeigneter Ort, um Selbstdisziplin und strukturiertes Arbeiten zu erlernen. Dies sind Eigenschaften, die für jeden Selbstständigen unerlässlich sind. Zudem muss auch das Lernen in gewisser Weise erlernt werden. Im Studium besteht die Möglichkeit herauszufinden, welche Art des Lernens den größten Erfolg mit sich bringt.

Ein Studium ist für die Selbstständigkeit also nicht zwingend notwendig. Anstatt sich auf einen wirtschaftlichen Abschluss zu verlassen, sollte der Gang in die Selbstständigkeit selber gewagt werden. Das notwendige Wissen kann entweder selber erlernt oder durch äußere Experten eingebracht werden.

Körper und Geist in Gleichgewicht bringen

Auch wenn die Motivation hoch erscheinen mag und der Weg in die Selbstständigkeit gewählt wird, sollte beachtet werden, dass damit große Anstrengungen einhergehen. Zu Beginn mag dies noch gar nicht so stark zum Ausdruck kommen und es wird sich anfühlen, als würde die Motivation förmlich Flügel verleihen. Die Energie ist allerdings begrenzt und nach der ersten anfänglichen Hochphase, gibt es sicherlich auch Momente, in denen kaum mehr Kraft vorhanden sein wird, um die Arbeit fortzusetzen. Dies können bereits erste Anzeichen eines Burn-outs sein und diese Gefahr sollte gerade bei der Gründung neben dem Hauptberuf beachtet werden.

Ein gesunder Geist kann nur seine Höchstleistung abrufen, wenn er sich in einem gesunden Körper befindet. Grundvoraussetzung dafür ist genügend Bewegung. Durch den Alltag wird die Bewegung mit Sicherheit stark eingeschränkt sein. Die meiste Zeit wird im Büro sitzend vor einem Bildschirm verbracht. Daher ist es wichtig, an anderer Stelle den notwendigen Ausgleich zu schaffen. Für viele Personen bedeutet dies der Besuch eines Fitnessstudios. Dort kann der Körper so richtig ausgepowert werden. Zahlreiche Studien haben bewiesen, dass diese körperliche Tätigkeit mit einer höheren Leistungsfähigkeit und Zufriedenheit im Leben einhergeht. Regelmäßig zwei bis dreimal in der Woche in das Fitnessstudio zu gehen und dort entweder Kraft- oder Ausdauertraining zu betreiben hat also einen großen positiven Einfluss auf das Wohlbefinden. Auch hier sollte der Grundsatz befolgt werden, dass die Zeit möglich intensiv genutzt wird. Eine halbe Stunde voller Einsatz ist wesentlich effektiver, als eine Stunde nur unmotiviert an den Geräten zu verbringen. Es können aber natürlich auch andere Kurse genutzt werden, um einen Ausgleich zu schaffen.

Als zweiter Punkt sollte die Ernährung beachtet werden. Nicht umsonst gilt der Grundsatz „Du bist, was Du isst". Das Gehirn, als Motor, benötigt die passende Energiezufuhr in Form von gesunden Lebensmitteln. Die Mahlzeiten sollten über den Tag verteilt werden und möglichst vollwertig sein. Eine Mischung aus Proteinen, gesunden Fetten und langkettigen Kohlenhydraten ist wichtig, um dem Körper die benötigte Energie zur Verfügung zu stellen. Frische Lebensmittel sind zu diesem Zweck besser, als Fertiggerichte und stark verarbeitete Gerichte.

Grob gerechnet verbringen wir etwa ein Drittel unserer Lebenszeit mit dem Schlafen. Nur indem der Körper ausgeruht in den Tag starten kann, besitzt dieser genügend Energie, um alle Arbeiten erledigen zu können. Wer den ganzen Tag über müde ist, wird nicht nur weniger produktiv, sondern auch unglücklicher sein. Auch wenn die Zeit begrenzt ist, sollte am Schlaf nicht gespart werden. Wer seinen Schlaf verkürzt, wird dadurch nicht Zeit gewinnen, sondern in den meisten Fällen eher verlieren. Wichtig ist auch, dass eine gründliche Schlafhygiene betrieben wird. Dazu zählt, dass das Smartphone nicht zum Einschlafen genutzt wird und das keine elektronischen Medien mehr genutzt werden. Andernfalls fällt es schwerer einzuschlafen und die Schlafqualität sinkt insgesamt.

Meditation

Einen Ausgleich zur stressigen Zeit der Gründung zu schaffen ist wichtig. Nicht nur der Körper muss höchsten Ansprüchen genügen und am besten mit Sport trainiert werden. Auch der Geist benötigt eine Auszeit und sollte nicht ständig dem Stress der Arbeitswelt ausgesetzt sein. Die Meditation ist eine hervorragende Möglichkeit, um gedanklich aus dem Arbeitsalltag auszubrechen und ganz neue Erfahrungen aufzunehmen. Durch das ganz bewusste „Abschalten" ist es möglich, dem Geist etwas Ruhe und Abstand zum Stress zu gönnen. Die Meditation kann dabei nach den eigenen Vorstellungen gestaltet werden und sicherlich führt die Anwendung einer passenden Meditationstechnik nicht nur zu etwas mehr Ausgleich, sondern auch zu höheren Leistungen.

Die Meditation fördert ein ganz neues Bewusstsein. Es geht bei dieser Anwendung vor allem darum, den Geist auf das Hier und Jetzt zu fokussieren. Die gesamte Umgebung wird ausgeblendet und nicht wahrgenommen. Gedanken an den nächsten Kundentermin oder Behördengang werden komplett ausgeblendet. Dies führt nicht nur zu einem insgesamt niedrigeren Stresspegel, sondern fördert auch die Konzentrationsfähigkeit während der Arbeit.

Da ohnehin schon wenig Zeit für die Selbstständigkeit neben dem Hauptberuf zur Verfügung steht, sollte diese wenigstens so effizient wie möglich genutzt werden. Durch die Meditation wird der Geist so trainiert, dass dieser besser in der Lage ist sich auf die jetzige Aufgabe zu konzentrieren. Die Gedanken schweifen nicht mehr ab und auch andere Ablenkungen, wie das Smartphone, erscheinen eher nebensächlich und werden nicht mehr als Belastung wahrgenommen. Dies ermöglicht es dem Geist in eine Art „Flow" zu geraten.

Dieser Zustand beschreibt den Moment der höchsten Konzentration. Die Arbeit geht viel leichter von der Hand und am Ende kann mit Überraschen festgestellt werden, wie viel eigentlich in dieser kurzen Zeit geschafft werden konnte. Es dauert allerdings einige Minuten der vollen Konzentration, bis dieser Zustand erreicht werden kann. Wird die Arbeit unterbrochen, kann die Wirkung des „Flows" nicht zum Ausdruck kommen. Daher ist die Meditation ein wichtiges Mittel, um nicht nur den Stress zu reduzieren, sondern auch die Arbeitszeit besser zu nutzen. Anstatt ein paar Stunden halbherzig zu verwenden und von allen möglichen Nebensächlichkeiten abgelenkt zu sein, wird der Fokus voll und ganz auf die Arbeit gelenkt.

Das Positive an der Meditation ist, dass diese praktisch überall und in relativ kurzen Einheiten ausgeführt werden kann. Es muss nicht immer eine halbe Stunde sein, die mit der Meditation verbracht wird. Kurze Einheiten von fünf Minuten können schon einen positiven Effekt haben. Daher gibt es auch während der Ausübung des Hauptberufes bestimmt mehr als genug Gelegenheiten, die Meditation oder zumindest eine Achtsamkeitsübung auszuführen.

Wer zu Fuß oder mit dem Fahrrad den Arbeitsweg bewältigt, kann diesen Weg bereits für sich nutzen. Normalerweise wird der Arbeitsweg gar nicht mehr bewusst wahrgenommen. Er wird so oft abgefahren, dass die Teilnahme am Verkehr unterbewusst geschieht. Als Form der Achtsamkeit kann dieser Umstand genutzt werden, indem das Bewusstsein auf die aktuelle Tätigkeit gerichtet wird. Anstatt also nur im Unterbewusstsein zu laufen oder mit dem Fahrrad zu fahren, sollte dies ganz aufmerksam verfolgt werden. Die Fahrt wird nach Möglichkeit mit allen Sinnen wahrgenommen. Jedes noch so kleine Detail kann dazu mit einem Sinneseindruck verknüpft werden. Ein zentraler Punkt ist hierbei die Atmung. Diese sollte ebenfalls ganz bewusst verspürt werden.

Auch am Arbeitsplatz kann diese Achtsamkeit als Form der Meditation geübt werden. Hierfür bieten sich schon kleine Freiräume an. Dazu kann zum Beispiel die Zeit genutzt werden, wenn der Computer gerade hochfährt oder gerade der erste Kaffee warm gemacht wird.

Die einzelnen Aufgaben können ebenfalls viel bewusster bearbeitet werden. Indem das Bewusstsein auf die gegenwärtige Arbeit gelenkt wird, steigt mit der Zeit die Konzentrationsfähigkeit und weniger Ablenkungen werden wahrgenommen. Allerdings muss auch hier das Zugeständnis erfolgen, das es nicht an jedem Arbeitsplatz einfach möglich ist, die Ablenkungen auszublenden. Telefonanrufe müssen beantwortet werden und es muss zumindest ein Überblick über den E-Mail-Verkehr bestehen. Aus diesem Grund kann es hilfreich sein, die Arbeit zu strukturieren. E-Mails werden nicht mehr umgehend beantwortet, sondern nur in bestimmten Zeiträumen. Dadurch wird die Konzentration nicht immer abgelenkt, sondern bleibt viel eher bei der eigentlich zu erledigenden Aufgabe.

Bei der Meditation geht es also nicht unbedingt darum, möglichst lange auf einer Position zu verharren und das Bewusstsein zu verändern. Es können schon viele kleine Gesten der Achtsamkeit helfen, die Konzentration zu verbessern und den Stress zu reduzieren. Insofern ist die Meditation das Gegenstück zum Fitnessstudio, das für jeden Gründer empfehlenswert ist.

Mithilfe dieser Tipps sollte der Start in die Selbstständigkeit noch besser gelingen und von Erfolg gekrönt sein. Durch eine gesunde Balance des Arbeits- und Privatlebens kann eine hohe Zufriedenheit erreicht werden, ohne an Stresserkrankungen, wie dem Burn-out zu leiden.

Hinter all dem Ehrgeiz sollte die Lebensqualität nicht zu kurz kommen und der Spaß behalten werden. Nur auf diese Weise wird es möglich sein, langfristig die Freude an der Selbstständigkeit zu behalten.

SCHLUSSWORT

Die Theorie in die Praxis umsetzen

NACH DEM LESEN DIESES Buches wird vor allem jede Menge theoretisches Wissen vorhanden sein, mit dem der Gang in die Selbstständigkeit wesentlich leichter fällt. All die Theorie bringt aber nichts, wenn dieses nicht in die Praxis umgesetzt wird. Daher ist ein wichtiger Tipp, dass es jetzt konkret an das Gestalten des Unternehmens geht.

Dazu gehört, dass die Idee und das Geschäftsmodell zu Papier gebracht, verschiedene Namen ausprobiert und die nächsten Schritte geplant werden. Die Gründung des Unternehmens kann wie ein Projekt gestaltet werden. Hierbei ist ebenfalls wichtig, dass es Meilensteine gibt und dass diese zu bestimmten Zeitpunkten umgesetzt sein sollen. Wer immer nur die Aufgaben vor sich herschiebt und diese nicht angeht, wird niemals das eigene Unternehmen gründen.

Daher ist einiges an Selbstdisziplin notwendig, um die erforderlichen Schritte durchzuführen. Eine Gefahr, die bei der Gründung besteht, ist der Hang zur Perfektion. Gerade zu Beginn besteht die Vorstellung vom Unternehmen und wie dieses genau aufgebaut sein soll. Anstatt allerdings Tage dafür aufzubringen, den passenden Namen zu finden, sollte schnell ein halbwegs gut klingender Unternehmensname gewählt und danach die nächsten Aufgaben angegangen werden.

Die Gefahr der Prokrastination, also des Aufschiebens wichtiger Aufgaben, während der Gründungsphase ist riesig. Es gibt einige Herausforderungen, die zu Beginn praktisch als unlösbar gelten. Welche Unternehmensform ist die beste und wie wird die nächste Steuererklärung ausgefüllt? Um sich diesen größeren Problemen nicht stellen zu müssen, wird lieber Zeit in unwichtige Nebendetails vertan. Da scheint die Farbgebung der Corporate Identity schnell wichtiger, als die wahren Details, die das Unternehmen ausmachen.

Wer selber von sich weiß, dass er gerne die schwierigen Dinge aufschiebt, sollte diese direkt von Anfang an aus der Welt schaffen oder zumindest eine passende Strategie entwickeln. Dafür ist die externe Hilfe von Vorteil. Ein Steuerberater kann gleich zu Beginn der Gründung einbezogen werden, selbst wenn die eigentliche Geschäftstätigkeit noch gar nicht aufgenommen wurde. Mit der Sicherheit im Rücken, dass solch komplexe Themenfelder bereits abgeklärt wurden, fällt die Arbeit direkt viel leichter. Damit sind auch positive Effekte verbunden und der gesamte Projektverlauf wird beschleunigt.

Zudem sollte nicht der Eindruck entstehen, dass aus dem Nebengewerbe heraus nichts Großes entstehen könnte. Dies ist eine einschränkende Geisteshaltung, die nicht der Realität entspricht. Als positives Beispiel kann Steve Wozniak erwähnt werden. Dieser war zunächst nur nebenberuflich an der Entwicklung des Apple 1 tätig. Später wurde dieser jedoch zu eines der prominentesten Gesichtern bei Apple und war maßgeblich für deren Erfolg verantwortlich.

Natürlich muss das eigene Gewerbe nicht direkt den Vergleich mit Apple antreten. Es zeigt sich allerdings, dass auch mit einer begrenzten Zeit, einiges losgetreten werden kann. Wichtig ist deshalb den ersten Schritt zu wagen. Ist der erste Stein erst mal ins Rollen gebracht, gehen die weiteren Schritte fast wie von selber.

Für die weitere Entwicklung sollte immer die ursprüngliche Idee im Vordergrund stehen. Das positive Gefühl, welches jetzt gerade auftritt, wenn allein nur an das fertige Unternehmen gedacht wird, sollte bewahrt werden. Gibt es einmal eine schwierige Phase, hilft es sich bereits auf den Ursprung und den eigentlichen Traum zu besinnen. Beim Schritt in die Selbstständigkeit geht es nicht darum, möglichst viel Geld in kurzer Zeit zu erwirtschaften. Durch die eigenen Leistungen und Ideen soll Menschen geholfen werden. Probleme werden gelöst und der Alltag kann sich mitunter verbessern. Der eigene Einfluss mag zwar winzig erscheinen, aber im großen Kontext hilft die Arbeit diesen Menschen.

Das ist es, worauf es ankommt und sollte bei der Gründung im Vordergrund stehen. Die Gesellschaft wird ein Stück weit nach vorne gebracht und verbessert. In welcher Form dies geschieht, ist natürlich abhängig vom Geschäftsmodell. Dennoch trifft dies im Kern auf jedes Unternehmen zu, egal wie klein oder groß dieses ist.

Die Vorteile des Nebenerwerbs nutzen

Auf den ersten Blick mag die Gründung im Nebenerwerb wie eine große Belastung erscheinen. Sicherlich trifft dies in einigen Bereichen auch zu und die Zeit, die in das Unternehmen investiert werden kann, ist stark begrenzt. Dennoch ergeben sich dadurch auch Chancen, die wahrgenommen werden sollten.

An oberster Stelle steht die finanzielle Unabhängigkeit vom Erfolg der Selbstständigkeit. Wird die Selbstständigkeit ohne ein regelmäßiges Einkommen gewagt, ist dies mit einem hohen Risiko verbunden. Es besteht ein ständiger Druck, dass die Selbstständigkeit so schnell wie möglich profitabel sein muss und den Lebensunterhalt bereitstellt.

Wer allerdings in der glücklichen Lage ist einen festen Hauptberuf zu haben, welcher das Einkommen sicherstellt, der besitzt weniger Druck und Stress in Bezug auf die Selbstständigkeit. Anstatt jeden Tag nur auf die Zahlen zu schauen und sich zu fragen, wie die Kredite bedient werden sollen, steht eine sichere Einkommensquelle zur Verfügung. Damit wird eine Existenzangst abgefedert und der Stress deutlich reduziert.

Die Gründung im Nebenberuf kann zudem positive Effekte für den Hauptberuf haben. Wer seine Selbstständigkeit ankündigt, kann vom Vorgesetzten als kompetenter angesehen werden. Durch den Gang in die Selbstständigkeit werden einige neue Fähigkeiten erlernt. Diese können sowohl im fachlichen Bereich liegen, als auch auf persönlicher Ebene.

Wer das Unternehmen erfolgreich gründet, hat bereits einiges an Disziplin bewiesen, unabhängig davon, ob die Idee letztlich wirtschaftlich profitabel ist oder nicht. Auch ein Scheitern ist mit einem Lernprozess verbunden, welcher im Lebenslauf positiv bewertet wird. Zukünftige Arbeitgeber können die Eigeninitiative als beeindruckend bewerten und damit erhöhen sich die Erfolgschancen bei der nächsten Bewerbung. Wirft das Unternehmen mit der Zeit einen Gewinn ab, wird die eigene Verhandlungsposition im Hauptberuf gestärkt. Es gibt nun eine weitere Einnahmequelle und damit lassen sich Gehaltsverhandlungen deutlich entspannter angehen.

Ein Vorteil, der durch die Basis des Hauptberufs geschaffen wird, ist, dass das eigene Tempo gegangen werden kann. Es kann selber festgelegt werden, wie viel Zeit in die Selbstständigkeit investiert wird. Fordert die Familie gerade etwas mehr Aufmerksamkeit oder gibt es andere Bereiche, die gerade wichtiger erscheinen, kann die Zeit in der Selbstständigkeit etwas reduziert werden. Dadurch besteht nicht der pausenlose Druck, dass dem Gewerbe die ungeteilte Aufmerksamkeit zukommen muss. Durch den Hauptberuf besteht die Möglichkeit, sich mal eine kleine Verschnaufpause zu gönnen. Dies wäre bei der Gründung im Hauptberuf kaum möglich, da der Druck besteht, auf diese Einnahmen angewiesen zu sein.

Durchhaltevermögen beweisen

Es wurde zwar schon des Öfteren betont, aber kann im Prinzip nicht oft genug wiederholt werden. Der Gang in die Selbstständigkeit ist mit einem steinigen und vor allem langen Weg verbunden. Auf diesem Weg werden einige Herausforderungen auftauchen, die bewältigt werden müssen. Die Probleme werden nicht innerhalb von wenigen Tagen gelöst sein und meistens dauert es etwas länger.

Wichtig in den Phasen der niedrigen Motivation ist, nicht das Gesamtziel aus den Augen zu verlieren. Schließlich geht es bei der Selbstständigkeit und der Gründung des Gewerbes darum, den eigenen Traum von der Unabhängigkeit zu verwirklichen. Da sollten kleinere Einschränkungen und etwas stressigere Phasen eingeplant werden.

Manchmal kann es allerdings auch besser sein, das eigene Tempo zu drosseln. Zu Beginn der Gründung ist die Versuchung groß, möglichst die gesamte Freizeit mit der Selbstständigkeit zu verbringen. Dabei kann es vorkommen, dass dem eigenen Geist die Energie entzogen wird und schneller ausgebrannt ist, als es selber wahrgenommen wird. Daher ist es wichtig, sich Ruhepausen zu verordnen. Das Wochenende und der Urlaub sollten nur sehr begrenzt der Selbstständigkeit zur Verfügung gestellt werden.

Ähnlich wie beim Krafttraining gilt auch hier, dass die Erfolge während der Pause entstehen. Wer praktisch pausenlos arbeitet, wird schnell die Quittung seines Körpers erhalten. Daher ist es ratsam, die Gründung mit einem Marathon zu vergleichen. Es geht nicht darum, wer vom Start am schnellsten ist. Sondern wer kontinuierlich sein Tempo halten kann, wird die Konkurrenz langfristig schlagen können.

Eine Gefahr, die vermieden werden sollte ist auch die frühzeitige Kündigung des Hauptberufes. Sicherlich ist die Versuchung groß, wenn sich erste

Erfolge einstellen, dass die Kündigung eingereicht wird. Gibt es doch kaum ein schöneres Gefühl, als endlich sein eigener Chef zu sein. Dennoch sollte auch hier auf die Langfristigkeit geachtet werden.

Eventuell ist der Erfolg gerade saisonbedingt oder nur ein positiver Ausrutscher. Um eine grundlegende Einschätzung zu erhalten, sollte das Gewerbe für längere Zeit bestehen. Ist das Gewerbe über einen Zeitraum von 12 Monaten profitabel und stellt ein ausreichend hohes Einkommen zur Verfügung, kann der Gedanke der Kündigung eingebracht werden. Ein kürzerer Zeitraum wäre mit einem höheren Risiko verbunden und möglicherweise bricht das Gewerbe unvorhergesehen ein und damit fällt auch das Einkommen weg.

Das Wohlbefinden steigern

Wenn die Selbstständigkeit einer der größten Träume im Leben ist, ist dies sicherlich bewundernswert. Wohl jeder träumt davon, unabhängig zu sein und nicht mehr in der Situation zu stecken, in welcher die eigene Arbeitskraft einem Vorgesetzten zur Verfügung gestellt wird.

Der Traum sollte allerdings nicht alle Bereiche des Lebens überschatten. Handelt es sich um ein Nebengewerbe, ist die Zeit schon deutlich eingeschränkt. Es gibt allerdings Bereiche, die auch während der Gründungsphase eine hohe Priorität genießen sollten. Freunde können ein Verständnis dafür aufbringen, wenn gerade etwas weniger Zeit zur Verfügung steht und Treffen seltener werden.

Die eigene Familie wird dafür allerdings nur wenig Verständnis aufbringen, wenn dieser Zustand über einen längeren Zeitraum anhält. Gerade wenn Kinder ein Teil des Lebens sind, sollten diese niemals zu kurz kommen. Kein Erfolg der Welt wird diese Lebenszeit zurückbringen und am Ende des Lebens geht es vor allem darum, dieses mit positiven Erfahrungen gefüllt zu haben.

Studien haben bewiesen, dass Geld dabei nur bis zu einem gewissen Grad zu einem glücklicheren Leben führt. Die Grenze liegt etwa beim Durchschnittseinkommen und wird dieses erreicht, ist eine Steigerung des Einkommens kaum mit einer höheren Zufriedenheit verbunden. Nun treten andere Dinge in den Vordergrund, wie die Familie und die Gesundheit.

Daher ist der Gang in die Selbstständigkeit sicherlich begrüßenswert und kann zu einem erfüllten Leben beitragen. Es sollte aber nicht dazu führen, dass andere Bereiche des Lebens dauerhaft vernachlässigt werden. Die Lebenszeit ist begrenzt und unwiederbringlich.

In diesem Sinne sollte der Gang in die Selbstständigkeit auf jeden Fall gewagt werden. Denn zur ganzen Wahrheit gehört auch, dass andernfalls immer die Frage im Raum stünde, wie erfolgreich die eigene Idee wäre und wie das Leben eigentlich anders hätte verlaufen können.

Der einzige Weg um herauszufinden, wie gut die eigene Idee auf dem Markt ankommt, ist die Gründung des Gewerbes. In Verbindung mit der Fortführung des Hauptberufes ergibt sich eine sehr starke Kombination, die viele Chancen ermöglicht und einige neue Erfahrungen mit sich bringt. Ob Erfolg oder Misserfolg, dieser Schritt ist immer mit einer Stärkung der Persönlichkeit verbunden und wer weiß, ob nicht doch die nächste Millionen-Idee auf diese Weise geboren wird?

Zugangscode - Kostenfreies e-Book

Gehen Sie auf **https://link.cherrymedia.de/EPUB** und geben Sie Ihren Zugangscode ein um Ihr kostenfreies e-Book herunterzuladen.

KH17-Y81T-Z12M

FÜHRUNGSKRAFT

Erfolgreiche Mitarbeiterführung durch emotionale Intelligenz und praxisnahe Methoden
Bonus Übungen für erfolgreiche Mitarbeitergespräche

CHERRY Finance

Ein Buch von: **Reinhard Thieler-Unge**

INHALTSVERZEICHNIS

Kostenfreies e-Book & Hörbuch inklusive

Beim Kauf jedes Taschenbuches von Cherry Media ist das **e-Book, spannende Bonusinhalte** sowie das **Hörbuch kostenfrei** für Sie **inkludiert**. Gehen Sie dazu einfach auf

https://link.cherrymedia.de/EPUB

oder scannen Sie den abgebildeten QR Code. Auf der Website können Sie dann Ihren einmalig gültigen Zugangscode eingeben.

Den **Zugangscode** zu Ihrem kostenfreie eBook, Hörbuch und zu den Bonusinhalten finden Sie auf der Seite: **328.**

Wir wünschen **viel Freude** mit Ihren **kostenfreien** Inhalten!

Haben Sie Fragen zu Ihrem e-Book? Wir sind gerne für Sie da!

Sie erreichen Sie uns unter info@cherrymedia.de

EINLEITUNG

Wer in einem Unternehmen als Führungskraft gilt, ist die Karriereleiter schon weit nach oben gekommen. Die Führungskraft hat intern, aber auch außerhalb der Firma einen hohen Stellenwert und enormen Prestige. Nicht wenige Angestellte wünschen sich eine leitende Position, in denen sie die Führung anderer Mitarbeiter übernehmen können und sich durch die Anstellung in der oberen Firmenetage profilieren können.

Aber wie wird man Führungskraft, und zwar eine gute, die nicht nur bei oberen Chefs gut ankommt, sondern auch von untergeordneten Angestellten geschätzt und respektiert wird?

In diesem Ratgeber erkläre ich Ihnen nicht nur, warum gute Führungskräfte so wichtig für ein Unternehmen sind, welche Aufgaben sie zu leisten haben, sondern auch wie Sie durch einfache Übungen Ihre ganz persönlichen Fähigkeiten als leitender Angestellter verbessern, und dadurch die Karriereleiter vielleicht sogar noch ein Stück weiter erklimmen können.

Wo liegt der Unterschied zwischen Manager und Führungskraft?

Oft wird von Außen betrachtet eine Führungskraft auch aus Leiter oder gar Manager eines Unternehmens betrachtet. Dies ist jedoch nicht ganz korrekt. Generell muss man sagen, dass die Auslegung von einem leitenden Angestellten von Unternehmen zu Unternehmen ganz unterschiedlich ausfallen kann. Leitende Angestellte, denen die Führung von Teams oder einzelnen Mitarbeitern obliegt, sind nicht unbedingt direkt Manager einer Firma. Je nach Unternehmensstruktur und Größe einer Firma unterliegen selbst Führungskräfte wiederum einem oberen Angestellten, bis es in der Firmenhierarchie zum Unternehmensleiter oder Firmeninhaber kommt.

Manager haben meist, anders als die Führungskräfte, wirtschaftliche Aufgaben. Sie sind nicht nur dazu da, ihren Mitarbeitern Aufgaben zu stellen oder neue Angestellte einzustellen, Manager arbeiten auch mit den Finanzen des Unternehmens und haben rechtliche Entscheidungen zu fällen.

Weshalb sollten Sie Führungskraft werden?

Wer Angestellte leitet, der hat es weit nach oben geschafft. Sicherlich ist der Sprung auf der Karriereleiter ein großer Anreiz für so manchen Angestellten, der überlegt, ob er sich auf eine leitende Position bewerben soll.

Falls Sie mit dem Gedanken spielen, sich für die Führungsebene bewerben zu wollen, sollten Sie sich zunächst mit sich selbst auseinander setzen und sich gut überlegen, warum Sie Führungskraft werden wollen.

Ist es der Anreiz auf mehr Geld? Stellt das Unternehmen für das Sie arbeiten leitenden Angestellten vielleicht einen Firmenwagen zur Verfügung, der sich natürlich dann auch auf Ihrem eigenen Bankkonto bemerkbar macht? Ist es das Streben nach mehr Anerkennung, das die Stellung in der Führungsebene für Sie so interessant macht? Wollen Sie Macht über die Mitarbeiter ausüben? Wollen Sie erfolgreicher sein als andere Angestellte?

Oder haben Sie einfach mal Lust, eine andere Tätigkeit auszuüben, bei der Sie einfach mal der Chef sind und nicht strikt nach Anweisungen eines Anderen arbeiten müssen?

Die Gründe können von Person zu Person ganz anders ausfallen. So individuell wie wir Menschen sind, so grundverschieden sind auch unsere Vorstellung von einer Karriere.

Wenn Sie tief in sich gegangen sind und gute Gründe gefunden haben, wieso Sie den Schritt wagen sollten und sich für eine Anstellung in der Führungsetage zu bewerben, dann sollten Sie diese Gründe immer im Hinterkopf haben.

Warum braucht ein Unternehmen Führungskräfte?

Führungskräfte werden in einem Unternehmen in erster Linie benötigt, damit sie Aufgaben delegieren können. In einem großen Unternehmen ist es wichtig, dass alle Mitarbeiter Hand in Hand im Sinne des Unternehmens handeln. Damit die einzelnen Mitarbeiter auch optimal handeln können, muss jeder genau wissen, welche Anforderungen an ihn gestellt werden. Führungskräfte übernehmen diese Aufgabe insofern, dass sie den ihnen zugeteilten Mitarbeitern Aufgaben übertragen und genau festlegen, wie diese Aufgaben zu erledigen sind. Der leitende Angestellte überwacht die Bearbeitung der Aufgabe und hilft, wenn Probleme auftreten.

Eine gute Führungskraft sorgt bei seinen Angestellten, dass diese ihre Ziele kennen und die Möglichkeit haben, dieses Ziel erreichen zu können. Die Aufgabe einer Führungskraft ist, die Kontrolle über seine Angestellten zu haben, diesen jedoch auch Raum für eigene Ideen und konstruktiven Vorschlägen zu lassen.

In der leitenden Position ist es auch wichtig, dass Sie als Führungskraft dazu in der Lage sind, ihre Mitarbeiter zu fordern und ihre Eigenschaften zu fördern, damit das wirtschaftliche Ziel des Unternehmens schnell erreicht werden kann.

Was sind genau die Aufgaben einer Führungskraft?

- Ziele festlegen

  Das bevorstehende Projekt, die Gewinnung eines neuen Kunden, die Werbeanzeige für das neue Produkt. In der freien Marktwirtschaft gibt es zahllose Ziele, die ein Team eines Unternehmens bewerkstelligen muss. Damit Ihr Team auch genau weiß, wo das Ziel ist, obliegt Ihnen als Führungskraft die Aufgabe, das Ziel klar und deutlich zu stecken.

  Setzen Sie Ihrem Team Tagesaufgaben um Stück für Stück an das bevorstehende Ziel zu kommen, zeigen Sie den Mitarbeitern Wege auf, denen die Angestellten folgen können um das bestmögliche Ergebnis für das Unternehmen zu erzielen.

- Systeme erschaffen

  Als Führungskraft ist es Ihre Aufgabe, Modelle zu erschaffen, mit denen Ihr Team zielgerichtet und effektiv arbeiten kann. Dazu zählen nicht nur die Entwicklung von internen Prozessen, mit denen sich das Ziel des Unternehmens schnell erreichen lässt, sondern auch neue Ideen, wie Mitarbeiter immer schneller und besser arbeiten können.

- Mitarbeiter einstellen

  Je nach Firmenstruktur obliegt Ihnen, vielleicht mit weiteren leitenden Angestellten, die Einstellung von neuen Mitarbeitern. Fehlt es in Ihrer Abteilung an kompetenten Mitarbeitern, so obliegt es Ihnen, neue, fähige Kräfte in die Abteilung zu holen. Dazu gehört natürlich nicht nur die Ausschreibung einer Anzeige, sondern auch die Durchführung von Einstellungsgesprächen oder Tests. Sie müssen aus der Vielzahl der Bewerber die richtige Entscheidung fällen und einen geeigneten Mitarbeiter für Ihre Abteilung finden.

- Mitarbeiter anleiten

  In den besten Fällen kommen gute Führungskräfte aus den eigenen Reihen, die sich durch harte Arbeit nach oben gearbeitet haben. Dies hat den großen Vorteil, dass Sie später als leitender Angestellter genau wissen, worauf es bei der tagtäglichen Arbeit ankommen. So können Sie neue Mitarbeiter, aber auch erfahrene Angestellte anleiten, damit das gesteckte Ziel unkompliziert und schnell erreicht werden kann. Als leitender Angestellter sollten Sie genau wissen, worauf es ankommt. Helfen Sie den Angestellten, wenn es zu Problem kommt. Zeigen Sie Ihrem Team Lösungen auf, lassen Sie Ihre Leute niemals im Regen stehen, wenn eine Aufgabe Unverständnis hervorruft.

  Überlegen Sie sich eigene Lösungsvorschläge, die Sie dem Team präsentieren können, falls die Mitarbeiter bei der harten Arbeit das Ziel aus den Augen verloren haben.

- Motivieren Sie Ihre Angestellten

  Eine der wichtigsten Aufgaben eines leitenden Angestellten ist die Motivation der Mitarbeiter. Jeder kennt dieses Gefühl, wenn man denkt, die Arbeit sei eintönig und würde uns auf der persönlichen Ebene nichts bringen. Genau das sind die Momente in denen Sie als gute Führungskraft gefragt sind. Sie sind Ansprechpartner und müssen genau erkennen, wann es Ihrem Team an Motivation fehlt. Gehen Sie optimistisch an Ihre Angestellten ran, helfen Sie dem Team mit einem Denkanstoß wieder in den Arbeitsflow zu gelangen.

  Als leitender Angestellter müssen Sie wissen, wann es Ihren Angestellten an Motivation mangelt und sie ihnen wieder zurückgeben.

- Sie sind Ansprechpartner bei Problemen

  Der leitende Angestellte verteilt nicht nur Arbeitsaufträge und hilft dabei, die wirtschaftlichen Ziele des Unternehmens zu verfolgen. Er gilt als Leiter eines Teams auch als Ansprechpartner für seine Mitarbeiter. Kommt es zu Schwierigkeiten unter den einzelnen Mitarbeitern, gibt es Probleme im Team, Fehlt das Verständnis für die gestellte Aufgabe? Mit all diesen Schwierigkeiten kommen Mitarbeiter zu ihrem leitenden Angestellten.

  Sie müssen offen bleiben für die Anliegen Ihrer Angestellten und sich empathisch auf die Sorgen und Probleme einstellen. Ihre Aufgabe ist es, ein motiviertes und kompetentes Team bei der täglichen Arbeit aufrecht zu halten und unterstützend mitzuwirken.

- Dem Unternehmen dienlich sein

  Der leitende Angestellte handelt immer im Interesse seiner Firma. Hat diese bereits eigene Philosophien zum Thema Führungskräfte etabliert, sollten Sie als leitender Angestellter diese Philosophie auch weiterleben und das Team im Sinne der Firmenphilosophie führen.

  Denken Sie immer wirtschaftlich. Auch als leitender Angestellter haben Sie einem Vorgesetzten, die Sie Ihre Verdienste für das Unternehmen präsentieren müssen. Zeigen Sie, dass Sie stets im Sinne der Firma handeln und auch Ihren Mitarbeitern diese Philosophie zeigen.

  Wer stets darauf bedacht ist, das Unternehmen weiterzubringen, hat auch die Chance, selbst karrieremäßig aufsteigen zu können. Interessierte und motivierte Mitarbeiter, die das Unternehmen weiter bringen, sind die der obersten Chefetage gern gesehen.

- Sich selbst einbringen

  Krankheitsbedingt oder durch längere Fortbildungen kommt es in jeder Firma einmal zu einem Mitarbeiter Engpass. Auch als Führungskraft sollten Sie sich nicht zu schade sein, wichtige Aufgaben selbst zu übernehmen. Zeigen Sie so Ihrem Team, dass Sie sich nicht höher stellen als das Team, sondern dass Sie auch bereit sind, einfache Aufgaben zu übernehmen.

Bringen Sie sich immer wieder ein um zu zeigen, dass Sie die Arbeit des Teams Wert schätzen können. Auch als Chef sind Sie ein wichtiger Teil des Teams.

- entbehrlich bleiben

  Führen Sie Ihre Angestellten auf eine subtile Weise und zeigen Sie Ihnen, dass Sie als Führungskraft nicht ständig erreichbar sein müssen, damit ein Arbeitsprozess gut gelingen kann. Sie müssen auch nicht immer die Tätigkeiten des Teams überwachen und so zeigen, dass Sie den Überblick haben.

  Die Kunst einer guten Führungskraft ist oft die, dass man als führender Angestellter nicht wahr genommen wird. Bei einem gut geführten Team bedarf es gar keiner Führung im eigentlichen Sinne, denn der tägliche Arbeitsprozess ist bei den einzelnen Mitarbeitern so verinnerlicht, dass die Arbeit auch ohne leitenden Angestellten läuft. Natürlich sollten Sie bei Problemen oder Schwierigkeiten immer zu Stelle sein und die Anliegen der Mitarbeiter immer Ernst nehmen.

  Führen Sie das Team so, dass es auch in Ihrer Abwesenheit optimale Ergebnisse schaffen kann. Wenn dies gelingt, haben Sie sich als gute Führungskraft erwiesen.

Ein Beispiel dazu:

Sie beauftragen Ihre Mitarbeiter ein Werbeprojekt bis zum Ende der kommenden Woche fertigzustellen. Sie selbst können die Arbeiten nicht leiten, da Sie zu einer länger dauernden Fortbildung müssen.

Nach dieser Zeit kommen Sie in Ihr Büro zurück und der Kunde hat sich bereits begeistert von den Arbeiten zum bevorstehenden Werbeprojekt gezeigt. Ihr Team kann nach klarer Anweisung die Aufgabe selbstständig bearbeiten. Sie brauchten dazu keinen leitenden Angestellten, der die Aufgabe erneut erklärt oder Fragen beantwortete.

Trauen Sie Ihrem Team wichtige Aufgaben an, zeigen Sie den Angestellten, dass Sie zuversichtlich sind, dass sie diese Anforderungen allein bewältigen können.

Was macht eine gute Führungskraft aus?

Wie in jeder Branche gibt es durchschnittliche und gute Kräfte. Dies zeigt sich besonders bei Führungskräften.

Durchschnittliche Führungskräfte führen ein ebenso durchschnittliches Team, dass zwar Anforderungen aus der obersten Etwa erfüllen kann, sich aber nicht von anderen Abteilungen abheben kann.

Ein sehr guter leitender Angestellter kann seine Mitarbeiter motivieren, zeigt Einsatzbereitschaft und verdeutlicht dies auch bei seinem Team, dass eine überdurchschnittliche Leistung zeigen kann.

Eine gute Führungskraft führt seine Mitarbeiter nicht nur durch fachliches Wissen und Können, sondern zeigt seine Stärken auch durch emotionale Intelligenz und herausragende Soft Skills.

Durch die besonderen Stärken kann sich der leitende Angestellte einen herausragenden Führungsstil aneignen, der sich auch in der Arbeitsweise seines Teams verdeutlicht.

Die gute Führungskraft arbeitete nach diesen Vorsätzen:

1. Führe Dich selbst, dann führe Dein Team

Schon in der Bibel hieß es, jeder ist sich selbst der Nächste. Dies gilt vor allem in der freien Marktwirtschaft, die oft knallhart ist. Auch für eine Führungskraft, die mehrere Mitarbeiter leiten muss, gilt dieser Spruch in erster Linie. Zunächst besinnt sich die Führungskraft auf sich selbst, muss sehen mit welchen Mitteln er sein Team anleiten kann, damit der Sinn der Unternehmens erreicht werden kann.

Führe Dich selbst bedeutet, dass Sie Ihre Arbeit stets selbst verbessern müssen, damit Sie ein perfektes Team optimieren können. Arbeiten Sie an sich und Ihren Fähigkeiten, nutzen Sie jede Chance zur Fortbildung um immer auf dem neusten Stand bleiben zu können. Lassen Sie sich nicht von anderen

Angestellten überholen, bleiben Sie selbst auf der Überholspur. Erst dann, wenn Sie sich und Ihre Fähigkeiten optimiert haben, können Sie ein erfolgreiches Team aus kompetenten Mitarbeitern zu besten Leistungen antreiben und führen.

2. Diene dem Sinn des Unternehmens

Auch wenn Sie ganz persönlich anderer Meinung sind als ihr oberster Chef, Sie müssen die Anforderungen des Unternehmens entsprechen und stets im Sinne der Firma dienen. Verinnerlichen Sie die Vorstellungen Ihrer Vorgesetzten und bringen Sie auch Ihrem Team diesen Sinn bei. Wer sich mit seiner Firma identifizieren kann, der schafft es auch, ein Team so zu leiten, dass es das Unternehmen schnell weiterbringen kann. Nur wenn Sie sich voll und ganz der Philosophie verschreiben, können Sie vollen Einsatz als leitender Angestellter zeigen. Diesen Einsatz sollten Sie auch an Ihr Team geben. Jeder einzelne Angestellte sollte Stolz sein, dem Unternehmen angehören zu dürfen und muss dann auch seine ganze Kraft in das Unternehmen stecken. Jeder weiß, dass man in einem erfolgreichen Unternehmen die Möglichkeit hat, auf der Karriereleiter weiter zu kommen oder einen finanziellen Ausgleich für seine gute Arbeit erhält.

3. Fordern, aber auch Fördern

Sie dürfen als leitender Angestellter vollsten Arbeitseinsatz bei Ihrem Mitarbeitern erwarten. Ihre Mitarbeiter müssen diszipliniert arbeiten und sich voll und ganz auf die Anforderungen konzentrieren.

Betreuen Sie Ihre Mitarbeiter nicht mit Aufgaben, die nicht ihren Möglichkeiten entsprechen. Damit sind nicht nur Aufgaben gemeint, die nicht in den Kenntnisbereich des jeweiligen Angestellten fallen, sondern auch Aufgaben, die unter dem Niveau des Teams sind. Wenn sich ein Mitarbeiter immer nur mit unwichtigen Aufgaben befassen muss, wird er nicht richtig gefordert und kann seine Arbeitsleistung nicht voll entfalten. Unmotiviertheit bis hin zu psychischen Problemen können die Folge von falschen Arbeitsaufgaben sein. Es ist als Führungskraft ihre Aufgabe, die individuellen Möglichkeiten jedes einzelnen Mitarbeiters zu kennen und ihm die Aufgaben anzuvertrauen, die diesen Angestellten fordern, aber auch fördern.

Sie dürfen und sollen ihn mit Anforderungen vertraut machen, die seinen Fähigkeiten entsprechen und die Kenntnisse fördert.

In einem Team gibt es Mitarbeiter mit unterschiedlichen Kenntnisständen und persönlichen Fähigkeiten. Wenn Sie es als gute Führungskraft schaffen, die einzelnen Fähigkeiten der individuellen Mitarbeiter so zu fordern und fördern wie es dem Naturell entspricht, können Sie die Arbeitsleistung in Ihrer Abteilung schnell optimieren.

Mitarbeiter, die mit wichtigen Aufgaben bedacht werden, können ihre Leistung und das Selbstbewusstsein stärken und motiviert nach getaner Aufgabe hervorgehen. Halten Sie Ihr Team bei Laune indem Sie individuelle Arbeitsaufträge an die geeignetesten Mitarbeiter verteilen.

4. Projekte anstoßen

Als leitender Angestellter sind Sie nicht nur dazu da, Arbeitsprozesse zu überwachen und Fehler aufzudecken. Laden Sie Ihr Team regelmäßig zum Brainstorming ein und geben Sie Denkanstöße für neue Projekte. Durch diesen Input können neue Ideen entwickelt werden und das gesamte Team bekommt einen neuen Anreiz für eine motivierte Arbeit. Sie dürfen und sollen sich als Führungskraft in die Entwicklung neuer Projekte einbinden und können beim Brainstorming auch gute Erkenntnisse über die Fähigkeiten der Mitarbeiter gelangen. Seien Sie offen für Ideen der Angestellten und lernen Sie Ihr Team bei regelmäßigen Brainstormings immer wieder neu kennen.

Mitarbeiter entwickeln sich, wie Sie auch, immer weiter und können so dem Unternehmen in unterschiedlicher Weise zu neuen Erfolgen verhelfen.

5. Prioritäten setzen

Als Führungskraft liegt es in Ihrer Hand zu entscheiden, welche Prioritäten in Ihrer Abteilung gesetzt werden.

Wo liegt der Fokus in Ihrem Team, welches Projekt muss als dringlich bezeichnet werden, welche Aufgabe kann auf den nächsten Tag verschoben werden?

Sie sind dafür verantwortlich, die wichtigen Entscheiden innerhalb der Abteilung zu fällen und müssen gegebenenfalls in der Chefetage die Konsequenzen ziehen.

Sie entscheiden ob ein neuer Angestellter in das Team aufgenommen werden soll oder ob das Team mit der Arbeitserwartung zurecht kommt. Fokussieren Sie sich und verinnerlichen Sie die Situation um richtig entscheiden zu können, welche Dinge gerade wirklich wichtig sind.

6. Nehmen Sie anderen nicht die Arbeit weg

Ein leitender Angestellter hat mit der Führung seines Teams genug Arbeit und muss auch mal wichtige Aufgaben an sein Team delegieren.

Mitarbeiter bevorzugen eine Führungskraft die auch mal mit anpacken kann, allerdings möchte auch der kleine Angestellte zeigen, was er kann. Deshalb: Als Führungskraft dürfen Sie auch mal die wichtige Aufgabe übernehmen. Geben Sie Ihrem Mitarbeiter aber niemals das Gefühl, dass Sie ihm die Arbeit wegnehmen, weil Sie dem Mitarbeiter den Abschluss der Aufgabe nicht zutrauen.

Wenn Not am Mann ist, sollten und müssen Sie dringliche Aufträge auch als Führungskraft abarbeiten, aber nie sollten Sie spannende oder interessante Arbeitsaufträge den Mitarbeitern vor der Nase wegschnappen. So zeigen Sie, dass Sie Ihren Mitarbeitern vertrauen und auch schwierige Aufgaben zutrauen, und Sie nehmen sich selbst nicht zu wichtig, indem Sie die besten Aufträge selbst bearbeiten.

7. Systeme schaffen

Ein gut geführtes Team lebt von der Routine. Setzen Sie klare Systeme, die zur Bearbeitung von Aufträgen angewendet werden. Führen Sie in Ihrem Team Möglichkeiten ein, die es den Angestellten einfach machen, klare Aufgaben zu erledigen, Ziele möglichst erfolgreich und schnell anzustreben. Denken Sie sich ein gut strukturiertes System für Ihre Abteilung aus, das Arbeitsvorgänge vereinfachen und optimieren kann. Geben Sie Ihrem Mitarbeitern neuen Input, zeigen Sie sich konstruktiv und vereinfachen Sie so den Arbeitsalltag für das gesamte Team.

8. Arbeiten Sie immer mit Feedback

Lob, aber auch Kritik gehören immer in den Arbeitsalltag dazu. Wichtig ist, dass es nach einer erledigten Aufgabe immer ein Feedback mit den Angestellten gibt. Laden Sie Ihr Team nach den erledigten Projekt dazu ein, die

Zusammenarbeit noch einmal Revue passieren zu lassen. Reflektieren Sie gemeinsam, was hätte besser laufen können oder müssen, was ist besonders gut gewesen?

Durch das Feedback nach einer erledigten Aufgabe können Sie so direkt Schlüsse auf das Arbeitsverhalten des Teams geben. Wer arbeitet gut zusammen, wer eher nicht, wo kann man die Arbeitsweise verbessern?

Erfolgreiche Führungskräfte arbeiten immer mit Feedback. Holen Sie sich den einzelnen Mitarbeiter in Ihr Büro und loben Sie ihn für die geleistete Arbeit. Mitarbeiter, die ein gutes Feedback für ihre Tätigkeiten erhalten, möchten diese auch beim nächsten Projekt einbringen. So helfen Sie dem jeweiligen Mitarbeiter, seine Fähigkeiten noch zu verbessern und motiviert an das neue Projekt herangehen zu können.

Führen Sie regelmäßige Termine ein, zu denen Sie die Angestellten einladen um mit ihnen über Ihre Tätigkeit in der Firma zu sprechen. Notieren Sie sich dazu für jeden einzelnen Mitarbeiter positive, aber auch negative Aspekte, die Sie dann ansprechen sollten. Wer in sachlichem Ton Kritik übt, kann seinen Mitarbeiter so motivieren, sich zu verbessern und den Kritikpunkt für das nächste Mitarbeitergespräch sogar zu verringern oder gar zu eliminieren. Wichtig dabei ist immer, dass ein positives oder negatives Feedback sachlich vorgetragen wird. Der Mitarbeiter wird dann auf die einzelnen Dinge eingehen und sicherlich versuchen, seine Arbeitsweise zu optimieren.

9. Immer besser werden und neue Kenntnisse nutzen

Wenn ein Team immer bei alten Strukturen bleibt, wird es früher oder später von anderen Teams überholt. Für Sie als erfolgreiche Führungskraft bedeutet das, dass Sie in der Abteilung immer Augen und Ohren offen halten müssen, und neue Anreize schaffen, damit Ihr Team nicht in den alten Trott verfällt. Dieser verschlechtert und verlangsamt das Arbeitsklima so, dass die gewünschte Leistung nicht mehr erbracht werden kann.

Deshalb überprüfen Sie von Zeit zu Zeit die Systeme in der Abteilung und überdenken Sie die bisherige Arbeitsstruktur. Neue Anreize schaffen nicht nur neue Motivation, sondern verhelfen durch verbesserte Systeme auch eine Erleichterung am Arbeitsplatz, die wiederum eine schnellere Bearbeitung der Aufgaben mit sich bringt.

Nutzen Sie die Möglichkeiten zur beruflichen Weiterbildung und geben Sie auch Ihren Mitarbeitern die Chance, sich durch Fortbildungsmaßnahmen weiterzuentwickeln.

Von der Weiterbildung eines Mitarbeiters kann das ganze Team im Nachhinein profitieren, denn der Angestellte, der durch die Fortbildung neue Erkenntnisse gewonnen hat, bringt diese auch in seiner Abteilung mit ein und zeigt seinen Mitarbeitern (vielleicht auch Ihnen als Führungskraft) die neuen Möglichkeiten.

Fortbildungsmaßnahmen sind für Angestellte ohnehin eine optimale Möglichkeit, einmal auf dem Büroalltag entfliehen zu können, neue Kraft und neue Ideen sammeln zu können und sich mit den neuen Erfahrungen wieder voll und ganz den Anforderungen des Unternehmens stellen zu können.

10. Kommunizieren Sie mit Ihrem Team

Viele durchschnittliche Führungskräfte machen den Fehler, dass sie mit ihren Angestellten zu wenig kommunizieren. Durch fehlende Aussprachen oder Missverständnisse kommen Arbeitsvorgänge immer wieder ins Stocken, Aufgaben werden doppelt erledigt und kosten so unnötig viel Zeit. Nutzen Sie die vielseitigen Möglichkeiten der Kommunikation. Sprechen Sie mit Ihrem Angestellten, fragen Sie den Mitarbeiter nach seinen Ideen für das neue Projekt, lassen Sie ihn offen reden und hören Sie dann auch genau zu. Vielleicht hat der sonst so unscheinbare Mitarbeiter eine großartige Idee für die neue Werbemaßnahme oder das neue Produkt, dass demnächst auf den Markt kommen soll.

Geben Sie den Angestellten die Möglichkeit, sich mit Ihnen auszutauschen. Seien Sie offen für Gespräche oder bieten Sie an, über das Intranet zu kommunizieren.

Die fehlende Kommunikation innerhalb der Firma ist oft Schuld daran, das Prozesse langwierig ablaufen, das Missverständnisse entstehen oder das Probleme auftauchen, die mit ein paar wenigen Worten aus der Welt geschafft werden können.

11. Bleiben Sie menschlich

Ein Chef ist keine Überfigur, sondern ein Mensch wie jeder andere auch. Dies müssen Sie auch Ihren Mitarbeitern vermitteln. Zeigen Sie dem Team, dass Sie sich nicht als übergeordneter Boss sehen, sondern dass Sie einer von Ihnen ist, der eine Zusatzaufgabe, nämlich die der Führungskraft inne hat. Es ist bewiesen, dass eine Führungskraft, die seinen Mitarbeitern auf gleicher Augenhöhe begegnet, viel bessere Leistungen mit seinen Mitarbeitern erzielen kann als die Führungskraft, die sich erhaben über den Dingen gibt.

Erzählen Sie nach dem Wochenende auch mal eine Anekdote aus dem Alltag, interessieren Sie sich für die Geschichten der Angestellten und zeigen Sie sich emphatisch wenn es um die privaten Belange des einzelnen Mitarbeiters geht. Zeigen Sie, dass auch Sie ein Mensch mit Emotionen sind, der sich in seine Angestellten hineinversetzen kann.

Die emotionale Intelligenz ist das, was eine gute Führungskraft ausmacht.

Durch Soft Skills und emotionaler Intelligenz können Sie eine gute Führungspersönlichkeit werden, die gemeinsam mit dem Team gute Leistungen liefern kann, sondern auch kommunikativ auf einer Ebene ist.

Warum Soft Skills so wichtig für eine Karriere in der Führungsetage sind

Neben den fachlichen Kompetenzen die einen Bewerber für die Führungsposition auszeichnen, sind die Soft Skills immer mehr zu Bedeutung gekommen. Die sozialen Kompetenzen sind besonders bei Führungskräften von großer Bedeutung, denn die sogenannten Soft Skills zeigen deutlich auf, ob ein Bewerber die Qualitäten zur Führungskraft hat oder nicht.

Nur wer sich durch seine soziale Kompetenz auszeichnet, kann es als eine gute Führungskraft ganz nach oben schaffen.

Welche Soft Skills benötige ich für den Job als leitender Angestellter?

Für den leitenden Angestellten sind folgende soziale Kompetenzen wichtig, damit er seine Aufgaben als kompetente Führungskraft meistern kann:

1. Kommunikation

Diese persönliche Eigenschaft ist nahezu in jedem Beruf wichtig. Nicht nur als Führungskraft sollten Sie sich in rhetorischen Dingen auskennen.

Besonders wer als Teamleiter mit unterschiedlichen Menschen zu tun hat, muss die Kommunikation als ein Mittel ansehen, dass Missverständnisse auslöschen und Probleme schnell beseitigen kann.

Nutzen Sie als leitender Angestellter die verschiedenen Wege der Kommunikation und verstecken Sie sich nicht hinter Bergen von Akten in Ihrem Büro. Eine Führungskraft muss immer offen sein für die Kommunikation mit seinem Team und muss diese Chance nutzen um gemeinsam mit dem Team bestmögliche Leistungen erbringen zu können.

Die Kommunikation ist natürlich auch ein wichtiges Mittel um Aufgaben deutlich zu machen. Wer klar kommuniziert, beugt Missverständnissen vor, kann Konflikte schnell bewältigen und sich empathisch zeigen.

Übung:
Auch wenn Sie bislang noch kein Meister der Rhetorik sind, die können die eigene Fähigkeit zu einer guten Kommunikation lernen.

Nutzen Sie jede Gelegenheit für einen Smalltalk. Ob im eigenen Büro, mit dem Pförtner oder in der Bäckerei, halten Sie einen kleinen Plausch mit Fremden Personen um ihre rhetorischen und kommunikativen Fähigkeiten zu stärken. Als Führungskraft dürfen Sie keine Scheu zeigen, wenn es zu einer Aussprache mit Vorgesetzten oder Mitarbeiter kommt. Wenn Sie jeden Tag nutzen um mit fremden, aber auch bekannten Personen zu kommunizieren, merken Sie schnell, dass Sie jedes Mal selbstsicherer bei der Kommunikation werden. Setzen Sie klare Statements im Gespräch mit dem Team, halten Sie auch beim Gespräch mit dem Chef nicht zurück, übernehmen Sie im Gespräch mit einem Kunden die Gesprächsführung und stellen Sie die geplanten Projekte sympathisch, empathisch und selbstbewusst vor.

2. Repräsentation

Sie repräsentieren als Führungskraft das Unternehmen für das Sie arbeiten. So wie sich das Unternehmen nach Außen hin zeigt, so müssen Sie sich auch Ihrem Team gegenüberstellen. Dies zeigt sich nicht nur in Ihrer optischen Erscheinung, sondern auch in der Art wie Sie sich geben.

Sind Sie beispielweise für ein Unternehmen tätig, dass Produkte für Jugendliche verkauft, dann dürfen Sie auch gern im Büro Ihre jung gebliebene Seite zeigen. In der Versicherungsbranche zeigt man sich eher seriös und gediegen. Können Sie das Unternehmen nach Außen hin verkörpern, so sind Sie auch in der Führungsetage eine gefragte Persönlichkeit.

Übung:
Verinnerlichen Sie sich die Botschaft Ihres Unternehmens. Werden Sie sich immer wieder bewusst, wofür das Unternehmen für das Sie arbeiten steht. Nutzen Sie innerbetriebliche Maßnahmen, um sich mehr in die Strukturen der Firma einleben zu können.

Wie ein Mantra können Sie sich die Werte, die man in dem Unternehmen schätzt, immer wieder vorsagen und so verinnerlichen.

Wer sich voll und ganz mit seiner Firma identifiziert, wird unbewusst zu einer besseren Arbeitsleistung verleitet.

3. Begeisterungsfähigkeit

Auch wenn Sie sich selbst für das neue Projekt total begeistern können, Sie müssen als starke Führungspersönlichkeit dafür sorgen, dass auch Ihre Mitarbeiter voller Begeisterung an diesem Projekt arbeiten werden.

Haben Sie die besondere Fähigkeit, andere mit Ihrer Begeisterung anstecken zu können? Dann sind Sie die richtige Person für die Führungsetage. Motivieren Sie Ihre Angestellten zu Höchstleistungen und begeistern Sie das ganze Team auch an trüben Tagen.

4. Durchsetzungsvermögen

Als Chef müssen Sie der Macher sein, der seine Vorstellungen in seinem eigenen Team durchboxen kann. Wenn Ihre Mitarbeiter Ihnen auf der

Nase herum tanzen und Sie nicht wissen wie Sie diesen Flohzirkus beenden können, dann sind Sie leider keine gute Führungspersönlichkeit. Sie müssen die Kompetenz haben, sich gegen Ihre Mitarbeiter durchsetzen zu können und sich notfalls auch mit harten Bandagen gegen den ein oder anderen Mitarbeiter durchboxen.

Setzen Sie die Ziele durch, die Sie sich durch die gute Zusammenarbeit mit Ihrem Team wünschen. Zeigen Sie Stärke wenn ihre Mitarbeiter einmal unmotiviert sind und fordern Sie jeden Einzelnen zu mehr Leistung auf. Nur so können Sie Ihr Durchsetzungsvermögen deutlich machen und sich als gute Führungspersönlichkeit beweisen.

5. Eigeninitiative

Nicht nur Aufgaben delegieren, sondern auch zeigen, dass man selbst auch etwas leisten kann. Als gute Führungskraft müssen Sie beweisen, dass Sie auch ohne Kommandos von ganz oben Anforderungen bewältigen können und dass Sie, gemeinsam mit Ihren Mitarbeitern eigene Ideen entwickeln können. Zeigen Sie die Eigenschaft indem Sie eigene Strategien entwickeln, mit denen Sie Arbeitsprozesse optimieren können. Lassen Sie sich nicht alles von der Chefetage vorschreiben, sondern treten Sie mutig voran und stürzen sich direkt in die neue Aufgabe. Wer immer einen Schritt voraus ist, kann seine Konkurrenten überholen und sich als selbstbewusste Führungskraft beweisen.

6. Einsatzbereitschaft

Nicht bereit Überstunden zu machen oder nach Feierabend bei der Organisation der Firmenfeier zu helfen? Als gute Führungspersönlichkeit kommt es aber genau auf diesen Einsatzwillen an, der allen zeigt, „Ich kann was leisten und ich bin auch bereit etwas mehr zu leisten als alle anderen". Wer meint, in der Führungsebene kann man sich gemütlich auf seinem ergonomisch geformten Chefsessel zurücklehnen, der irrt. Wer es mit Ehrgeiz schon in die Führungsetage geschafft hat, muss gerade jetzt auch bereit sein, durch seinen Einsatz zu zeigen, dass man die richtige Person mit der schweren Aufgabe der Personalführung betraut gemacht hat.

Tipp:
Zeigen Sie sich in innerbetrieblichen Strukturen immer mal wieder blicken. Tun Sie auch außerhalb der Bürozeiten etwas für das Unternehmen.

Übernehmen Sie doch mal die Verantwortung für das Sommerfest der Angestellten oder engagieren Sie sich im Betriebsrat. Zeigen Sie Einsatz indem Sie das Unternehmen bei verschiedenen Veranstaltungen repräsentieren. Laden Sie Schulklassen ein, mal einen Blick in Ihren Arbeitsalltag zu werfen. Mit geschickt platzierten Aktionen können Sie zeigen, dass Sie bereit sind, dem Unternehmen mit viel Einsatz zu guter Publicity zu verhelfen oder was für die eigenen Mitarbeiter zu tun.

7. Entscheidungsfähigkeit

Als leitender Angestellter müssen Sie tagtäglich Entscheidungen fällen. Wem dies schwer fällt, der ist in der Führungsetage falsch. Sie müssen entscheidungsfreudig sein und bei einer falschen Entscheidung auch bereit sein, die Konsequenzen für Ihr Handeln zu übernehmen. Ob Neuanstellung oder Kündigung, ob Projekt A oder B lukrativer ist und daher schneller zu bearbeiten oder welcher Mitarbeiter Urlaub nehmen darf wenn mehrere Angestellte zur gleichen Zeit in die Ferien wollen, als Chef kann man nicht allen Anforderungen gerecht werden und muss auch von Zeit zu Zeit unangenehmen Entscheidungen treffen.

Wenn Sie dazu in der Lage sind, können Sie es als leitender Angestellter weit bringen.

Praxistipp:
Wenn es Ihnen zunächst noch schwer fällt, Entscheidungen zu treffen, fangen Sie im privaten Umfeld an. Versuchen Sie sich schnell zu entscheiden, wenn es zum Beispiel um die Wahl des richtigen Urlaubsortes geht, oder welches Auto Sie kaufen sollen. Jede Entscheidung hilft Ihnen, die Entscheidungsfähigkeit zu verbessern und sich so beruflich, aber auch privat weiterentwickeln zu können.

8. Teamfähigkeit

Als Führungskraft sind Sie kein Single Player, sondern müssen beweisen, dass Sie sich in einem Team gut zurecht finden können. Auch wenn Sie als leitender Angestellter die Oberhand über Ihre Mitarbeiter haben, Sie müssen dennoch teamfähig sein. zeigen Sie den Mitarbeitern, dass Sie nicht über den Dingen stehen und auch als einen Teil des Teams verstanden werden wollen. Nur gemeinsam können Sie und Ihre Mitarbeiter das gemeinsame Ziel erreichen. Zeigen Sie auch Ihrem Vorgesetzten, dass Sie sich nicht als

Boss der Mannschaft verstehen, sondern auch gleichberechtigtes Mitglied der Abteilung verstanden werden wollen.

9. Verantwortungsbewusstsein

Wer eine Position als leitender Angestellter hat, dem muss bewusst sein, dass er für alle Fehler seiner Angestellten verantwortlich gemacht werden kann. Als Führungskraft obliegt Ihnen die Aufsicht der Leistungen und zu erledigenden Aufgaben. Dies bedeutet nicht, dass Sie Ihre Mitarbeiter dauerhaft überwachen sollen oder müssen. Jedoch kommt es in jeder Abteilung hin und wieder zu Fehlern, die dann für Kritik an der Abteilung sorgen.

Sie sind für Ihre Mitarbeiter verantwortlich und müssen gegebenenfalls auch deren Fehler ausmerzen. Daher ist Verantwortungsbewusstsein eines der wichtigsten Soft Skills, die eine gute Führungspersönlichkeit unbedingt benötigt. Stehen Sie zu den Fehlern und nehmen Sie kritische Bemerkungen an. Nutzen Sie dies um eventuelle nachfolgende Fehler verbessern zu können und Mitarbeiter zu schulen.

10. Bereitschaft Probleme zu lösen

An jedem Arbeitsplatz kommen ab und an Konflikte auf. Wo mehrere Menschen zusammenarbeiten, kann es auch mal vorkommen, dass Unstimmigkeiten oder andere Probleme das gute Betriebsklima stören.

Als leitender Angestellter sind Sie in der Pflicht, das Betriebsklima wieder herzustellen und die Probleme innerhalb der Abteilung zu lösen. Durch Kommunikation und Verständnis kann man Probleme innerhalb des Teams meist schnell wieder lösen und eine neues Basis für eine gute Zusammenarbeit schaffen.

Zeigen Sie Bereitschaft Probleme lösen zu wollen und sorgen Sie somit für eine gute und vertrauensvolle Zusammenarbeit.

11. Kooperationsbereitschaft

Lassen Sie sich auf eine Zusammenarbeit mit anderen Teams oder Abteilungen aus dem Unternehmen ein und bieten Sie Möglichkeiten sich untereinander austauschen zu können. Besonders in großen Unternehmen ist es für eine erfolgreiche Firmenpolitik unabdingbar, miteinander zu kommunizieren und zu interagieren. Zeigen Sie sich bereit, mit anderen führenden Angestellten zu arbeiten und sorgen Sie für eine optimale Zusammenarbeit mit anderen Mitarbeitern des Hauses. Nur wer Hand in Hand zusammenarbeitet, kann ein zufriedenstellendes Ergebnis erlangen.

Überzeugen Sie Ihre Führungsetage und die Kollegen durch Ihr empathisches Auftreten und sorgen Sie so zu einer guten Basis für eine vertrauensvolle Arbeitsgrundlage.

12. Emotionale Intelligenz

Wenn man über die klassischen Soft Skills spricht, fällt neuerdings immer wieder der begriff „Emotionale Intelligenz". Diese Eigenschaft wird nun immer häufiger von Personalern in der Führungsebene erwartet. Neben den bekannten sozialen Kompetenzen wie Durchsetzungsvermögen, Kooperationsbereitschaft und Leistungsbereitschaft ist die emotionale Intelligenz eine Eigenschaft, auf die Personalchefs immer häufiger Wert legen.

In diesem Ratgeber wird später noch ganz genau auf die Emotionale Intelligenz eingegangen.

Wie können Sie Soft Skills bei einem Bewerbungsgespräch beweisen?

Während Sie die Hard Skills, Ihre fachlichen Kompetenzen in einen Bewerbungsgespräch ganz einfach durch Dokumente und Auszeichnungen belegen können, scheint es manchen Bewerbern schwer, die sozialen Fähigkeiten während des Vorstellungsgesprächs darzulegen.

Wenn Sie es schaffen, ihre persönlichen Eigenschaften in dem Gespräch mit dem Personalchef zu beweisen, können Sie sich schnell von anderen Mitbewerben hervorheben und haben die besten Chancen schon bald selbst in leitender Position beschäftigt zu werden.

Wie kann ich beweisen, dass ich Teamfähig bin?

Dass Sie ein Mensch sind, der sich in einem Team unterordnen kann und nicht als Single Player zum Ziel kommen möchte, sollten Sie diese Eigenschaft unbedingt in einem Bewerbungsgespräch anbringen.

Beispielsweise könnten Sie Aussagen tätigen wie zum Beispiel diese:

„Meine Informationen teile ich gerne mit meinen Kollegen, damit wir alle auf dem gleichen Kenntnisstand sind.“

oder:

„Nur als Team können wir Projekte meistern. Jeder Kollege hat innerhalb des Teams eine wichtige Aufgabe, die zu einem großen Ganzen führt.“

Auch gern im Bewerbungsgespräch gehört:

„Auch wenn wir einmal nicht gleicher Meinung sind, möchte ich mich mit den Gedanken meiner Kollegen auseinander setzen und versuchen zu verstehen, wie man gemeinsam einen Lösungsansatz finden kann“.

Machen Sie dem Personalchef deutlich, dass Sie ein Mensch sind, der sich in einem Team wohl fühlt, der gerne mit anderen Menschen arbeitet. Ein erfahrener Personalchef erkennt an Aussagen wie die in den Beispielen vorgestellten, dass Sie ein teamfähiger Mitarbeiter sind.

Kritikfähigkeit

Nur wer reflektiert ist, kann Kritik hinnehmen und sie in einen neuen Lösungsansatz umsetzen. Aber wie zeigen Sie in einem Vorstellungsgespräch, dass Sie fähig sind, Kritik hinzunehmen und aus ihr zu lernen?

Zeigen Sie sich von Ihrer diplomatischen Seite:

„Auch wenn meine Kollegen mal völlig anderer Meinung sein, kann ich damit umgehen und möchte auch die neuen Ideen meiner Mitarbeiter kennenlernen.“

„Auseinandersetzungen bei der Arbeit sind kein Problem für mich, ich reflektiere die Situation und nehme die Kritik nicht persönlich.“

„Kritik nehme ich hin und möchte mich durch die neuen Erkenntnisse verbessern.“

Emotionale Intelligenz

Wie kann man in einem Bewerbungsgespräch zeigen, dass man diese wichtige Soft Skill für sich verinnerlicht und angenommen hat?

Dass Sie empathisch sind und ein offenes Wesen besitzen, lässt sich von erfahrenen Personalern schnell erkennen. Aber um auf Nummer Sicher zu gehen, können Sie auch diese Sätze zur passenden Zeit fallen lassen.

„Mitarbeiter kommen gerne zu mir um ihre Anliegen mit mir zu besprechen. Gemeinsam finden wir dann eine Lösung, die für alle annehmbar ist."

oder auch diese Aussage zeigt, dass Sie emotional intelligent sind:

„Wenn ein Mitarbeiter sich plötzlich völlig anders verhält, fällt es mir nicht schwer, zu erkennen woran das liegt".

Wichtig ist, dass Sie sich beim Gespräch um eine leitende Position nicht verbiegen, sondern natürlich und authentisch auftreten.

Auch wenn Sie dem Chef gefallen wollen, reden Sie ihm oder ihr nicht nach dem Mund, sondern zeigen Sie Selbstbewusstsein und Authentizität.

Kann ich meine Soft Skills verbessern?

Die Persönlichkeit eines Menschen ist niemals in Stein gemeißelt. Wir können zu jeder Zeit in unserem Leben lernen und uns verbessern. Nicht nur kognitive Fähigkeiten, sondern auch soziale Kompetenzen lassen sich durch einfache Übungen im Alltag verbessern, sodass Sie diese schon bald zu Ihren besten Fähigkeiten zählen können.

In praktischen Beispielen wird Ihnen nun aufgezeigt, wie Sie Ihre sozialen Fähigkeiten deutlich verbessern können:

Kommunikation:
Nutzen Sie jede Möglichkeit zur Kommunikation, um sicherer im Umgang mit Sprache und Auftreten zu werden. Versuchen Sie auch im Telefongespräch ein Lächeln auszusetzen. Es ist von Wissenschaftlern bewiesen worden, dass ein Lächeln die Stimme verändern kann, was sich auch beim

Gesprächspartner am anderen Ende der Leitung zeigt.

Wie Sie im Alltag Ihre Kommunikationsfähigkeit verbessern können

- Nutzen sie jede Möglichkeit für einen Smalltalk
- Treten Sie Ihrem Gesprächspartner stets freundlich gegenüber, wer lächelt sorgt dafür, dass sich auf das Gegenüber besser fühlt, das Gespräch beginnt direkt positiv
- Nehmen Sie an einem Rhetorikkurs teil. Hier lernen Sie nicht nur sich in Gesprächen zu behaupten, sondern auch, wie Sie vor einer Gruppe von Menschen sprechen. Hier lernen Sie auch, verschiedene Informationen so zu verpacken, dass Sie bei Ihrem Gesprächspartner nicht als negativer Aspekt aufgenommen wird.

Für alle leitenden Angestellten lohnt sich der Besuch eines Rhetorik Kurses.

Repräsentation:

Sich selbst von der besten Seite zeigen. Als unverzichtbarer Mitarbeiter geschätzt werden. Wer weiß, wie er sich am besten repräsentieren kann, der hat einen großen Vorteil seinen anderen Mitarbeitern gegenüber. Aber wie kann ich mich am besten repräsentieren und so berufliche Vorteile daraus erzielen?

Individualität zeigen

Wer sich von der Masse abheben will, muss zeigen, dass er etwas Besonderes ist. Alle Mitarbeiter kommen im grauen Anzug ins Büro? Damit man Sie als repräsentativ wahrnimmt, lassen Sie sich nicht von der grauen Masse verschlucken.

Setzen Sie auf ganz persönliche und individuelle Erkennungsmerkmale, die Ihren ganz eigenen Stil zeigen. Wie wäre es mit einer extravaganten Brille, oder der lustigen Krawatte.

Sympathisch bleiben

Stellen Sie sich nicht als Griesgram dar, sondern gehen Sie offen und freundlich auf Ihre Kollegen zu. So zeigen Sie nicht nur eine menschliche und somit sympathische Seite, sondern können auch beweisen, dass Sie für alle Kollegen offen sind und sich Ihnen nicht trotz der leitenden Position als übergeordnet sehen.

Versuchen Sie auch private Schwierigkeiten nicht ins Büro mitzunehmen und nehmen Sie jeden Tag als eine neue Chance, Ihrem Unternehmen zu mehr Erfolg zu verhelfen.

Durchsetzungsvermögen

Wenn Sie in einer leitenden Position angestellt sind, müssen Sie zeigen können, dass Sie sich gegebenenfalls bei Ihrer Abteilung durchsetzen können. Wie können Sie diese wichtige Fähigkeit verbessern?

Klare Sprache verwenden

Reden Sie in wichtigen Gesprächen nicht um den heißen Brei herum, sondern zählen Sie Informationen und Fakten auf. Argumentieren Sie konkret, damit keine Missverständnisse auftreten können.

Treten Sie selbstsicher auf

Wer sich gegenüber Vorgesetzten oder Angestellten durchsetzen möchte, der muss selbstbewusst auftreten. Setzen Sie sich beim Meeting nicht in die hinterste Ecke, sondern bleiben Sie präsent.

Mehr Durchsetzungsvermögen durch Körperhaltung

Wissenschaftler konnten längst beweisen, dass die richtige Körperhaltung sehr viel mit dem Auftreten zu tun hat. Damit Sie als leitender Angestellter auch respektiert werden und sich so besser durchsetzen können, halten Sie eine gerade Körperhaltung ein. Schultern nach vorne und das Kreuz durchgedrückt, so kommen Sie auch optisch als energischer Angestellter zur Geltung und zeigen, dass Sie kein graues Mäuschen in der Rückszugsposition sind.

Behalten Sie Entscheidungen ein

Um sich durchsetzen zu können, ist es von enormer Wichtigkeit, dass Sie hinter Ihren Entscheidungen stehen. Wer sich durchsetzen will, muss von seinen Entscheidungen überzeugt sein und sich nicht immer wieder von anderen Meinungen verunsichern lassen.

Eigeninitiative

Dieses Soft Skill lässt sich ganz einfach verbessern.

-Nutzen Sie viele verschiedene Möglichkeiten um sich auch außerhalb des Büroalltags zu engagieren. Werden Sie aktiv, anstatt immer nur Aufgaben zugewiesen zu bekommen.

-Zeigen Sie sich auch im privaten Bereich engagiert und initiativ. Wenn es die Zeit erlaubt können Sie diese soziale Eigenschaft aktivieren indem Sie Aufgaben als Freiwilliger übernehmen. Melden Sie sich zum Beispiel als Helfer für das Kindergartenfest Ihres Sohnes oder melden Sie sich als Vorbild für den Karrieretag an der Schule Ihrer Tochter.

Werden Sie ehrenamtlich tätig

Ehrenämter bekommen immer mehr Aufmerksamkeit und werden sogar von Chefs befürwortet und können steuerlich absetzbar sein.

Wer sich zum Beispiel in der kirchlichen Gemeinde oder in der Politik nützlich macht, zeigt so auch im beruflichen Umfeld, dass er ein Macher ist, der Eigeninitiative zeigt und bereit ist, auch nach dem Feierabend etwas wertvolles zu leisten.

Ehrenämter machen sich auch im Bewerbungsgespräch immer gut, wenn dieses Amt keine Arbeitszeit in Anspruch nimmt.

Einsatzbereitschaft

Im Büro sind während einer Grippewelle viele Aufgaben liegen geblieben? Als leitender Angestellter sollten Sie nicht nur über den wichtigen Aufgaben liegen bleiben, sondern auch zeigen, dass Sie bereit sind, auch im Notfall einmal mit anzupacken.

So können Sie diese soziale Kompetenz stärken:

- Helfen wo Not am Mann ist. Sehen Sie wenn Ihre Angestellten Hilfe benötigen und seien Sie schon an Ort und Stelle, bevor das Problem ausartet.

- Pünktlichkeit zeigt Einsatz. Normalerweise sollte man voraussetzen dürfen, dass jeder Arbeitnehmer pünktlich im Büro erscheint. Doch häufig ist dies nicht der Fall. Wenn Sie sich von Ihren Kollegen abheben wollen, sollten Sie Einsatz zeigen, indem Sie frühzeitig, niemals zu spät und nicht auf die letzte Minute im Büro erscheinen.

- Der letzte macht das Licht aus. Wenn Sie sich dazu entschließen, Ihre Soft Skills zu verbessern, dann zeigen Sie Ihre Einsatzbereitschaft in dem Sie auch mal länger als andere Mitarbeiter im Büro bleiben. Wer zeigt, dass er gerne länger für die Firma tätig ist, verbessert nicht nur seinen eigenen Einsatz, sondern wirkt auch dem Team entgegen, indem er für den kommenden Tag schon mal vorarbeitet.

- Entscheidungsfähigkeit .Täglich treffen wir mehrere Hundert Entscheidungen - viele davon ganz unbewusst. Sollte man da noch diese Fähigkeit speziell trainieren? Ja, denn während wir nichtige Entscheidungen in sekundenschnelle erleben, können uns wichtige Entscheidungen, die eine große Wirkung für die Zukunft haben, schnell den Schlaf rauben.

- Üben Sie täglich, bewusst zu entscheiden. Fisch oder Fleisch zum Mittag, welche Schuhe zum Anzug, was wir oft unbewusst entscheiden, sollte zum trainieren der Soft skills nun mehr und mehr in den Fokus rücken. Nehmen Sie Entscheidungen, und seien sie noch so klein, bewusst wahr. Versuchen Sie, dabei nicht zu lange zu grübeln, sondern entscheiden Sie sich zügig.

- Stehen Sie Ihren Entscheidungen. Das Problem, sich nicht entscheiden zu können, bringt meist eine weitere Eigenschaft mit sich: Viele denken zu lange über bereits getroffene Entscheidungen nach: War es richtig, dass ich mich so entschieden habe? Was, wenn ich mich anders entschieden hätte? Stehen Sie zu Ihren Entscheidungen, auch wenn sich später zeigt, dass die andere Variante besser für Sie ausgefallen wäre. Wer Entscheidungen fällt, muss auch konsequent sein und hinter ihnen stehen. Wer sich dieser Sache bewusst ist, und nicht immer grübelt „Was wäre wenn.....", der kann schneller und klarer Entscheidungen fällen.

Teamfähigkeit

Sind Sie bislang eher ein Einzelgänger, der für sich arbeiten muss um ein guter Ergebnis zu erzielen?

Diese Fähigkeit wird nicht gern im Berufsleben gesehen, denn die Arbeit im Team ist nachweislich erfolgreicher als die Einzelarbeit einer Person. Wie kann man also vom Single Player zum Teammitglied werden?

Arbeiten Sie öfter in der Gruppe

Nutzen Sie die Möglichkeit, öfter gemeinsam mit Mitarbeiten an einem Projekt arbeiten zu können. Lernen Sie von den Erfahrungen der Anderen und sehen Sie neue Möglichkeiten durch die Ideen der Mitarbeiter.

Beim gemeinsamen Brainstorming kann jeder seinen Beitrag leisten und zu einem großen Erfolg beitragen.

Üben Sie Kritik in Etwas Positives umzuwandeln

Wer die Kritik von seinen Kollegen persönlich nimmt und darauf mit negativen Gefühlen reagiert, der zeigt eindeutig, dass er nicht Teamfähig ist.

Wo mehrere Arbeitnehmer an einer Sache arbeiten, kommen oft Meinungsverschiedenheiten auf, die die Arbeit des Teams auch stören können.

Damit Sie diese Kompetenz stärken und besser im Team arbeiten können, müssen Sie lernen, Kritik in eine positive Energie umzuwandeln.

Wenn ein Kollege während der Teamarbeit Kritik an Ihnen übt, dürfen Sie sich zunächst nicht davon verunsichern lassen. Es geht hier ausschließlich um die fachliche Auseinandersetzung , nicht um persönliche Dinge.

Hören Sie Ihrem Kollegen genau zu um zu verstehen was er an Ihrer Arbeit bemängelt.

Schreiben Sie die Kritikpunkte nieder und versuchen Sie später, diese Kritik als eine Chance der Verbesserung anzuerkennen. Andere sehen schnell die Fehler, während wir oft betriebsblind an alten Arbeitsweisen hängen bleiben.

Wer die Kritik von Kollegen nicht emotional nimmt und aus dieser lernt, der zeigt, dass er ein echter Teamplayer sein kann.

Verantwortungsgefühl

Wer in einer leitenden Position ist, der muss Verantwortung übernehmen können.

Fehlt es Ihnen an diesem Soft Skill, wird es eng auf der Karriereleiter.

Tragen Sie die Verantwortung

Ein Angestellter aus Ihrer Abteilung hat einen schweren Fehler gemacht. Als

Leiter der Abteilung müssen Sie die Konsequenzen ziehen und die Verantwortung übernehmen. Schieben Sie hier nicht die Schuld auf Ihren Mitarbeiter, sondern stehen Sie gerade für den Fehler, der unter Ihrer Obhut lag.

Tragen Sie die Verantwortung

Ein Angestellter aus Ihrer Abteilung hat einen schweren Fehler gemacht. Als Leiter der Abteilung müssen Sie die Konsequenzen ziehen und die Verantwortung übernehmen. Schieben Sie hier nicht die Schuld auf Ihren Mitarbeiter, sondern stehen Sie gerade für den Fehler, der unter Ihrer Obhut lag.

Wagen Sie Neues

Wir machen das jetzt so, egal was der Chef sagt. Auch als leitender Mitarbeiter haben Sie Aufgaben von oben zu erfüllen. Wenn Sie der Meinung sind, mit einer anderen Herangehensweise besser arbeiten zu können, dürfen Sie das sicherlich auch mal in Ihrer Abteilung testen. Wenn aber etwas schief geht, müssen Sie sich der Verantwortung stellen und dem Chef Rede und Antwort stellen.

Wer trotz eines Fehlers selbstbewusst bleibt und zugibt, dass seine Sichtweise nicht die Richtige war, der zeigt, dass er sich seiner Verantwortung bewusst ist und diese auch einhält.

Bereitschaft zur Problemlösung

Wo viele Menschen aufeinander treffen, kommt es zwangsläufig auch mal zu Differenzen. Aber nicht nur die menschlichen Probleme untereinander, vor allem die Schwierigkeiten an Aufgaben heranzugehen oder die Frage, wer zur bevorstehenden Schulung fährt, all solche Kleinigkeiten können zu Problemen werden, die Sie als leitender Angestellter bewältigen müssen.

Damit es Ihnen bald leichter fällt, schnell eine Lösung für bestehende Probleme zu finden, können Sie dieses Soft skill im Alltag trainieren.

Erkennen Sie das Problem schnell

Oft bahnen sich Probleme über einen bestimmten Zeitraum an, in den meisten Fällen entstehen Sie nicht plötzlich.

Um Probleme besser lösen zu können, müssen Sie das Problem schnell erkennen um es im Keim ersticken zu können.

Achten Sie immer wieder in Ihrer Abteilung auf das Agieren der Mitarbeiter untereinander. Wie hoch ist hier das Konfliktpotenzial, können fachliche oder menschliche Probleme entstehen?

Wer genau hinschaut, kann Potenzial für Reibungen schnell erkennen und diese durch taktische Methoden einfach lösen, bevor Sie entstehen.

Achten Sie auf das Bauchgefühl

Sie stehen vor einem Problem und haben keine Ahnung wie Sie dieses Problem lösen sollen?

Gehen Sie einmal tief in sich und hören auf das Bauchgefühl. Menschen mit einem besonders höhen Emotionalen Quotient können dieses Gefühl schnell und effektiv umwandeln und ein Problem effizient lösen. Überlegen Sie also nicht lange und lösen Sie die Probleme nach Ihrem Gefühl.

Nutzen Sie Erfahrungen

Es gibt Probleme, die innerhalb einer Abteilung immer wieder auftauchen. Ein guter Tipp um seine Fähigkeit zur Problemlösung zu trainieren ist dieser:

Halten Sie sich an Erfahrungen. Ein Problem taucht auf, weil ein neues Arbeitskonzept ausprobiert wurde? Dann arbeiten Sie einfach mit alten Arbeitsprozessen weiter.

Als leitender Angestellter mit Erfahrung haben Sie sicher einen breiten Schatz an unterschiedlichen Arbeitsweisen, die sich schon lange in der Praxis bewährt haben. Es müssen nicht immer unbedingt neue Prozesse angegangen werden, wenn alte Arbeitsweisen sich etabliert haben. Viele Probleme können gelöst werden, indem man alte Erkenntnisse nutzt und diese umsetzt.

Bereitschaft mit anderen zu kooperieren

Kooperationsbereitschaft ist eine soziale Stärke, die gerade bei leitenden Mitarbeitern gerne gesehen wird. Wenn Sie eine Abteilung leiten, werden Sie feststellen, dass es auch außerhalb Ihrer kleinen, eigenen Welt Abteilungen gibt, die ebenfalls nach einem Erfolg für das Unternehmen streben. Wieso also nicht einmal gemeinsam arbeiten?

Auch wenn das nicht unbedingt Ihr „Ding“ ist, in der Chefetage wird man es gern sehen, wenn Sie gemeinsam ein optimales Ergebnis erzielen konnten.

Bleiben Sie offen für andere Abteilungen

Abteilung A arbeitet an einem Projekt, mit dem Abteilung B schon einmal Erfahrungen sammeln konnte. Wieso sollte man also nicht die Erfahrungswerte der fremden Abteilung nutzen um ein perfektes Ergebnis für das Projekt zu erzielen. zeigen Sie sich bereit, erfahrene Angestellte aus der anderen Abteilung in die Ihre zu holen, damit Sie ein kooperatives Arbeitsergebnis vorweisen können.

Wer sich immer wieder austauscht und bereit ist, eigene Kenntnisse auch anderen zur Verfügung zu stellen, der zeigt, dass er Kooperationsvermögen besitzt.

Kompetenzen nutzen

Der Abteilungsleiter einer anderen Abteilung kennt sich mit einer bevorstehenden Aufgabe aufgrund langjähriger Erfahrung viel besser aus als Sie. Zeigen Sie, dass Sie seinen Erfahrungsschatz schätzen und fragen Sie ihn nach seiner Meinung für Ihr bevorstehendes Projekt. Nutzen Sie die Möglichkeit mit einem Kollegen zusammenzuarbeiten und zeigen Sie, dass Sie die gemeinsame Arbeit als sehr wertvoll empfinden.

Nehmen Sie konstruktive Vorschläge und Hinweise dankend an und wertschätzen Sie die Stärke des Kollegen. Abteilungsübergreifendes Arbeiten kann nur eine Bereicherung für das Unternehmen sein, wenn alle Mitarbeiter offen und kommunikativ miteinander und nicht gegeneinander arbeiten.

Emotionale Intelligenz

Emotionale Intelligenz lässt sich auf unterschiedlichen Ebenen trainieren. Im nächsten Kapitel kommen wir einmal auf das große Thema Emotionale Intelligenz zurück und zeigen Wege, wie Sie als erfolgreiche Führungskraft

Ihre ganz persönlichen Kompetenzen einbringen können.

EMOTIONALE INTELLIGENZ

Wie auch Sie zu einer erfolgreichen Führungskraft durch ein besseres Verständnis für Gefühle werden

IN DIESEM KAPITEL ERFAHREN Sie, was emotionale Intelligenz genau ist, wie Sie die eigenen emotionalen Fähigkeiten optimieren können und wie Sie dadurch zu einem herausragenden Führungsangestellten werden.

Was versteht man unter Emotionaler Intelligenz?

Der Begriff wurde erstmals durch die Psychologen John D. Mayer von der Universität New Hampshire sowie Peter Salovey (Yale University) geprägt. Im Jahre 1990 konnten die beiden Neurowissenschaftler erstmals belegen, dass es eine emotionale Intelligenz gibt, die unser ganzes Wesen beeinflussen kann.

Aus welchen Ansätzen wurde die emotionale Intelligenz gewonnen?

Die US amerikanischen Psychologen Mayer und Salovey forschten erstmals Ende der 80er Jahre auf dem Gebiet der Intelligenz. Sie stützten sich bei ihren Untersuchungen auf die Forschungen des Erziehungswissenschaftlers Howard Gardner, der in seiner Theorie beschrieb, dass es im Menschen eine multiple Intelligenz geben muss. Er veröffentlichte seine Theorie und zeigte so erstmalig auf, dass der Intellekt eines Menschen nicht nur durch sein Intelligenzquotienten messbar sein, vielmehr, so Howard Gardner, spielen unterschiedliche Faktoren zusammen, die sich nicht nur durch allgemeine Fragen in einem Intelligenztest messen lassen.

Während der Erziehungswissenschaftler Gardner in seiner Theorie überwiegend Intelligenzen feststellte, die zur Problemlösung helfen können, forschten die amerikanischen Psychologen Saloway und Mayer weiter und präsentierten dann im Jahre 1990 ihre Entdeckungen zur emotionalen

Intelligenz.

Nach den ersten Erkenntnissen der US Forscher wurde das Thema von weiteren unterschiedlichen Wissenschaftlern betrachtet und stellt heute ein umfangreiches Wissen über die emotionale Intelligenz dar.

Die emotionale Intelligenz wird, basierend auf dem zugrunde liegenden Intelligenzquotienten gestützt. Besitzt ein Mensch einen hohen emotionalen Quotienten, wo wird er im Beruf herausragende Leistungen erzielen können.

Nach neuesten Erkenntnissen kann man heute die emotionale Intelligenz beim Menschen mit einem Test feststellen. Dieser erfolgt, ähnlich wie bei einem normalen IQ-Test auch auf unterschiedlichen Fragen hinsichtlich der eigenen Gefühle, sowie der Interpretation von Gefühlen anderer.

Hat jeder Mensch emotionale Intelligenz?

Wissenschaftler sind sich einig, dass Kindern ein gewisser Anteil emotionaler Intelligenz angeboren wird. Jedoch wissen wir, dass Kinder zunächst noch ihre Gefühle außerhalb des Mutterleibs kennenlernen müssen. Die unterschiedlichen Emotionen sind Kindern fremd, sie können aber auch als Kind bereits lernen, mit ihren Gefühlen umzugehen.

Emotionale Intelligenz kann in jedem Alter erlernt werden. Anders als der normale Intelligenzquotient, der bis zu einem Alter von etwa 20 erlernt werden kann, kann man mit einfachen Tricks, die später auch in diesem Ratgeber vorgestellt werden, seine emotionalen Fähigkeiten verbessern und so seine emotionale Intelligenz steigern.

Was ist nun unter emotionaler Intelligenz zu verstehen?

Prinzipiell kann man die Emotionale Intelligenz in drei unterschiedliche Teilbereiche gliedern, die unseren EQ ausmachen:

1. Gefühle wahrnehmen

Emotionale Intelligenz ist die Fähigkeit, die eigenen Gefühle wahrnehmen zu können.

Manchmal wachen wir morgens auf und sind sprichwörtlich mit dem falschen Fuß aufgestanden. Unsere Laune ist im Keller, der Partner oder die

Partnerin treten uns auch genervt gegenüber und im Büro können wir auch keine gute Laune bekommen.

Wir sind schlecht gelaunt und nehmen das einfach so hin.

Der erste Teil der emotionalen Intelligenz stellt die Wahrnehmung der Emotionen dar.

Sicher merken wir an manchen Tagen, dass wir uns weniger optimistisch und fröhlich geben als an anderen, an guten Tagen.

Wichtig ist, dass wir in uns hineinhorchen und unsere Gefühle wahr nehmen. Welche Emotionen sind gerade in mir verankert? Bin ich sauer oder traurig, fühle ich mich heute wütend oder enttäuscht, bin ich glücklich oder aufgeregt.

Horchen Sie jeden Tag bewusst in sich hinein und spüren Sie die einzelnen Emotionen, die sie gerade durchleben.

Nur wer weiß, wie er seine Gefühle intensiv erleben kann, kann auch den zweiten Teil der emotionalen Intelligenz für sich nutzen, denn die Gefühle, die Sie gerade durchleben, können mit einfachen Tricks verändert werden.

2.Verändern Sie Ihre Gefühle

Schon am Morgen schlecht gelaunt sein, ist keine gute Basis für einen erfolgreichen Tag. Wenn Sie von sich sagen, dass sie emotional intelligent sind, dann können Sie die negativen Gefühle auch in ein positives Gefühl verändern. Als Beispiel: Sie kommen morgens übellaunig ins Büro. Ihre Angestellten erkennen die von Ihnen dargestellten Emotionen sofort. Die schlechte Laune überträgt sich durch Ihre Mimik und Gestik schnell auch auf die Angestellten. Schlecht gelaunt kann keine gute Leistung erbracht werden, der Tag ist kontraproduktiv.

Besser wäre es so:

Sie merken schon Zuhause am Frühstückstisch, dass Ihre Laune heute nicht die Beste ist. Durch Gespräche mit Ihrer Partnerin oder den Kindern versuchen Sie, Ihre Laune zu verbessern und die negativen Gefühle zu verringern.

Im Büro kommen sie mit einem Lächeln an und begrüßen Ihre Angestellten freundlich.

Diese erfreuen sich an der guten Laune des direkten Vorgesetzten, gehen munter und motiviert an die Arbeit und erbringen an diesem Tag eine gute Leistung.

Wo liegt jetzt der Unterschied?

Sie haben im zweiten Beispiel Ihre negativen Gefühle zwar intensiv wahr nehmen können, haben aber auch direkt die Möglichkeit genutzt, diese Gefühle in positive Emotionen umzuwandeln.

Dies übertrug sich dann auch auf Ihre Abteilung, die leistungsfähig und positiv gestimmt arbeiten konnte.

Mit einigen Beispielen werden Sie nachher lesen können, wie Sie erfolgreich negative Emotionen umwandeln können.

3. Gefühle anderer Menschen erkennen und deren Emotionen beeinflussen

Empathie ist hier das große Thema, dass ebenfalls einen großen Teil der emotionalen Intelligenz ausmacht.

Sich in seine Mitmenschen hineinversetzen ist eine der größten Herausforderungen in der freien Marktwirtschaft. Schon der kleine Kaufmann-Azubi lernt, wie er die Bedürfnisse seines Kunden erkennen, und diese gewinnbringend einsetzen kann.

Wer es schafft, sich in die Lage eines anderen Menschen hineinzuversetzen, kann diese Erkenntnisse für seinen Zweck erfolgreich nutzen.

Auch für Sie als leitenden Angestellten ist es von großer Wichtigkeit, sich in die Gefühlswelt der Kollegen hineinzuversetzen.

Sehen Sie den Kollegen ohne jegliche Vorurteile und seien Sie offen für sein Wesen. Versuchen Sie etwas über ihn oder sie herauszufinden und fühlen Sie sich in den Mitarbeiter hinein. Warum hat er so und nicht anders gehandelt? Welche Ziele verfolgt er, wie wichtig ist ihm die Arbeit im Team?

Wer seine Angestellten kennt, der kann es auch schaffen, empathisch auf die Kollegen zuzugehen.

Versetzen Sie sich einmal in die Lage des Mitarbeiters und erfahren Sie, welche Gefühle er verspürt. Können Sie die Gefühlswelt erkennen, können Sie auch dafür sorgen, dass er beim nächsten Mal positiver an die Sache herangeht.

Sie können diesen Menschen durch ihre empathische Haltung beeinflussen und so für eine enorme Leistungssteigerung sorgen.

Warum ist die emotionale Intelligenz so wichtig?

Sie haben hervorragende Zeugnisse und können auch beweisen, dass Sie verschiedene Soft skills verinnerlicht haben?

Worauf es, gerade in der Führungsetage ankommt, ist die emotionale Intelligenz.

Wer einen hohen EQ vorweisen kann, der ist nicht nur im beruflichen Umfeld eine gefragte Person, sondern kann sich auch in privaten und sogar im gesundheitlichen Bereich erfreuen. Es konnte bewiesen werden, dass Führungspersonen mit einem hohen Emotionalen Quotienten 85% mehr Erfolg haben als ihre Kollegen, die einen niedrigen EQ besitzen.

Wie wir vorhin schon erkannt haben, bedeutet emotionale Intelligenz, die Fähigkeit, unsere eigenen Wahrnehmen zu können und diese positiv zu beeinflussen.

Dies hat nicht nur erstaunliche Auswirkungen auf unsere eigene Leistung, sondern kann auch helfen, uns unseren Angestellten gegenüber anders zu zeigen. Wenn wir unsere Gefühle dahingehend beeinflussen, das wir uns erfolgreich, motivierend und positiv fühlen, können wir das auch auf unser Team übertragen und so für eine erstaunliche Leistungssteigerung sorgen.

Menschen mit einer hohen emotionalen Intelligenz sind:

Vertrauenswürdig:

Man weiß, dass man Ihnen vertrauen kann und Sie dringliche Informationen nicht an andere Mitarbeiter weitergeben werden. Sie werden von Ihrem obersten Vorgesetzten für Ihre vertrauenswürdige Art geschätzt und sind ein guter Mitarbeiter, der Interna nicht nach Außen trägt.

Ehrlich:

Sie reden nicht um den heißen Brei herum und kommen klar zur Sache. Ehrlichkeit ist Ihnen als Menschen mit einem hohen Wert an emotionaler Intelligenz sehr wichtig und für Sie im privaten und beruflichen Umfeld von großer Bedeutung.

Verantwortungsvoll:

Sie können die Verantwortung für Ihre Abteilung übernehmen, zeigen sich aber auch im privaten Umfeld verantwortlich und stehen zu Ihren Tätigkeiten.

Offen für Veränderungen:

Eine Person mit einem hohen Wert emotionaler Intelligenz ist stets bereit, sich neuen Herausforderungen zu stellen. Auch wenn Sie bereits viele Jahrzehnte in Ihrem Unternehmen tätig sind, scheuen Sie sich nicht neue Methoden, neue Möglichkeit und interessante Innovationen auszuprobieren. Auch ist es für einen Menschen mit emotionaler Intelligenz eine schöne Möglichkeit, sich einem neuen Tätigkeitsfeld zu widmen, denn eine solche Person lernt gerne immer wieder neues dazu und zeigt sich interessiert an vielen neuen Dingen.

Offen für Kritik:

Für Sie als Führungskraft mit hoher emotionaler Intelligenz ist Kritik kein negativer Aspekt. Sie nehmen gerne konstruktive Kritik an und nutzen dies als Chance, Ihre Arbeit zu verbessern und die eigenen Fähigkeiten zu optimieren.

Realistisch:

Das schwierige Projekt bis Ende der Woche abzuschließen ist schier unmöglich. Dies können Sie auch Ihrem Team vermitteln indem Sie mit realistischem Blick auf die bevorstehende Aufgabe schauen. Lassen Sie sich nicht verunsichern, sondern bleiben Sie realistisch und fordern Sie von Ihren Mitarbeitern keine Zaubereien.

Realismus ist kein negativer Aspekt, sondern hilft, Ihre Arbeit ordentlich und akkurat bewältigen zu können.

Vereinen, nicht entzweien

Als Teamchef haben Sie die Aufgabe, Ihr Team zusammenzuhalten. Sicherlich kommt es im Prozess der täglichen Arbeit auch mal zu Meinungsverschiedenheiten. Ihre Aufgabe ist es, Differenzen zu schlichten, beiden Parteien Wege aufzuzeigen um wieder eine vertrauensvolle Basis für die weitere erfolgreiche Zusammenarbeit zu finden und aus der Diskussion gestärkt hervorzugehen.

Sie dürfen nicht parteiisch sein, das würde nur Missstimmung in Ihre Abteilung bringen. Entdecken Sie die Wurzel des Problems und versuchen Sie einen neutralen Neubeginn für die Mitarbeiter zu finden.

Denken nach

Menschen mit einem hohen emotionalen Quotienten denken viel nach. Sie sind jedoch nicht grüblerisch und denken an das Vergangene, sondern überlegen sich Strategien für die Zukunft. Diese Menschen sind für die Führungsetage wie geschaffen, denn Sie sehen Perspektiven schon vor dem eigentlichen Ziel. Durch die emotionale Intelligenz können so schon frühzeitig Wege geebnet werden, die ein sicheres und schnelles Erreichen des Ziels ermöglichen.

Effizient

Ein effizientes Arbeiten ist für Mitarbeiter mit einer hohen emotionalen Intelligenz eine Selbstverständlichkeit. Sie wollen schnell und sicher Erfolge erzielen um sich und das Unternehmen voran bringen zu können.

Ohne Umschweife finden Sie ihr Ziel und können so gute Ergebnisse erzielen.

Treu

Eine gute Beziehung ist für einen Menschen mit einem hohen emotionalen Quotienten von großer Wichtigkeit. Nicht nur im privaten Bereich, sondern auch im Berufsleben zielen solche Menschen eher auf eine langfristige Beziehung.

Ein Mitarbeiter mit einem hohen EQ möchte dem Unternehmen treu sein, es mit seiner Hilfe weiter bringen und erfolgreich machen. Die Treue zu seinem Unternehmen und der Zusammenhalt innerhalb der Abteilung sind ihm sehr wichtig.

Eine stabile Beziehung ist daher die beste Basis für eine erfolgreiche Zusammenarbeit.

Rücksichtsvoll

Nicht nur den eigenen Weg gehen, sich auch um die Belange der Mitarbeiter kümmern und gemeinsam zu einem Ziel kommen, dass ist dem emotional intelligenten Führungsmitarbeiter wichtig.

In seinem Sinne ist es, wenn man Rücksicht auf sein Umfeld gibt, wenn ein Mitarbeiter mit einem Problem zu ihm kommt, möchte er möglichst sensibel auf dieses Problem eingehen um eine gute Basis mit seinem Angestellten finden zu können.

Als eine rücksichtsvolle Führungskraft kann er bei einem Mitarbeiter auch mal Fünfe gerade sein lassen. Er versteht, wenn seine Arbeitskraft einmal einen Durchhänger hat oder Aufgrund von persönlichen Schwierigkeiten mal eine verminderte Leistung erzielt. Solange dies nicht zum Dauerzustand wird, kann die rücksichtsvolle Führungskraft dank seiner emotionalen Intelligenz mit seinem Team eine verminderte Belastung wahrnehmen.

Integer

Ein Mensch mit einem besonders großen EQ möchte an die Dinge, die er im beruflichen Leben weitergibt, auch für sein privates Umfeld nutzen. Er glaubt an die Dinge, mit denen er arbeitet, er nutzt die Produkte selbst oder erfreut sich an den Maßnahmen für die er zuständig ist.

Er glaubt an sich und seinen Erfolg und versucht alles, um diesen Erfolg erzielen zu können.

Warum hört man erst jetzt von emotionaler Intelligenz?

Während in den USA bereits riesen Geschäfte rund um die emotionale Intelligenz geschehen, findet man die Begriffe „Eq“ und „Emotionale Intelligenz“ erst seit kurzer Zeit in unserem Business Leben. In den vereinigten Staaten finden an fast jedem Wochenende Seminare und Workshops rund um dieses Thema statt, zahllose Ratgeber helfen Menschen in Führungspositionen, ihre emotionalen Skills erfolgreich zu verbessern. Mittlerweile hat man aber auch in der Bundesrepublik erkannt, dass nicht nur berufliche Qualifikationen von Nöten sind, um ein Unternehmen erfolgreich führen zu können.

Auch hierzulande können Sie mittlerweile Seminare zum Thema Emotionale Intelligenz besuchen und sich von erfahrenen Coaches zu mehr emotionaler Intelligenz verhelfen lassen.

Übrigens, das deutsche Traditionsunternehmen Porsche wendet bereits seit geraumer Zeit EQ Tests für ihre Bewerber durch. Hier hat man erkannt, dass es nicht nur auf den Intellekt und den Kenntnisstand des Bewerbers ankommt, sondern auch vielmehr auf soziale und emotionale Kompetenzen.

Nur wer in beiden Bereichen gute Leistungen erbringen kann, hat bei dem in Stuttgart angesiedelten Unternehmen die Chance eine große Karriere zu beginnen.

Was machen Führungskräfte mit einem hohen Wert an emotionaler Intelligenz besser als Andere.

Wie nun bewiesen ist, sind Menschen in einer leitenden Tätigkeit erfolgreicher als diejenigen, die kaum emotionale Intelligenz vorweisen können. Nachweislich sind diese Menschen sogar 85% erfolgreicher als ihre Mitstreiter.

Was also kann man über diese erfolgreichen Menschen sagen, die durch ihre sozialen Fähigkeiten aus der Masse herausstechen und erfolgreich sind?

Mitarbeiter mit einem hohen Wert an emotionaler Intelligenz verfolgen im Berufsleben folgende Ziele und sind somit erfolgreicher:

1. Stimmung

Glückliche Mitarbeiter machen ihr Unternehmen erfolgreich, denn wer positive Gefühle bei der Arbeit hat, der arbeitet effizienter, kann bessere Leistung bringen und freut sich darüber, dass er in einem guten Umfeld tätig sein kann.

Arbeitnehmer, die in einer Abteilung arbeiten, in der sich jeder wohl fühlen kann, sind seltener krank und muten sich auch eine autonome Arbeit zu. Sie entwickeln eigene Ideen und bringen diese gerne an.

2. Positives Arbeitsklima

Es muss nicht immer starr am Tagesablauf festgehalten werden. Eine Büroabteilung ist wie eine eigene kleine Welt. Hier gibt es auch mal zwischenmenschliche Komponenten, die bei einem positiven Arbeitsklima auch Raum finden sollten.

Eine gute Führungskraft unterstützt dieses gute Arbeitsklima durch sein Handeln. Der leitende Mitarbeiter mit einem hohen EQ weiß um die Belange seiner Angestellten, er nimmt an gemeinsamen Feierlichkeiten teil, wenn ein Mitarbeiter Geburtstag hat oder sorgt mit seiner guten Führung für ein angenehmes Arbeitsumfeld für sich und seine Arbeitnehmer.

3. Identifikation mit dem Unternehmen

Eine gute Personalführung sorgt dafür, dass sich das gesamte Team mit dem Unternehmen identifizieren können. Wer sich mit seiner Firma zusammengehörig fühlt, der möchte dem Unternehmen auch automatisch zu mehr Erfolg verhelfen.

Sorgen Sie als gute Führungskraft dafür, dass sich Ihre Mitarbeiter mit dem Unternehmen identifizieren können. Geben Sie der Firma ein Gesicht, dass stellvertretend für Ihre Abteilung steht. Schaffen Sie bei Ihren Angestellten für Verbundenheit und Zugehörigkeit. Ihre Angestellten müssen stolz fühlen, wenn Sie an Ihren Arbeitgeber denken.

Eine Führungsstil der durch emotionale Intelligenz geprägt ist, schafft es, dass sich sein Team eng mit dem Unternehmen verbunden fühlt.

Wie kann man das schaffen?

Den Großteil des Tages verbringen Sie und Ihre Angestellten in den Räumen des Unternehmens. Als leitender Angestellter haben Sie es in der Hand, eine angenehme Atmosphäre schaffen zu können. Binden Sie Ihr Team in die Gestaltung der Räumlichkeiten ein, lassen Sie beim Brainstorming Ideen unterschiedlicher Mitarbeiter Anklang finden, versuchen Sie ein möglichst entspanntes Arbeitsumfeld zu schaffen.

Auszeiten bieten

Wer immer nur am Computer sitzt und starr seine Anforderungen erfüllt, der verfällt schon bald in eine Tristesse. Bieten Sie Ihrem Team die Möglichkeit, einen abwechslungsreichen Arbeitsalltag erleben zu können. Bieten Sie dem Team regelmäßige Auszeiten, die für Erholung sorgt und so die Schöpfung neuer Kraft gibt. Wer immer mal wieder Auszeiten schaffen kann, kann neue Ideen sammeln und sich nach der kurzen Pause wieder mit vollem Elan dem Tagewerk widmen.

Möglichkeiten zur Freizeitgestaltung innerhalb der Firma bieten

Als leitender Angestellter haben Sie sicherlich gute Kontakte zum Firmenchef. Stellen Sie ihm doch einmal diese Idee vor:

Große Unternehmen bieten ihren Angestellten heute unterschiedliche Möglichkeiten der Freizeitgestaltung innerhalb des Firmengeländes. Ein Basketballkorb im Innenhof, einen Tanzraum oder einen Billardtisch im Aufenthaltsraum. Immer nur am PC sitzen ist nicht nur ungesund, sondern kann unsere ganz persönliche Entfaltungsmöglichkeit erheblich einschränken.

Bieten Sie innerhalb des Unternehmens Möglichkeiten für Ihre Mitarbeiter sich mal auspowern zu können. Bewegung setzt Endorphine frei, die auch die geistige Tätigkeit anregen können. Nicht selten kommt man beim Sport auf neue Ideen und kann diese bei der Wiederaufnahme der Arbeit anbringen.

4. Selbstachtung

Wer unter einer guten Führung steht, gelobt und von Kollegen und Chef geschätzt wird, der gewinnt auch an Selbstachtung. Der gut geführte Mitarbeiter weiß, dass er eine wertvolle Arbeit leistet und freut sich über das Lob für sein Tagewerk.

Selbstachtung ist der Schlüssel zu einem leistungsfähigen Leben, denn wer von anderen geachtet wird, lernt auch, sich selbst als einen wertvollen Menschen ansehen zu können.

5. Psychische und physische Gesundheit

Die Krankenstände aufgrund psychischer Erkrankungen steigen nachweislich jedes Jahr rasant an. Depressionen, Angstzustände oder Belastungsstörungen sorgen dafür, dass in zahlreichen deutschen Büros Arbeitsplätze über einen längeren Zeitraum ungenutzt bleiben, Arbeit liegen bleibt und das Arbeitspensum der Mitarbeiter durch die häufigen und langen Krankenzeiten deutlich aufgestockt werden muss.

Eine gute Führung mit einem leitenden Angestellten, der sich durch eine hohe emotionale Intelligenz auszeichnet, können psychische, aber auch physische Erkrankungen nachweislich deutlich verringert werden.

Wenn eine Führungskraft das mögliche Arbeitspensum seiner einzelnen Mitarbeiter anerkennt und diese so fordert und fördert, dass es auf die individuelle Leistung optimal abgestimmt ist, kann dies psychischen Erkrankungen vorbeugen. Der optimal geforderte Mitarbeiter kann ohne Stress seinen Anforderungen gerecht werden und die Leistung erbringen, die sein leitender Angestellter von ihm erwartet.

Durch die emotional geprägte Führung erfährt der Mitarbeiter Anerkennung und Lob und kann sich so als wertgeschätzter und erfolgreicher Angestellter in einem guten Arbeitsklima entfalten.

Die Emotionen des einzelnen Mitarbeiters, der als Individuum angesehen wird, werden durch den guten Führungsstil erkannt und genutzt, um dem Angestellten auf ein Maximum seines persönlichen Könnens bringen zu können.

Es werden an den individuellen Mitarbeiter und dessen persönlichen Fähigkeiten keine zu hohen Anforderungen gestellt, er kann sich in den Arbeitsprozess durch die gute Führung so einfinden, sodass seine Kompetenzen bestmögliche Ergebnisse erzielen können.

Auch auf die physische Gesundheit kann die emotional geprägte Mitarbeiterführung positive Auswirkungen haben. Wer in einem emotional geführten Arbeitsklima tätig ist, der kann mit der Hilfe seines leitenden Angestellten das Stresslevel klein halten, Anforderungen erfüllen und wird durch seine persönliche Führung so gefördert, dass es seinen Fähigkeiten entspricht.

Erkrankungen, die nachweislich hauptsächlich durch Stress, Hektik oder Belastungen von Außen hervorgerufen werden, wie zum Beispiel Herzerkrankungen oder Bluthochdruck, können durch eine persönliche und emotionale Führung deutlich verringert werden.

Wer gerne zur Arbeit geht, weil er weiß, dass er dort geschätzt wird und seine Tätigkeit zur Wertsteigerung des geschätzten Unternehmens beiträgt, der kann sich über eine gute Herzgesundheit freuen. Risikofaktoren bei Herzinfarkt entsteht nachweislich durch Stress, der bei einer emotionalen Führung von vornherein vermieden werden soll.

Auch kann durch eine persönliche und individuelle Mitarbeiterführung der Krankenstand so verringert, dass optimale Leistung von einem gesunden Team erbracht werden kann.

Verringerung des Burnout Risikos

Ebenfalls ein enormes Problem am Arbeitsplatz ist die Gefahr eines Burnouts. Dieser Zusammenbruch der Psyche wird nicht nur, wie Ärzte und Wissenschaftler unlängst herausgefunden haben, durch eine zu hohe Belastung begünstigt, sondern kann auch durch monotone Arbeit entstehen.

Eine gute Führung, die auf der emotionalen Intelligenz basiert, kann diesem psychischen Zusammenbruch effektiv vorbeugen. Als leitender Angestellter mit einem hohen EQ können Sie sich empathisch in Ihr Gegenüber hineinversetzen. Sie spüren instinktiv die emotionalen Bedürfnisse Ihres Mitarbeiters und können diese in ein positives Gefühl umlenken. So gelingt es Ihnen auch, dass Sie einen Zustand der emotionalen Erschöpfung vorbeugen können.

Es konnte bewiesen werden, dass ein emotionaler Führungsstil das Risiko von Burnout innerhalb einer Abteilung deutlich verringern kann. Nutzen Sie diese Chancen als Führungskraft mit hoher emotionaler Intelligenz.

Wie kann ich meine emotionalen Stärken verbessern und damit eine gute Führungskraft werden?

Die emotionale Intelligenz bekommen wir nicht in die Wiege gelegt. Wissenschaftler haben heraus gefunden, dass Kinder keine emotionale Intelligenz von vornherein aufweisen, diese aber durch ebenso begabte Eltern antrainiert bekommen können.

Während der normale Intellekt bis zum 20. Lebensjahr aufgebaut werden kann, können wir bis zum Lebensende an unserer emotionalen Intelligenz arbeiten.

Da diese Kompetenz zu stärken und zu fördern, ist es zunächst einmal wichtig, sich selbst reflektiert wahrzunehmen.

Wer zunächst die eigenen Stärken fördert, kann als emotional geprägte Führungskraft auch seine Mitarbeiter so führen, dass sie optimale Leistungen und Ergebnisse zeigen.

Was bringt es mir, wenn ich meine emotionale Intelligenz trainieren möchte?

Es gibt eine Vielzahl von Zielen, die für einen Menschen mit emotionaler Intelligenz wichtig sind.

Mehr als 85% aller erfolgreichen Führungskräfte weisen einen sehr hohen Quotienten an Emotionalität auf. Ein Ziel steht somit also schon mal fest:

Der Erfolg ist Ihnen sicher, wenn Sie sich mit der Steigerung der emotionalen Intelligenz befassen.

Aber was kann mir diese Fähigkeit noch bringen?

Was sind die Ziele von emotionaler Intelligenz?

1. Menschen mit einem hohen EQ wollen glückliche Beziehungen führen

Sicherlich, fast alle Menschen sehnen sich nach einem Partner, mit denen Sie die schönen Seiten, aber auch Sorgen teilen können. Besonders sensible Menschen, und das sind Menschen, die einen hohen Faktor an emotionaler

Intelligenz vorweisen können, sehnen sich besonders nach einer harmonischen Beziehung.

Damit sind aber nicht nur die Partnerschaft im Privaten, sondern auch das Miteinander zu Vorgesetzten und der Umgang mit Kollegen gemeint. Ein Mensch mit einer hohen Intelligenz im emotionalen Bereich sehnt sich nach Harmonie und einem fairen Miteinander. Er nimmt die Welt sehr sensibel wahr und kann mit den Gefühlen anderer Menschen umgehen.

So möchte er, nicht nur in der Ehe, sondern auch im beruflichen Umfeld eine gute Basis schaffen, in der ein fairer und gleichberechtigter Umgang möglich ist.

Emotional intelligente Menschen schaffen es auch, eine vernünftige Balance zwischen beruflichen Interessen und Familienleben zu schaffen.

In der Führungsetage merkt man oft, dass die Partnerschaft von viel arbeitenden Managern oder von Führungspersonal leidet. Nicht selten bekommt man im alltäglichen Büro-Smalltalk mit, dass wieder einmal die Ehe eines Managers gescheitert ist.

Wieso kommt es, gerade in solchen Berufsgruppen immer wieder vor, dass der Mensch zwar vom beruflichen Erfolg gekrönt ist, die Liebesbeziehungen aber immer wieder scheitern?

Dabei liegt es jedoch auf der Hand, wo das Problem in der Beziehung war. Als Manager eines internationalen Top-Konzerns, aber auch in kleineren Unternehmen obliegen den Führungskräften zahlreich Aufgaben, die nicht nur viel Zeit in Anspruch nehmen, nicht selten durch Überstunden oder Arbeit, die man mit nach Hause genommen hat. Auch der Umgang wird im Privaten oft ähnlich wie im Büroalltag gepflegt.

Ein Mensch, der emotional stabil ist und sich sehr stark mit seinen eigenen, aber auch mit den Gefühlen seiner Mitmenschen auseinandersetzt, der versucht, eine gute Balance zwischen dem Berufsleben und dem privaten Alltag zu schaffen.

Er vernachlässigt die Partner oder den Ehemann nicht, nimmt sich ausreichend Zeit für die Familie, vergisst wegen den hohen beruflichen Anforderungen nicht den Geburtstag der Gattin oder die Schulaufführung der Tochter. Der emotional geprägte Mensch versteht es, dass beide Seiten gleichermaßen Bedeutung haben und möchte keiner Seite die Überhand lassen.

Auch kann er klar zwischen Arbeit und Familie treffen und belastet seine Liebsten nicht mit den Anforderungen aus dem Berufsleben.

-Reife

Über den Dingen stehen, sich nicht beleidigt geben wenn etwas im beruflichen Alltag einmal schief gelaufen ist. Wer sich mit seiner eigenen Emotionalität, und den Emotionen seiner Mitmenschen befasst, der reift mir der Zeit. Auch als junger Mitarbeiter, dem die Möglichkeit zur Abteilungsleitung zuteil wurde, kann sich als reifer zeigen, als so manch anderer Kollege, der bedeutend älter ist.

Seine Gefühle intensiv wahrzunehmen und in die Gefühlswelt von anderen zu sehen bedeutet, dass Sie durch die Selbsterfahrung viel mehr an Reife gewinnen als diejenigen, die ihre Gefühle einfach so hinnehmen und ihnen keine weitere Bedeutung zumessen.

Soziale Kompetenz stärken

Das eigentliche Ziel von emotionaler Intelligenz ist die Stärkung seiner sozialen Kompetenzen.

Wer seine innere Welt wahrnehmen und begreifen kann, der kann dies auch durch seine sozialen Fähigkeiten nach Außen hin zeigen. Wir gehen achtsamer mit unseren Mitmenschen um, hören auf ihre Worte, können durch Gestik und Mimik die Gefühle der anderen verstehen und intensiv auf sie eingehen. Dank der emotionalen Intelligenz leben wir sorgsamer und gehen nicht nur mit unseren eigenen Gefühlen behutsamer um, sondern versuchen auch, vorsichtiger mit den Gefühlen von anderen Menschen umgehen zu können.

Wer sich dieses Wissen zu Nutze macht, kann ein erfolgreiches Leben führen und in eine positive Zukunft blicken.

Respektvoll miteinander umgehen

Auch wenn eine Hierarchie innerhalb eines Unternehmens oft ganz klar gesteckt ist, eine gute Führungskraft mit hoher emotionaler Intelligenz zeigt nicht, dass er sich seinen Mitarbeitern übergeordnet fühlt. Ein respektvoller Umgang mit dem Team zeigt, dass Sie Ihre Angestellten und ihre Fähigkeiten Wert schätzen, ihre Persönlichkeit respektieren und sich einen fairen Umgang im beruflichen Alltag wünschen.

Eigene Stärken und Schwächen verstehen und akzeptieren

Jeder Mensch hat individuelle Stärken und Schwächen die ihn zu einer einzigartigen Person machen. Ein Mensch mit einem hohen EQ kann diese positiven und negativen Fähigkeit selbstkritisch reflektieren und macht sich diese individuellen Fähigkeiten zu Nutze um sie im Berufsleben optimal einzusetzen.

Teamfähigkeit nutzen

Ein Mensch, der seine eigenen und die Emotionen anderer Menschen verstehen und akzeptieren kann, der pflegt instinktiv einen fairen Umgang mit seinen Mitmenschen und kann diese emotionale Kompetenz nutzen um sie in der Arbeit mit einem Team einzusetzen.

Gemeinsam in einem Team kann man mit Hilfe der akzeptierten Emotionen Konflikte lösen und die Stärken und Schwächen jedes einzelnen Teammitglieds nutzen, damit Probleme schnell aus der Welt geschafft werden und das gemeinsame Ziel erreicht werden kann.

Körpersprache lesen

Ein Mensch, der intuitiv die Emotionen seiner Mitmenschen erkennen und verändern kann, der versteht sich auch darin, die Körpersprache seiner Mitmenschen lesen zu können. Wer erkennen will, welche Gefühle in seinen Angestellten, in der Partnerin oder in seinen Kindern vorherrschen, der kann dies vor allem in der Mimik, in der Körpersprache und in der Gestik lesen.

Wir Menschen zeigen unsere Gefühle durch die Körperhaltung und vor allem durch unser Gesicht. Auch wenn wir vorgeben glücklich zu sein, erkennen emotional geprägte Menschen schnell, dass die Körpersprache sprichwörtlich eine ganz andere Sprache spricht. Wer sich über eine große emotionale Intelligenz erfreut, der kann durch gezieltes Training üben, die Körpersprache zu lesen und dadurch die Emotionen seines Gegenübers erkennen zu können.

Situationen begreifen und verstehen

Oftmals geschieht es, dass wir unverhofft in Situationen geraten, die wir schnell nicht erfassen können und oft ratlos zurück bleiben. Als Führungskraft, die ihre Fähigkeiten der emotionalen Intelligenz nutzen kann, ist es möglich, dass man schneller Situationen erfassen und verstehen kann.

Sich in Vernunft üben

Wer seine Emotionen begreifen kann und so nutzen kann, dass man eine optimale Mitarbeiterführung umsetzen kann, der arbeitet mit Vernunft und setzt seine Ideen nicht kopflos ein.

Oft handeln wir intuitiv und merken dann gar nicht, dass wir unüberlegt vor Problemen landen werden. Intuition gibt es in einer emotionaler Mitarbeiter häufig, dennoch darf die Vernunft nicht zu kurz kommen. Wer sich selbst antrainiert, eine optimale Symbiose zwischen spontanen und intuitiv geprägten Entscheidungen und der klaren Vernunft zu erschaffen, kann seinen Arbeitseifer schnell in gute Ergebnisse umwandeln.

Die Bedürfnisse von anderen Menschen vor die eigenen Bedürfnisse stellen

Ein Mensch, der sich seiner emotionalen Intelligenz bewusst ist, und diese optimal in seinem beruflichen, aber auch dem privaten Leben einsetzen möchte, der stellt die Bedürfnisse seiner Mitmenschen vor die eigenen Bedürfnisse.

Der emotional geprägte Mensch erkennt durch die Perspektive auf Emotionen seiner Mitmenschen instinktiv deren Wünsche und Bedürfnisse und versucht diese, auch erfüllen zu können.

Um diese Bedürfnisse erfüllen zu können, ist ein sensibler Umgang mit seinen Mitmenschen von Nöten.

Glücklich sein

Klar, wenn man Menschen fragt, was sie sich vom Leben wünschen, dann antworten viele: „Ich möchte einfach nur glücklich sein." Und wie kann man dieses Glück finden und ein zufriedenes Leben führen? Natürlich durch emotionale Intelligenz.

So unterschiedlich wie die Menschen, so individuell ist auch die ganz persönliche Vorstellung vom „Glücklich sein". Für den einen bedeutet Glück den Aufbau einer liebevollen Beziehung, eine andere wünscht sich für Ihr Glück einen treuen Ehemann, ein schönes Häuschen und zwei Kinder, wieder andere verstehen unter Glück eine gut bezahlte Position in einem international agierenden Unternehmen. Aber ganz gleich, welchen Weg Sie einschlagen wollen um Ihr ganz persönliches Glück zu finden, es funktioniert immer auf die gleiche Art und Weise: Mit emotionaler Intelligenz.

Sie können sich als emotional intelligenter Mensch schnell bis ganz nach oben arbeiten, eine gute Position angeboten bekommen, viel Geld verdienen, mit dem dicken Firmenwagen durch die Gegend fahren und von Nachbarn, Familie und Freunde viel Anerkennung bekommen. Aber auch können Sie durch diese Fähigkeit, Ihre eigenen Gefühle und die Emotionen anderer besser wahrnehmen zu können, auch eine glückliche Partnerschaft gewinnen. Wenn Sie trainiert haben, auf Ihre Gefühle zu hören und die Emotionen anderer Menschen zu erkennen, werden Sie auch sicher bald eine glückliche Liebe erfahren.

Ebenso funktioniert das „Glücksprinzip" der emotionalen Intelligent im Umgang mit Ihren Kindern. Die Erziehung des Nachwuchses ist sicher eine Aufgabe, die Eltern oft an ihre Grenzen bringen kann. Wer sich aber bei seinem Erziehungsstil auf die eigene emotionale Intelligenz stützt und so die Gefühle seiner Kinder besser verstehen kann, der merkt auch schnell, dass er einen großen Vorteil gegenüber anderen Elternpaaren hat, denn besonders Kinder wissen häufig selbst nicht, wie sie mit ihren , oft noch ganz neuen, Gefühlen umzugehen haben. Wer emotional intelligent erzieht, der macht aus seinem Nachwuchs auch Menschen, die sich an einer hohen emotionalen Intelligenz erfreuen können. Wir können unser Wissen über die Macht der Gefühle an unsere Kinder, an die Kollegen und auch an alle anderen Mitmenschen weitegeben sodass sie auch zu einem empathischen Menschen werden können.

Selbstmotivation

Ab und zu kommt er, der Durchhänger, diese Phase in der wir denken, wir sind nichts wert, wir können nichts und die bevorstehenden Aufgaben sind viel zu schwer für uns.

Menschen die mit Ihren eigenen Gefühlen arbeiten, kennen diese Tage auch, sie haben aber den großen Vorteil, dass sie diese Emotionen bewusst abschwächen oder verändern können. Sie nutzen jeden Tag aufs neue die eigenen Gefühle um sie in ein motivierendes Gefühl zu verwandeln.

Methode zur Verinnerlichung der positiven Gefühle

Sie können diese Fähigkeit zu einem tagtäglichen Ritual werden lassen. In einer Meditation versuchen Sie sich am Morgen schon intensiv auf Ihre eigene Gefühlswelt einzustellen. Spüren Sie ein Glücksgefühl, dass sie von innen heraus auf den bevorstehenden Tag vorbereitet, dass sie wissen lässt: Heute ist Dein Tag, heute kannst du alles schaffen, so verinnerlichen Sie dieses Mantra für einige Momente. Sie können sogar, und das konnten Forscher beweisen, Ihr Gehirn regelrecht auf gute Laune und Motivation programmieren.

Aber dieser Trick funktioniert nicht nur, wenn Sie bereits gute Laune haben. Auch bei einer schlechten Stimmung, die jeden von uns ab und an einholt, kann es helfen, die innere Stimme auf positiv zu programmieren.

Dazu begeben Sie sich ebenfalls in die Meditationshaltung und horchen genau in sich hinein. Sagen Sie sich selbst immer wieder vor, dass dies kein schlechter Tag ist, dass Sie guten Mutes und motiviert sind und sich den Anforderungen des Tages stellen können. Wenn Sie sich diese motivierenden Worte immer wieder vorsagen, polt sich das Gehirn nach einer kurzen Weile automatisch auf eine positive Stimmung um und Sie können gut gelaunt in den Tag starten.

Sie haben mit wenigen Worten die Macht, Ihre eigenen Emotionen so umzugestalten, wie es Ihnen gefällt und nützlich ist. Nutzen Sie diese Möglichkeit zur Selbstmotivation.

Aber nicht nur sich selbst können emotional intelligente Menschen zu mehr Tatendrang, zu mehr Potential und zu mehr Leistung antreiben. Wenn Sie Ihre Mitarbeiter zu mehr Leistung antreiben wollen, können Sie dies auch ganz einfach durch die eben vorgestellte Motivationsmethode tun. Bekräftigen Sie den Arbeitseinsatz Ihres Teams immer wieder mit motivierenden Worten, zeigen Sie Interesse an den Ideen, die Ihre Angestellten mit in den Arbeitsprozess einbringen und zeigen Sie, dass Sie Ihren Mitarbeitern viel Leistung zutrauen.

Wobei kann emotionale Intelligenz mir ganz persönlich helfen?

Wenn Sie jetzt noch immer nicht davon überzeugt sind, die eigenen Sozialen Fähigkeit und somit auch die emotionale Intelligenz zu fördern, können Sie nun an den nachfolgenden Beispielen erkennen, wozu emotionale Intelligenz noch in der Lage ist:

Wobei hilft mir emotionale Intelligenz?

Neben den beruflichen Aufstiegschancen und der Chance die große Liebe finden zu können, bietet die emotionale Intelligenz noch viel mehr.

Wissenschaftler in den Vereinigten Staaten von Amerika forschen bereits seit einigen Jahrzehnten zum Thema Emotionale Intelligenz. Dort wird bereits jetzt schon ein großer Fokus auf den EQ gelegt. Was Wissenschaftler und Ärzte heraus gefunden haben ist wahrhaft erstaunlich und sollte hierzulande auch zu denken geben.

Ängste verringern

Sich selbst mit seinen eigenen Gefühlen auseinander setzen, diese intensiv wahrnehmen und steuern können, das ist für einen Menschen mit großer emotionaler Intelligenz ein leichtes.

Menschen, die sich ihrer Gefühle bewusst sind, trauen sich viel mehr zu, sind selbstbewusster und motivierter ein Problem anzugehen, als diejenigen, die kaum emotionale Fähigkeiten besitzen.

Auch Angst ist eine Emotion, die viel Raum in unserem Leben einnehmen kann. Doch wer sich hinter seinen Ängsten immer nur verstecken will, der kann nur ein zurückgezogenes Leben erfahren und sich von seinen eigenen Ängsten bremsen lassen.

Wer sich und seine Emotionen genau kennt, der weiß, wie er auch mit seiner

Angst umzugehen hat. Lassen Sie dieses Gefühl nicht Überhand gewinnen und üben Sie, dieses Gefühl intensiv abzuschwächen oder gar gänzlich zu verlieren.

In der Führungsposition braucht es einen Menschen, der Mut beweisen kann, einen Leiter, der zeigen kann, dass ihn eine schwierige Aufgabe nicht abschreckt und dass er das Zeug dazu hat, auch seine Mitarbeiter zu motivieren und zu stärken.

Wenn Sie selbst aber schon ängstlich sind, können Sie keinen anderen Menschen auffordern, selbst Mut zu beweisen.

Vertrauen Sie also auf sich selbst und geben Sie der Angst keinen Raum.

Stress verringern

Als emotional sensibler Mensch wissen Sie genau wann es Zeit ist aufzuhören. Sie wissen dass positiver Stress nützlich sein kann und die Arbeitsleistung von Ihnen und Ihrem Team erhöhen kann. Als sensibler Motivator wissen Sie aber genau, wann der Stresspegel sein Maximum erreicht und Ihre Mitarbeiter überfordert.

Helfen Sie sich und Ihren Mitarbeitern den Stress zu verringern und sorgen Sie somit für die psychische und physische Gesundheit Ihres gesamten Teams.

Lebensziele erreichen

Wer sein Leben mit einem hohen Quotionen emotionaler Intelligenz bestreiten kann, der kann es schaffen, seine Lebensziele zu erreichen. Als Mensch, der sich und seine Emotionen richtig erkennt und deuten kann, der erfährt eine positive Grundeinstellung, mit der er jede Anforderung des Daseins bestreiten kann.

Durch die positive Einstellung lässt er sich von Rückschlägen nicht entmutigen, sondern kann aus seinen Fehlern lernen, gewinnt Zuversicht für die Zukunft und kann durch Erkenntnisse rückschließen, wie er seine ganz individuellen Ziele umsetzen kann.

Es gelingt Menschen, die ihre emotionalen Kompetenzen optimal trainiert haben, eine glückliche Beziehung aufzubauen und erfolgreich im Beruf zu sein. Wer Prioritäten setzt und diese umsetzen kann, der schafft es auch, eine gesunde Einstellung zu Partnerschaft und Berufsleben zu schaffen und beiden Komponenten die nötige Aufmerksamkeit zu schenken.

Besserer Mensch werden

Durch emotionale Intelligenz zu einem besseren Menschen werden? Das geht in der Tat, denn durch seine sozialen Kompetenzen werden Sie zu einem Mensch, der sich durch Achtsamkeit, positiver Lebensenergie, Gesundheit, Fürsorge und Menschlichkeit auszeichnet. Wer optimistisch durch sein Leben wandert und seine positive Grundeinstellung sogar auf seine Mitmenschen übertragen kann, der kann ein zufriedenes Leben führen und zu einem besseren Menschen werden.

Gesund bleiben

Ein Begriff der im Kontext zur emotionalen Intelligenz auch immer wieder auftaucht ist die Resilienz. Darunter ist zu verstehen, dass ein Mensch auch trotz schwerer Schicksalsschläge und schwerer Lebensumstände psychisch gesund bleibt und weiterhin Leistungen erbringen kann.

Was genau unter Resilienz zu verstehen ist und wie es im Zusammenhang mit der emotionalen Intelligenz helfen kann, eine erfolgreiche Führungskraft zu werden, wird später noch ausführlich erklärt.

An dieser Stelle kann man nur noch einmal betonen, dass durch die emotionale Intelligenz die psychische und physische Gesundheit gefördert werden kann. Herzkrankheiten können vorgebeugt werden, Depressionen werden durch die Erkenntnis der eigenen Emotionen verringert oder gemindert werden. Das Verständnis der eigenen Gefühle kann auf der gesundheitlichen Basis nachgewiesenermaßen die Selbstheilungskräfte aktivieren.

Wer einen gesunden Geist besitzt, der kann sich auch über einen gesunden Körper erfreuen.

Wie kann ich meine emotionale Intelligenz trainieren, fördern und stabilisieren?

Wer sich nun denkt, dass er keine oder nur wenig emotionale Kompetenz in sich trägt, dem sei gesagt, dass dies kein Grund zur Besorgnis ist. Die emotionale Intelligenz kann und will gefördert werden. Wir können unsere Emotionalität auch noch im hohen Alter kennenlernen, sie begreifen und für unseren beruflichen und privaten Alltag trainieren.

Dieses Wissen, die Erkenntnisse und neuen Fähigkeiten, die uns zu einem sensiblen, empathischen, hilfsbereiten und fürsorglichen Menschen machen, gewinnt in unserem Alltag immer mehr an Bedeutung, sodass wir sie instinktiv täglich trainieren und fördern.

Wenn Sie nun erstmals damit beginnen wollen, die eigene emotionale Intelligenz zu verstehen und sie zu fördern, können Sie dies zu Beginn mit einigen Fragen teste.

Wie eine Art Mantra werden diese Fragen Ihren individuellen Alltag erleichtern und fördern Ihre ganz persönlichen Kompetenzen im Umgang mit der eigenen Emotionalität.

Wie kann ich meine individuelle emotionale Intelligenz optimal fördern?

Sich selbst wahr nehmen

Wer sich mit der eigenen emotionalen Intelligenz befasst, der muss zunächst erst einmal lernen, sich selbst und seine Emotionen kennen zu lernen.

Lernen Sie sich kennen

Bisher haben Sie Ihre eigenen Gefühle sicherlich zwar wahr genommen, aber sie auch hingenommen und haben sich durch diese Emotionen leiten lassen anstatt dass Sit damit begonnen haben, diese Emotionen zu führen. Lernen Sie sich zu Beginn der Arbeit mit den eigenen Emotionen also sich selbst erstmal ganz neu kennen.

Achten Sie am Morgen ganz genau auf Ihre innere Stimme. Hören Sie in sich hinein und versuchen Sie zu erkennen, wie Sie sich gerade in diesem Moment fühlen.

Lassen Sie diesen Gefühlen freien Lauf und erleben Sie intensiv diese Emotionen, die Sie gerade durchlaufen.

Es ist nicht ungewöhnlich, dass Sie gleich mehrere Gefühlsregungen feststellen. Versuchen Sie diese Gefühle klar zu definieren und fragen Sie sich, warum Sie sich in diesem Moment so fühlen wie Sie es eben tun.

Halten Sie Ihre Eindrücke am besten schriftlich fest. Notieren Sie verschiedene Gefühlslagen während einiger Tage. Vielleicht erkennen Sie ein Muster, dass sich in bestimmten Situationen ableiten lässt. Welche Gefühle haben Sie am Morgen, was verspüren Sie Mittags, welche Gefühle prägen Sie während der Arbeit, welche Emotionen überkommen Sie beim Zusammensein mit der Familie? Erkennen Sie einen Zusammenhang zwischen den alltäglichen Abläufen und Ihren Emotionen? Merken Sie, dass immer wieder die gleichen Situationen zu negativen Gefühlen, oder aber auch zu positiven Gefühlen führen können?

Wer sich selbst neu kennengelernt hat und seine Gefühlswelt begriffen hat, der hat den ersten Schritt zu einer Verbesserung der emotionalen Intelligenz bereits geschafft.

Auf geht es zum nächsten Teil der emotionalen Selbstfindung.

Seine Emotionen bewusst steuern und kontrollieren

Wer sich selbst und seine Gefühle einmal genauer unter die Lupe nimmt, kann schnell erkennen, dass sich Gefühle in bestimmten Lebensumständen immer wieder wiederholen.

Mit der Erkenntnis können Sie sich dann schon bald darauf vorbereiten und versuchen, die Emotionen zu verändern.

Üben Sie, negative Gefühle in positive Emotionen zu verwandeln um einen entspannteren Alltag erleben zu können.

In den meisten Familien geht es in den Morgenstunden hektisch zu. Dies führt zu einem enormen Stresslevel, dass unsere ganze Gefühlswelt einnimmt.

Oft kommt es vor, dass Sie diese Gefühlsregung zwar oft bemerkt haben, es aber aus unterschiedlichen Gründen nicht ändern können. Was Sie aber ganz leicht verändern können sind Ihre Emotionen. Wenn Sie wieder mal spät dran sind, und auf dem Weg ins Büro in Stress geraten, versuchen Sie doch einfach mal diesen Stresspegel zu verringern. Musik kann, gerade beim Auto fahren helfen, die Emotionen auf einfachste Art und Weise zu verändern. Legen Sie sich eine beruhigende Musik zurecht, die Sie auf der Nervenaufreibenden Fahrt ins Büro hören können. Lassen Sie die Musik auf sich wirken und merken Sie, wie sich Körper und Geist beruhigen und der Stress verringert wird.

Wählen Sie eine Musik aus, die Sie entspannen lässt, die ruhig wirkt und die sich neben den morgendlichen Gedankengängen sanft auf Ihren Geist auswirkt.

Auch ein humorvolles Hörbuch kann helfen, dem stressigen Morgen entgegenzuwirken und für eine entspannte Autofahrt zur Arbeitsstelle zu sorgen. Wer nicht gestresst und genervt im Büro ankommt, sondern entspannt und gut gelaunt in den Arbeitstag startet, der kann sich auch über glückliche Kollegen und ein positives Arbeitsklima erfreuen.

Versuchen Sie unterschiedliche Methoden aus, mit denen Sie Ihre Emotionen bewusst verändern wollen. Dies kann durch Musik geschehen, aber auch eine regelmäßige Meditation kann dazu beitragen, dass man sich seiner eigenen Gefühlswelt bewusst wird und dass man seine Emotionen durch Autosuggestion besser verändern kann.

Auch kann man durch einfache Tricks, die schnell, unkompliziert und diskret durchgeführt werden können, seine Gefühle ändern.

Wer ein Lächeln ausübt, kann so sein Gehirn austricksen. Der Teil des Gehirns, der für die Gefühlswelt zuständig ist, wird ausgetrickst, wenn wir beide Mundwinkel zu einem Lächeln anheben. Auch wenn dieses Lächeln falsch ist, signalisiert diese Regung der Gesichtsmuskeln eine fröhliche Haltung. Durch die Bewegung im Gesicht wird das Glückshormon Dopamin ausgeschüttet, wir sind dann automatisch Stressresidenter und fühlen uns wohl. Wird das Belohnungszentrum im Gehirn aktiviert, so kann man durch einfache Dinge , wie zum Beispiel die Berührung eines lieben Menschen, zu einem Glücksgefühl kommen.

Um zu erkennen ob Sie bereits Fortschritte mit der eigenen emotionalen Intelligenz erreichen konnten, stellen Sie sich bitte den folgenden Fragen. Emotional geprägte Menschen nutzen diese Fragen um immer wieder das eigene Verhalten im Umgang mit anderen Menschen reflektieren zu können um aus ihren eventuellen Fehlern lernen zu können.

Selbstkritisch sein

Wer kritisch mit sich selbst und seinen Taten umgeht, kann verstehen, wie er auf andere Menschen wirkt. Menschen mit einer herausragenden emotionalen Stärke sind stets kritisch im Umgang mit sich selbst und versuchen herauszufinden, wo und wie sie ihr Verhalten im Umgang mit ihren Mitmenschen noch verbessern können.

Durch Gespräche und intensive Reflexion des eigenen Verhaltens können emotionale Menschen das Miteinander in ihrem Alltag immer optimieren.

Auch Sie können Ihre emotionalen Skills jeden Tag weiterentwickeln, wenn Sie sich folgende Fragen regelmäßig stellen und diese selbstkritisch beantworten:

Verletze ich Jemanden?

Fragen Sie sich am Ende des Tages, wie Sie mit den Gefühlen Ihrer Mitmenschen umgegangen sind. Reflektieren Sie Situationen des vergangenen Tages. Wie habe ich mich meinen Mitmenschen gegenüber verhalten? Habe ich jemanden mit meinem Verhalten oder mit meinen Worten verletzt?

Wenn Sie am Anfang Ihrer emotionalen Reise sind, kann es helfen, wenn Sie direkt das Gespräch mit dem Partner oder den Mitarbeitern suchen und so direkt erfahren, wie sich Ihr Verhalten auf das Gegenüber ausgewirkt hat.

Haben Sie mit ein paar unbedachten Worten die Gefühle eines anderen Menschen verletzt? Oder konnten Sie mit Ihrem Verhalten für ein positives Gefühl sorgen?

Interpretieren Sie das eigene Verhalten stets in einem selbstkritischen Kontext und versuchen Sie diese Gelegenheiten als Möglichkeiten zu sehen, das eigene Verhalten durch die neu erlangte emotionale Intelligenz zu optimieren.

Mit der Zeit erkennen Sie schnell, welchen Schaden Worte und ein negatives Verhalten auf die Menschen in Ihrem Umfeld anrichten können. Versuchen Sie dieses schädigende Verhalten zu vermeiden und werden Sie zu einem Menschen, der durch sein optimistisches und selbstkritisches Verhalten zu einem besseren Menschen geworden ist.

Was sind blinde Themen für mich?

Als blinde Themen sind Themen gemeint, für die Sie ‚heute‚ noch kein Verständnis aufbauen können.

Gibt es Themen, die Sie, unbewusst oder bewusst, meiden? In einer Partnerschaft erleben wir es sehr häufig, dass einem der beiden Partner ein bestimmtes Thema ein wichtiges Anliegen ist, der andere aber auf dieses Thema nicht eingehen möchte.

Als Beispiel:

Ihre langjährige Freundin wünscht sich schon lange, dass Sie ihr einen Heiratsantrag machen. Immer wieder versucht Sie dieses Thema, manches mal offen, ein anderes Mal eher durch die Blume, anzusprechen.

Da Ihnen aber der Sinn nicht nach einer Ehe steht, reagieren Sie beim Aufkommen des Themas immer gereizt, zum Teil sogar aggressiv.

Als Mensch, der sich durch eine hohe emotionale Intelligenz auszeichnet, wird der Partner bald anders auf dieses Thema reagieren.

Er geht in sich und hinterfragt, warum das Thema Hochzeit solche negativen Gefühle hervorrufen kann.

Wagt er diesen zukunftsweisen Schritt nicht? Ist ihm die klassische Ehe nicht zeitgemäß genug? Möchte er sich vielleicht noch gar nicht fest an eine Partnerin binden oder liegen ganz andere Gründe vor?

Welcher Grund auch immer für das negative Verhalten zum Thema Hochzeit vorliegt, es bringt beide Partner nicht weiter, wenn das Thema blind wird.

Wenn dieses Thema nicht einmal deutlich auf den Tisch kommt und beide Partner ihre Sicht der Dinge aussprechen können, wird dieses blinde Thema immer zwischen den Beiden stehen bleiben und die Beziehung belasten. Hier kann nur die klare Aussprache helfen, bei der beide Partner gleichberechtigt und ehrlich sagen können, wieso Ihnen beim Aufkommen des Themas so viele Emotionen hochkommen.

Wenn auch Sie solche blinde Themen haben, die immer wieder im beruflichen oder privaten Alltag auf Sie zukommen, dürfen Sie diese Themen nicht ausblenden oder ignorieren, sondern müssen offensiv versuchen, durch die Reflexion Ihrer Gefühle, Ihre Gedanken zu diesem Thema zu sammeln und diese offen anzusprechen. Wer über seine Gefühle offen spricht, der kann damit auch anderen Menschen zeigen, dass er sich mit diesem Thema auseinandergesetzt hat und seine persönlichen Gedanken zu diesem scheinbar blinden Thema sammeln konnte.

Wann habe ich mich gefühllos verhalten?

Als emotional geprägter Mensch gehen Sie sehr achtsam mit den eigenen Gefühlen und den Emotionen Ihrer Mitmenschen um. Dennoch kann es im stressigen Alltag immer wieder mal vorkommen, dass Sie kopflos und ohne Emotion handeln.

Dies kann Ihre Mitmenschen emotional verletzen.

Versuchen Sie zu reflektieren, in welcher Situation Sie sich ohne jegliches Gefühl verhalten haben. Wann und wie haben Sie gehandelt ohne Ihre Emotionen wahrzunehmen?

Reflektieren Sie die Situation und versuchen Sie zu verstehen, warum Sie in dieser speziellen Situation so emotionslos gehandelt haben. Nutzen Sie diese Gelegenheit um Ihr Verhalten demnächst bei einer ähnlichen Situation aktiv anders zu gestalten.

Komme ich gut bei meinen Mitmenschen an?

Menschen die sich und ihre Emotionen intensiv wahrnehmen, möchten eine positive Ausstrahlung erreichen.

Für diese Leute ist es enorm wichtig, positiv bei ihren Mitmenschen anzukommen. Deshalb hinterfragen Sie Ihr Verhalten stetig und fragen sich immer wieder: Wie komme ich bei meinem Gegenüber an? Wie denkt der

Gesprachspartner über mich?

Es ist leicht, auch bei einer schlechten Stimmung freundlich zu bleiben. Als führende Kraft in einer Abteilung ist es enorm wichtig, die eigenen Emotionen nicht an seinen Mitarbeitern auszulassen, sondern stets freundlich aufzutreten. Nur so können Sie bei Ihrem Gegenüber ein gutes Gefühl hervorrufen und stets mit Respekt und gegenseitiger Freundlichkeit beachtet werden.

Kann ich lieben und werde ich auch geliebt?

Für die meisten Menschen ist die Liebe das erstrebenswerteste Gefühl. Die Liebe steht über alles und ist für manche Menschen doch so unerreichbar wie ein fremder Planet.

Als emotional intelligenter Mensch möchten Sie natürlich auch dieses Gefühl erleben, aber auch weitergeben.

Gehen Sie in sich, spüren Sie dieses Gefühl der Liebe. Eine erste Erkenntnis ist die, dass man sich selbst lieben kann und auch muss, um dieses einzigartige Gefühl an eine andere Person weitergeben zu können. Spüren Sie das wohlige Gefühl tief in Ihnen und erleben Sie, wie sich dieses positive Erleben in eine völlig neue Stimmung versetzt. Die Liebe ist ein Gefühl dass uns zu Höchstleistungen antreiben kann und bislang unentdeckte Kräfte in uns freisetzen kann.

Es ist also enorm wichtig, dass es Ihnen gelingt, sich selbst zu lieben um auch einen anderen Menschen lieben zu können.

Das Gefühl der Liebe ist uns zwar angeboren, geht jedoch vielen Menschen im Laufe des Lebens durch unterschiedliche Erfahrungen verloren.

Sie können aber wieder lieben lernen und das unbeschreiblich schöne Gefühl der Liebe weitergeben.

Wer Liebe an seine Mitmenschen weitergibt, der kann auch selbst Liebe erfahren.

Wenn Sie selbst Liebe erfahren, können sie relativ schnell eine Steigerung der eigenen Emotionen erfahren, denn die Liebe gilt als wahrer Emotionsbooster für unsere Gefühlswelt.

Fragen Sie sich selbst deshalb ob Sie in der glücklichen Lage sind, Liebe zu geben und Liebe empfangen zu können.

Kann man die Emotionale Intelligenz im täglichen Leben üben?

Ja, Sie können mit unterschiedlichen Übungen im Alltag dafür sorgen, dass Ihre ganz persönlichen emotionalen Fähigkeiten wachsen. Wer diese Kompetenzen regelmäßig trainiert, merkt schnell, dass er im Umgang mit seinen Mitmenschen viel aufmerksamer wird und auch mehr auf die Belange seiner Mitarbeiter, den Vorgesetzten und den Menschen in seinem privaten Umfeld achten kann.

Was dabei wichtig ist, wie Sie Ihre ganz individuelle emotionale Integrität optimieren können und wie Sie sich in die Gefühlswelt Ihrer Mitmenschen einfühlen können, dies erfahren Sie nun im nächsten Teil.

Selbstmanagement, der Weg zu mehr emotionaler Kompetenz

Der erste Weg zu mehr emotionaler Kompetenz ist die Selbsterkenntnis.

Zunächst müssen Sie ein Bewusstsein dafür erlangen, dass Sie zu mehr Emotionalität gelangen wollen und diese für die beruflichen und privaten Ziele nutzen möchten.

Wer nur oberflächlich auf seine emotionale Intelligenz bauen möchte um beruflich aufsteigen zu können, der wird schnell erkennen, dass dieser Weg nicht der Richtige ist.

Gehen Sie in sich und erfahren Sie für sich selbst die Einsicht, dass Sie mit emotionaler Stärke und der emotionalen Intelligenz viel mehr Kompetenzen für Ihr gesamtes Leben erlangen können.

Dazu ist es wichtig, sein Selbstbild reflektieren zu können und das eigene Wesen intensiv wahrnehmen zu können.

Mit Hilfe der täglichen Meditation können Sie diese innere Einsicht erleben.

Es konnte schon vor vielen Jahren bewiesen werden, dass durch die regelmäßige Meditation intensive psychische und physische Prozesse in Gang gesetzt werden. Sie sind nicht nur emotional stärker und stressresistenter wenn Sie während der täglichen Meditation tief in die eigene Gefühlswelt eintauchen, sondern stärken dadurch auch Ihre körperlichen Ressourcen.

Durch die regelmäßige Meditation erfahren Sie innere Ruhe und können mit sich selbst in Einklang kommen. Durch diese tägliche Erfahrung stärken Sie die eigene Aufmerksamkeit und werden achtsamer im Umgang mit sich selbst, aber auch im Umgang mit Ihren Mitmenschen.

Achtsamkeit üben

Wer sich selbst reflektiert hat und erkannt hat, was das Training der emotionalen Intelligenz mit der eigenen Persönlichkeit bewältigen kann, der kann anschließend damit beginnen, seine emotionalen Fähigkeiten zu trainieren.

Wie auch beim Sport oder anderen Fähigkeiten lohnt es sich, regelmäßig Zeit in das Gefühlstraining zu investieren. So kommen Sie schnell auf Ihre Kompetenzen und können diese im privaten Leben sowie im Berufsalltag nutzen.

Wie kann ich Achtsamkeit üben?

1. Wie fühle ich mich?

Achtsam sein bedeutet nicht nur, auf die Emotionen der anderen Menschen Rücksicht nehmen zu wollen, sondern auch, seine eigene Gefühlswelt wahrzunehmen und sich diese Emotionen zu Nutze machen zu wollen.

Hören Sie in sich selbst hinein und erkennen Sie welche Gefühle in Ihnen schlummern. Sicherlich werden Sie nun bald selbst erkennen, welche Gefühlsregungen schon lange in Ihnen sind und wie Sie die Emotionen richtig deuten. Wer mehr emotionale Intelligenz erlernen möchte, der muss bei sich selbst anfangen und die individuelle Gefühlswelt für sich selbst begreifen.

2. Gefühle zulassen

Besonders Männern fällt es häufig nicht leicht, sich zu ihren Gefühlen zu bekommen. Noch immer herrscht in unserer Gesellschaft ein Bild, dass den

Mann als starken, unverwundbaren Krieger darstellt, der regungslos alles über sich ergehen lässt und alles hinnehmen kann. Menschen mit einer hohen emotionalen Intelligenz wissen jedoch, dass es enorm wichtig ist, sich seiner Gefühle bewusst zu sein und auch in der Lage zu sein, diese Emotionen nach Außen kommunizieren zu können.

Nehmen Sie die tagtäglichen Gefühle hin, achten Sie auf die Emotionen und lassen Sie zu, dass Sie diese nach Außen tragen.

Wenn Sie Trauer in sich verspüren, dann dürfen Sie auch als kerniger Mann in einer führenden Position diese Traurigkeit zeigen. Wenn Sie wütend sind, hilft es oft, dieser Wut Raum zu lassen, damit die Wogen sich wieder glätten können. Sie sind ein Mensch, der Gefühle hat. Niemand erwartet von Ihnen, dass Sie stets den harten Mann oder die eiskalte Frau mimen, damit man Respekt und Ehrfurcht vor Ihnen hat. Zeigen Sie Ihre Menschlichkeit und geben Sie den Emotionen freien Lauf, wenn Ihnen danach ist. Menschen schätzen es sehr, wenn Sie erkennen, dass ein Mensch sich seiner Gefühle bewusst ist und sich auch nicht scheut, diesen nachzugeben.

Lassen Sie Gefühle also zu und schämen Sie sich bitte niemals, diese auch vor anderen Menschen zu zeigen.

3. Lernen Sie sich selbst kennen und erkennen Sie Emotionen

Manchmal kommt es vor, dass wir von Menschen aus unserem Umfeld angesprochen werden, die sich um uns sorgen. „Du hast so traurige Augen." oder auch „Lächle doch mal". Meist sind wir uns gar nicht im Klaren darüber, dass wir Emotionen nach Außen tragen, die wir selbst noch gar nicht erkannt haben.

Wer immer nur mit heruntergezogenen Mundwinkeln durch den Tag geht, der zeigt seinem Umfeld so ganz klar, dass er in keiner positiven Stimmung ist.

Wer immer freundlich, fröhlich und aufgeschlossen ist, zeigt dies auch durch seine Körperhaltung und Mimik.

Sie sollten lernen, bewusst Emotionen durch Ihre Ausstrahlung zu kommunizieren.

Dazu ist es wieder wichtig, sich selbst und seine Ausstrahlung kennenzulernen.

Schauen Sie sich morgens bewusst im Spiegel an. Wie sehe ich heute aus?

Kann ich lächeln ohne mich zu sehr anstrengen zu müssen, welche Körperhaltung habe ich derzeit?

Wie kann ich Emotionen durch mein Äußeres transportieren und kommunizieren?

Üben Sie ihre tägliche Mimik und Gestik. Sie müssen sich nicht verbiegen und die individuelle Art Ihres Auftretens komplett verändern, aber es hilft, sich seiner eigenen Ausstrahlung bewusst zu werden und diese auch im Einklang mit seinen Emotionen wahrnehmen zu können.

Durch die tägliche Übung werden Sie schon bald erkennen, wie Sie Ihre Gefühle durch Gestik, Mimik und Körperhaltung an Ihr Gegenüber weitergeben können.

Oft sind Manager geschult, die Körpersprache der Mitmenschen lesen zu können. Zeigen Sie innere Stärke, indem Sie sich nicht durch verschiedene Merkmale aus dem Konzept bringen lassen und zeigen Sie deutlich Ihre selbstbewusste Art.

Wie kann ich andere Menschen besser wahrnehmen?

Um die Gefühle Ihrer Mitmenschen besser wahrnehmen zu können, müssen Sie einige Dinge beachten und achtsam mit Ihren Angestellten, der Partnerin oder den Kindern umgehen.

Lernen Sie den Umgang mit Mitarbeitern, Freunden und Familie wieder neu und erleben Sie ein völlig neues Gefühl des Miteinanders.

Kommunikation

Das Wichtigste im Umgang mit anderen Menschen ist die Kommunikation. Auch wenn wir sensibel sind und auf die zwischenmenschlichen Dinge achten, kann diese auch immer falsche Informationen aussenden.

Daher ist das A und O im Arbeitsumfeld, sowie im Privatleben das Sie miteinander kommunizieren.

Ehrlich sein

Wenn Sie mit Ihren Mitmenschen sprechen, hat Ehrlichkeit immer oberste Priorität. Senden Sie klare Worte und zweifelsfreie Signale. Wer lügt, der verstrickt sich immer weiter in ein Netz der Lügen, aus dem man so schnell nicht wieder herauskommen kann.

Ein faires Miteinander kann nur stattfinden, wenn alle Beteiligten auf einer ehrlichen Ebene miteinander kommunizieren und sich auf den Anderen verlassen können.

Achten Sie auf Mimik und Gestik

Sie haben ja nun schon gelernt, Emotionen durch die eigene Gestik und Mimik zu zeigen. Auch andere Menschen nutzen unbewusst die Mimik um ihren Gefühlen einen Ausdruck geben zu können. Um Ihren Gesprächspartner zu verstehen, sind also nicht nur die gesagten Worte von Bedeutung, sondern auch die Art, wie er oder sie kommuniziert.

Verhält er sich eher distanziert, so kann er voller Zweifel oder kritisch sein. Lächelt die Kollegin wenn Sie über das neue Projekt spricht? Sie freut sich sicherlich, dass Sie als leitender Angestellter ihr die schwere Aufgabe zutrauen und Ihr so Rückhalt geben. Menschen drücken ihre Gefühlswelt sehr vielseitig durch Gestik und Mimik aus. Sie werden schon bald Übung darin haben, die individuellen Zeichen Ihrer Kollegen und Mitmenschen deuten zu können.

Bleiben Sie interessiert

Wenn ein Kollege mit einem Anliegen zu Ihnen kommt, tun Sie seine Anliegen nicht einfach ab. Egal wie banal Ihnen das Anliegen scheint, der Mitarbeiter sucht bei Ihnen Rat und Unterstützung und drückt so sein Vertrauen und seine Wertschätzung für Ihre Arbeit aus. Nutzen Sie diese Gelegenheit um ihm oder ihr zu helfen.

Zeigen Sie Ihr Interesse an der Person, indem Sie nachfragen oder sich intensiv mit Ihren Mitmenschen unterhalten. Dabei ist gar nicht gemeint, dass Sie sich neugierig verhalten sollen. Viele Menschen erzählen gern aus ihrem Leben, von ihren Hobbies, von den Kindern. Zeigen Sie Interesse, so zeigen Sie, dass Sie an den Mitmenschen interessiert sind und diese sehr schätzen.

Wie kann ich meine Gefühle und auch die Emotionen Anderer beeinflussen?

Wenn Sie einen guten Zugang zu den eigenen Emotionen geschaffen haben, können Sie diese Kompetenz nutzen um negative in positive Gefühle umzuwandeln.

Wie das funktioniert und wie Sie diese Fähigkeit trainieren können:

Ändern Sie Ihre Einstellung

Viele Menschen nehmen die eigenen Gefühle einfach so hin, denn sie denken, die Gefühle müssen so bleiben wie Sie nun mal eben sind. Dabei ist es eigentlich ganz einfach, die eigenen Emotionen zu verändern.

Ändern Sie die innere Einstellung und sagen Sie sich immer wieder, dass Emotionen auch durch die eigene Einstellung verändert werden können.

Wer immer nur seine schlechte Laune für sich verinnerlicht und diese auch nach Außen trägt, wird wohl kaum eine Gefühlsänderung bewirken können. Wenn Ihnen aber bewusst ist, dass Sie alleine durch Ihre innere Haltung einen großen Einfluss auf die eigenen Gefühle haben, können Sie alle Emotionen beeinflussen und dies für die Verwirklichung Ihrer Ziele nutzen.

Fragen Sie sich schon am Morgen welche Ziele Sie für diesen Tag haben. Welche Emotionen können Ihnen helfen, diese Ziele zu erreichen und wie können Sie die eigenen Gefühle nutzen, um den Tag als einen erfolgreichen Tag verbuchen zu können?

Wer sich seine eigenen Ziele immer wieder in den Sinn und auch genau sagen kann, welche Gefühle hilfreich sein könnten, diese Ziele erreichen zu können, der schafft es, genau diese Emotion zu verinnerlichen, damit das Ziel schnell erreicht werden kann.

Betrachten Sie Ihre Situation aus einer positiven Einstellung

Der Kollege wurde befördert oder prahlt mit einer Gehaltserhöhung, auf die Sie auch schon lange hinarbeiten. Das andere Team konnte ein interessantes Projekt an Land ziehen, dass Sie auch gerne mit Ihrem Team bearbeitet hätten?

Im beruflichen und privaten Leben gibt es immer wieder Rückschläge.

Missgunst, Wut oder Trauer können die Folge solcher Rückschläge sein. Lassen Sie sich aber von diesen Emotionen nicht lähmen, sondern wandeln Sie diese Gefühle um und nutzen Sie diese als Motivation für Ihren weiteren Weg.

Es wird immer jemanden geben, der mehr als Sie erreichen konnte. Ob beruflich oder privat, Neid lohnt sich nicht, denn auch Sie sind für einen anderen Menschen sicherlich ein Neidfaktor.

Nehmen Sie die Dinge, die Sie bereits erreicht haben und nutzen Sie diese Erfolge gedanklich, um die Neidgefühle abzuschwächen und daraus positive Emotionen gewinnen zu können.

Reflektieren Sie dafür die Dinge, die Sie als Menschen ausmachen. Die Dinge die Sie bereits erreichen konnten. Haben Sie eine liebevolle Beziehung zu einem tollen Menschen? Sind Sie stolz auf Ihre Kinder? Haben Sie beruflich schon einiges erreichen können?

Ganz gleich was Sie im Leben schon geschafft haben, Sie haben einiges erreicht und können stolz auf diese Erfolge sein.

Wer sein Leben immer nur negativ betrachtet und anderen Menschen ihren beruflichen Erfolg oder das private Glück neidet, der wird in eine negative Gedankenspirale gefangen, aus der man so schnell nicht mehr hinaus findet. Wer hingegen dankbar ist für das was er bereits erreichen konnte, der wird daraus die Kraft schöpfen, die er benötigt um weiterhin erfolgreich sein zu können und seine Lebensziele zu erreichen.

Die Körpersprache ändern

Sich bewusst positiv zu geben, damit diese Grundeinstellung auch unseren Verstand erreicht, ist ein Faktor, den Wissenschaftler längst bestätigt haben.

Lächeln

Das Lächeln öffnet so manche Tür sagt man nicht nur in großen Unternehmen. Wer einem anderen Menschen mit einem echten Lächeln begegnet, der zeigt sich direkt als ein Mensch der positiv gestimmt ist.

Üben Sie das Lächeln und denken Sie bei diesem Training der Körpersprache an eine schöne Situation. So können Sie Ihrem Verstand eine glückliche

Emotion suggerieren und nehmen automatisch das positive Gefühl an.

Trainieren Sie das Lächeln vor dem Spiegel und spüren Sie, wie auch das aufgesetzte Lächeln ein inneres Gefühl der Glückseligkeit in Ihnen hervorruft.

Wer gut gelaunt in den beruflichen Tag startet, der ist deutlich erfolgreicher als der Kollege, der mies gelaunt im Büro erscheint und sich auch dort nur seinen negativen Gefühlen hingibt.

Gerade Haltung

Auch die Körperspannung kann für eine Anhebung der Emotionen sorgen. Sie sind ein selbstbewusster und erfolgreicher Mitarbeiter in einer führenden Position und sollen dies auch durch die Körperhaltung ausdrücken können. Also drücken Sie den Rücken durch, halten Sie den Körper in angespannter Stellung und signalisieren so Ihrem Gegenüber, dass Sie bereit sind, die Anforderungen des Tages anzunehmen und diese erfolgreich zu bewältigen.

Wer sich immer nur in einer geduckten Körperhaltung zeigt, die Schultern hinabhängend, das Kreuz gebeugt, der begibt sich automatisch in eine Opferrolle, die andere Kollegen sicherlich nur zu gerne ausnutzen um sich erfolgreicher zu zeigen als Sie.

Auch die Körpersprache lässt sich trainieren. Wer intensiv übt, seine positive innere Einstellung auch durch eine gerade Körperspannung zu zeigen, der wird als ein empathischer, offener und erfolgreicher Mensch wahrgenommen.

Also, wenn Sie sich selbstbewusst und erfolgreich zeigen wollen, machen Sie das Ihrem Vorgesetzten, den Mitarbeitern oder Menschen aus Ihrem privaten Umfeld auch durch Ihre bewusste Körperhaltung klar.

Rücken durchgedrückt, Schultern nach oben gezogen und der Kopf sprichwörtlich erhobenen Hauptes zeigen Ihren Mitmenschen, mit wem sie es hier zu tun haben. Nämlich mit einer Person, die emotional gestärkt ist und dies auch nach Außen hin kommunizieren kann.

Sie werden schnell spüren, dass sich die äußere Haltung schnell auf die emotionale Haltung auswirkt. Wer sich nach Außen hin stark zeigt, erfährt ebenso innere Stärke.

Wie kann ich die Emotionen von meinen Mitmenschen beeinflussen?

Auch hier ist die Kommunikation das A und O und das erste Hilfsmittel um Ihre Mitmenschen, bei Führungskräften insbesondere die Angestellten in Ihrer Abteilung zu einer Leistungssteigerung anzuregen.

Aber auch durch eine emotional intelligente Führung können Sie Ihre Mitarbeiter zu einer positiven Arbeitshaltung motivieren.

1. Fragen Sie um Hilfe - erhalten Sie einen motivierten Mitarbeiter

Auch als Führungskraft dürfen Sie Ihre Angestellten um Hilfe oder Rat bitten. Nicht immer steckt hinter der Frage wirklich eine Not, denn Sie können sich die Bitte um Hilfe als versteckten Motivationsbooster zu Nutze machen.

Wenden Sie sich an einen fachlich kompetenten Mitarbeiter und bitten Sie diesen um seine Meinung zu einem bevorstehenden Projekt.

Der Mitarbeiter zieht daraus den Schluss, dass Sie ihn als einen intelligenten, kompetenten und fähigen Mitarbeiter wert schätzen. Er möchte Sie darauf hin nicht enttäuschen und möchte Ihnen zeigen, dass er Ihren Anforderungen entsprechen und dem Unternehmen dienlich sein kann.

Durch die Frage nach seiner fachlichen Meinung zeigen Sie Ihrem Mitarbeiter Ihren Respekt und die Wertschätzung der fachlichen Kompetenz. Dies motiviert ihn, die von Ihnen gestellte Aufgabe nach bestem Wissen zu erfüllen und das Ziel zu erreichen.

Keine Möglichkeit sich der Aufgabe zu entziehen

Für den Mitarbeiter ist es sehr schwer, die ihm gestellte Aufhabe abzulehnen, wenn Sie ihn bereits im Vorfeld gebeten haben, sich den bevorstehenden Arbeitsauftrag einmal anzusehen. Es entsteht somit eine Verbindlichkeit, diese Aufgabe dann im Anschluss auch anzunehmen.

2. Seien Sie Vorbild in Sachen positiver Arbeitshaltung

Als Führungskraft liegt es an Ihnen, Ihr Team zu motivieren und für die Arbeit zu begeistern.

Seien Sie also ein Vorbild und nutzen Sie die Macht der positiven Gefühle um auch diese Emotionen bei Ihrem Mitarbeitern hervorzurufen.

Wer in einem gut gelaunten, motivierten Arbeitsumfeld tätig ist, der kann für eine angenehme Arbeitsatmosphäre sorgen, in der alle Mitarbeiter produktiv und leistungsfähig sein können.

Wecken Sie positive Gefühle in Ihren Angestellten indem Sie zur rechten Zeit sparsames Lob anbringen und somit die Produktivität der Mitarbeiter ankurbeln. Wieso nur sparsam loben fragen Sie sich jetzt vielleicht? Die Antwort liegt dabei klar auf der Hand. Lobt die Führungskraft seine Mitarbeiter kontinuierlich, so verliert diese Anerkennung mit der Zeit an Wert. Wer seine Anerkennung durch gezieltes Loben jedoch nur hin und wieder einsetzt, sorgt bei seinen Mitarbeitern für ständige Aufmerksamkeit und Arbeitseifer, der nicht abebbt.

Die positiven Emotionen , die Sie als Führungskraft durch Lob, Wertschätzung und ehrliche Anerkennung an Ihre Mitarbeiter weitergeben, setzen bei diesem positive Emotionen frei, die dafür sorgen, dass Sie durch die guten Gefühle mehr Leistung erbringen können.

Positive Energie wird durch Glücksgefühle hervorgerufen. Diese Energie kann in einem positiven Arbeitsumfeld direkt in gute Leistung umgewandelt werden.

Deshalb ist es so wichtig, dass Sie als Führungskraft mit einer optimistischen Einstellung als Vorbild für Ihre Abteilung stehen.

Negative Gefühle im Keim ersticken

Wer mit schlechten Gefühlen zur Arbeit erscheint, der stört nicht nur die gute Atmosphäre innerhalb des Teams, sondern sorgt unbewusst auch dafür, dass seine eigene Arbeitsleistung geschwächt wird. Für das gesamte Team ist ein solcher Mitarbeiter nicht nur ein enormer Störfaktor, sondern auch extrem unproduktiv.

Ihre Aufgabe als emotional geprägte Führungskraft ist es, diese negative Emotion an Ihren Angestellten zu erkennen und sie möglichst schnell in gute Energie umzuwandeln.

Suchen Sie das Gespräch mit Ihrem Mitarbeiter, hören Sie zu und nehmen Sie die Sorgen und Ängste des Gegenübers ernst. Nur wer sich ehrlich für die Belange seiner Mitarbeiter sorgt und sie ausmerzen will, kann die Emotionen seiner Mitmenschen erfolgreich steuern.

Auch Konflikte innerhalb des Teams müssen alsbald aus der Arbeitsatmosphäre verbannt werden. Meinungsverschiedenheiten kommen in jedem Team vor, jedoch stören Sie die Leistungsfähigkeiten jedes einzelnen Teammitglieds.

Stärken Sie den Teamgeist innerhalb Ihrer Abteilung, versuchen Sie die Änderung von Emotionen bei Ihren Mitarbeitern schnell zu erkennen und wirken Sie diesen entgegen. Wer es schafft, seine Angestellten so gut zu kennen um kleinste Veränderungen in ihrem Wesen schnell zu sehen, der kann diesen emotionalen Störungen auch schnell entgegenwirken.

Orientierung geben

Sie sind als positive Führungskraft nicht nur Dirigent Ihres Teams, sondern auch Ansprechpartner für alle Belange, für Sorgen und Ängste, die die Arbeitsleistung Ihrer Angestellten stören kann.

Nehmen Sie die Individualität der einzelnen Mitarbeiter an

Jeder Angestellte hat ganz persönliche Eigenschaften, die ihn unverwechselbar und kostbar machen. Sie müssen erkennen, welche Fähigkeiten den einzelnen Menschen in Ihrem Team ausmachen.

Als Dirigent Ihrer Abteilung obliegt es Ihnen, Arbeitsgruppen so einzuteilen, dass eine optimale Leistung entstehen kann. Nutzen Sie die individuellen Fähigkeiten der einzelnen Mitarbeiter um Sie durch die Zusammenarbeit mit Kollegen zu einem wertvollen Team einzuteilen.

Kommunizieren Sie die Wertschätzung der Fähigkeiten und sorgen Sie so für ein angenehmes Arbeitsklima. Dabei ist es hilfreich, wenn Sie die besonderen Kenntnisse und Fähigkeiten verbal kommunizieren und dem Mitarbeiter so zeigen, dass Sie in dem Moment genau auf diese Stärken setzten.

Ein Beispiel:

- Mitarbeiterin A kann besonders Kreativ sein
- Mitarbeiter B kann Ideen am besten umsetzen

Stellen Sie ein Arbeitsteam aus diesem beiden Angestellten zusammen und kommunizieren Sie den Arbeitsauftrag in etwa so:

„Frau A, ich schätze es sehr, dass Sie schnell individuelle Ideen entwickeln können. Würden Sie sich bitte einmal dieses Projekt anschauen und mir ihre Meinung dazu sagen?"

„Herr B. Sie können doch Ideen so gut bildlich darstellen. Würden Sie bitte zusammen mit Frau A einmal einen Plan zum Projekt XY anfertigen?".

Sie haben somit klar kommuniziert, welche Fähigkeiten der einzelne Angestellte ansetzen muss, damit das Projekt XY angegangen werden kann. Die Mitarbeiter fühlen sich nun ganz persönlich in das Projekt involviert und haben erkannt, dass ihre persönlichen Fähigkeiten wichtig sind um das Arbeitsprojekt realisieren zu können.

Wer die Leistungen und Fähigkeiten seiner Mitarbeiter immer wieder klar kommuniziert, appelliert so direkt an das einzelne Mitglied der Abteilung und sorgt für ein Gefühl, dass Produktivität hervorruft.

Mit Sätzen wie etwa: „Sie beide zusammen, dass kann nur erfolgreich werden." oder „Sie ergänzen sich durch ihre individuellen Kenntnisse perfekt" erreichen Sie als Führungskraft eine Arbeitsleistung, die Sie zufriedenstellen möchte.

Stolz ist ebenfalls eine Emotion, die zu enormen Leistungen antreiben kann. Wer es schafft, dieses Gefühl in seinen Mitarbeitern hervorzurufen, der kann seine Angestellten zu echten Höchstleistungen antreiben.

Ängste nehmen durch gute Vorbereitung

Das ganze Büro ist angespannt, weil ein großes Projekt eines wichtigen Kunden bevorsteht.

Diese bevorstehende Aufgabe kann in sensiblen Mitarbeitern Angst hervorrufen. Ängste sind Emotionen, die einen Menschen sprichwörtlich vor Schreck erstarren lassen und lähmen können.

Lassen Sie diese Angst nicht zu groß werden.

Furcht kann ein antreibender Motivator in brenzligen Situationen sein. Wir wissen, dass Menschen in besonderen Situationen, die eine Gefahr sein könnten, über sich hinaus wachsen können.

Es kann also hilfreich sein, ein wenig Angst als motivierende Emotion walten zu lassen.

Als Führungskraft, die sich durch ihre emotionale Intelligenz auszeichnet, sind Sie dazu in der Lage, Ihr Team für eine solche Aufgabe zu wappnen.

Nutzen Sie Ihre Fähigkeiten um das Team zu motivieren.

Kommunizieren Sie das gemeinsame Ziel klar, machen Sie aber auch deutlich, dass die Aufgabe ein lösbares Projekt ist, dass das Team stärken und Zusammenschweißen kann.

Eine gute Vorbereitung ist das A und O und sorgt bei jedem einzelnen Mitarbeiter für einen Rückhalt, der die eigenen Fähigkeiten stärkt und so zur Produktivität anregt.

Herausforderungen , die jeden einzelnen Mitarbeiter inspirieren, ihn fordern und fördern, sorgen dafür, dass Ihr Team gemeinsam zu einer maximalen Arbeitsleistung inspiriert wird.

Bieten Sie Ihren Mitarbeitern die Chance, sich kreativ in das Projekt einbringen zu können und delegieren Sie auch einmal wichtige Aufgaben. Auch als Führungskraft müssen und dürfen Sie Ihre Mitarbeiter nicht überwachen, sondern treiben die Leistungen an, indem Sie Ihren Angestellten zeigen, dass Sie dem einzelnen Mitarbeiter vertrauen und ihm zutrauen, schwierige Aufgaben selbstständig übernehmen zu können.

Konstruktive Kritik üben

Niemand hört gern Kritik, aber Sie als emotionaler Führungsmitarbeiter haben die Macht, die kritischen Argumente direkt umzuwandeln und in ein motivierendes Gefühl zu ändern.

Ein Beispiel aus der Praxis könnte so aussehen:

„Lieber Mitarbeiter XY, den Entwurf für die Werbemaßnahme von Kunde YZ haben Sie sehr detailliert entworfen. Mir wäre es aber lieber, wenn Sie den ersten Entwurf skiziieren, damit wir gemeinsam weiterarbeiten können.“

In dem aufgeführten Beispiel stellen Sie die positive Eigenschaft, nämlich das genaue und detailreiche zeichnen des Mitarbeiters in den Vordergrund und loben ihn. Jedoch wünschen Sie sich zunächst eine grobe Skizze und keine detailreiche Ausarbeitung.

Nennen Sie bei Kritikpunkten immer zunächst die guten Seiten des Mitarbeiters oder die Aufgaben, die er zu Ihrer Zufriedenheit ausgeführt hat. So nehmen Sie der folgenden Kritik die Schärfe und motivieren den Mitarbeiter es beim nächsten Mal besser zu machen.

Verpacken Sie die Kritik in positive Aussagen :“Wir arbeiten dann zusammen daran weiter“, und kritisieren Sie ihn nicht nur. Kritik ist destruktiv, wenn Sie es aber schaffen, den Mitarbeiter erst zu motivieren, kann er die kritischen Punkte besser annehmen und daraus lernen.

Das Wichtigste noch einmal im Überblick

Um Ihr Team mit Ihren emotionalen Kompetenzen zu leiten müssen Sie:

- **Krisen schon vor der Entstehung erkennen**

Zum Beispiel:

Konkurrenzkampf im Team entkräften und das gemeinsame Arbeiten fördern

- **Die Emotionen Ihrer Mitarbeiter erkennen und richtig deuten**

Empathisch sein, ehrlich sein, Gefühle wahrnehmen und positiv beeinflussen

- Zielorientiert arbeiten

Hilfestellung leisten, kompetente Teams bilden, Herausforderungen schaffen

-Work - Life Balance schaffen

Durch einen optimalen Ausgleich zwischen Arbeit und Freizeit können Sie Ihr Team motivieren und optimale Leistungen erzielen.

Resilienz erhöhen durch eine emotional intelligente Führungskraft

Ein Team mit einem hohen Faktor an Resilienz kann effektiv arbeiten, ist Leistungsstark und lässt sich auch durch Krisen nicht beeinflussen.

Eine Führungskraft, die ihre Arbeitsweise als emotionale intelligenter Mensch lebt, schafft es, die Resilienz seines gesamten Teams zu optimieren.

Ihre kostenfreies Hörbuch

Dieses Buch können Sie als neuer Audible Nutzer kostenlos als Hörbuch genießen. Folgen Sie dem Link um sich dieses Hörbuch jetzt kostenfrei zu sichern:

cherryfinance.de/ADBL5

WAS IST RESILENZ?

Der Begriff Resilienz stammt aus dem lateinischen und bedeutet übersetzt etwa so viel wie „Abprallen“ oder auch „Zurückspringen“. Es bezeichnet daher die Widerstandskraft eines Menschen auf Schicksalsschläge und Krisen.

Während manche Menschen sich von kleinsten Rückschlägen entmutigen lassen, gibt es einige, die sich auch nach schweren Erkrankungen, nach dem Tod des Ehepartners oder beruflichen Bankrotts wieder zurück ins Leben kämpfen und weiter agieren, als wäre nie etwas geschehen.

In der Psychologie versteht man unter Resilienz daher eine Person, die vor nichts zurückschreckt und Lebenskrisen ohne psychische Folgen meistern kann.

Welche Auswirkungen hat die Resilienz bei meinen Mitarbeitern?

Menschen, die sich durch ihre Resilienz auszeichnen, sind in Unternehmen jeder Art gefragt. Mitarbeiter, die sich durch persönliche oder berufliche Krisen sprichwörtlich aus der Bahn werfen lassen, demotivieren nicht nur sich selbst, sondern sind auch ein Störfaktor, der die Produktivität der gesamten Abteilung lahmlegen kann.

Resilienz bezeichnet also somit auch die innere Stärke, uns von negativen Ereignissen nicht lenken zu lassen und trotz Krisen weiterhin Leistungsfähig und emotional stabil bleiben zu können.

Ein Mitarbeiter, der aus einer Krise, ganz gleich ob beruflich oder privat, gestärkt hervorgeht, zeigt, dass er über eine herausragende emotionale Intelligenz verfügt, denn er kann offensichtlich seine eigenen Ressourcen so nutzen, dass er die Emotion beeinflussen und in positive Energie für die neuen Aufgaben umwandeln kann. Angestellte, die durch kleinste Krisen schon einen deutlichen Leistungsabfall verursachen, sind in Unternehmen nicht gern gesehen. Die Resilienz eines Menschen hält das Team zusammen und macht es leistungsfähig und stark.

Das resiliente „Stehaufmännchen“ zeigt sich durch Leistung, soziale und emotionale Kompetenzen und durch die positive Energie, die auch nicht durch schwere Schicksalsschläge beeinflusst wird.

Auf eine Krise reagiert der resiliente Mitarbeiter durch besondere Aufmerksamkeit, die die schwierige Situation fordert. Er sieht diese schwere Zeit als Förderung seiner eigenen Recoursen und Stärkung der emotionalen Widerstandskraft.

Durch die emotionale Stärke und durch sein Bewusstsein der eigenen Fähigkeiten kann ein Mensch, der sich durch seine Resilienz auszeichnet, immer wieder neu auf schwierige Situationen einstellen.

In einer krisenhaften Zeit zeigt er durch seine herausragenden Fähigkeiten immer wieder neue Wege aus der Krise und kann flexibel auf bevorstehende Herausforderungen agieren.

Mit seinem kreativen Gespür für schwere Situationen kann er eine gute Führungskraft für ein Team sein, dass voll und Ganz auf die Kompetenzen der leitenden Kraft vertrauen kann.

Für eine Führungskraft mit emotionaler Stärke ist die Resilienz von großer Wichtigkeit, denn sie kann durch diese persönliche Fähigkeit Ihre Mitarbeiter aus der Krise führen und in schwierigen Zeiten als Vorbild gelten, wenn sie vorlebt, wie man eine Krise als Möglichkeit wahrnimmt.

Die Krise als Möglichkeit

In einem Unternehmen können immer wieder neue Herausforderungen auf Sie und Ihre Abteilung warten. Eine emotional begabte Person wie Sie weiß aber genau, wie Sie auf solche Umstände reagieren muss, damit das gesamte Team leistungsorientiert weiterarbeiten kann.

Scheuen Sie sich in einer Krise nicht, die Herausforderung anzunehmen und Ihrem Team, aber auch den Vorgesetzten zu beweisen, dass Sie durch Ihre emotionalen Kompetenzen ein wichtiger und vor allem widerstandsfähiger

Mitarbeiter sind, der auch in schwierigen Zeiten bereit ist, die gewohnte Leistung zu erbringen.

Ein Beispiel aus der Praxis:

Schon seit geraumer Zeit geht in der Firma das Gerücht um, das aus betriebsinternen Gründen einige Mitarbeiter entlassen werden müssen. Natürlich haben auch Ihre Mitarbeiter von diesen Munkeleien gehört und sorgen sich nun um ihren Arbeitsplatz. Sie müssen nun dafür sorgen, dass diese Angst um den Arbeitsplatz nicht zu einer destruktiven Arbeitsweise führt, sondern müssen Ihre Mitarbeiter dahingehend motivieren, noch effektiver zu arbeiten um ihre Wichtigkeit und Leistungsfähigkeit für das Unternehmen darstellen zu können.

Nehmen Sie sich die nötige Zeit, um mit Ihrem Team die Sorgen und Nöte zu besprechen, aber fordern Sie zugleich Arbeitshaltung, damit die Angst nicht lähmend wirkt.

Wer Leistung zeigt und dem Unternehmen mit seinen individuellen Leistungen wichtig ist, der muss auch nicht um seinen Job bangen.

Dies auf eine verständliche Weise zu vermitteln ist Ihre Aufgabe als emotional intelligente Führungskraft.

Nutzen Sie die vermeintliche Krise als Stabilisator für Ihr Team und führen Sie es zum Ziel, indem Sie es motivieren und Leistungsbereitschaft stabilisieren.

Wie kann ich meine eigene Resilienz optimieren?

Scheinbar sind manche Menschen von der Wiege an mit psychologischer Widerstandskraft geboren worden und einige wiederum nicht.

Während manche Menschen nach einem Schicksalsschlag untergehen und in ihren Gefühlen zu ersticken drohen, nutzen andere diese Begebenheit um schnell aus dem emotionalen Loch herauszukommen und neue Wege für die veränderte Lebenssituation zu suchen.

Wenn Sie jetzt denken, Sie gehören in die erste Kategorie, so kann man Ihnen versichern, dass, ähnlich wie die emotionale Intelligenz, die Resilienz auch eine Fähigkeit ist, die sich erlernen lässt.

Sie haben sich schon als emotional intelligente Führungskraft bewiesen und üben täglich um die emotionalen Kompetenzen weiter auszubauen?

Dann optimieren Sie Ihre tägliche Routine und fördern Sie zugleich auch die eigene Widerstandskraft.

Die positive Lebenseinstellung ist der Anfang

Ob es nun um Resilienz geht, um emotionale Kompetenzen oder einfach beruflichen Erfolg, all dass basiert auf eine positive Lebenseinstellung.

Wer immer nur missmutig durchs Leben geht, der kann seine eigenen Recoursen gar nicht nutzen und wird nicht erfolgreich sein.

Freuen Sie sich jeden Tag auf die bevorstehenden Stunden und seien Sie gespannt, was der Alltag für Sie bereit hält. Im Leben kommt es immer anders als man denkt, also seine Sie offen für Neues und verfallen Sie nicht in eine negative Grundhaltung.

Lernen Sie, sich auf neue Situationen einzustellen und bleiben Sie immer interessiert und offen für die Wirrungen des Lebens.

Nur wer positiv denkt, der kann im Leben auch gute Erfahrungen sammeln. Freuen Sie sich über die Möglichkeiten die Ihre Berufswahl Ihnen bietet. Zeigen Sie Freude im Umgang mit Ihrem Team und schätzen Sie die Anwesenheit und die individuellen Fähigkeiten jedes einzelnen Mitarbeiters.

Wer am Ende des Tunnels ein Licht sieht, dem scheint der Weg durch die Krise auch nicht schwer zu fallen.

Planen Sie Veränderungen des Lebens ein

Wie soll ich denn Schicksalsschläge einplanen, ich kann doch nicht in die Zukunft sehen. Sicherlich fragen Sie sich jetzt, wie dieser Hinweis gemeint ist. Dabei ist es eigentlich nicht schwer, sich mal Gedanken über die Zukunft zu machen.

Ein Mensch mit besonderen emotionalen Fähigkeiten zeichnet sich dadurch aus, dass er sich Gedanken über das bevorstehende macht.

Er lebt nicht nur im Hier und Jetzt, sondern plant seinen weiteren Weg sehr gewissenhaft. Auch die Planung von möglichen schweren Lebenswegen gehört zu einem emotionalen Menschen dazu.

Leute, die ein hohen Maß an Resilienz aufweisen wissen, dass Ihnen das Glück nicht immer nur hold sein kann. Sie verstehen auch, dass es durch einen unbedachten Moment zu einem schweren Schicksalsschlag kommen kann. Schwere Krankheiten oder Unfälle erschüttern jeden Tag das unbeschwerte Leben von vielen Menschen.

Als Mensch mit einem hohen Faktor von Resilienz ist es Ihnen wichtig, sich auch über solche Ereignisse Gedanken zu machen.

Nehmen Sie sich die Zeit um einmal zu reflektieren: „Was wäre wenn…". Niemand denkt gerne an einen schlimmen Unfall oder eine beängstigende Diagnose bei der regelmäßigen Kontrolluntersuchung. Aber um allen Eventualitäten vorbeugen zu können, sollten Sie einmal diese Situationen durchspielen.

Im privaten kann dies bedeuten, dass Sie sich, gemeinsam mit dem Partner oder der Partnerin zusammensetzen und Wege überlegen, mit denen Sie eine solche Situation meistern könnten. Sollten Sie eine Pflegeversicherung aufsetzen, ist ein Testament vorhanden?

Ein Mensch mit großer Resilienz ist in einer solchen Situation gut abgesichert und lässt sich von solchen Schicksalsschlägen nicht überraschen.

Auch im Büro können Sie solchen Situationen mit dem Team vorbeugen.

Wenn in Krisenzeiten Mitarbeiter entlassen werden, suchen Sie das Gespräch mit Ihren Angestellten und sprechen Sie einmal durch, das passieren muss, falls es auch Ihre Abteilung treffen sollte. Können Mitarbeiter bei einer Rationalisierung in eine andere Filiale wechseln oder gibt es die Möglichkeit in einer anderen Abteilung unterzukommen?

Bei Mobbing müssen Sie ebenfalls als Führungskraft handeln, damit Ihr Team weiterhin produktiv arbeiten kann. Setzen Sie hier klare Grenzen und suchen Sie nach Möglichkeiten, das Schikanieren von Kollegen zu unterbinden.

Sie sind kreativ und können solche schweren Situationen durch Ihre unterschiedlichen Kompetenzen verhindern. Nutzen Sie Wege, um Ihr Team weiterhin leistungsfähig zu halten.

Sie müssen Situationen akzeptieren lernen

Manche Menschen verschließen die Augen regelrecht vor der Realität. Sie verdrängen alle unangenehmen Dinge und sehen nur die positiven Wege. Als ein Mensch, der schwierige Situationen als Möglichkeit der Weiterentwicklung sehen möchte, müssen Sie der Wahrheit sprichwörtlich ins Gesicht sehen. Verstecken Sie sich nicht vor unangenehmen Situationen, nehmen Sie die Realität in all ihren Zügen an und versuchen Sie die neue, wenn auch unangenehme Situation zu bestreiten. Sagen Sie sich dazu immer wieder vor : „Ja, ich nehme es hin dass..... und nutze diese Situation um ....“ Wer sich solche Dinge immer wieder als Möglichkeit der neuen Selbstentfaltung verbal vor Augen hält, kann Krisen schnell meistern und als selbstbewusste Person aus der Krise hervorgehen.

Menschen, die sich durch unangenehme Situationen bewähren konnten, zeigen nach dem Unglück, nach der Krise viel mehr Selbstvertrauen und Mut und können beweisen, dass Sie zu weit höherem fähig sind, als ihnen vorher bewusst war.

Deshalb nehmen Sie die Situation unbedingt an und versuchen Sie einen Weg zu finden, wie Sie diese Krise für sich selbst nutzen können.

Suchen Sie Lösungen um die Krise bewältigen zu können

Verschaffen Sie sich zunächst einen Überblick über die Situation in die Sie nun geraten sind. Reflektieren Sie diese Krise und auch Ihre ganz persönlichen Fähigkeiten um eine Möglichkeit finden zu können, mit der Sie diese Krise bewältigen können.

Verstehen Sie diese Situation als neuen Lebensweg, und zeigen Sie Mut, wenn Sie einen Lösungsweg finden.

Nutzen Sie neue Möglichkeiten um Ihren Weg aus der Krise zu finden.

Manchmal bedarf es unkonventionellen Lösungsmöglichkeiten um einen Ausweg aus dieser Lebenssituation finden zu können.

Zeigen Sie emotionale Stärke und glauben Sie an die glückliche Zukunft die Ihnen bevorsteht, wenn Sie diesen Schicksalsschlag überstanden haben.

Glauben Sie an Ihre Zukunft und blicken Sie nicht immer zurück an das was einmal gewesen ist. Wer nur gedanklich in der Vergangenheit lebt, kann sich leider nicht weiterentwickeln und erfolgreich sein. Halten Sie Ihren Blick auf die Zukunft und bleiben Sie nicht sentimental in der Vergangenheit stecken.

Begeben Sie sich nicht in die Opferrolle

Als leitender Angestellter sind Sie die Führungskraft, die dem Team einen Weg aus der Misere weisen kann.

Verstricken Sie sich nicht in Gedankengänge wie:

„Warum passiert mir sowas immer nur?" oder
„Mir passiert nie etwas Gutes, immer erleben ich nur negative Dinge".

Wer sich in solche Gedanken verstrickt, der erlebt eine negative Spirale, aus der er oder sie nicht mehr herausfinden kann.

Ebenfalls können solche negativen Gedanken das Ich beeinflussen und zu einer sich selbst erfüllenden Prophezeiung werden. Denn wer immer nur vor Augen hat, dass ihm etwas schlimmes widerfahren könnte, der erkennt die guten Dinge des Lebens nicht mehr und wartet regelrecht auf einen Schicksalsschlag. Tritt dieser dann tatsächlich ein, fühlt sich die Person wieder in seinen Aussagen bestätigt und verstrickt sich immer weiter in diese negative Gedankenspirale.

Resiltente Menschen nehmen Schicksalsschläge als Herausforderungen an, suchen neue Wege um die neue Situation umzugestalten und gehen aus der Erfahrung motiviert und gestärkt hervor.

Geben Sie niemals anderen Menschen die Schuld für Krisen

Niemand ist gerne Schuld an einer Krise oder einem Schicksalsschlag. Dennoch sollten Sie es vermeiden, einen Mitmenschen Schuld zuweisen zu wollen. Die Zuweisung von Schuld wird die Situation meist auch nicht verbessern können und Sie säen mit der Schuldzuweisung nur negative Emotionen bei Ihrem Mitmenschen. Als empathische Führungskraft mir einem hohen Maß an Resilienz können Sie die schwierige Situation einfach so hinnehmen ohne die Schuld an jemanden abzutreten.

Als emotionaler Mensch können Sie die eigenen Fehler erkennen und so daraus Rückschlüsse ziehen, durch die Sie es vermeiden können, den gleichen Fehler noch einmal zu begehen.

Nutzen Sie soziale Netzwerke um die Krise meistern zu können
Sie müssen eine schwierige Situation nicht alleine meistern. Vielmehr zeigt es Ihre Kompetenz als emotional intelligente Führungskraft, wenn auch Sie einmal in der Lage sind und Hilfe bei Ihren Mitmenschen suchen.

So aktivieren Sie nicht nur Ihre eigenen sozialen Netzwerke, sondern können auch bei Ihren Kollegen, Familienmitgliedern oder Freunden an deren eigene emotionalen Fähigkeiten appellieren.

Zeigen Sie Menschlichkeit indem Sie um Hilfe bitten und lernen Sie, wie Sie gemeinsam mit der Unterstützung von anderen Menschen über sich hinaus wachsen können.
Wenn Sie den eigenen Resilienzfaktor optimiert haben, können Sie dieses Wissen auch an Ihre Mitarbeiter weitergeben.

Nutzen Sie diese Fähigkeiten um Ihre Abteilung dauerhaft auf einem konstanten Leistungsniveau halten zu können.

Oberste Ziele sollten dabei sein:

- Das Ihr Team nicht unter andauerndem Stress steht:

Sorgen Sie als leitender Angestellter für eine optimale Arbeitsauslastung, sorgen Sie aber auch dafür, dass Ihren Mitarbeitern die Möglichkeit gewährt wird, die eigenen Recoursen wieder aufzufüllen und neue Kräfte entwickeln zu können.

Bieten Sie Möglichkeiten neue Energie zu tanken um dann kreativ und intuitiv an neuen Ideen weiterarbeiten zu können.

Vermeiden Sie es, auch bei wichtigen Projekten viele Überstunden zu verordnen. Das hemmt nicht nur die Lust am Arbeiten, sondern macht auf Dauer durch die übermäßige Belastung auch unproduktiv. Ihre Mitarbeiter finden in der hektischen Zeit keine Möglichkeit der Entspannung und erfahren dadurch einen Leistungsabfall, der für Unproduktivität sorgt.

- Überforderung vermeiden

Lassen Sie Ihr Team nicht unüberlegt große Aufgaben bewältigen, sondern seien Sie als Führungskraft dazu da, bei Schwierigkeiten Hilfe zu leisten und als kompetenter Ansprechpartner jederzeit zu Fragen bereit zu stehen. Vermeiden Sie Stress, der durch zu hohe Anforderungen entsteht. Bereiten Sie sich und das Team optimal auf bevorstehende Projekte vor, geben Sie Ihren Mitarbeitern die Möglichkeit sich auf Fortbildungen, Seminaren oder Wochenendkursen weiterzubilden.

Qualifizierte Mitarbeiter, die immer weitergebildet werden, erfahren so nicht nur Wertschätzung, sondern können ihr fundiertes Wissen auch an das gesamte Team weitergeben und die Arbeitsleistung so optimieren.

-das Gefühl fremdbestimmt zu handeln

Lassen Sie Ihren Mitarbeitern auch mal die Entscheidungsgewalt und ermöglichen Sie Ihnen, selbstbestimmt handeln zu können. Wer für jede Entscheidung um Erlaubnis bitten muss, der verliert früher oder später das Interesse an seiner Arbeit und fühlt sich aufgrund einer untergeordneten Rolle als Ausführung fremder Handlungen. Motivierend ist es für die Angestellten, wenn Ihnen die Chance zur freien Gestaltung gegeben wird, damit Sie die eigenen Fähigkeiten belegen können. Wer seine Mitarbeiter immer wieder fordert, der fördert damit auch die individuellen Kompetenzen der einzelnen Arbeitskraft. Wer selbst bestimmen kann und Aufgaben so bearbeiten kann, wie es in seinem Sinne ist, der ist nachweislich produktiver und kann gute Leistungen erbringen.

-Sinnlose Tätigkeiten übernehmen

Wer immer nur mit sinnlosen und nichtigen Aufgaben betraut wird, der wird irgendwann die Lust an seiner Arbeit verlieren und kontraproduktiv für das Team. Als Führungskraft, die ihre Tätigkeit mit emotionaler Intelligenz ausführt, ist es Ihre Aufgabe, den einzelnen Mitarbeiter zu fordern und ihn nach Möglichkeit in seinen Interessen und Fähigkeiten zu fördern. Sicher fallen in Ihrer Abteilung auch mal Aufgaben an, die den Ansprüchen Ihrer Mitarbeiter nicht entsprechen, versuchen Sie bitte diese Aufgaben immer im Wechsel zu delegieren, damit kein Mitarbeiter denkt, er würde stets die Aufgaben übernehmen müssen, die seine Kollegen nicht machen wollen. Wenn Sie die lästigen Aufgaben im Team rotieren lassen, kommt jeder Angestellte einmal dran und kann dann wieder Aufgaben übernehmen, die seinen Leistungen und Fähigkeiten entsprechen.

-Keine Freude an der Arbeit

Wer sich immer nur mit gleichen Aufgaben befassen muss, der erfährt schnell die Monotonie am Arbeitsplatz. So kann keine Freude entwickelt werden. Eine abwechslungsreiche und interessante Aufgabe stärkt die Kompetenzen eines Mitarbeiter und fördert seine Resilienz. Wer immer wieder neue Herausforderungen am Arbeitsplatz annehmen kann, geht mit guter Laune und Interesse an sein Tagewerk.

Resilienz wirkt prophylaktisch gegen diese Störfaktoren am Arbeitsplatz

Wer Resilienz zeigt, ist für die Chefetage ein gefragter Mitarbeiter, der kontinuierlich Leistung zeigen kann und so für das Unternehmen zu einem wertvollen Mitarbeiter heranwächst.

Nachweislich kann Resilienz einige Faktoren und Risiken verringern, die einen Arbeitnehmer in seiner Leistung schwächen kann.

Resilienz schützt vor:

- Burnout

Die große psychische Erkrankung fordert immer mehr die Gesundheit von Arbeitnehmern und belastet so das berufliche wie das private Leben.

Wer ständig im Job unter Strom steht, Aufgabe um Aufgabe bewältigen muss und sprichwörtlich die Uhr im Nacken hat, der erleidet irgendwann zwangsläufig den emotionalen Kollaps.

Dank der Resilienz und den emotionalen Kompetenzen kann das Risiko eines Burnouts deutlich verringert werden.

Sie erkennen einen resilienten Mitarbeiter an seiner Reizbarkeit und der Antriebsschwäche, die typisch für ein Burnout, aber auch für eine schwere Depression ist.

Stärken Sie einen Mitarbeiter in seinen Kompetenten wenn Sie als Führungskraft festgestellt haben, dass sich die Motivation Ihres Mitarbeiters plötzlich in Antriebslosigkeit umgewandelt hat. Nutzen Sie ein Gespräch mit dem Mitarbeiter um der Sache auf den Grund zu gehen.

-Resilienz beugt Depressionen vor

Ein emotional stabiler Mensch kann durch seine innere Widerstandskraft emotionalen Krisen entgegenwirken und sucht sich professionelle Hilfe, bevor die Depression ausbrechen kann.

Der zukunftsorientierte Mitarbeiter scheut sich nicht vor schweren Aufgaben und blickt immer positiv auf die Anforderungen der Zukunft. Er scheut sich nicht auch in Krisenzeiten optimistisch zu bleiben und kann so selbst effektiv gegen eine Depression arbeiten.

-Stagnation bekämpfen

Stagnation, der Stillstand im Leben ist ein negativer Emotionenkiller, der die Leistungsfähigkeit innerhalb eines Teams lahmlegen kann.

Wer während einer Aufgabe nicht mehr weiterkommt, der verliert nicht nur den Mut, sondern auch die Lust, seine Fähigkeiten für das Unternehmen einzusetzen.

Resilienz kann insofern die störende Stagnation bekämpfen, indem ein emotional stabiler Mensch es schafft, Wege und Mittel zu finden, mit denen er sein Ziel doch noch erreichen kann. Durch seine kreativen Fähigkeiten sucht er nach einer Idee, mit denen man zielorientiert weiterarbeiten kann.

-Negative Bewertungen vorbeugen

Wer zielorientiert arbeiten kann und kontinuierlich gute Leistung vorweist, der braucht keine negative Bewertung befürchten. Aber oft ist es auch die innere Haltung, die innere Stimme, die unsere Taten so schlecht bewertet, dass es unser Selbstwertgefühl nachhaltig stören kann.

Als Mensch mit einem hohen Maß an Resilienz können wir solchen inneren Bewertungen entgegenwirken und uns durch die eigenen Emotionen wieder auf ein motiviertes Level bringen. Ein Mensch der seine tiefsten Emotionen wahrnimmt und sie durch seine innere Widerstandskraft verändern kann, der wird nicht zulassen, dass er sich selbst und seine erledigten Aufgaben schlecht bewertet. Er kann für seine gemeisterten Herausforderungen Stolz empfinden und nutzt diese Emotion als Motivator für nachfolgende Herausforderungen.

-Resilienz kann Fehlzeiten regulieren

Wer vor psychischen Erkrankungen wie Depressionen oder Burnout gewappnet ist und gesund bleibt, der kann seine Leistungen auch an jedem Tag im Büro erbringen.

Durch die Resilienz können auffällig viele Fehlzeiten von Angestellten reguliert werden.

Herrscht in Ihrer Abteilung jedoch eine enorme Vulnerabilität, also die Anfälligkeit für emotionale Erkrankungen , aber auch physische Erkrankungen, so werden Sie schnell feststellen, dass die Krankenrate in Ihrer Abteilung enorm hoch ist.

-Leistungsfähigkeit steigern

Wer resiliente Mitarbeiter in seinem Team führt, der kann durch eine emotional geführte Abteilung eine enorme Leistung erfahren. Wer es schafft, seine Mitarbeiter individuell und persönlich zu fordern und zu fördern, der findet motivierte und Leistungsstarke Mitarbeiter in seiner Abteilung vor.

-Potentiale nutzen

Jeder Mitarbeiter hat eigene Fähigkeiten, die er in einer guten Arbeitsatmosphäre voll entfalten kann. Für Sie als Führungskraft ist es wichtig, die jeweiligen Potentiale der einzelnen Mitarbeiter zu erkennen und diese für eine optimale Leistung zu nutzen.

Nutzen Sie die individuellen Fähigkeiten Ihrer Teammitglieder und stellen Sie Arbeitsgruppen zusammen, die perfekt miteinander harmonisieren und beste Ergebnisse erbringen können. Achten Sie dabei aber nicht nur auf die individuellen Fähigkeiten die jeder Angestellte mit sich bringt, sondern achten Sie auch auf die zwischenmenschlichen Aspekte, damit Sie ein leistungsfähiges und kompetentes Team an eine zielorientierte Arbeit heranführen können.

- Stress reduzieren

Stress ist der Killer, der jede gute Arbeitsatmosphäre zunichte machen kann. Versuchen Sie daher, Stressfaktoren im Keim zu ersticken.

Knappe Arbeitszeit:
Sie müssen mit Ihrem Team ein Projekt in kürzester Zeit bewältigen? Nutzen Sie die knappen Ressourcen und versuchen Sie in der vorgegebenen Zeit das Ziel mit den möglichen Mitteln zu erreichen.

Damit sich kein Zeitdruck entwickeln kann, geben Sie Ihren Mitarbeitern die Möglichkeit sich voll und ganz auf das wichtige Projekt zu konzentrieren. Die knappe Zeit kann durch Telefon, E-Mail oder unnötige Aufgaben nur aufhalten und als Störfaktor betrachtet werden. Ziehen Sie fähige Mitarbeiter aus dem Team ab, die sich nun komplett dem Projekt widmen können ohne durch andere Mitarbeiter oder Telefone gestört werden können.

Auch wenn Multitasking im Job sehr gern gesehen wird, wenn die Zeit knapp bemessen ist und ein Projekt oberste Priorität hat, sollten Sie Ihren Angestellten die Möglichkeit geben, sich nur einer Aufgabe widmen zu können.

Leistungsdruck:
Motivieren Sie Ihre Mitarbeiter gekonnt um eine optimale Leistung erzielen zu können. Lassen Sie jedoch keinen enormen Druck aufkommen, indem Sie den Mitarbeitern gar drohen, wenn das Projekt nicht positiv vom Kunden aufgenommen wird.

Geben Sie den Mitarbeitern Raum zur freien Gestaltung des Projekts ohne sich über die Konsequenzen sorgen zu müssen. In einer stressfreien Arbeitsatmosphäre können sich Ideen besser entfalten und führen so zu einem besseren Ziel.

Ernährung und Bewegung
Den ganzen Tag starr am Computer sitzen ohne sich auch nur mal zu bewegen ist nicht nur ungesund, sondern kann auch die Produktivität hemmen. Als Führungskraft achten Sie auch darauf, dass Ihre Mitarbeiter bei einem Einbruch der Arbeitsleistung die Möglichkeit zur Bewegung bekommen. Durch körperliche Aktivität wird nicht nur der Körper entlastet, sondern auch die Hirnaktivität angeregt. Gerade wer in einem gedanklichen Loch war, kann nach einem kleinen Spaziergang wieder.

SO FÜHREN SIE IHRE MITARBEITER ERFOLGREICH

Wenn ihnen erstmalig die Aufgabe zuteil wird, ein Mitarbeiterteam zu führen, werden Sie sich bestimmt fragen, welchen Führungsstil Sie bevorzugen sollen.

Möchten Sie direkt am Mitarbeiter sein und einen ganz persönlichen Führungsstil bevorzugen oder wollen Sie Aufgaben delegieren und das Team lieber als defensive Führungskraft ihr Team selbstständig agieren lassen.

Mit Ihrer emotionaler Intelligenz und den sozialen Kompetenzen sollten Sie auf einen persönlichen Führungsstil setzen, mit dem Sie Ihren Mitarbeitern durch die Wertschätzung der individuellen Fähigkeiten zum Ziel bringen können.

In jedem Fall muss Ihr gewählter Führungsstil leistungsorientiert sein und Sie mit Ihrer Abteilung Zielorientiert arbeiten können.

Fragen Sie sich wann Sie bereits Erfahrung in der Führung von Menschen sammeln konnten.

Wenn Sie einmal in sich gehen und die bisherigen Erfahrungen reflektieren, werden Ihnen sicherlich Situationen aus dem beruflichen oder auch privaten Alltag in den Sinn kommen, bei denen Sie bereits Menschen geführt haben. Konnten Sie in der Vergangenheit ein Team leiten oder waren Sie bei einer privaten Situation als Anführer einer Gruppe gewählt wurden? Jeder von uns hat irgendwann schon einmal Führungserfahrungen sammeln können.

Reflektieren Sie die Situation und überlegen Sie sich, wie Sie damals die Menschen aus Ihrem Team geführt haben. Waren Sie ein offensiver Führer oder haben Sie dem Team gleichberechtigt Entscheidungsgewalt überlassen?

Wie haben Sie diese frühere Situation empfunden?

Was war bei dieser Gelegenheit positiv und was haben Sie als negativ empfunden?

Wer sich eine solche Situation noch einmal in den Sinn holt, der kann für seine kommende Mitarbeiterführung bereits erste Ideen sammeln, die man dann in seinem weiteren Berufsleben aufgreifen kann.

Denken Sie im Hinblick auf Ihre neue Aufgabe auch unbedingt an Ihre eigenen Erfahrungen mit Ihren Vorgesetzten. Welche Erfahrungen haben Sie als Angestellter mit unterschiedlichen Führungspersonen machen können?

Konnten Sie vielleicht einige Rückschlüsse aus dem Verhalten Ihrer Vorgesetzten ziehen?

Was fanden Sie an dieser Führungslinie gut und was hat Ihnen nicht gut gefallen?

Vielleicht besteht die Möglichkeit, noch einmal mit diesen Vorgesetzten zu sprechen und einiges von deren Führungsstilen zu übernehmen.

Wir Menschen lernen vieles von dem Verhalten unserer Mitmenschen, nutzen Sie daher auch unbedingt die Möglichkeit, aus den Führungspersönlichkeiten von anderen Vorgesetzten zu lernen.

Wann fällt es Ihnen schwer, das Team ordentlich zu führen?

Notieren Sie sich Situationen in denen Ihnen die Führung eines Teams keine Probleme bereitet, sowie auch Momente in denen Ihnen das Führen der Abteilung schwer fällt?

Als Beispiel:

Wenn Angestellte selbstständig an Ihren Aufgaben arbeiten, fällt es Ihnen leicht, das Team zu leiten.

Wenn ein wichtiges Projekt angestrebt werden soll, in denen die einzelnen Mitarbeiter gemeinsam agieren müssen, fällt es Ihnen schwer, dieses Team individuell zu motivieren.

Überlegen Sie hier Führungsstrategien, mit denen Sie Ihrem Team einen Weg weisen können, der zum gewünschten Erfolg führt.

Wenn Sie auf solche, scheinbar schwierige, Situationen vorbereitet sind, werden Sie solche Hürden demnächst schnell bewältigen können.

Führung bedeutet nicht nur, Aufgaben an sein Team zu übergeben und diese von oben herab zu überwachen. Als emotional intelligenter Führer müssen Sie auch bereit sein, von den Fähigkeiten und individuellen Eigenschaften Ihrer Mitarbeiter lernen zu wollen.

Angestellte, die bereits viele Jahre in dem Unternehmen sind, verfügen vielleicht über ein enormes internes Wissen, dass Ihnen auch als Führungskraft zu Gute kommt. Deshalb seien Sie nicht erhaben über Ihrem Team, sondern finden Sie einen Weg, sich in das Team integrieren zu können und es auch einer gleichen Augenhöhe führen zu können und von den einzelnen Mitarbeitern inspirieren zu lassen.

Die ersten Tage als neue Führungskraft

Wenn Sie als neuer Chef in die Abteilung kommen, ist das für beide Seiten eine aufregende Situation.

Wichtig hierbei ist, dass Sie sich direkt und unmittelbar Ihrem neuen Team vorstellen und Ihnen ein Gefühl der Zusammengehörigkeit vermitteln.

1. Kommunizieren Sie offen Ihren Führungsstil und zeigen Sie Ihrem neuen Team, welche Erwartungen Sie an jeden einzelnen Mitarbeiter haben

Es ist nicht nur ein Akt der Höflichkeit, wenn Sie sich am ersten Tag Ihren neuen Untergebenen vorstellen. Die Ansprache bietet Ihnen auch erstmals einen Überblick über die Abteilung sowie die Möglichkeit, klar Ihre Erwartungen und Ziele kommunizieren zu können.

Stellen Sie sich vor und geben Sie Ihren neuen Angestellten einen kleinen Überblick über Ihre bisherigen Erfahrungen im Berufsleben.

2. Mitarbeiter zum Gespräch bitten

Der wohl wichtigste Punkt, wenn Sie eine neue Abteilung als Führungskraft leiten sollen ist das kennenlernen der einzelnen Teammitgliedern.

Bitten Sie alle Angestellten zum Einzelgespräch um sich einen ersten Überblick über deren Fähigkeiten, Ambitionen, Stärken und Schwächen sowie über deren Persönlichkeitsmerkmale zu verschaffen.

Geben Sie dem einzelnen Mitarbeiter auch den Raum, seine Wünsche klar zu kommunizieren und erfahren Sie so, wie Sie den jeweiligen Mitarbeiter individuell fördern, und an das Unternehmen binden können.

3. Führungsstil klar kommunizieren

Wer bereits in den ersten Tagen einen wechselhaften Führungsstil präsentiert, kann keine Autorität über seine Mitarbeiter erlangen. Ziehen Sie zu Beginn eine klare Linie durch um sich einen ersten Überblick über den Alltag in dieser Abteilung verschaffen zu können.

Die individuellen Anforderungen an Sie und Ihre Mitarbeiter sucht sicherlich einen kreativen Führungsstil, aber erst ist es wichtig, Ihren Mitarbeitern einen deutlichen Weg zu kommunizieren, an dem sich der einzelne Angestellte orientieren kann.

4. Führungsphilosophie des Unternehmens aufgreifen

Während in manchen Unternehmen noch immer eine deutliche autoritäre Führung angestrebt wird, bei der der Angestellte die delegierten Aufgaben nach Vorgabe ausführt, praktizieren andere Firmen wiederum einen Führungsstil, der den Mitarbeiter gleichberechtigt mit der Führung agieren lässt.

Verschaffen Sie sich als neuer Mitarbeiter im Unternehmen einen Überblick über die Führungsphilosophie des Unternehmens und greifen Sie dieses auf.

Manche Führungsstile haben sich in Unternehmen beweisen können, während andere Stile nicht die gewünschte Wirkung erzielen konnten. Halten Sie an einem antrainierten Führungsstil fest, nehmen Sie aber Ihre persönlichen Skills mit ein um eine persönliche Note in den angestrebten Führungsstil legen zu können.

Welche Führungsstile gibt es eigentlich?

Grundsätzlich lassen sich Führungsstile in zwei wichtigen Unterscheidungen einteilen. Darunter gibt es noch zahlreiche Varianten der jeweiligen Stile, die ganz individuell ausgelegt werden können.

Der erste ist ein autoritärer Führungsstil, bei der die Angestellten allein die Aufgaben des leitenden Mitarbeiters übernehmen und keine Vollmacht oder Berechtigung zur alleinigen Entscheidung haben.

Der zweite Führungsstil ist ein kooperativer Führungsstil, der von Ihnen als leitender Mitarbeiter mit emotionaler Intelligenz bevorzugt werden muss. Hier versucht man mit dem Teamleiter auf einer Ebene zu stehen, agiert und entscheidet gemeinsam. Auch wird den Mitarbeitern ermöglicht, in einem angemessenen Rahmen selbstständig Entscheidung zu fällen und so einen Teil der Verantwortung selbst zu tragen.

Welche Ziele müssen Sie als Führungskraft mit emotionaler Stärke anstreben?

Das Ziel eines Unternehmens ist natürlich die Gewinnoptimierung. Als leitender Angestellter halten Sie Ihre Mitarbeiter dazu an, diese Ziele durch die eigenen Fähigkeiten und Leistungen erreichen zu können.

Zielorientiertes Arbeiten

Sie haben die Aufgabe, innerhalb Ihrer Abteilung für ein zielorientiertes Arbeiten zu sorgen und die gegebenen Kapazitäten Ihrer Mitarbeiter bestmöglichst auszuschöpfen.

Fluktation vermeiden

Ebenfalls sollten Sie als emotional geprägte Führungskraft versuchen, eine hohe Fluktatktion in Ihrer Abteilung zu vermeiden. Das Mitarbeiter den Arbeitsplatz wechseln oder ganz aus dem Unternehmen ausscheiden kommt immer wieder vor. Für das Unternehmen ist dies jedoch mit Kosten und Zeit verbunden. Das Zeit in der freien Marktwirtschaft enorm kostbar ist, wissen Sie natürlich als kompetente Führungskraft. Um Kosten für Stellenanzeigen und Zeit für Bewerbungsgespräche einsparen zu können, müssen Sie als Führer in Ihrer Abteilung dafür sorgen, dass Sie Ihr Team zusammenhalten. Durch eine positive Führung können Sie es schaffen, dass sich Ihre

Angestellten in diesem Team wohl fühlen. So können Sie langfristig an das Unternehmen und an Ihre Abteilung gebunden werden. Dadurch vermeiden Sie Fluktationen, die nicht nur finanzielle Nachteile mit sich bringen.

Fluktaktion bedeutet auch, dass Ihr Team immer wieder von neuen Mitarbeitern frequentiert wird, dass die entstandene Lücke auffüllen muss. Die Einarbeitung der neuen Mitarbeiter ist ebenfalls zeitintensiv und stört den Flow der bereits involvierten Angestellten.

Wie können Sie denn vermeiden, dass Mitarbeiter Ihre Abteilung oder gar das Unternehmen verlassen?

Eine gute Mitarbeiterführung schafft es, Loyalität beim Angestellten hervorzurufen. Wer sich in seiner Abteilung, in seinem Team wohl fühlt, Herausforderungen gestellt bekommt, eigene Ideen verwirklichen kann und auch die Möglichkeit zur Entscheidungsfreiheit hat, der kann durch einen kooperativen Führungsstil gut an das Unternehmen gebunden werden.

Um eine Fluktaktion der Mitarbeiter zu verringern, im besten Falle gänzlich vermeiden zu können, müssen Sie es als Führungskraft mit emotionalen Fähigkeiten schaffen, die Angestellten an Ihre Abteilung, an das Unternehmen zu binden.

Dies kann durch unterschiedliche Möglichkeiten erreicht werden. Dafür ist es wichtig, dass Sie die individuellen Bedürfnisse der jeweiligen Angestellten kennen. Nur so können Sie es ermöglichen, dass Sie den Mitarbeiter bei Ihrem Team halten.

Hören Sie bei einem Gespräch mit dem Mitarbeiter heraus, dass er sich finanzielle Zuwendung wünscht, so können Sie diesen Mitarbeiter weiterhin an die Firma binden, indem Sie ihm diesen Wunsch erfüllen. Dies muss nicht unbedingt bedeuten, dass er eine satte Gehaltserhöhung zugesprochen wird. Vielleicht können Sie sich mit dem Angestellten darauf einigen, dass ihm ein Firmenwagen oder ein Diensthandy zur Verfügung gestellt wird, damit er eigene Kosten gering halten kann und somit auch eine finanzielle Entlastung erfährt.

Die kalkulative Bindung sorgt schnell für eine enge Bindung an das Unternehmen und sorgt für motivierte Angestellte.

Sie sehen in Mitarbeiterin XYZ großes Potential und erkennen auch, dass diese engagierte Mitarbeiterin auf der Karriereleiter aufsteigen will. Bieten Sie ihr die Chance, an Fortbildung teilzunehmen um die eigenen Fähigkeiten noch weiter ausbauen zu können.

Wer eine Perspektive sieht, der bleibt dem Unternehmen gerne treu und zeigt durch seinen Arbeitseifer, dass er ein wertvoller Mitarbeiter für das Unternehmen ist.

Wenn Sie hingegen die herausragenden Fähigkeiten der Mitarbeiterin ungenutzt lassen und ihr keine Möglichkeit geben wollen oder können, ihre Kompetenzen zu stärken und auszubauen, ernten Sie eine frustrierte und destruktive Arbeitskraft, die sich vielleicht schon bald nach einer neuen Herausforderung bei einer anderen Firma umsehen wird.

Eine andere Angestellte aus Ihrer Abteilung möchte das Unternehmen wechseln, weil Sie bei einer anderen Firma die Möglichkeit erhält, ihre Arbeitszeit flexibel zu gestalten. Als alleinerziehende Mutter benötigt diese Mitarbeiterin dringend eine Zusage, dass Sie den schwierigen Spagat zwischen Arbeit und Familie bewältigen kann. Wenn Sie diese Mitarbeiterin an Ihr Unternehmen binden möchte, müssen Sie eine Lösung finden, die es der Angestellten ermöglicht, die Arbeitszeit mit den Betreuungszeiten der Kinder anzupassen.

Ob dies ein Modell der Teilzeitbeschäftigung sein kann, oder ob es die Möglichkeit gibt, einen Großteil der Arbeit im Home Office zu erledigen oder ob Sie die Chance haben, für berufstätige Eltern innerhalb des Unternehmens eine Kinderbetreuung anzubieten, liegt in Ihrer Macht.

Wer sich für seine Mitarbeiter einsetzt, der kann diese auch langfristig als gute Arbeitskraft gewinnen.

Als geschätzte Führungskraft ist es Ihnen möglich, jeden Mitarbeiter durch dessen individuelle Kompetenzen an die bestmögliche Leistung heranzuführen.

Erkennen Sie welche ungenutzten Fähigkeiten sich in Ihren Angestellten befinden und erwecken Sie diese Kompetenzen durch besondere Herausforderungen.

Wer sein Team fordert, der fördert nicht nur den Zusammenhalt innerhalb der Abteilung, sondern sorgt gleichzeitig auch dafür, dass diese Mitarbeiter stets motiviert und optimiert arbeiten können.

Durch das erreichen von gemeinsamen Zielen wird eine Verbundenheit zum Team geschaffen, man fühlt sich in die Gemeinschaft integriert und kann sich mit dem Unternehmen als Gruppe besser identifizieren.

Wenn es Ihnen möglich ist, belohnen Sie das Team nach dem erfolgreich bewältigten Projekt, nach der Marketingmaßnahme des neuen Produkts, dass so gut beim Chef angekommen ist. Suchen Sie nach Wegen und Möglichkeiten Ihren Angestellten die Wertschätzung zu zeigen, die sie durch ihre Leistung erreicht haben.

Die Wertschätzung des eigenen Könnens ist ein großer Katalysator, der den Menschen zu weiteren Höchstleistungen antreiben kann. Der einzelne Mitarbeiter sieht was er bereits geleistet hat und möchte nun diese positive Energie nutzen um weitere Erfolge für sich und sein Unternehmen einfahren zu können.

Sorgen Sie für diese Hoch und halten Sie es durch den Erhalt der positiven Emotionen als konstanten Motivationsschub.

Transparenz schafft Klarheit

Als Führungskraft sind Sie meist auch ein Vermittler zwischen der obersten Führungsebene und Ihrem Team. In Ihrer Hand die die Entscheidung, ob und wie Sie Ihren Mitarbeitern von bevorstehenden Veränderungen innerhalb des Unternehmens kommunizieren. Auch in einem großen Unternehmen spricht sich schnell vieles herum. Wenn Sie merken, dass Aufgrund von Gerüchten Mitarbeiter Angst um Ihre Anstellung haben, sollten Sie klar zeigen, ob diese Angst berechtigt ist. Als Führungskraft müssen Sie Transparenz schaffen, indem Sie Ängste nicht schüren sondern Ihrem Team deutlich vermitteln, wie die Zukunft der Abteilung aussehen wird.

Dies bedeutet nicht, dass Sie als Führungskraft nicht immer in die Karten sehen lassen müssen, Sie sollten einfach nur dafür sorgen, dass die Produktivität in Ihrem Team nicht durch äußere Einflüsse maßgeblich gestört wird.

Auch Entscheidungen Ihrerseits müssen für den Angestellten klar kommuniziert werden. Besonders wenn Sie als Führungskraft neu in ein Unternehmen kommen und eine lange Geschäftsbeziehung aufkündigen, müssen Sie Ihren

Mitarbeitern klar machen, wieso Sie in dieser Situation so gehandelt haben, wie Sie es eben getan haben.

Als Beispiel aus der Praxis

Sie sind der neue Geschäftsführer einer Filiale im Lebensmittelbereich. Aus der letzten Position kennen Sie die Einkaufspreise genau und wissen, wo Sie die besten Konditionen erhalten.

An der neuen Arbeitsstelle wird man seit Jahren von Lieferant A beliefert. Sie kennen aber Lieferant B , der Ihnen günstigere Preise anbietet.

Sie kündigen die Geschäftsbeziehung mit A und ordern künftig bei B.

Für Ihr Team, dass Sie noch nicht lange als Chef kennt, scheint die prompte Kündigung des langjährigen Lieferanten A ungewöhnlich.

Sie sollten Ihren Mitarbeitern nun klar kommunizieren, warum Sie plötzlich und vor allem ohne Absprache die Geschäftsbeziehung zu A gekündigt haben.

Auch wenn Sie neu in einem Unternehmen sind, brauchen Sie nicht unbedingt an alten Beziehungen festhalten, sondern müssen darauf schauen, dass Sie den Gewinn der eigenen Abteilung optimieren und zielorientiert arbeiten. Wenn Sie es schaffen, Ihre Tätigungen transparent zu gestalten, dann können Sie auch auf das Verständnis Ihres Teams bauen.

Sie zeigen Ihren Mitarbeitern so direkt, dass Sie im Sinne des Unternehmens gehandelt haben und nicht einfach Ihre Macht missbraucht haben um direkt zu Beginn Ihrer Tätigkeit eine langjährige Geschäftsbeziehung zu beenden.

Wie Sie von Ihren Mitarbeitern gesehen werden

Lange galt die Führungskraft als Autorität, der man als untergebener Angestellter wortlos folgen musste. Längst sehen Unternehmen von einem solchen Machthaberischen Führungsstil aber ab und bieten ihren leitenden Angestellten die Möglichkeit, einen ganz individuellen und persönlich gestalteten Führungsstil zu übernehmen.

In der Chefetage zählt dabei nur die erbrachte Leistung.

Bevor Sie sich einem Führungsstil verschreiben, müssen Sie sich im Klaren sein, welche Werte Ihnen bei den einzelnen Mitarbeitern wichtig sind.

Wie viel Wert legen Sie auf Kreativität, sind flexible Arbeitszeiten möglich oder dürfen Ihre Angestellten auch mal selbst Entscheidungen treffen?

Bleiben Sie aber immer bei diesen Werten und ändern Sie nicht dauernd die Meinung um von Ihren Mitarbeitern als kompetente Führungskraft angesehen zu werden.

Wer immer wieder seine Meinung ändert und für seine wechselhaften Ideen bekannt ist, der kann auch als leitender Angestellter nicht ernst genommen werden.

Prinzipien sind auf der Führungsebene von hoher Bedeutung.

Wer sich seinen Mitarbeitern immer fair und ehrlich gibt, der wird schnell als eine kompetente Führungskraft akzeptiert.

Behandeln Sie den Menschen immer fair und üben Sie aus Ihrer oberen Position keine Macht aus. Bei einen sensiblen Mitarbeiter kann ein autoritäres Machtgehabe Ängste auslösen.

Als Beispiel:

Führungskraft B. stellt seine Macht innerhalb der Abteilung gern zur Schau. Wer nicht effizient arbeitet, der bekommt niedere Aufgaben zugeteilt und muss von den Kollegen auch noch Spott und Hohn über sich ergehen lassen.

Der Mitarbeiter H. fürchtet jeden Tag, dass er das Opfer der mächtigen Führungskraft wird und kommt somit schon mit negativen Emotionen morgens in das Büro.

Hier versucht er nach Kräften seine angefallenen Aufgaben rechtzeitig zu bewältigen, ohne das dem Chef das langsame Arbeitstempo auffällt. Zwar wird Mitarbeiter H. rechtzeitig mit den ihm zugewiesenen Aufgaben fertig, durch die große Angst vor seinem leitenden Angestellten kann er jedoch seine Fähigkeiten und sein Arbeitspensum gar nicht voll ausschöpfen. Die Angst lähmt diesen Mitarbeiter in jeglicher Hinsicht.

Erst als die Führungskraft B. in den Ruhestand versetzt wird und Herr H. eine emotional intelligente Führungskraft zugewiesen bekommt, der dessen Potential erkennt und fördert, kann Mitarbeiter H. seine Kompetenzen endlich unter Beweis stellen und über sich hinaus wachsen.

Seine Mitarbeiter erfolgreich zu führen bedeutet nicht, dass diese ständig die Macht spüren, die Sie durch Ihre Position inne haben. Sie sollten Ihre Aufgabe als Führungskraft viel mehr darin sehen, dass es Ihnen obliegt, die Angestellten an ihre Aufgaben heranzuführen, sie zu leiten und in ihren individuellen Fähigkeiten zu unterstützen.

Um Ihre Mitarbeiter zu bester Leistung anzuspornen hilft es nicht, wenn Sie ihnen mit Sanktionen drohen oder die ganze Abteilung gar bestrafen.

Zeigen Sie durch die Belohnung des Teams jedoch, dass Sie die erbrachten Leistungen anerkennen und jeden einzelnen Mitarbeiter aus dem Team wert schätzen.

Verbindung nach Oben

Als Führungskraft werden Sie von Ihren Mitarbeitern als einen einflussreichen Chef interpretiert, der beste Verbindungen in die oberste Führungsetage vorweisen kann und somit auch hilfreich für seinen Angestellten sein kann. Unterstützen Sie Angestellte mit großem Potential und bieten Sie diesen die Möglichkeit, sich nach oben arbeiten zu können.

Sie kennen Ihre Angestellten als Führungskraft am Besten und wissen wer das Potential hat, es bis ganz nach oben zu schaffen. Wenn ein Mitglied aus Ihrem Team es wagen will, auf der Karriereleiter nach oben zu klettern, so sollten Sie ihr oder ihm die Möglichkeit bieten, diesen Schritt auch machen zu können.

Sprechen Sie herausragende Leistungen bei Ihrem Vorgesetzen an und geben Sie der Angestellten die Chance sich auf der nächsten Ebene beweisen zu können.

Sie können als leitender Angestellter das wichtige Verbindungsmitglied zwischen Ihrem Vorgesetzten und den einzelnen Mitarbeitern sein und ihnen so helfen, beruflich weiterzukommen.

Ihre Mitarbeiter werden es sehr schätzen, wenn Sie Ihnen behilflich sind, auf der Karriereleiter weiter nach oben zu kommen.

Fördern Sie dieses Mitglied und fordern Sie bis zum Aufstieg motivierte Mitarbeit.

Welche Anforderungen haben Mitarbeiter eines Teams an eine Führungskraft?

Um die Leistungen in Unternehmen optimieren zu können, wurden häufig Mitarbeiter nach ihrer Perspektive gefragt. Wer die Ergebnisse aus diesen Umfragen kennt, der kann seine eigenen Leistungen als emotional intelligente Führungskraft ausbauen und so zu einem geschätzten leitenden Mitarbeiter werden.

1. Zuhören

Die Kommunikation untereinander wird immer wieder als großer Faktor in einem fairen Miteinander dargestellt. Dabei ist es geführten Mitarbeitern besonders wichtig, dass die Führungskraft bereit ist, offen und ehrlich mit den Mitarbeitern zu kommunizieren.

Zeigen Sie ehrliches Interesse wenn ein Mitglied Ihres Teams mit einem Anliegen in Ihr Büro kommt. Nehmen Sie sich die Zeit, um sich die Probleme des Angestellten anzuhören und zeigen Sie aufrichtig, dass Sie seine Schwierigkeiten ernst nehmen.

Ganz gleich ob er mit einem beruflichen Problem zu Ihnen kommt, oder Sie in einer privaten Angelegenheit anspricht, es ist allen Mitarbeitern wichtig, dass Sie als Führungskraft deren Probleme nicht einfach abtun, sondern dass Sie sich wirklich mit dem Anliegen Ihres Mitarbeiters befassen.

Wenn Sie es schaffen, bei Ihren Angestellten ein positives Gefühl herzustellen und die Mitarbeiter Ihre Meinung schätzen, können Sie sich der Verbundenheit zu ihrer Führungskraft, aber auch zum Unternehmen sicher sein.

Tipp für die Praxis:

Geben Sie Ihren Angestellten die Möglichkeit, sich immer mit Problemen aus dem Arbeitsleben oder aus dem privaten Bereich bei Ihnen melden zu können.

Haben Sie einige Mitarbeiter im Team, die sich vielleicht nicht trauen, mit einem Anliegen in Ihr Büro zu kommen?

Gehen Sie routinemäßig immer wieder eine Runde durch die eigene Abteilung. Sprechen Sie jeden Mitarbeiter zwanglos an. Fragen Sie Ihn nach der gerade vorliegenden Tätigkeit, vielleicht lassen Sie im Smalltalk ein paar Fragen zur familiären Situation einfließen. Dies zeigt, dass Sie Ihre Mitarbeiter kennen und sich für Ihr Leben interessieren.

(Als Beispiel: Ach, Herr XY, wie war denn das Schulfest Ihrer Tochter am Wochenende?).

Geben Sie den Angestellten an deren Arbeitsort die Möglichkeit, kurz mit Ihnen über die Bedürfnisse zu sprechen. Vielen Menschen fällt es einfacher, in einer ungezwungenen Atmosphäre ihr Anliegen vorzubringen („Ach, Herr XY, da fällt mir noch ein....").

Mitarbeitergespräche werden in jedem Unternehmen meist nur jährlich, höchstens halbjährlich geführt. Dies ist jedoch viel zu wenig um eine enge Verbindung zu den Angestellten herstellen zu können.

Um die beste Leistung erlangen zu können, müssen Sie als empathische Führungskraft ganz nah am Mitarbeiter und seinen Bedürfnissen dran sein, damit dieser sich und seine Fähigkeiten voll entfalten kann.

2. Leistungen anerkennen

Der Mensch wünscht sich Anerkennung für das was er geschaffen hat. Das ist besonders in unserem Arbeitsumfeld von großer Bedeutung, wenn Sie eine konstant gute Leistung Ihrer Mitarbeiter wünschen. Wenn die Bemühung und die Leistung des einzelnen Mitarbeiters nicht anerkannt wird, fällt die Arbeitsleistung rapide ab.

Kontaktieren Sie den Menschen auf Augenhöhe und geben Sie ein ehrliches Feedback zu der erbrachten Leistung.

Auch wenn es so simpel klingt, ein ehrlich gemeintes „Danke" ist auch heute in der Arbeitswelt ein gutes Mittel um seine Wertschätzung für die Leistung seiner Mitarbeiter offen verbal zu zeigen.

3. Zeigen Sie Interesse an Ihrem Gegenüber

Während manche Menschen uns direkt sympathisch sind, würden wir uns im privaten Umfeld eher nicht mit einigen Kollegen treffen wollen. Auch als Führungskraft haben Sie sicherlich einige Angestellte, die Ihnen sympathischer sind als andere Mitarbeiter. Als Führungskraft, dass auf ein leistungsfähiges Team setzen will und muss, müssen Sie aber alle Mitglieder Ihrer Abteilung gleichmäßig behandeln, fordern und fördern.

Zeigen Sie auch den Mitarbeitern, die privat nicht Ihren Interessen entsprechen würden die wichtige und nötige Anerkennung für die erbrachte Leistung.

Als emotional intelligente Führungskraft können Sie klar zwischen privaten Sympathien und beruflichen Möglichkeiten unterscheiden und alle Angestellten gleich fair behandeln.

Um Ihr ehrliches Interesse an dem Kollegen zeigen zu können, ist es wichtig, dass Sie die Individualität des Mitarbeiters anerkennen. Nutzen Sie bei Bewertungen der geleisteten Arbeit keine Floskeln, sondern zeigen Sie ehrliches Interesse an den Ideen und der Arbeit.

Nehmen Sie den Mitarbeiter als Individuum wahr und wertschätzen Sie die ganz persönlichen Fähigkeiten, mit denen der Mitarbeiter sich perfekt in das Team integrieren kann.

4. Zeigen Sie Fehler und Schwächen und gestehen Sie sich diese ein

Ihre Mitarbeiter nehmen Sie zwar als Führungsmitarbeiter an und akzeptieren diese Position, aber das Team weiß auch, dass Sie ebenfalls ein Mensch sind, der Fehler und Schwächen hat.

Umso menschlicher werden Sie für Ihre Mitarbeiter, wenn Sie empathisch bleiben können und auch die eigenen Schwächen akzeptieren können.

Bleiben Sie authentisch und fragen Sie auch mal ein kompetentes Mitglieds des Teams um Rat oder seine Meinung. Es ist keine Schwäche, sondern zeugt von Größe, wenn Sie auf Ihre Mitarbeiter zukommen und diese mal um Hilfe bitten.

Ebenso ist es wichtig, sich den Fehler einzugestehen und sich auch entschuldigen zu können. Sie dürfen auch als Chef einmal Fehler machen und zeigen dass auch Sie ein Mensch sind, der nicht über allen Dingen steht oder alles beantworten kann.

Sich ehrlich zeigen und aufrichtig um Entschuldigung bitten, wenn Sie sich Ihren Angestellten falsch verhalten haben oder wenn mal etwas nicht wie geplant gelaufen ist, zeugt von menschlicher Größe.

5. Konkretes Feedback

Ihre Mitarbeiter möchten genau wissen, wo Sie als Führungskraft deren Fähigkeiten sehen oder wo Sie denken, dass eine Verbesserung nötig wäre. Es muss nicht immer nur Lob oder Tadel sein, der die Menschen zu mehr Leistung antreiben kann. Auch ein kurzes Feedback zwischendurch kann hilfreich sein, um den Mitarbeiter darauf aufmerksam zu machen, wo Möglichkeiten der Verbesserung anzustreben sind.

Ein regelmäßiges Feedback muss nicht immer nur in einem Mitarbeitergespräch kommuniziert werden. Es kann auch die Motivation der Angestellten antreiben, wenn Sie kurz im Vorbeigehen von den Eindrücken erzählen, wie die Leistung am jeweiligen Tag war.

Es ist allen Menschen wichtig, zu wissen, welchen Stellenwert das eigene Dasein hat. Nutzen Sie als empathische Führungskraft die tägliche Kommunikation mit den Mitgliedern Ihres Teams um Ihnen immer wieder aufzeigen zu können, was sie gut oder eben nicht so gut gemacht haben. Bitte achten Sie bei Kritik immer darauf, dass Sie gut verpackt ist und nicht vor weiteren Angestellten kommuniziert wird.

Um das Ganze noch einmal zum Abschluss des umfangreichen Themas „Emotionale Intelligenz und die erfolgreiche Führung Ihrer Mitarbeiter“ zu veranschaulichen, erhalten Sie hier nun noch einmal in übersichtlicher Form die zehn schlimmsten Fehler, die Sie in einer Führungsposition machen können:

1. Entscheidungen nicht treffen wollen

In einer Führungsposition müssen Sie jeden Tag zahlreiche Entscheidungen treffen. Vielen Führungskräften fällt es aber schwer, schnell eine klare

Meinung zu entwickeln und daraufhin eine Entscheidung zu fällen.

Sie müssen in Ihrer Anstellung als leitender Mitarbeiter lernen, auch wichtige Entscheidungen zeitnah und eindeutig fällen zu können. hier gehört auch hinzu, dass Sie eine Entscheidung auch dann fällen können, wenn Ihnen noch nicht alle wichtigen Informationen rund um die Entscheidung zur Verfügung stehen. Zeit ist Geld und wer viel Zeit verliert, der wird für das Unternehmen zu teuer.

Um Entscheidungen treffen zu können, ist es auch immer wichtig, dass Sie bereit sind, ein Risiko einzugehen. Sicherlich wird nicht immer jede Ihrer Entscheidungen die Richtige sein. Ob Ihre schnelle Entscheidung von Vorteil ist oder ob sich daraus im Nachhinein Nachteile für Ihre Abteilung ergeben, zeigt sich oft erst nach einiger Zeit. Dank Ihrer emotionalen Kompetenzen können Sie aber die eigene Entscheidung hinnehmen und diese auch offen kommunizieren.

2. Viele Führungskräfte wollen gerne unverbindlich bleiben

Seine Mitarbeiter zu lange hinhalten, sich unterschiedliche Optionen offen halten und den bequemsten Weg ohne Widerstand gehen wollen. Viele leitende Angestellte wollen gerne unverbindlich bleiben und sich auf eigene Aussagen nicht festnageln lassen.

Genau dies stört aber die Leistung Ihres Teams enorm, denn wer keine klaren Aussagen gibt, der kann auch kein klares Ziel definieren. Schwammige und missverständliche Ausdrücke sorgen bei Ihren Mitarbeitern nur für Verwirrungen und stören den Arbeitsfluss.

Werden Sie authentisch, machen Sie nicht den Fehler und versuchen unverbindlich bleiben zu wollen, sondern kommunizieren Sie Ihre Wünsche und Vorstellungen sowie natürlich das zu erreichende Arbeitsziel so, dass es für jeden Mitarbeiter unmissverständlich und klar ist.

3. Nicht zuhören

Und wieder kommen wir auf die wichtige Kommunikation zu Sprechen. Führungskräfte, die sprichwörtlich nur mit einem halben Ohr zuhören wenn Mitarbeiter mit einem Anliegen zu Ihnen kommen, verlieren schnell die Kontrolle über die Abteilung, denn Sie können den individuellen Anforderungen

Ihrer Angestellten schon bald nicht mehr gerecht werden.

Wer immer vorgibt, keine Zeit für die Belange seiner Mitarbeiter zu haben, der kann von diesen auch nicht erwarten, dass Sie all ihre wertvollen Ressourcen für das Unternehmen aufbringen.

Zahlreiche Missverständnisse und die daraus folgenden Probleme könnten einfach durch richtiges Zuhören aus der Welt geschafft werden. Als Führungskraft müssen Sie sich die Zeit nehmen und ihre volle Aufmerksamkeit dem Mitarbeiter und seinen Problemen widmen.

Wenn Sie gerade in dem Moment keine Zeit haben, bitten Sie Ihren Mitarbeiter in einem freundlichen Ton um Verständnis und machen Sie mit ihm einen Zeitpunkt aus, an dem Sie sich ihm voll und ganz widmen können.

Nur so kann sich das Individuum verstanden und angenommen fühlen.

4. Demotivierendes Verhalten

Führungskräfte die ihren Angestellten immer nur das Gefühl geben, gerade einmal so die gestellte Aufgabe geschafft zu haben , demotivieren Ihr Team enorm.

Noch immer gibt es Führungskräfte, die sich als eine Art Dompteur sehen und dem Team Aufgaben delegieren um diese dann streng zu überwachen.

Menschen, die unter andauernder Beobachtung stehen, können ihre Fähigkeiten jedoch nicht entfalten wenn Sie das Gefühl haben, unter einer Art Überwachung zu stehen.

Demotivierende Führungskräfte möchten immer detaillierte Berichte über die erledigten Aufgaben bekommen, zeigen in Ihrer Art klar, dass Sie sich den einzelnen Mitarbeitern übergeordnet fühlen und lassen diese bei der Ausarbeitung der Ziele keinerlei Freiräume.

Solche Führungskräfte sorgen mit diesem Verhalten nicht nur, dass sie meinen, sie wären qualifizierter und besser als die eigenen Angestellten, sondern Sie verhindern mit dieser Eigenart auch, dass die Mitarbeiter kreative Vorschläge unterbreiten und so das Ziel besser und schneller erreichen können.

5. Führungskräfte die sich übergeordnet darstellen

Stets das Handy am Ohr, mit dem Tablett in der Kantine und den wichtigen Aktenordner unter dem Arm. Die Führungskraft hat es nicht immer leicht. Sicher meinen dies einige leitende Angestellte von sich selbst, denn mit einem solchen Verhalten wollen Sie nicht nur zeigen wie wertvoll sie scheinbar für das Unternehmen sind und welche Leistung Sie durch Ihren Einsatz an den Tag legen können. Sie zeigen damit auch, dass Sie sich für etwas Besseres halten.

Wer sich selbst für zu wichtig nimmt, der kommuniziert seinem Team sogleich, dass es keine so wichtige Rolle in der Abteilung einnimmt.

Auch als Führungskraft sollten Sie sich als einen Teil des Teams sehen und dies auch in Ihrem Verhalten deutlich machen.

6. Unfaires Verhalten

Jeder Mitarbeiter kann mal einen Fehler machen, aber ihn direkt vor der versammelten Mannschaft nieder machen zeugt nicht von einem professionellen Verhalten in der Führungsposition.

Eine emotional intelligente Führungskraft achtet stets auf einen fairen Umgang mit seinen Mitarbeitern und legt auch sehr viel Wertz auf einen ebensolchen Umgang der Kollegen untereinander.

Dazu gehört auch, dass man sich an Absprachen hält und diese nicht für unwirksam erklärt, wenn es sich für eine Person doch nicht als rentabel darstellt.

Besonders in der Gehaltsabsprache kann es immer wieder zu einem Verhalten kommen, dass für den einen oder anderen unfair ausgehen kann.

Als Führungskraft sollten Sie sich von Zeit zu Zeit überlegen, ob Sie fair handeln und vor allem ob Sie Ihre Angestellten auch fair bezahlen und das Entgelt für die erbrachte Leistung noch in Ordnung ist.

Mitarbeiter die sich stets fair behandelt fühlen, sind auch bereit, mehr für das Unternehmen zu tun als der Angestellte, der mit seinem Gehalt unzufrieden ist und daher auch nicht bereit ist, mehr Leistung zu erbringen.

7. Führungskräfte die nicht zu ihrem Wort stehen

Als Führungskraft sollten Sie stets authentisch und glaubwürdig bleiben. Wer immer wieder neue Absprachen trifft und diese nicht einhalten kann, der kann in seinen Mitarbeitern kein Vertrauen heranreifen lassen.
Sie müssen sich, genau wie die Angestellten auch, an Absprachen halten.

Wenn Sie einem Mitarbeiter versprechen, dass Sie ihm die E-Mail mit den wichtigen Informationen rund um das bevorstehende Projekt noch vor der Mittagspause zusenden werden, dann vergessen Sie diese Absprache bitte auch nicht und sorgen Sie dafür, dass der Mitarbeiter die Informationen zur rechten Zeit erhält, damit er damit weiterarbeiten kann.

Wer sich nicht an getroffene Absprachen hält, der stört den Flow und sorgt immer wieder dafür, dass sich der Mitarbeiter mit immer wieder neuen Dingen beschäftigen muss, nämlich mit der Erinnerung an die Absprache, oder mit der Bitte um die Zusendung der wichtigen Informationen.

8. Nur harte Fakten zählen

Besonders in der höheren Hierarchie merkt man immer wieder, dass Fakten und Zahlen den Alltag der Führungskräfte bestimmen. Wer aber als leitender Angestellter nur Zahlen und Fakten im Kopf hat, vergisst schnell, dass er auch mit echten Menschen in seiner Abteilung zu tun hat.

Lassen Sie die Bilanz auch mal einen tag liegen wenn Sie merken, dass es in Ihrer Abteilung zwischenmenschliche Probleme gibt oder verschieben Sie das Meeting wenn Ihr Team Hilfestellung bei einer wichtigen Aufgabe hat. So zeigen Sie, dass Sie nicht nur harte Fakten im Kopf haben, sondern auch wem Sie die Erkenntnis zu Zahlen und Fakten zu verdanken haben.

9. Fehler nicht zugeben wollen

Als Führungskraft mit emotionalen Kompetenzen wissen Sie, dass Sie im Büroalltag auch Mensch sein dürfen. Auch als Führungskraft erwartet niemand Ihrer Mitarbeiter von Ihnen übermenschliche Möglichkeiten.

Seien Sie offen und ehrlich und lachen Sie auch mal über einen Fehler ihrerseits.

Wichtig ist hierbei immer, dass Sie sich den Fehler selbst eingestehen können und bereit sind, diesen Anlass als Grund zum lernen anzusehen.

10. Die Entwicklung der Mitarbeiter nicht fördern

Menschen wollen gefordert und gefördert werden. Als Führungskraft müssen Sie diese individuellen Stärken erkennen und herausfinden, wie Sie den einzelnen Mitarbeiter bei der Weiterentwicklung seiner Skills behilflich sein können.

Manche leitenden Angestellten kommt es jedoch gar nicht in den Sinn, die individuellen Fähigkeiten der Mitarbeiter zu fördern. Sicher sind Schulungen und Fortbildungsmaßnahmen ein enormer Kosten - und Zeitfaktor, immerhin muss die Fördermaßnahme bezahlt werden und eventuell eine Kraft von Außerhalb geholt werden um die Lücke im Büro vorübergehend neu besetzen zu können.

Oder aber die Führungskraft fürchtet, dass sich der Mitarbeiter nach der Qualifizierung oder Weiterbildung nach einer neuen Herausforderung in einem anderen Unternehmen umsehen wird und das daraufhin das Team verlässt.

Egal welche Motivation dahinter steckt, die individuellen Leistungen des Mitarbeiters nicht fördern zu wollen, es ist ein großer Fehler der Führungskraft, dem Angestellten dies nicht zu ermöglichen.

Besondere Situation und wie Sie damit als Führungskraft umgehen können

Sie meistern den Büroalltag als Führungskraft mit emotionaler Intelligenz gut und haben eine faire Arbeitsatmosphäre in Ihrer Abteilung schaffen können.

Dennoch kann es immer wieder vorkommen, dass unerwartete Situation das Betriebsklima stören. Wie Sie darauf als emotional geprägte Führungskraft reagieren müssen und wie Sie es dann schaffen, erneut ein harmonisches Team zu führen, zeigen die nächsten Beispiele:

Liebe am Arbeitsplatz

Am Arbeitsplatz verbringt man die meiste Zeit des Tages und lebt intensiv und eng mit den Kollegen zusammen. Nicht selten kommt es vor, dass sich bei Kollegen während der intensiven Arbeit liebevolle Gefühle entwickeln. Wird die Turtelei jedoch offen im Büro ausgetragen, kann dies bei den Kollegen oft zu Missstimmungen führen.

Wie sollen und müssen Sie als Führungskraft mit der Liebe Ihrer Angestellten umgehen, damit das Betriebsklima nicht durch die großen Gefühle der beiden Liebenden gestört wird?

So agieren Sie richtig:

Sobald Ihnen auffällt, dass zwischen Ihren Mitarbeitern mehr als nur kollegiale Emotionen herrschen, sollten Sie die beiden Turteltauben zum gemeinsamen Mitarbeitergespräch bitten.

Kommunizieren Sie klar, dass Ihnen aufgefallen ist, dass sich das Verhalten der beiden Angestellten zueinander verändert hat.

Geben Sie den Beiden die Möglichkeit, sich klar zu diesem Thema zu äußern.

Als Führungskraft müssen Sie das frisch verliebte Paar darauf aufmerksam machen, dass eine Liebe im Büro für die gesamte Abteilung negative Folgen haben kann.

Sicherlich ist die Liebe sprichwörtlich das höchste der Gefühle und kann einen Menschen zu enormen Leistungen antreiben, jedoch muss den beiden Mitarbeitern auch klar gemacht werden, dass das öffentliche Turteln nur die Atmosphäre und die laufenden Arbeitsprozesse innerhalb des Teams stören kann.

Klären Sie mit Ihren Teammitgliedern, dass große Emotionen der beginnenden Partnerschaft und öffentliche Zärtlichkeiten am Arbeitsplatz keinen Raum haben.

Gemeinsam können und sollten Sie mit Ihren Angestellten Strategien entwickeln, mit denen das professionelle Verhalten am Arbeitsplatz weiterhin durchgeführt werden können, auch wenn sich zwischen den beiden Mitarbeitern privat einiges geändert hat.

Schenken Sie Ihren Mitarbeitern Vertrauen und geben Sie ihnen die Möglichkeit, ihre Professionalität zu beweisen, indem Sie zunächst wie gewohnt weiterarbeiten lassen.

Was ist zu tun, wenn sich die beiden Mitarbeiter nicht an diese Absprachen halten?

Die Liebe ist ein starkes Gefühl, das sprichwörtlich alle normalen Gedankengänge ausschalten könnte.

Haben Ihre verliebten Mitarbeiter sich nicht an die gemeinsam getroffenen Absprachen gehalten, haben Ihre Arbeitsplätze vielleicht getauscht, damit sie nah beieinander sitzen und munkeln können? Dies stört natürlich den Arbeitseifer der anderen Mitarbeiter und kann so nicht geduldet werden.

Als Führungskraft liegt es jetzt an Ihnen, dem Treiben ein Ende zu setzen und die Liebelei der Mitarbeiter völlig aus dem Büroalltag zu verbannen.

Wenn es Ihre Angestellten nicht schaffen, die großen Gefühle aus dem beruflichen Alltag Außen vor zu lassen, suchen Sie erneut das Gespräch mit den beiden Betroffenen.

Sprechen Sie die Angestellten auf das unkollegiale Verhalten an und kommunizieren Sie klar Ihre Enttäuschung über die Nichteinhaltung der vereinbarten Verhaltensweisen.

Versuchen Sie jedoch als Zeichen guten Willens, alle Interessen der einzelnen Parteien zu wahren. Sie wollen Ihrem Team ein möglichst gutes Arbeitsumfeld schaffen, in dem das Team zielorientiert arbeiten kann, Ihre Angestellten möchten ungestört Leistung erbringen und das neue Paar muss lernen, die Liebe im Privaten zu lassen.

Wenn es Ihren Mitarbeitern nicht gelingt, die Emotionen aus dem Berufsleben in den privaten Alltag zu verbannen, müssen Sie klar kommunizieren, dass eine Versetzung eines der Angestellten für Sie die beste Lösung wäre.

Wie soll ich mich richtig verhalten, wenn ich als Führungskraft selbst in einen Mitarbeiter verliebt bin?

Sie verbringen sehr viel Zeit mit Ihren Angestellten und haben an einer

Kollegin oder an einem Mitarbeiter Gefallen gefunden?

Die Liebe nimmt oft merkwürdige Wege, vor denen auch eine Führungskraft nicht immer verschont bleibt. Besonders wenn Sie als emotional intelligenter Mensch großen Wert auf die Gefühlswelt Ihrer Mitarbeiter legen, kann es oft sein, dass Sie die besonderen Empathie zu einem Teammitglied entwickeln.

Aber wie sollen Sie sich als leitender Angestellter richtig verhalten wenn Amors Pfeil Sie erwischt hat?

Eine Liebe auf unterschiedlichen hierarchischen Ebenen kann für alle Betroffenen sehr schwierig sein. Besonders wenn Sie als Führungskraft erstmal erkennen, dass Sie besondere Gefühle für einen Mitarbeitern entwickelt haben, kann es oft zu Problemen führen, denn eine verliebte Führungskraft kann durch das Gefühlschaos schnell an Professionalität verlieren.

Dies wiederum kann dazu führen, dass Sie den Respekt Ihrer Mitarbeiter verlieren und ebenso Authentizität einbüßen müssen.

Im besten Falle vergessen Sie diese Liebelei wieder. Obwohl jedes Dritte Paar sich auf der Arbeit kennengelernt hat, kann eine emotionale Gefühlsentwicklung zwischen Vorgesetzten und Angestellten zu einer komplizierten Situation werden.

Wie also verhalten wenn die Führungskraft verliebt ist?

Wenn Sie sich als Führungskraft in eine/n Angestellte/n verguckt haben, müssen Sie diese Situation äußerst diskret behandeln.

Wenn Sie sich im Klaren darüber sind, dass diese Gefühle wirklich ernst sind und kein kurzweiliges Interesse, dann müssen Sie klare Fronten schaffen.

Dies kann nur geschehen, wenn Sie folgende Dinge beachten:

1. Niemals Druck ausüben

Für den Angebeteten oder die Angebetete kann es sehr unangenehm sein, wenn er/sie mitbekommt, dass der Vorgesetzte Gefühle entwickelt hat.

Ganz gleich ob bei Ihrem Schwarm auch Interesse an einer nicht-beruflichen Beziehung besteht, Sie dürfen von oben herab niemals Drück ausüben.

Als Mitarbeiter, der die Verehrung des Vorgesetzten spürt, kann es zu einem starken Konflikt kommen:

Wie wird sich meine berufliche Karriere entwickeln wenn ich

A. mit meinem Vorgesetzten anbändele

oder

B. wenn ich die Avancen meines Vorgesetzten nicht annehme?

Der Mitarbeiter wird hier in eine emotionale Zwickmühle gebracht. Einerseits hat er Angst, den Job zu verlieren, wenn er auf die Flirtversuche des leitenden Angestellten nicht eingeht. Andererseits könnte sich das anbändeln mit dem Chef vielleicht positiv auf die Entwicklung der Karriere ausüben. Sie dürfen als Führungskraft diese Situation niemals für Ihre eigenen Zwecke missbrauchen.

Auch sollten Sie den sympathisierten Mitarbeiter nicht täglich nach Dienstschluss zum Gespräch in Ihr Büro rufen und dort Flirtversuche starten. Auch ein scheinbar geschäftliches Abendessen, dass sich als Rendevouz bei Kerzenlicht entpuppt, zeugt nicht von einem professionellen Verhalten. Versuchen Sie im beruflichen Alltag seriös und professionell zu geben.

2. Auch Machtspiele sind hier nicht von Vorteil

Ein Beispiel, dass leider immer noch im deutschen Büro allgegenwertig ist:

„Frau XY, wenn Sie mal mit mir ins Kino gehen, können wir uns gerne über eine Gehaltserhöhung unterhalten."

Als Mitarbeiter in der Führungsebene dürfen Sie solche Machtspiele niemals bei Ihren Angestellten ausüben.

Wenn Sie wissen, dass ein Mitarbeiter etwas anstrebt, sei es eine Gehaltserhöhung, eine Anstellung in Teilzeit um die Betreuung der Kinder gewährleisten zu können oder auch eine Beförderung, dürfen Sie niemals Ihre Macht als

Führungskraft ausüben, um Ihren persönlichen Willen zu bekommen.

Ebenfalls an der Tagesordnung in deutschen Büros sind sexuelle Gefälligkeiten, die nicht nur selbstverständlich ein Tabu sein sollten, sondern auch einen Straftatbestand darstellen.

Eine Machtausübung ist ein eindeutiger Beweis für den Missbrauch der Autorität und darf in keinem Fall geduldet werden.

Bringen Sie trotz aller amourösen Gefühle Ihren Mitarbeiter nicht in eine unangenehme Lage und verkneifen Sie sich als gute Führungspersönlichkeit die Ausübung von Druck in jeglicher Art sowie das Darstellen der übergeordneten Situation durch Machtspiele.

In fast allen Fällen ist der Mitarbeiter am Ende gezwungen, dieser unangenehmen Situation zu entgehen und die Abteilung, manchmal auch gar das Unternehmen zu verlassen.

So verlieren Sie durch Ihre eigene Schuld eine fähige Arbeitskraft.

Mobbing

Immer häufiger wird der Arbeitsalltag durch Mobbing gestört. Wenn Mitarbeiter auf einen Einzelnen los gehen und diesen Menschen verbal oder gar körperlich angreifen, stört dies nicht nur die Leistung des gesamten Teams, sondern sorgt für enorme psychische und physische Probleme.

Der Psychoterror am Arbeitsplatz fordert an Deutschen Arbeitsplätzen immer mehr Fehlzeiten von Angestellten, die dem enormen Druck und dem Terror der Kollegen nicht mehr Standhalten können.

Sie als Führungskraft müssen dafür Sorge tragen, dass in Ihrem Büro kein Terror unter den Mitarbeitern entsteht. Im besten Fall gelingt es der Führungskraft durch Prävention Mobbing schon zu verhindern, bevor der Psychoterror überhaupt entstehen kann.

Als Führungskraft dürfen Sie keinesfalls wegsehen, wenn Mitarbeiter von ihren Kollegen schikaniert werden. Auch dürfen Sie natürlich nicht der Initiator dieser Hetzjagd sein, die dann in Mobbing gipfelt. Sie fragen sich, warum Sie der erste Schritt auf der Suche nach einem Mobbingopfer sein könnten?

Diese Beispiele aus dem Büroalltag zeigen auf, wie schnell ein Mitarbeiter aus dem Team in die Opferrolle gedrängt werden kann. Sehr oft sogar unbewusst:

Beispiele aus der Praxis:

Mitarbeiterin A zeigt ihr Engagement immer wieder durch auffallend gute Leistungen und erhält daraufhin eine Gehaltserhöhung.

Vor versammelter Mannschaft loben Sie als Führungskraft diese Leistungen und die Einsatzbereitschaft der Mitarbeiterin. Nebenbei lassen Sie zufällig einen Satz fallen, der sich auf die Gehaltserhöhung bezieht.

Die anderen Mitglieder Ihres Teams sind über die Belobung der Kollegin weniger erfreut, immerhin haben sie sich auch angestrengt, erhalten in Zukunft aber kein höheres Gehalt.

Mitarbeiterin A wird nach dieser Ansprache der Führungskraft von den Mitarbeitern schikaniert. Neid ist hier der Faktor, der das Mobbing von Mitarbeiterin A angezettelt hat.

Wie hätten Sie es besser machen können?

Lob spornt jeden Menschen an und darf auch vor der Gruppe kommuniziert werden. Jedoch sollte hier nicht nur eine einzelne Person und ihre besonderen Leistung hervorgerufen werden, sondern das gemeinsame Erreichen des Ziels belobigt werden, sodass niemand aus der Gruppe sich benachteiligt fühlen kann.

Über Gehälter sollte grundsätzlich nicht vor anderen Kollegen gesprochen werden, dies darf nur zum Thema im Vier-Augen-Gespräch aufgenommen werden.

Beispiel 2:

Im Meeting mit Ihrem Team möchten Sie das häufige Fehlen eines Mitarbeiters ansprechen: „Herr B. durch die häufigen Erkrankungen und Fehlzeiten Ihrerseits, haben Sie Ihren Kollegen einiges zugemutet. Es mussten einige der Mitarbeiter Überstunden leisten, damit das bekannte Arbeitspensum eingehalten werden kann."

In diesem Beispiel eröffnet die Führungsperson unbewusst die Jagd auf Mitarbeiter B. Dessen Kollegen sind natürlich nicht erfreut, ständig Überstunden machen zu müssen, damit die Arbeit vom erkrankten Mitarbeiter B. nicht zu lange aufgeschoben wird.

Mitarbeiter B. wird nun als Opfer auserkoren, den die anderen Kollegen für sein Fehlen am Arbeitsplatz bestragen.

Besser hätte die Führungskraft es so formuliert:

„Herr B. wir freuen uns alle, dass Sie wieder genesen sind. Gemeinsam können wir uns nun den Dingen widmen, die bislang unbearbeitet bleiben mussten. Als gut eingespieltes Team sind wir in der Lage, das hohe Arbeitspensum wieder ins Lot zu bringen."

Durch diese bessere Formulierung wird Mitarbeiter B. nicht zum Schuldigen auserkoren, wird nicht zum Opfer von Mobbing. Die Führungskraft lobt die Leistungen des Teams und macht diesem durch die positiv gestaltete Ansprache die Energie, alle Aufgaben bewältigen zu können.

Sie sehen, als Führungskraft können und müssen Sie aktiv Prävention gegen Mobbing vorgehen, damit sich keiner Ihrer Mitarbeiter benachteiligt fühlt und aus diesem Frust heraus einen Kollegen zum Opfer von Mobbing macht. Missgunst, Neid, ungerechtes Verhalten oder Aggressionen sind oftmals die Auslöser für die Schikanierung von Mitarbeitern untereinander.

Wie Sie Mobbing in Ihrer Abteilung erkennen können:

Sollte es trotzdem einmal dazu kommen, dass in Ihrer Abteilung Mobbing betrieben wird, dürfen Sie nicht wegsehen, sondern müssen so schnell wie möglich diesen Psychoterror beenden.

Obwohl Mobbing in deutschen Büros einen immer größeren Platz einnimmt, wird der Psychoterror unter Kollegen noch häufig totgeschwiegen. Zu groß ist die Scham des gemobbten Mitarbeiters, der zum Opfer gemacht wurde. Dahinter steckt die große Angst als schwach dargestellt zu werden. Außerdem befürchten viele gemobbte Angestellte, dass der leitende Mitarbeiter die Probleme seines Angestellten nicht ernst nimmt und der Psychoterror daher andauern wird.

Damit Mobbing in Ihrer Abteilung nicht unentdeckt bleibt, müssen Sie sensibel im Umgang mit den Angestellten sein und auf Veränderungen des Verhaltens achten.

Wie Sie erkennen können, ob in Ihrer Abteilung gemobbt wird:

1. Ein Mitarbeiter zieht sich immer mehr von seinen Kollegen zurück

Sicher gibt es im Team immer einen Single Player, der seine Leistungen lieber alleine als in der Gruppe unter Beweis stellt.

Wenn sich jedoch ein Mitarbeiter plötzlich von der bisherigen Gruppe abnabelt und weder in die Teamarbeit noch während der Pause in die Gruppe integriert wird, sollten Sie als Führungskraft Augen und Ohren offen halten. Die typische Grüppchenbildung kann schon ein erstes Anzeichen für das Ausgrenzen von einzelnen Mitarbeitern sein. Dies ist häufig der erste Schritt des Mobbens und führt oft zu weiteren Ausgrenzungen des Mitarbeiters.

2. Der Angestellte zieht sich immer mehr zurück, wird stiller und kommuniziert kaum noch

Angestellte, die durch Terror der Kollegen emotional belastet werden, ziehen sich immer weiter in ihr eigenes Schneckenhaus zurück, denn sie fürchten die direkte Kommunikation mit den Kollegen, die für die Schikane sorgen.

War ein Mitarbeiter früher kommunikativ, hat viel gelacht und mit seinen Kollegen auch mal gern über private Dinge erzählt und sitzt nun nur noch still alleine am Schreibtisch, müssen Sie Führungsqualitäten beweisen und diesen Mitarbeiter so schnell wie möglich zu einem Gespräch bitten.

3. Der Mitarbeiter ist immer häufiger krank

Mobbing führt sehr häufig zu Fehlzeiten, nicht nur weil die Schikane der Kollegen für schwerwiegende psychische Probleme wie etwa eine Depression führen können, sondern weil es der Mitarbeiter dem Mobbing am Arbeitsplatz einfach nicht mehr aushalten kann. Er bleibt lieber mit Krankenschein zuhause als sich den Vorwürfen, Beleidigungen und Anfeindungen seiner Kollegen im Büro hingeben zu müssen.

Wenn ein Mitarbeiter aus Ihrer Abteilung oft fehlt, sollten Sie diesen in einem persönlichen Gespräch zu einer Stellungnahme bitten.

4. Bei Konflikten innerhalb des Teams kann sich der Gemobbte gegen seine Kollegen nicht durchsetzen

Haben sich manche Kollegen gegen eine einzelne Person verschworen, so ist es für diesen Angestellten sehr schwer, gegen die Überzahl der Kollegen anzukommen. Am Anfang wird er vielleicht noch versuchen, die Konflikte die im Raum stehen zu entkräften, kann sich aber gegen seine Mitarbeiter nicht wehren und verliert schließlich den Mut und den Willen, gegen diese schier unlösbare Aufgabe anzutreten.

Was müssen Sie tun, wenn Sie erstmals solche Anzeichen erkennen?

Als Führungskraft liegt es Ihrer Hand, Mobbing schon in den ersten Zügen zu vernichten.

Wenn Sie als sensibler Mensch auf die feinen Einzelheiten der Mitarbeiter im Umgang miteinander wahrnehmen können, kann es Ihnen gelingen, Mobbing schnell aus Ihrer Abteilung zu verbannen.

Bitten Sie zunächst den Mitarbeiter zu einem Einzelgespräch, der nach Ihren Erkenntnissen in der Opferrolle steckt. Ist dieser Mitarbeiter emotional ohnehin schon durch die Schikanierungen seiner Mitmenschen angeschlagen, so ist ein sensibler Umgang mit Ihrem Angestellten von enormer Wichtigkeit.

Bieten Sie ihm Raum, Ihnen seine Eindrücke über die vorherrschende Situation zu nennen und nehmen Sie seine Schilderungen sehr ernst. Mobbing ist ein heikles Thema, dass oft durch Nichtbeachtung zu einem noch größeren Problem werden kann.

Möchte der Mitarbeiter von sich aus zunächst keine Stellung zu Ihren Mobbing Fragen geben, so versuchen Sie ihn behutsam an das Thema heranzuführen.

Zeigen Sie dem Mitarbeiter auf, dass Sie Änderung seines Verhaltens festgestellt haben und wie es seiner Meinung zu dieser Veränderung in der Verhaltensweise kommen konnte.

Meist gelingt es, dass sich der Angestellte nun öffnen kann und die Probleme mit seinen Kollegen benennen kann.

Holen Sie sich nach dem ersten Gespräch mit dem Opfer auch unbedingt die Meinungen des Kollegens ein, der scheinbar die Täterrolle übernommen hat. Bleiben Sie jedoch in einer neutralen Rolle als Führungskraft und notieren Sie sich die Ausführungen dieses Mitarbeiters.

Sie sollten dann Ihrerseits schildern, wie Sie das Verhalten beider Seiten interpretieren und auch deutlich machen, wie der gemobbte Kollege unter der aktuellen Situation leidet.

Nachdem Sie beide Seiten jeweils getrennt voneinander gehört haben, bitten Sie eine neutrale Person, vielleicht Ihren eigenen Vorgesetzten oder auch einen Supervisor, bei einem gemeinsamen Gespräch mit den beteiligten Mitarbeitern zu vermitteln.

Wenn das Opfer über seine persönlichen Empfindungen offen sprechen kann, gelingt es häufig, beim Täter eine Einsicht zu erlangen.

Als Führungskraft bleiben Sie neutral und lassen die beiden Mitarbeiter frei agieren.

Beobachten Sie eine Weile, ob sich die Stimmung in Ihrer Abteilung wieder verändert hat. Bleiben Sie nah am Opfer und halten Sie dessen Verhaltensweisen genau unter Beobachtung.

Nach einiger Zeit können Sie wieder um ein Gespräch bitten und feststellen, ob er weiterhin in einer Opferrolle steckt oder ob der Psychoterror des Kollegen aufgehört hat.

Ist der Täter weiterhin uneinsichtig, so müssen Sie ihm mit Sanktionen, wie zum Beispiel einem Ausschluss aus der Abteilung oder einer Kündigung drohen.

In einem Gespräch bieten Sie dem Mobbing-Opfer bitte Hilfe für seine Situation an.

Besprechen Sie Möglichkeiten, wie er die belastende Situation bewältigen kann. Kann vielleicht eine Versetzung Abhilfe schaffen?

Bieten Sie dem Mitarbeiter Lösungsvorschläge an, die ihm deutlich machen, dass Sie ihn ernst nehmen und ihm auch aufrichtig helfen wollen.

Was ist, wenn ein Mitarbeiter sich zu Unrecht als Ofer von Mobbing deklariert?

Oft liegt es an einer mangelnden Kommunikation, die die Gefühle des sensiblen Mitarbeiters verletzen. Bieten Sie auch hier die Möglichkeit zu einer Aussprache zwischen den Mitarbeiter an und kommunizieren Sie klar, dass alle Mitarbeiter des Teams eine positive Atmosphäre wünschen, in der sich alle Angestellten wohl fühlen können und offen kommunizieren können.

Mobbing wird heute in fast allen Unternehmen durchgeführt. Oft ist es ein verstecktes Mobbing, aber auch ganz offen versucht man unliebsame Mitarbeiter aus dem Unternehmen zu schubsen.

Manchmal werden Angestellte sogar regelrecht von Führungskräften „mürbe" gemacht und durch den psychischen Terror gezwungen, sich aus dem Unternehmen zu verabschieden.

Mobbende führende Angestellte sind da keine Seltenheit mehr, denn sie sehen den finanziellen Aspekt dieser hinterhältigen Form der Mitarbeiterentlassen. Dem Mitarbeiter wird nach dem Psychoterror suggeriert, dass er sich in der Firma nicht mehr wohl fühle. Ein Ausscheiden aus dem Unternehmen sei dann wohl die beste Lösung für alle.

Dass der Mitarbeiter so auf eine, sicherlich hohe, Abfindung mehr oder weniger freiwillig verzichtet, ist leider klar.

Auch kommt ein solcher Fall nicht vor das Arbeitsgericht.

Durch diese Taktik bleiben leider immer noch zahllose Fälle von Mitarbeitermobbing oder auch Bossing, der Psychoterror durch den Chef, unbekannt.

MITARBEITERGESPRÄCHE RICHTIG FÜHREN!

WARUM SIND MITARBEITERGESPRÄCHE SO wichtig? Um ein Unternehmen gut führen zu können braucht es nicht nur gute Leistung, sondern auch eine kontinuierliche Verbesserung der Arbeitsprozesse.

In Unternehmen kann es aber schnell zu einer Stagnation kommen, wenn kein Austausch stattfindet und Hürden im alltäglichen Arbeitsprozess unentdeckt bleiben.

Das Mitarbeitergespräch kann hier unter anderem Aufschluss geben und dafür sorgen, dass sie als führender Mitarbeiter die einzelnen Prozesse optimieren können.

Ebenso erfahren Sie in einem regelmäßigen Austausch mit Ihren Angestellten aus erster Hand, wie Ihre Fachkräfte die eigene Position im Unternehmen sehen. Was sind Anforderungen an das Unternehmen, so kann man seine eigene Leistung optimieren, welche Ansprüche haben die Angestellten an den Vorgesetzten.

Im Mitarbeitergespräch kann all das zur Sprache kommen, wo zwischen Tür und Angel häufig keine Zeit gefunden wird.

Wie Sie Mitarbeitergespräche richtig führen, was wichtig im Gespräch mit Ihren Angestellten ist und wie Sie das umsetzen können, was im Interesse beider Parteien wichtig ist, erfahren Sie nun hier:

Alle Jahre wieder

Einmal im Jahr ruft der Chef alle Schäfchen einzeln in sein Büro und möchte sich mit ihnen über die Leistungen und Schwächen des vorangegangenen Jahres unterhalten.

Was zur gepflegten Routine in vielen Unternehmen geworden ist, scheint heute weit her geholt, denn wer seinen Mitarbeitern nur einmal im Jahr die Gelegenheit gibt, mit dem Chef zu kommunizieren, der verpasst häufig die Chance, einen regen Austausch mit seinem Team gestalten zu können.

Regelmäßiger Austausch hilft schneller, Arbeitsvorgänge zu optimieren

Auch ein halbjährliches Mitarbeitergespräch ist zu wenig, um einen intensiven Überblick über die internen Geschehnisse in Ihrer Abteilung behalten zu können. Nehmen Sie sich immer wieder die Zeit, Ihre Angestellten zu einem Gespräch zu bitten um Störquellen aufzudecken, um Ideen Ihrer Mitarbeiter aufgreifen zu können und so den laufenden Arbeitsprozess zeitnah optimieren zu können.

Ferner sollten Sie den Angestellten in Ihrer Abteilung zugestehen, jederzeit bei Schwierigkeiten im beruflichen Alltag oder aber auch mit Sorgen und Nöten aus dem privaten Bereich zu Ihnen kommen zu können.

Wer klar signalisiert, dass ihm die Belange seiner Angestellten wichtig sind, der kann auch auf einen offenen und ehrlichen Austausch über berufliche Themen hoffen.

Was ist vor dem Mitarbeitergespräch wichtig?

Für Sie als Führungskraft sind Mitarbeitergespräche sicherlich an der Tagesordnung. Am Montag ein Bewerbungsgespräch am Mittwoch das Meeting für das bevorstehende Projekt am Freitag klären Sie mit Ihrer Angestellten Frau XYZ alles Nötige rund um die berufliche Weiterbildung.

All diese Gespräche zählen zum großen Überbegriff Mitarbeitergespräch.

Wichtig ist vor allem, dass für Sie als Führungskraft das Gespräch eigentlich schon vor der Terminlegung beginnt. Es ist wichtig, dass Sie sich im Vorfeld schon Gedanken machen, warum Sie ein Gespräch mit Ihrem Angestellten suchen.

Was muss dringend besprochen werden? Welche Themen sollen kommuniziert werden und wozu wollen Sie seine Meinung hören? Welche Ziele sollen bei diesem Mitarbeitergespräch klar kommuniziert werden?

Besonders hilfreich ist es, wenn Sie sich einige Fragen im vorhinein zurecht legen, die das Gespräch mit Ihrem Mitarbeiter in eine Richtung führen können

.

Dies zeigt nicht nur Interesse und Aufmerksamkeit, die Sie Ihrem Mitarbeiter mit der Vorbereitung des Gespräch Zuteil werden lassen, sondern hilft Ihnen während des Gesprächs auch alle wichtigen Punkte zeitgerecht ansprechen zu können, ohne dass Ihnen dabei etwas entfällt.

Vielen Angestellten ist es unangenehm wenn der Chef Sie um ein Gespräch bittet. Deshalb ist es Ihre Aufgabe, keine Ängste zu entfachen und schon früh zu zeigen, worum es in dem Gespräch gehen soll. So haben nicht nur Sie die Möglichkeit, sich auf das bevorstehende Gespräch vorbereiten zu können, sondern geben auch Ihrem Angestellten die Chance, sich Gedanken zum Gespräch machen zu können und gegebenenfalls zu überlegen, welche Themen, Probleme oder Vorschläge er seinerseits bei diesem Gespräch auf den Tisch bringen möchte.

Vereinbaren Sie deshalb auch nicht zu früh einen Termin, sondern geben Sie dem Angestellten die Möglichkeit, sich zwei oder drei Tage auf das Mitarbeitergespräch vorbereiten zu können. So kann er seine Sichtweisen noch einmal in Ruhe reflektieren und diese dann beim Gespräch mit Ihnen thematisieren.

Der Termin für das Mitarbeitergespräch ist gekommen...

Sorgen Sie für eine ungestörte Atmosphäre wenn Sie den Angestellten zum Gespräch laden.

Klingelnde Telefone, E-Mails, Kunden oder andere Mitarbeiter stören den Gesprächsfluss und sorgen so immer wieder für Unterbrechungen.

Auch die tickende Uhr im Hintergrund kann stören, denn für ein ernstes Gespräch über die persönliche Weiterentwicklung des Mitarbeiters müssen Sie sich als Führungskraft die Zeit nehmen, alle Belange in Ruhe diskutieren zu können.

Ebenfalls kann es sehr hilfreich sein, wichtige Unterlagen aus denen sich Zahlen, Fakten aber auch persönliche Notizen über den Mitarbeiter ablesen lassen, griffbereit zu haben. Als Führungsperson müssen Sie ein Vorbild sein, dass seinen Schreibtisch geordnet hält und Informationen schnell zur

Hand hat.

Bieten Sie Ihrem Mitarbeiter ein Getränk an. Es klingt so einfach, ist aber doch sehr effektiv, denn der Angestellte wird sich so geschätzt fühlen und ist für diese Aufmerksamkeit sehr dankbar. Nutzen Sie dieses kleine Tool um eine entspannte Gesprächsatmosphäre kreieren zu können.

Wie beginnt man das Gespräch mit dem Mitarbeiter am Besten?

Oft sind Angestellte sehr nervös wenn Sie dem Chef Auge in Auge gegenübersitzen.

Zeigen Sie die Wertschätzung für Ihren Mitarbeiter indem Sie diesen freundlich begrüßen:

Als Beispiel:

„Herr R. Ich freue mich sehr, dass Sie sich die Zeit für ein Gespräch genommen haben".

Letztendlich ist es nicht seine die Entscheidung ein Mitarbeitergespräch zu führen, sondern die Entscheidung liegt in Ihren Händen. Durch diese Formulierung suggerieren Sie aber, dass dem Angestellten auch ein Maß an Verantwortung zugeteilt werden kann.

Beginnen Sie zunächst mit etwas Smalltalk, der den Mitarbeiter in eine entspannte Situation versetzt. Geben Sie ihm hier die Möglichkeit, offen und frei zu sprechen.

Fragen Sie nach der Gattin oder interessieren Sie sich um das Wohl der Kinder um den Mitarbeiter erst einmal ankommen zu lassen und nehmen ihm gleichzeitig die Nervosität.

Nachdem Sie ihn haben aussprechen lassen, kommen Sie bitte direkt und ohne Umschweife zum Kernthema des Gesprächs.

Nennen Sie direkt das Kernthema des Gesprächs.

Zeigen Sie ihm zu Beginn der Unterredung Ihre Wertschätzung für seine Leistungen innerhalb der Firma. Konkretisieren Sie diese und geben dafür nach Möglichkeit direkt ein oder zwei Beispiele:

„Herr P. Sie haben in der letzten Zeit viel Ausdauer bewiesen. Das langwierige Projekt XYZ konnten Sie hervorragend meistern und haben so gezeigt, dass Sie ein wichtiger Mitarbeiter für unser Unternehmen sind."

So fördern Sie schon zu Anfang des Gesprächs die Integrität zum Unternehmen und zeigen Ihre Wertschätzung für die erbrachte Leistung. Der Mitarbeiter ist stolz und motiviert, diese Leistung auch weiterhin dem Unternehmen zukommen zu lassen.

Führen Sie auch Lob aus anderer Sicht an. Können Sie berichten, dass Kollegen oder Kunden die Leistung des Angestellten Herrn P. wahrgenommen haben, so ist jetzt die Möglichkeit, diese an den Mitarbeiter weiterzugeben. Nachdem Sie den Angestellten für seinen Ehrgeiz gelobt haben, können Sie nun auch einen Kritikpunkt ansprechen.

„ Leider ist mir in letzter Zeit aufgefallen, dass Sie jeden Morgen zu spät im Büro erscheinen. Durch die späte Ankunft wird die Arbeit der anderen Kollegen massiv gestört. Ich würde mir in Zukunft wünschen, dass auch Sie pünktlich erscheinen, damit kein Mitarbeiter in seiner Arbeit unterbrochen wird."

Sie haben mit der Formulierung „Ich wünsche...." klar ein Ziel gesetzt, dessen Einhaltung nun unbedingt von Mitarbeiter P. wahrgenommen werden muss.

Geben Sie ihm nun aber zunächst die Möglichkeit, auf den vorangegangenen Kritikpunkt einzugehen und Stellung zu dieser Kritik nehmen zu können.

Indem Sie ein konkretes Beispiel genannt haben, nämlich dass Sie sich von Ihrem Mitarbeiter Pünktlichkeit wünschen, haben Sie ihm oder ihr signalisiert, dass dieses bisherige Verhalten weiterhin nicht mehr geduldet wird.

Wurde dieser Kritikpunkt, der Anlass für das Mitarbeitergespräch war, angegangen und wurde eine Lösung gefunden um diesen Punkt in Zukunft zu beiderseitigen Zufriedenstellung zu verhindern, können Sie nun weitere Themen des Gesprächs ansprechen.

Wenn Sie sich einen weiteren Überblick über die allgemeine Arbeitsatmosphäre in Ihrem Team verschaffen möchten, so können Ihnen W-Fragen helfen, interessante Information aus erster Hand des Mitarbeiters zu erhalten:

W-Fragen sind sogenannte offene Fragen, die nicht mit einem einfachen „Ja“ oder „Nein“ abgespeist werden können.

Fragen, die mit „Warum“, „Wo“, „Wer“, „Wann“, „Wie“ , „Wozu“ oder „Was“ beginnen, fordern immer eine offene Antwort ein, die voll mit interessanten Informationen gespickt sein kann, die Sie als Führungskraft heraushören müssen.

Ein Beispiel dazu:

„Herr P. wo sehen Sie sich in 5 Jahren?“

Dieser Klassiker der Fragen aus einem Mitarbeitergespräch kann viele Informationen über die Motivation des Angestellten mit sich bringen.

Wenn er offen und ehrlich antwortet, wissen Sie nach dieser Antwort, wo Ihr Mitarbeiter eigentlich beruflich steht, was er anstrebt und wie er dieses Ziel erreichen möchte.

Ist dieser Mitarbeiter zufrieden mit seiner Arbeit in Ihrer Abteilung oder möchte er gar selbst eine leitende Aufgabe übernehmen?

Fehlt diesem Mitarbeiter die Möglichkeit zur kreativen Entfaltung innerhalb seines Arbeitsbereiches und möchte er Aufgrund dessen in ein anderes Unternehmen wechseln oder interessieren ihn sogar andere Bereiche des Unternehmens mehr?

Wichtig ist, dass Sie immer gut zuhören und dem Mitarbeiter die Gelegenheit geben , sich und seine ganz persönlichen Ziele auszusprechen.

Notieren Sie sich seine Ausführungen und hinterfragen Sie auch einmal etwas, wenn Sie nicht ganz genau verstehen können, was Ihr Gesprächspartner damit meint.

Sehnt sich Ihr Mitarbeiter tatsächlich nach einem neuen Aufgabengebiet oder sehnt sich gar nach einem neuen Unternehmen, so sollten Sie dieses offene Gespräch dazu nutzen, die eventuellen Schwierigkeiten innerhalb der Abteilung zu erkennen und diesen auf den Grund zu gehen. Ein offenes

Gespräch bietet Ihnen immer die Möglichkeit, das ehrliche Feedback eines Angestellten als Chance zu nutzen, um Ihre Firma in verschiedenen Belangen zu optimieren.

Zeigen Sie Ihrem Mitarbeiter, dass Sie auch offen für Kritik seinerseits sind und diese Kritik ihm nicht zum Vorwurf machen. Sie haben sich als emotional starke Führungsposition bewiesen und können nun auch gut mit konstruktiver Kritik gegen Ihre Arbeitsweise abfinden. Kommunizieren Sie daher Ihrem Team immer, dass es keine Scheu haben muss, auch an der Führungsperson Kritik üben zu können. Oft sind langjährige Mitarbeiter in einer leitenden Position auch mit der Zeit Betriebsblind geworden oder verharren zu lange mit Methoden, die jetzt nicht mehr den modernen Standarts entsprechen. Sie können das Gespräch mit Ihrem Angestellten als Möglichkeit für einen fairen Austausch auf gleicher Augenhöhe betrachten, bei dem es beiden Seiten zu Gute kommt, wenn Schwächen und Fehler offen kommuniziert werden können.

Fragen Sie Ihren Mitarbeiter auch, wo und wie kann ich Sie bei Ihrem beruflichen Werdegang unterstützen? Wünschen Sie sich eine Fortbildungsmaßnahme innerhalb oder außerhalb des Unternehmens um weitere berufliche Erfolge erzielen zu können. Die Stagnation eines Mitarbeiters, der keine Förderung mehr erfährt, kann der Tod der Produktivität sein.

Worauf Sie unbedingt beim Gespräch mit Ihrem Mitarbeiter achten müssen:

Hier noch einmal die wichtigsten Dinge, die Sie beim Mitarbeitergespräch beachten müssen.

1. Dem Mitarbeiter die Möglichkeit geben, sich vor dem Gespräch auf Themen auf die Unterredung vorbereiten zu können. Daher gilt es, dass dieser Termin nicht zu kurzfristig angesetzt wird.

Auch für Sie als Führungskraft gilt, dass Sie sich auf das Gespräch vorbereiten sollten, damit Sie im Gespräch alles ansprechen können, was sich auf die Leistungen des Mitarbeiters bezieht.

2. Um dem Angestellten die Nervosität nehmen zu können, beginnen Sie das Gespräch mit zwanglosen Smalltalk, kommen dann aber direkt zum Kern

des zu besprechenden Themas.

3. Geben Sie dem Mitarbeiter die Möglichkeit auf Kritikpunkte einzugehen und überrollen Sie ihn nicht mit Vorwürfen.

4. Nehmen Sie sich ausreichend Zeit um einen fairen Austausch mit Ihrem Mitarbeiter gewährleisten zu können.

5. Nutzen Sie Feedback Ihrer Angestellten immer, um die Arbeitsatmosphäre in Ihrer Abteilung optimieren zu können

6. Bieten Sie dem Angestellten ganz persönliche und individuelle Möglichkeiten seine eigenen Fähigkeiten verbessern zu können.

7. Notieren Sie sich die wichtigsten Stichpunkte um im Nachhinein keine angesprochenen Punkte zu vergessen.

Wer gut vorbereitet ist und sich stichpunktartig notiert was er beim Mitarbeitergespräch anmerken will, der kann ganz locker diesen Termin wahrnehmen.

Anders sieht es vielleicht bei Sonderformen der Mitarbeitergespräche aus.

Wer einen Angestellten einlädt um diesen abzumahnen oder gar zu kündigen, der wird diesem Gespräch lieber ausweichen.

Als Führungskraft müssen Sie aber hin und wieder solche Gespräche führen. Wie das am Besten gelingt und worauf Sie bei Sonderformen des Mitarbeitergesprächs achten müssen, erfahren Sie nun.

Welche Sonderformen des Mitarbeitergesprächs gibt es?

Neben den regelmäßigen Mitarbeitergesprächen, die einen Überblick über die bisherige Leistung schafft, gibt es immer wieder den Fall, dass ein Mitarbeiter zu einem anlassbezogenen Gespräch gebeten werden muss. Dies kann zum Beispiel ein enormer Leistungsabfall sein, aber auch eine Leistungssteigerung. Auch sind lange Erkrankungen häufig ein Grund für sogenannte Anlassbezogene Mitarbeitergespräche. Ebenso kann das Fehlverhalten eines Mitarbeiters dazu führen, dass dieser zum Gespräch in Ihr Büro muss.

Für den Mitarbeiter positiv sind Gespräche die das Thema Gehaltserhöhung als Anlass nennen, Bewerbungsgespräche oder eine Unterhaltung über eine bevorstehende Beförderung.

Besonders unangenehm sind Konfliktgespräche, Mitteilungen über eine bevorstehende Kündigung oder eine Abmahnung.

Fangen wir erst einmal mit den unerfreulichen Mitarbeitergesprächen an. Diese sorgen nicht nur beim Angestellten für ein ungutes Gefühl, sondern sind auch unangenehm für die Führungskraft, die mitunter schlechte Nachrichten überbringen muss.

Für Sie als emotionale Führungskraft ist es von großer Wichtigkeit, dass Sie neutral bleiben und sich nicht von Emotionen, die während eines Gesprächs aufkommen können, leiten lassen.

Das Konfliktgespräch

Als Führungskraft ist es Ihre Aufgabe, Brandherde für auftauchende Probleme in Ihrer Abteilung zu verringern. Doch nicht immer können Sie es schaffen, zwischenmenschliche Probleme im Vorfeld zu unterbinden.

Konfliktgespräche können immer dann auftauchen, wenn eine Meinungsverschiedenheit der Mitarbeiter untereinander, aber auch eine Auseinandersetzung mit dem leitenden Angestellten aufgetreten sind. Um schnell eine eindeutige Lösung zu finden, die für alle Parteien annehmbar ist, sollte alsbald nach dem Konflikt ein Gespräch zur Bereinigung des Gesprächs angesetzt werden.

Was müssen Sie bei einem Konfliktgespräch beachten?

1. Der Konflikt wird nur mit den beteiligten Mitarbeitern besprochen

Berufliche Differenzen, Meinungsverschiedenheiten die im Zusammenhang mit dem Arbeitsalltag auftreten oder andere Konflikte von Mitarbeitern Ihres Teams werden nicht vor der gesamten Abteilung vorgetragen.

Bitten Sie die betroffenen Mitarbeiter zu einem fairen Austausch in einen separaten Raum und bieten Sie Ihnen die Möglichkeit zur Aussprache ohne dass andere Kollegen sind in diesen Konflikt einmischen können.

2.Dazu sollten Sie als leitender Angestellter den Konflikt zu Beginn des Gesprächs benennen und klar kommunizieren, wie Sie sich eine Lösung des Problems vorstellen, damit die Arbeitsatmosphäre wieder instand gesetzt werden kann.

3.Beiden Parteien, sofern mehrere Parteien vorhanden sind, müssen die Gelegenheit bekommen, ihre Ansicht des Konflikts darzustellen.

Hören Sie beide Seiten an, bleiben Sie dabei aber stets neutral.

4. Alle Beteiligten müssen sich einsichtig zeigen und bereit sein, Kompromisse einzugehen, damit eine Lösung gefunden werden kann, die für alle Beteiligten fair und zumutbar ist.

5. Bieten Sie als Führungskraft der konfliktbelasteten Abteilung unterschiedliche Lösungsvorschläge an, zeigen Sie dabei auch die Folgen für die gesamte Abteilung auf.

Finden Sie dann anschließend mit den Beteiligten des Konflikts einen Kompromiss.

Welche Fehler können in einem Konfliktgespräch auftauchen?

Während des Gesprächs müssen Sie als Leiter der Abteilung und führender Angestellter den Überblick behalten, denn letztendlich liegt es an Ihnen, eine Lösung des Problems zu finden und die Mitarbeiter an diese heranzuführen.

Vermeiden Sie daher unbedingt diese nachfolgenden Fehler, die häufig in einem Konfliktgespräch auftreten können:

1. Lösung nennen, das Problem aber nicht

Verschiedene Mitarbeiter haben unterschiedliche Ansichten über ihren Alltag in der Abteilung. Tritt nun ein Konflikt auf, so ist der erste Schritt, diesen Konflikt klar und deutlich in einem Gespräch zu benennen.

Wo verschiedene Menschen und ihre Meinungen aufeinandertreffen, entstehen immer unterschiedliche Ansichten einer Sache. Zu Beginn des Konfliktgesprächs dürfen Sie also nicht vergessen, nochmal alle Ansichten der Beteiligten zu hören und dann den entstandenen Konflikt konkret zu benennen.

Wer den Konflikt findet, dem fällt es auch meist nicht schwer, eine Lösung zu finden, mit der alle Angestellten leben können.

2. Abwertendes Verhalten der Mitarbeiter

Je nach Konflikt kann es für alle sehr ärgerlich sein, die kostbare Arbeitszeit mit einem solchen Konfliktgespräch zu mindern.

Viele Angestellte, insbesondere die, die im Mittelpunkt des Konflikts stehen, nutzen diese Gelegenheit, um den Konflikt herunterzuspielen und ihn abzuwerten. Auch kann die andere Partei, die meist aus einem Mitarbeiter besteht, der sich gestört fühlt, lächerlich gemacht werden.

Sie dürfen als Führungskraft ein solches Verhalten niemals dulden. Zeigen Sie dem Mitarbeiter während des Gesprächs klar, dass Sie ein abwertendes Verhalten nicht wünschen. Sie haben sich alle zusammengefunden, damit man das Problem beseitigt und nicht um diesen Konflikt abzuwerten oder gar lächerlich zu machen.

Unterbinden Sie schnell ein unzumutbares Verhalten, damit Sie eine faire Basis finden, die allen Angestellten zumutbar ist.

3. Beide Parteien machen sich gegenseitig Vorwürfe

Sie sind bei einem Konfliktgespräch in der Rolle des Vermittlers und haben Sorge zu tragen, dass sich eine Einigung finden lässt. Entkräften Sie die gegenseitigen Vorwürfe Ihrer Mitarbeiter indem Sie beiden Angestellten die Chance geben, zu den Vorwürfen des Anderen Stellung nehmen zu können.

Durch eine offene Kommunikation können schnell Missverständnisse und dadurch entstandene Konflikte ausgelöscht werden.

4. Es kann keine sachliche Einigung getroffen werden

Sind alle Parteien stur und können sich auf keinen Kompromiss einlassen, so bleibt Ihnen als Führungskraft oft keine andere Wahl. Um das Konfliktpotential so gering wie möglich zu halten müssen Sie einen Weg finden, der das Problem nicht mehr aufkommen lässt. Vielleicht kann eine Versetzung einer der Parteien eine Lösung sein, die für alle in Ordnung ist.

Als Führungskraft haben Sie am Ende des Gesprächs die Option, Ihren Vorschlag durchsetzen zu können. Auch wenn Sie keine Einigung finden, die im Interesse der gespaltenen Parteien ist, können Sie als leitender Angestellter die Maßnahme durchführen, die Ihrer Meinung nach die beste Option ist.

5. Es werden falsche Versprechungen gemacht

Beim gemeinsamen Projekt von Mitarbeiterin A und Mitarbeiter B. sind Konflikte aufgetreten die das Betriebsklima deutlich gestört haben, die gemeinsame Arbeit sichtlich erschwert haben und den Arbeitsflow unterbrochen haben.

Mitarbeiterin A bat ihren Vorgesetzten zu einem Konfliktgespräch mit ihrem Kollegen B, der klären soll, dass solche Konflikte in Zukunft nicht mehr bei einem gemeinsamen Projekt auftreten können.

B ließ nämlich die Meinung seiner Kollegin A nicht zu und arbeitete fast im Alleingang an dem wichtigen Projekt.

Beim Konfliktgespräch kommen beide Seiten zu Wort. Es stellt sich heraus, dass B. das vermeintlich fehlende Fachwissen seiner Kollegin zum Anlass nahm und die Bearbeitung des Projektes lieber alleine bewältigen wollte.

Sie als Führungskraft suchen nun eine Einigung zwischen beiden Kollegen.

Mitarbeiter B. verspricht, beim nächsten Projekt auch die Meinung von Mitarbeiterin A. anzuhören. Mitarbeiterin A. wünscht sich, dass Ihre Fachkompetenz von ihrem Kollegen anerkannt wird.

Beide einigen sich auf eine faire Zusammenarbeit.

Jedoch kommt heraus, dass Mitarbeiter B. beim nächsten Projekt wieder als Single Player agieren möchte, da er meint, Frau A. hätte von diesem Thema keine Ahnung.

Sie haben es nun als Führungskraft in der Hand, diesen Konflikten ein Ende zu bereiten. Da Versprechungen auch nach einem Gespräch mit beiden Parteien nicht eingehalten wurden, müssen Sie nun konsequent sein und eine Grenze ziehen.

Die einfachste wäre, Mitarbeiter B. gänzlich von dem Projekt abzuziehen um Mitarbeitern A. eine ungestörte Arbeitsatmosphäre bieten zu können und ihr die Chance einzuräumen, ihre fachlichen Kompetenzen auch dem Kollegen B. zu zeigen.

Es kommt immer wieder vor, dass Mitarbeiter sich an getroffene Absprachen nicht halten wollen oder können.

Als Führungskraft müssen Sie dann zeigen, dass Sie ein solches Verhalten nicht weiterhin dulden können. Konsequenzen müssen folgen, damit der Angestellte aus seinen Fehlern lernen kann.

Wie Sie als Führungskraft in einem Konfliktgespräch unbedingt agieren müssen:

1. Bleiben Sie neutral

Beziehen Sie keine Partei zu einem der in einem Konflikt stehenden Mitarbeiter, sondern bleiben Sie als Führungsperson neutral um auch gerecht entscheiden zu können.

Hören Sie dazu zu Beginn des Konfliktgespräches beide Seiten in Ruhe an, notieren Sie sich Stichpunkte und versuchen Sie dann eine Einigung herbeizuführen.

2. Bieten Sie beiden Seiten eine konstruktive Hilfe an, die für alle Mitarbeiter schnell umzusetzen ist. So schaffen Sie zeitnah wieder ein geregeltes Arbeitsumfeld in dem alle wieder ungestört arbeiten können.

3. Finden Sie eine faire Lösung

Damit sich nicht eine der Parteien nach dem Konfliktgespräch benachteiligt fühlt, sollten Sie einen Kompromiss schließen können, der im Interesse aller Parteien und auch im Sinne der Belegschaft ist.

Nur so kann der Konflikt aus der Welt geschafft werden und eine positive Stimmung innerhalb der Abteilung erreicht werden.

Abmahnungsgespräch

Ein Mitarbeitergespräch in dem es um die Abmahnung eines Angestellten geht, ist auch für einen leitenden Angestellten keine schöne oder einfache Situation.

Sie sollten nicht direkt nach dem ersten Fehlverhalten ein Abmahnungsgespräch ansetzen. Ist zum Beispiel eine immer wiederkehrende Verspätung der Grund zur Abmahnung, sollten Sie den Mitarbeiter nach den ersten Verstößen darauf hinweisen, dass ein solches Verhalten den Flow des gesamten Teams stört und dass Sie darauf bestehen müssen, dass auch dieser Mitarbeiter sich an geregelte Arbeitszeiten zu halten hat.

Wird er daraufhin sein Verhalten noch immer nicht ändern und kommt auch weiterhin zu spät, so bleibt Ihnen nichts weiteres übrig als ein Abmahnungsgespräch zu suchen.

Was muss bei einem Abmahnungsgespräch unbedingt kommuniziert werden?

Sie müssen, um den Mitarbeiter abmahnen zu können, klar formulieren, welches Fehlverhalten er verschuldet hat.

Als Beispiel:

„ Herr Meier, auch heute Morgen waren Sie wieder 20 Minuten zu spät an Ihrem Arbeitsplatz. Wir haben bereits öfter darüber gesprochen, dass dieses Verhalten nicht akzeptiert werden kann. Sie stören durch Ihre verspätete Ankunft im Büro nicht nur Ihre Kollegen bei der Arbeit, sondern können in der verbliebenen Zeit selbst nicht so viel Leistung erbringen wie ich es als Ihre Führungskraft erwarte.

Ab Morgen erwarte ich deshalb von Ihnen, dass auch Sie, wie Ihre Kollegen auch, pünktlich um 8 Uhr im Büro erscheinen.

In der ersten Phase des Abmahnungsgespräches müssen Sie deutlich den Grund für die Abmahnung nennen. Wichtig ist hierbei, dass Sie auch verbal hervorheben, dass wiederholt gegen das gewünschte Verhalten (mehrfaches Zu spät kommen) verstoßen wurde.

Dem Angestellten muss klar gezeigt werden, welches Verhalten hier abgemahnt wird.

Übrigens muss nach rechtlichen Vorschriften die Abmahnung nicht in schriftlicher Form an den Mitarbeiter übergeben werden.

Kommt es jedoch später zur Kündigung aufgrund des mehrmaligen Fehlverhaltens, so muss der Arbeitgeber beweisen, dass eine vorherige Abmahnung stattgefunden hat.

Nützlich ist es also, dass während des Gesprächs eine dritte Person zugegen ist. Stellt Ihre Firma einen Betriebsrat, so können Sie ein Ratsmitglied zu diesem Gespräch bitten, dass im Falle einer späteren Kündigung bezeugen kann, dass der Mitarbeiter zuvor abgemahnt wurde.

Geben Sie Ihrem Angestellten die Möglichkeit Stellung zu dieser Abnahme zu beziehen. Jedoch sollten Sie sich nicht auf Ausreden oder Debatten seinerseits einlassen. Sie haben klar formuliert worin sein Fehlverhalten liegt, dieses muss er nun auch akzeptieren.

Im weiteren Verlauf des Gesprächs sollte der Grund zur Abmahnung noch einmal deutlich formuliert wiederholt werden. Außerdem müssen Sie nun konkret aussprechen, welche Folgen ein erneutes Fehlverhalten mit sich ziehen kann.

Als Beispiel:

„Herr Meier, ich möchte, dass Sie ab sofort pünktlich zur Arbeit erscheinen. Werden Sie jedoch noch einmal zu spät kommen, sehe ich mich gezwungen, arbeitsrechtliche Schritte in die Wege zu führen. Eine Kündigung wegen andauerndem Fehlverhalten könnte die Konsequenz sein."

Somit haben Sie Ihrem Mitarbeiter in aller Deutlichkeit gezeigt, dass er sein Fehlverhalten sofort abstellen muss, ansonsten könnte er seinen Arbeitsplatz alsbald verlieren.

Das Wichtigste nochmal in Kürze:

- **Fehlverhalten des Mitarbeiters klar benennen**
- **Konsequenzen aufzeigen wenn Mitarbeiter das Fehlverhalten nicht ändert**
- **Noch einmal das Fehlverhalten deutlich aufführen und Konsequenzen aufzeigen**

Es empfiehlt sich, zu diesem Gespräch ein Protokoll zu führen, dass alle wichtigen Informationen enthält. Hier ist noch einmal in schriftlicher Form festgehalten, welches Fehlverhalten des Angestellten angemahnt wird und welche Konsequenzen bei erneutem Fehlverhalten zu erwarten sind.

Lassen Sie sich dieses Protokoll von Ihrem Mitarbeiter unterzeichnen um bei arbeitsrechtlichen Schritten die erfolgte Abmahnung beweisen zu können.

Das Kündigungsgespräch

Im Berufsleben gibt es nicht nur erfolgreiche und positive Momente, das wohl negativste Gespräch ist das Kündigungsgespräch, das starke Emotionen beim Mitarbeiter auslösen kann.

Als Führungskraft sollten Sie ein Kündigungsgespräch immer fair gestalten, damit der Mitarbeiter sein Gesicht wahren kann.

Ein emotionsgeladenes Gespräch kann im Nachhinein immer mit üblen Folgen für die Firma enden, wenn ein ehemaliger Mitarbeiter nach der Entlassung in der Öffentlichkeit über seine unfaire Kündigung spricht. Üble Nachrede kommt sehr häufig vor, wenn Mitarbeiter scheinbar grundlos aus einem Unternehmen ausscheiden müssen.

Je nach Betriebsgröße muss vor einer Kündigung der Betriebsrat angehört werden. Wer dieses Merkmal übersieht und eine vorher ausgesprochene Kündigung aus juristischen Gründen wieder zurückziehen muss, schädigt nicht nur seinem eigenen Image, sondern schadet auch dem Ruf des Unternehmens.

Ist eine Entscheidung eindeutig gefallen, so muss zeitnah ein Termin für das Kündigungsgespräch gefunden werden, denn je mehr Mitarbeiter der Führungsebene von der bevorstehenden Kündigung wissen, um so größer die Gefahr, dass die Kündigung durch innerbetriebliches Getuschel an den betroffenen Mitarbeiter gerät, bevor dieser offiziell von seiner Kündigung erfährt.

Das Kündigungsgespräch kann man grundsätzlich in drei unterschiedliche Phasen unterteilen.

Stellen Sie sich als Führungskraft schon vor dem Gespräch auf ein emotionsgeladenes Gespräch ein, bei dem Sie jedoch stets seriös bleiben sollten und die eigenen Gefühle außen vor lassen müssen um sich als neutrale Führungskraft beweisen zu können.

Die drei Phasen eines Kündigungsgespräches

1. Kündigung

2. Verarbeitung

3. Modalitäten

Die ersten beiden Phasen werden direkt beim Mitarbeitergespräch kommuniziert. Die dritte Phase des Gespräch ergibt allerdings eine Besonderheit, denn diese dritte Phase kann unabhängig von den beiden ersten zu einem späteren Zeitpunkt geklärt werden.

Die erste Phase: Kündigung

Kommen Sie am Besten ohne Umschweife direkt auf die Kündigung. Bitte formulieren Sie den Grund des Mitarbeitergesprächs klar und verwenden Sie keine missverständlichen Formulierungen. Wenn Sie aus Angst, die Gefühle des Angestellten zu kränken, die Kündigung nicht klar als solche formulieren, kann dies dazu führen, dass er die Entlassung gar nicht richtig als solche wahrnimmt. Deshalb müssen Sie unbedingt die Kündigung als solche kommunizieren.

Sicherlich ist der Mitarbeiter im ersten Augenblick geschockt. Lassen Sie ihm oder ihr den Raum für seine Emotionen. Dabei kann es von Traurigkeit über Unverständnis bis hin zu einem Wutausbruch kommen. Als Führungskraft müssen Sie sich schon vorher im Klaren darüber sein, dass solche Emotionen auf Sie während des Gesprächs zukommen können.

Zeigen Sie Ihr Verständnis für die Gefühlsausbrüche des soeben gekündigten. Sicherlich fürchtet er nun um seine finanzielle Existenz, den sozialen Status oder die Wahrung seiner Persönlichkeit.

Vielleicht steht der Mitarbeiter nun unter Schock, das darf sie aber nicht davon abhalten, das Gespräch weiterhin zu führen.

Lassen Sie Stille, auch wenn Sie so unangenehm für Sie beide ist, nicht durch Floskeln oder gar Mitleidsbekundungen ausklingen. Belasten Sie die unangenehme Situation nicht zusätzlich durch weitere Ausführungen, sondern geben Sie dem Mitarbeiter auch die Chance, sich wieder zu fangen.

Phase 2

Nennen Sie nun konkret den Grund für die Trennung von diesem Mitarbeiter. Um die Selbstachtung für den Mitarbeiter zu wahren, sollten Sie erklären, worauf diese Entscheidung begründet wurde. Bei Mitarbeitern die aus betrieblichen Gründen gekündigt werden, fällt es sicherlich Ihnen als Führungskraft leichter, die Wahrung der Selbstachtung zu unterstützen. Wird der Mitarbeiter aus Gründen, wie zum Beispiel einem wiederholten Fehlverhalten gekündigt, wird er sicher selbst einsehen, weshalb er für das Unternehmen nicht mehr tragbar war.

Lassen Sie sich bitte hier nicht auf eine Diskussion ein und bleiben Sie Ihrer Linie treu indem Sie keine Einwände dulden lassen.

Sicherlich fällt es Ihnen auch oft schwer, einen geschätzten Mitarbeiter aus Ihrer Abteilung entlassen zu müssen, aber Sie müssen ebenso wirtschaftlich denken und sind als leitender Angestellter auch den Vorschriften Ihres Vorgesetzten untergeben.

Phase drei

Hier tritt eine Sonderform des Mitarbeitergesprächs in Kraft, denn die dritte Phase eines Kündigungsgesprächs kann Aufgrund der starken emotionalen Belastung auch wenige Tage nach dem eigentlichen Kündigungsgespräch ausgeführt werden.

Durch den Schock, die Kündigung erhalten zu haben, vermindert sich die Aufnahmefähigkeit einiger Mitarbeiter.

Diese können in dieser emotionalen Ausnahmesituation viele Fakten nicht mehr aufnehmen, die wichtig für den weiteren Weg in diesem Unternehmen sind.

Vielleicht signalisiert Ihr Mitarbeiter aber auch, dass er die wichtigen Informationen sofort geklärt haben möchte. In einem solchen Fall können Sie natürlich unmittelbar nach der zweiten Phase in die Dritte Phase übergehen.

In der Dritten Phase klären Sie mit Ihrem Angestellten alle Formalitäten die sich aus der Kündigung ergeben. Gehen Sie eventuell auch noch einmal auf Fragen des Mitarbeiters ein, die er im Zuge seiner Emotionen während der formalen Kündigung vergessen hat.

Natürlich wünschen Sie ihm zum Ende des Gesprächs alles Gute für seinen weiteren Lebensweg.

Wie Sie Ihrem Team die Kündigung eines Mitglieds kommunizieren können

Um die Streuung von falschen Informationen innerhalb des Betriebes zu vermeiden, sollten Sie die ausgesprochene Kündigung auch recht zeitnah vor dem Team klären.

Da die Gründe für eine Kündigung meist personenbezogen sind, sollten Sie einfach kurz und klar sagen, dass Mitarbeiter XYZ ab dem genannten Datum aus dem Unternehmen ausscheiden muss.

Über die Gründe dürfen Sie vor den Angestellten aus datenschutzrechtlichen Gründen nicht sprechen.

Dies sollte jeder Mitarbeiter verstehen und hinnehmen.

Die Grundsätze einer Gesprächsführung mit negativen Inhalt

Damit Sie in Zukunft keine Angst mehr haben müssen, Ihre Angestellten zu einen Gespräch mit negativen Ausgang ins Büro zu bestellen, klären wir hier noch einmal kurz und knapp die Grundlagen eines Mitarbeitergesprächs mit negativem Inhalt:

-Bereiten Sie das Gespräch vor

Damit das Gespräch erfolgreich für Sie verlaufen kann, ist eine gründliche Vorbereitung von Nöten. Setzen Sie sich schon vor dem Gespräch ein Ziel, dass Sie auch dem Mitarbeiter klar kommunizieren können.

Was soll nach dem Gespräch geschehen?

Als Beispiel:

Der Mitarbeiter K. steht erneut unter dem Verdacht, Bargeld aus der Kasse entwendet zu haben. Nach einem ersten Gespräch hat sich der Verdacht nun leider bestätigt. Sie bitten den Mitarbeiter zu einem Kündigungsgespräch in Ihr Büro. Nach dem Gespräch soll der gekündigte Angestellte sofort seinen Arbeitsplatz räumen.

Nur wer sich selbst ein Gesprächsziel gesetzt hat und dieses auch klar formulieren kann, kann erreichen, dass auch der Angestellte diese Forderung wahr nimmt und sie sofort umsetzt.

- Offen und klar kommunizieren

Verwenden Sie bei einem negativen Gespräch wie einer Abmahnung oder einer Kündigung

keinen Smalltalk als Gesprächseinstieg. Wer seinen Mitarbeiter zunächst auf einer freundschaftlichen Ebene trifft, nach dem Wohlbefinden der Kinder fragt, oder wissen will wie das vergangene Wochenende war, und dann das Thema auf den Tisch bringt, der verwirrt und verletzt seinen Gesprächspartner maßgeblich.

Kommen Sie also nach der Begrüßung ohne Umschweife auf den Kern des Gesprächs und kommunizieren Sie das Thema direkt und unmissverständlich.

- Lassen Sie sich nicht auf eine Diskussion ein

Sicher will sich Ihr Mitarbeiter in ein besseres Licht rücken und versucht nun mit aller Macht, das Eisen aus dem Feuer holen zu können indem er sich für sein Fehlverhalten entschuldigt und Besserung gelobt. Oder er versucht durch ein vermeintliches Missverständnis Ruhe in die ganze Angelegenheit zu bringen.

Sie dürfen sich während des Gesprächs niemals auf eine solche Diskussion einlassen. Als Führungskraft können Sie solche Diskussionen nur schwer verbal entkräften und gehen am Ende als Verlierer aus dem Gespräch.

Berichten Sie, dass die Entscheidung (zur Kündigung, zur Abmahnung, oder ähnliches) bereits gefallen und mit der Chefetage klar vereinbart ist.

Machen Sie dem wütenden Angestellten klar, dass er auch bei anderen Menschen aus der Führungsetage mit seiner Argumentation erfolglos sein wird.

Geben Sie solchen Diskussionen keinen Raum, sondern bieten Sie dem Mitarbeiter an, in einem späteren Gespräch noch einmal klar Stellung zu beziehen, dies aber die personelle Entscheidung nicht weiter beeinflussen kann und wird.

- Keine falschen Hoffnungen machen

Achtung, am Ende eines Gesprächs, wie zum Beispiel bei einer betriebsbedingten Kündigung lauert oft eine verbale Falle.
Viele Führungskräfte lassen sich aus einer Emotion heraus auf Sätze ein, wie zum Beispiel:

„Ich schau mal, ob ich doch noch was machen kann"

oder :

„Ich versuche nochmal mit meinem Chef zu sprechen".

Solche Äußerungen sind für Sie als Führungskraft äußerst fatal. Sie machen sich damit als Führungskraft sehr unbeliebt, wenn Sie bei Ihrem Vorgesetzten versuchen, die bereits ausgesprochene Kündigung wieder rückgängig machen zu wollen. Zudem machen Sie dem (ehemaligen) Mitarbeiter falsche

Versprechungen, denn Sie wissen bereits beim Gespräch, dass Sie nichts mehr für den Mitarbeiter tun können.

Auch wenn es Ihnen menschlich leid tut, den Mitarbeiter auf die Straße setzen zu müssen, darf Ihnen bei der Kommunikation kein Fehler unterlaufen, mit dem Sie die Hoffnung des Anderen bestärken. Dieser wird sich auf Ihre Aussage stützen, am Ende kommt dabei aber leider nichts für ihn rum und alle Mitarbeiter sind enttäuscht.

Sie können gerne Ihre Empfindungen aussprechen, sollten sich im großen und ganzen aber neutral verhalten.

Gehaltsverhandlungen

In Ihrer Karriere werden Sie häufig merken, dass Mitarbeiter gerne das Gespräch mit ihrer Führungskraft suchen, wenn es um eine Anpassung des Gehalts geht. Die Gehaltsverhandlung sollte ebenfalls nicht zwischen Tür und Angel geschehen, sondern benötigt ebenfalls einen ungestörten Raum, indem Sie sich mit Ihrem Mitarbeiter ungestört zurückziehen können.

Wie Sie auf die Frage nach einem höheren Gehalt reagieren sollen und wie Sie Argumentationen Ihrer Angestellten entkräften können, erfahren Sie jetzt.

1. Terminvereinbarung

Der erste Schritt auf dem Weg zum Gehaltsgespräch sollte, wie auch bei allen anderen Gesprächen mit den Mitarbeitern eine Terminvereinbarung sein.

Geben Sie Ihrem Mitarbeiter die Möglichkeit, ohne Zeitdruck, neugierige Kollegen oder störende Kunden mit Ihnen über sein Gehalt sprechen zu können.

Sie können Ihrem Mitarbeiter auf diese Weise signalisieren, dass Ihnen Ihr Anliegen wichtig ist und Sie ihm Respekt zollen, indem Sie sein Anliegen nicht schnell mit wenigen Worten abweisen, sondern sich die Zeit nehmen, mit ihm darüber zu reden.

2. Bereiten Sie sich auf das Gehaltsgespräch gut vor

Eine gute Vorbereitung für die bevorstehende Unterhaltung ist auch hier wieder von großer Wichtigkeit. Nutzen Sie die Zeit bis zum Gespräch um sich über den aktuellen Leistungsstand des Angestellten zu informieren. Was können andere Vorgesetzte über diesen Mitarbeiter und dessen Fähigkeiten berichten?

Welche Eindrücke haben Sie in den vergangenen Monaten von diesem Mitarbeiter gewinnen können?

Was ist positiv, was ist negativ? Wie kann der Mitarbeiter gefördert werden?

Ist sein Anspruch auf eine Gehaltserhöhung gerechtfertigt oder muss er für mehr Geld auch mehr Leistung bieten.

Aber nicht nur die persönlichen Kompetenzen des Angestellten müssen berücksichtigt werden. Werfen Sie auch einmal einen Blick in die aktuellen Tarife? Wie viel Lohn erhält Ihr Mitarbeiter derzeit, gibt es da eine Differenz? Sammeln Sie auch Informationen über Ihren eigenen finanziellen Spielraum. Ist eine Gehaltserhöhung angemessen und kann diese auch finanziell realisiert werden?

Welchen Spielraum für eine Gehaltserhöhung können Sie vertreten?

Nutzen Sie die Tage bis zum Gehaltsgespräch intensiv um mit allen wichtigen Informationen ausgestattet zu werden. Nur so haben Sie eine gesunde Basis, die Ihre Argumentationen für oder gegen eine Gehaltserhöhung unterstützen können.

3. Das Gespräch

Lassen Sie zunächst den Mitarbeiter zu Wort kommen und blockieren Sie seine Frage nach einem höheren Gehalt nicht direkt mit einer Gegenargumentation.

Nehmen Sie sich die Zeit und hören Sie seine Argumente an.

Anschließend sollen Sie die gewonnenen Eindrücke, die Fähigkeiten des Angestellten und dessen Leistung anerkennen. Zeigen Sie ihm guten Willen und machen Sie klar, dass er ein wertvoller Mitarbeiter für Ihr Team ist.

Kommen Sie nun auf die Argumente die gegen oder für eine Gehaltserhöhung sprechen.

Hat der Mitarbeiter seine Fähigkeiten und die eigene Leistung richtig eingeschätzt oder sind Sie als leitender Angestellter da ganz anderer Meinung? Welche Wünsche hat er seine Arbeit betreffend?

Nutzen Sie nun die von Ihnen zusammengetragenen Argumente um dem Mitarbeiter die Gehaltserhöhung zu gewähren oder um diese abzulehnen.

Sagen Sie offen, wenn es Ihnen derzeit aus betriebswirtschaftlicher Sicht nicht möglich ist, eine Gehaltserhöhung zu gewähren, bieten Sie aber Ihrem Angestellten an, zu einem späteren Zeitpunkt nochmal über die Erhöhung des Gehalts zu sprechen.

Bieten Sie dem Angestellten Alternativen zur Gehaltserhöhung an

Wenn es Ihnen möglich ist, bieten Sie Alternativen an, die einen Ausgleich zur finanziellen Lage bieten.

Dies könnten zum Beispiel mehr Urlaubstage sein oder die Nutzung eines Firmenwagens. So zeigen Sie Ihrem Mitarbeiter trotz der negativen Nachricht, nämlich dass Sie aktuell keine Erhöhung des Gehalts bieten können , aber die guten Leistungen des Mitarbeiters dennoch honorieren möchten. Vielleicht können Sie so eine Einigung finden, die für beide Seiten gütlich ist.

Bewerbungsgespräch

Wenn ein Mitarbeiter aus persönlichen Gründen aus dem Unternehmen ausscheiden muss, entsteht eine Lücke die so schnell wie möglich wieder gefüllt werden muss, damit ein nahtloser Übergang im laufenden Arbeitsprozess gewährleistet werden kann.

Gemeinsam mit den Personalreferenten Ihres Unternehmens laden Sie ausgewählte Kandidaten zu einem Einstellungsgespräch um zu überprüfen, ob der Bewerber fachlich und menschlich in die Firma integriert werden kann.

Die Vorbereitung

Nachdem Sie aus der Vielzahl der Bewerber einige potentiale Kandidaten eingeladen haben, bereiten Sie sich für das bevorstehende Bewerbungsgespräch vor.

Legen Sie sich den Lebenslauf und das Anschreiben des jeweiligen Bewerbers zurecht und gehen Sie die Unterlagen direkt vor dem Gespräch noch einmal durch. Markieren Sie sich gegebenenfalls wichtige Passagen in den Texten um später Fragen dazu stellen zu können.

Der Beginn des Bewerbungsgespräches

Begrüßen Sie Ihren Bewerber zunächst und stellen Sie ihm alle Beteiligten des Vorstellungsgesprächs vor. In den meisten großen Betrieben werden mittlerweile Bewerbergespräche mit mehreren Führungsmitarbeitern und Mitarbeitern aus der Personalabteilung durchgeführt. Stellen Sie daher die entsprechenden Person vor, beziehungsweise bitten Sie Ihre Kollegen sich selbst kurz vorzustellen.

Beginnen Sie dann mit einer kurzen unverfänglichen Frage um dem Bewerber die Nervosität zu nehmen.

Ein Klassiker hierzu ist natürlich die Frage nach der Anfahrt.

Als Beispiel:

„Guten Herr Tag Müller, schön dass Sie den Termin zur Vorstellung in unserem Unternehmen wahrnehmen können. Das Gespräch wird von mir und von Frau Heinke aus der Personalabteilung durchgeführt.

Wie war Ihre Anfahrt? Die Parkplatzsituation kann manchmal ganz schön schwierig sein."

Sie lockern damit die ernste Stimmung und geben dem Bewerber so ein positives Gefühl.

Bieten Sie dem Bewerber ein Getränk an.

Nimmt er dieses an, so bieten Sie ihrem Bewerber die Chance, einen kleinen Moment der Bedenkzeit zu gewinnen, nämlich dann, wenn er einen Schluck des Getränks nimmt.

Das Angebot eines Getränks sorgt für eine angenehme und wertschätzende Gesprächsbasis, die dem Bewerber die Nervosität nimmt.

Wird während des Bewerbungsgespräch noch ein kurzer Einstellungstest angestrebt, sollten Sie dies auch direkt zu Beginn der Unterhaltung ansprechen um dem Bewerber darauf vorbereiten zu können.

Das Einstellungsgespräch: Die zweite Phase:
Nach der kurzen Einleitung beginnt nun der eigentliche Teil des Bewerbungsgesprächs. Hier werden Sie den potentiellen neuen Mitarbeiter und seine Fähigkeiten erstmals näher kennenlernen.

Beginnen Sie mit der schulischen Laufbahn wenn Sie einen recht junge Bewerber zum Gespräch geladen haben. Bei einem Bewerber, der schon 20 Jahre erfolgreich in einem anderen Unternehmen tätig war, zielen Sie natürlich nicht soweit in die Vergangenheit zurück, sondern beginnen direkt mit dem beruflichen Werdegang.

Klären Sie die bisherigen Tätigkeiten des Bewerbers und informieren Sie sich über dessen Kenntnisse und Fähigkeiten.

Stellen Sie klar formulierte Fragen, die keine Missverständnisse erzeugen.

Hören Sie aufmerksam zu, machen Sie sich zu den Ausführungen des Kandidaten gerne Notizen, zu dem Sie später Fragen stellen können. Signalisieren Sie Interesse an seiner bisherigen beruflichen Erfahrung.

Ebenfalls typische Fragen in einem Vorstellungsgespräch sind Fragen über Lücken im Lebenslauf. Geben Sie dem Kandidaten die Chancen, ehrlich auf diese Frage antworten zu können und achten Sie hier auf die Körpersprache. Schaut der Bewerber während seine Ausführung nach links, könnte dies ein Hinweis auf eine Lüge sein. Schaut er, oft unbewusst, nach oben, so erinnert sich der Bewerber an eine Situation.

Als leitender Angestellter sollten erklärbare Lücken im Lebenslauf für Sie kein Problem sein, wenn der Gesprächspartner eine logische Erklärung dafür hat.

Sie können die Motivation des potentiellen Mitarbeiters testen, indem Sie ihn nach seinen Interessen fragen und wie er diese in seinem neuen Job in Ihrem Unternehmen einbringen kann?

Ein künstlerisch interessierter Bewerber hat sicherlich viele Ideen, die er in Projekten mit seinen Kollegen teilen kann.

Ein Bewerber mit vielen Sprachkenntnissen kann sich bei Verhandlungen mit ausländischen Geschäftspartnern als sehr wertvoll zeigen.

Lassen Sie den Bewerber von Hobbys und Interessen sprechen, fragen Sie aber nicht nach sexuellen Präferenzen, religiösen Interessen oder gar der Familienplanung bei weiblichen Bewerbern. Diese Fragen sind aus rechtlichen Gründen bei einem Vorstellungsgespräch nicht zulässig und sollten daher unbedingt vermieden werden.

Kann der mögliche neue Mitarbeiter in dem Gespräch darstellen, weshalb ihn die Anstellung in Ihrer Firma reizt, oder was erhofft er sich von einem Wechsel in Ihre Abteilung?

All diese Fragen können viel Aufschluss darüber geben, wie motiviert und engagiert der Bewerber vor Ihnen tatsächlich ist.

Phase Drei: Die Motivation des Bewerbers

Im dritten Teil des Bewerbungsgespräches können Sie durch geschickt gestellte Fragen noch mehr über die Motivation des Bewerbers erfahren.

Fragen wie zum Beispiel:

„Wie sind Sie eigentlich auf unsere Mitarbeitersuche aufmerksam geworden?“ oder

„Warum möchten Sie in dem Unternehmen XYZ tätig werden?“ sind Klassiker des Bewerbungsgesprächs, die immer wieder Aufschluss darüber geben, wie intensiv sich der Gesprächspartner mit Ihrem Unternehmen im Vorfeld beschäftigt hat.

Ferner sprechen Sie mit dem Bewerber über die Gehaltsvorstellung. Gibt es eine Diskrepanz zwischen der Vorstellung und dem tatsächlichen Gehalt, können Sie merken, ob der Bewerber das Interesse an der Tätigkeit in Ihrem Unternehmen verliert oder nicht. Wäre das niedrigere Gehalt ein Kriterium, den angebotenen Job doch auszuschlagen oder kann er mit der Summe leben, die ihm für die Aufnahme der Arbeitsstelle in Ihrer Abteilung geboten wird?

Ware der vor Ihnen sitzende Bewerber auch bereit, für eine Anstellung in Ihrer Firma den Wohnort zu wechseln?

Nicht nur an den Ausführungen des Bewerbers, sondern auch an seiner Körperhaltung und der unbewussten Körpersprache können Sie die inneren Beweggründen Ihres Gesprächspartners lesen.

Stellen Sie fest, dass der potentielle neue Mitarbeiter ein Problem mit dem Gehaltsangebot oder mit einem Wechsel des Wohnorts hat, können Sie hier schnell den Bewerber selektieren. Sie benötigen einen Mitarbeiter, der sich voll und ganz hinter das Unternehmen stellt und dadurch auch die Möglichkeit zu einer Karriere in Ihrer Firma erhält.

Im anschließenden Teil des Vorstellungsgesprächs nehmen Sie Bezug auf die charakterlichen Kompetenzen des Bewerbers. Bitten Sie ihn, drei positive und drei negative Eigenschaften zu nennen.

Gehen Sie darauf ein indem Sie fragen, wie er durch Lernkompetenz die negativen Seiten verbessern möchte.

Stellen Sie Ihrem Bewerber auch Fragen bezüglich seiner Stressresistenz bei hohen Arbeitsaufkommen, arbeitet er bevorzugt alleine oder kann er sich in ein bestehendes Team gut integrieren?

All diese Fragen zeigen Ihnen als leitender Angestellter eine gute Zusammenfassung über die Kompetenzen des potentiellen Mitarbeiters. Machen Sie sich während der Ausführungen immer Notizen um die einzelnen Kompetenzen später mit denen von weiteren Bewerbern abgleichen zu können.

Im abschließenden Teil ist Ihre Kommunikationsfähigkeit gefragt. Sie stellen kurz Ihr Unternehmen und dessen Firmenphilosophie vor.

Sie stellen nun vor, welche Anforderungen Sie an einen neuen Mitarbeiter stellen und wie Sie sich die gemeinsame Arbeit in Zukunft vorstellen

.

Zeigen Sie das Arbeitsumfeld auf, in die der neue Mitarbeiter integriert werden soll.

Zum Abschluss erhält der Kandidat noch die Möglichkeit, offene Fragen zu stellen. Diese Gelegenheit kann ein interessierter Kandidat nutzen, um Ihnen zu zeigen, dass er sich gut auf dieses Vorstellungsgespräch vorbereitet hat.

Mögliche Fragen auf die Sie als Führungskraft ebenso gut vorbereitet sein müssen sind diese hier:

Mögliche Fragen, die ein Bewerber im Gespräch an Sie stellen könnte:

„Was erhoffen Sie sich von der Neubesetzung der Stelle?"

„Wieso ist diese wichtige Stelle aktuell unbesetzt?"

„Welche Fortbildungsmaßnahmen kann man in Anspruch nehmen?"

„Habe ich in Ihrem Unternehmen die Chance auf der Karriereleiter aufzusteigen?"

„Wie viele Mitarbeiter sind in dem Team tätig?"

Das Gespräch sollte nun zum Abschluss kommen. Achten Sie bitte auch unbedingt darauf, das Vorstellungsgespräch nicht unnötig in die Länge zu ziehen. Ein Vorstellungsgespräch für eine Position in der mittleren Unternehmenshierarchie werden in der Regel etwa 30 Minuten angesetzt. vermeiden Sie es auch unbedingt, weitere Bewerber unnötig warten zu lassen.

Danken Sie dem Bewerber zum Ende des Gespräch für das Interesse an einer Zusammenarbeit mit dem Unternehmen und setzen Sie einen klaren Termin bis zur Verkündung der Entscheidung. So können Sie dem Bewerber klar signalisieren, dass die Initiative nun von Ihrer Seite aus geht. Benennen Sie ebenfalls eine Kontaktperson, die bei Rückfragen nach dem Gespräch kontaktiert werden kann.

Welche Fehler können Führungskräfte in einem Bewerbungsgespräch machen?

Unvorbereitet sein

Auch bei der Auswahl eines neuen Mitarbeiters ist die Vorbereitung das A und O. Damit ist nicht gemeint, dass man fünf Minuten vor dem eigentlichen Bewerbungsgespräch noch einmal die eingereichten Unterlagen des Kandidaten durchgeht, sondern dass man im Vorfeld schon die Bewerber selektiert. So sparen Sie nicht nur Zeit, indem Sie unpassende Bewerber erst gar nicht zum Gespräch in Ihre Firma einladen.

Im laufenden Bewerbungsprozess können Sie die Möglichkeit nutzen um ein oder zwei ehemalige Arbeitgeber des Bewerbers kontaktieren und diese nach deren Erfahrungen mit dem ehemaligen Angestellten fragen. Wo hat er sich bewähren können und wo eben nicht?

Entspricht diese Bewertung Ihren Vorstellungen von einem neuen Mitarbeiter? Dann lohnt es sich, diesen Bewerber einmal näher kennenzulernen.

Bitten Sie Ihre Angestellten Kriterien für einen neuen Kollegen zu entwickeln

Eine oft unbeachtete Möglichkeit, sich für den richtigen Kandidaten aus der Vielzahl der Bewerber zu entscheiden, ist das Kriterium des Teams, in das der neue Kollege integriert werden soll.

Was wünschen sich die Mitarbeiter von einem neuen Kollegen, welche Fähigkeiten sollte er mitbringen, damit das Team optimal arbeiten kann?

Hier können Sie Skills aus einer völlig neuen Perspektive bei der Auswahl der Bewerber bedenken.

Keine Notizen machen

Während des Bewerbungsgesprächs vergessen viele Führungskräfte, sich Notizen zu den Ausführungen des Bewerbers zu machen. Besonders in größeren Unternehmen, die eine Vielzahl von Bewerbern zum Gespräch einladen, kann dies am Ende der Bewerbungsgespräche zu Verwirrungen sorgen. Welcher Bewerber hatte sich nochmal durch seine guten Referenzen qualifiziert, welche Kandidatin zeigte besonders große Entwicklungsmöglichkeiten?

Vermerken Sie wichtige Fähigkeiten und Informationen während des Gespräches um nach dem Gespräch auch weiterhin den Überblick über die einzelnen Bewerber behalten zu können.

Unzulässige Fragen stellen

Bei einem Gespräch mit einem potentiellen neuen Angestellten sind einige Fragen unzulässig. Achten Sie unbedingt darauf, diese Fragen zu vermeiden.

Dazu gehören nicht nur politische Ansichten oder sexuelle Präferenzen, sondern bei weiblichen Bewerberinnen auch die Frage nach einer bestehenden oder geplanten Schwangerschaft. Sicherlich sind Sie als leitender Angestellte daran interessiert, eine Mitarbeiterin einzustellen, die langfristig in Ihrer Firma tätig ist und nicht nach einigen Monaten wieder Aufgrund einer Schwangerschaft aus dem Betrieb ausscheidet.

Die Frage nach einer aktuellen Schwangerschaft können Bewerberinnen aus rechtlichen Gründen sogar absichtlich falsch beantworten.

Führen Sie keine Monologe

In einem Bewerbungsgespräch geht es nicht um Sie, sondern einzig und allein um den Bewerber der vor Ihnen sitzt. Halten Sie daher keine Monologe, sondern lassen Sie eine ausgeglichene Gesprächsbasis walten.

Dabei ist es aber wichtig, dass Sie nicht nur Standardfragen, die Klassiker aus dem Bewerbungsgespräch stellen, sondern individuelle Fragen stellen um die individuellen Kompetenzen der Person kennen lernen zu können.

Auf klassische Fragen aus einem Bewerbungsgespräch wie: Wo sehen Sie sich in 5 Jahren?

Kann der Bewerber genau die Antworten geben, die Sie als Arbeitgeber von ihm hören wollen.

Sie wollen dem Kandidaten die Möglichkeit geben, sich Ihnen nach besten Möglichkeiten vorzustellen. Geben Sie ihm die Chance dazu, und hören Sie genau zu. So signalisieren Sie echtes Interesse an seiner Person und wertschätzen Ihren Bewerber.

Machen Sie keine Versprechungen, die Sie nicht halten können

Sie erwarten in einem Vorstellungsgespräch absolute Ehrlichkeit von Ihrem Gesprächspartner. Also sollte es klar sein, dass auch Sie absolut ehrlich zu dem Kandidaten sind.

Versprechen Sie ihm keine schnelle Aufstiegsmöglichkeit in Ihrem Unternehmen, wenn diese gar nicht gegeben ist. Auch sollten Sie vermeiden, leere Versprechungen zu machen. Wünscht sich der Kandidat in Ihrer Firma Weiterbildungsmaßnahmen, die Sie zwar versprechen, die aber niemals stattfinden werden, merkt das der neue Angestellte und wird schnell wieder aus dem Team ausscheiden wollen. Seien Sie ehrlich und fair, genauso wie Sie es von Ihren Kandidaten erwarten.

Fällen Sie Entscheidungen nach nur einem Gespräch

Besonders in großen Unternehmen wird im Auswahlverfahren von Bewerbern immer öfter darauf geachtet, die Kandidaten nicht zu einem, sondern zu mehreren Gesprächen einzuladen, bevor eine endgültige Entscheidung getroffen wird.

Hat sich Ihr Kandidat in einem ersten Gespräch als tauglich bewähren können, so können Sie ihn und andere gute Bewerber noch zu einem Test einladen, der fachliche Kompetenzen überprüft.

Daraus selektieren Sie wieder einige Kandidaten die dann zu einem zweiten, intensiven Bewerbungsgespräch ausgewählt werden.

Rollenspiele oder eine kurze Probearbeit in dem bestehenden Team zeigen dann oft, welcher Bewerber sich als tauglich bewähren konnte.

Nach nur einem , relativ kurzem, Gespräch den richtigen Bewerber auswählen zu können ist für jeden Personaler schwierig. Je nach Tagesform können gute Kandidaten genau beim ersten Gespräch schwächeln, sich dann aber doch gegen ihre Mitbewerber durchsetzen.

Als Führungskraft sollten Sie die Zeit einplanen um die Auswahl an Kandidaten so gut wie möglich zu selektieren. Mit den richtigen Fragen können Sie potentielle Mitarbeiter von unpassenden Kandidaten richtig trennen und finden so ein Teammitglied, dass sich optimal in eine bestehende Abteilung integrieren lässt.

Allgemeine Tipps und Tricks um erfolgreich Gespräche führen zu können

Sie haben nun zahlreiche Tipps rund um Mitarbeitergespräche erhalten. Anschließend erfahren Sie nun allgemeine Tipps und Tricks rund um eine erfolgreiche Gesprächsführung für den beruflichen und privaten Gebrauch.

„Guten Tag Frau ...ähhhhhh?!"

Nennen Sie Ihren Gesprächspartner immer wieder beim Namen und sorgen Sie so für eine wertschätzende Gesprächsführung. Menschen mögen es, immer wieder mit ihrem Namen angesprochen zu werden. Wenn Sie erfolgreich mit Ihren Mitmenschen kommunizieren möchten, sollten Sie es sich zur Gewohnheit machen, immer den Namen Ihres Gesprächspartners fallen zu lassen.

So können Sie Ihrem Gegenüber Ihre Wertschätzung zeigen.

So können Sie auch ohne die passenden Argumente Ihre Mitarbeiter überzeugen.

Im Arbeitsalltag haben Sie als leitender Angestellter immer viel um die Ohren.

Hin und wieder kommt es vor, dass Mitarbeiter Ihre Hilfe suchen, obwohl Sie gerade gedanklich in einem völlig anderen Thema sind.

Wenn Sie auch ohne Argumente Ihre Kompetenz beweisen wollen, was Sie als Führungskraft auch müssen ohne Ihr Gesicht zu verlieren, können Sie diese Methoden anwenden, um dennoch kompetente Antworten geben zu können.

Durch allgemeine Kenntnisse

Als leitender Angestellter mit viel Erfahrung nutzen Sie allgemeingültige Kenntnisse um in Momenten, in denen Sie Ihre Argumentation nicht auf Fakten stützen können, erfolgreich ihre Mitarbeiter anleiten zu können.

Sogenannte topische Argumente setzen sich aus allgemeinen Grundsätzen zusammen, die für jeden Menschen deutlich gemacht werden können.

Nutzen Sie Denkfehler um Ihre eigene Ansicht besser „verkaufen" zu können

Als leitender Angestellter sind Sie in der Rolle des Führers, der die eigenen Angestellten zu Ihrem Ziel führt. Sicherlich kommt es auch mal vor, dass Ihre Angestellten anderer Meinung sind als der Chef. Um Ihr Team von Ihrer Meinung überzeugen zu können, können Sie Denkfehler nutzen um das Team erfolgreich auf Ihren Weg zu bringen.

Ein Beispiel aus der Praxis:

„Herr Schmidt, wir brauchen sollten unbedingt noch vor dem nächsten Projekt die neuen PC Programme installieren, damit wir schneller arbeiten können."

Ihre Angestellte Frau Müller ist der Ansicht, dass das bevorstehende Projekt durch die Umstellung auf neueste Programme erleichtert werden kann. Nur hat Sie da nicht an alles gedacht, wie ihr Vorgesetzter Herr Schmidt beweisen kann.

„Liebe Frau Müller, ich verstehe sehr gut dass Sie sich eine Erleichterung des Arbeitsprozesses durch die neusten PC Programme wünschen. Sicherlich haben Sie Recht, dass diese Programme einige Vorgänge optimieren können. Jedoch möchte ich Ihnen zu bedenken geben, dass das nächste Projekt, nämlich das wichtige Werbeprojekt von unserem geschätzten Kunden Vogel, schon in Kürze bearbeitet werden muss. Die Installation der PC Programme wird einige Zeit in Anspruch nehmen. Ebenso wird es eine Weile dauern, bis Sie und Ihre Kollegen in der Abteilung den Umgang mit diesem Programm erprobt haben. Wir können gerne zu einem späteren Zeitraum über die Anschaffung der neusten PC Programm sprechen, aber vor dem wichtigen Projekt von Kunde Vogel möchte ich davon absehen, damit der gewohnte Arbeitsprozess nicht gestört wird."

In diesem Gespräch haben Sie Ihrer Angestellten Frau Müller kommuniziert, dass Sie von Ihrem Vorschlag, die PCs im Büro mit einem neueren Programm auszustatten grundsätzlich nicht ablehnen. Sie zeigten Ihr Ihre Wertschätzung für die Idee, mussten Ihr aber auch gleichzeitig deutlich machen, dass jetzt nicht der richtige Zeitpunkt für die Umrüstung ist, da schon bald ein wichtiges Projekt bearbeitet werden muss. Da die Umrüstung der PCs für alle Mitarbeiter der Abteilung eine neue Phase der Einarbeitung in Anspruch nimmt, vertrösten Sie die Angestellte auf einen späteren Zeitpunkt.

Stärken Sie Ihre eigene Meinung

Auch wenn Sie nicht alle Fakten zur Hand haben, eine eigene Meinung werden Sie sicherlich haben.

Um Ihr Team von Ihren eigenen Ansichten überzeugen zu können, müssen Sie es durch rhetorische Mittel schaffen, die Angestellten von Ihrer eigenen Ansicht zu überzeugen.

Dazu stärken Sie Ihre eigene Meinung und schwächen die der Anderen.

Hier ein Beispiel aus der Praxis. mit Bezug auf das Beispiel aus dem vorherigen Tipp:

„Herr Schmidt, die PCs sind nicht mehr auf dem neuesten Stand. Wir benötigen dringend das neue Programm für die Computer."

„Liebe Frau Müller, ich schätze Ihr Engagement und Ihren Einsatz für das ganze Team. Aber ich sehe, dass Sie und Ihre Kollegen mit dem alten Programm gut zurecht kommen und beste Ergebnisse erzielen können. Sie sind sicher der gleichen Meinung und sehen, dass Sie und Ihre Kollegen die Vorzüge des bewährten PC Programms sehr gut umsetzen können.

Ich möchte gern das altbewährte System weiterhin für laufende Arbeitsprozesse nutzen."

Sie bedanken sich bei der Mitarbeiterin für Ihre eigene Idee, nehmen Sie aber direkt kommunikativ in die Pflicht und überzeugen Sie durch rhetorische Fähigkeiten, sich Ihrer Meinung anzuschließen.

Wichtig ist immer, dass Sie nicht direkt den Vorschlag des Mitarbeiters abschmettern, sondern ihm oder ihr zunächst Wertschätzung zukommen lassen, sie dann aber direkt auf Ihren eigenen Weg führen und sie überzeugen, sich Ihrer Meinung anzuschließen.

Konjunktive vermeiden

Um sich als Teamleiter beweisen zu können, und Ihre Abteilung sicher führen zu können, sollten Sie in Gesprächen mit Ihren Angestellten Konjunktive vermeiden. Diese suggerieren immer, dass Dinge möglich sind, diese aber doch nie umgesetzt werden.

Worte wie :

- vielleicht
- im Falle dessen
- wenn
- wir könnten

Setzen in Gesprächen die Hoffnung auf Veränderung. Nutzen Sie Ihre eigenen rhetorischen Fähigkeiten um Ihr Team klar zu führen. Machen Sie auch verbal deutlich, wo Ihr Ziel gesetzt ist und was nach dem Erreichen des Ziels für Sie als Abteilung ansteht.

Wir könnten und vielleicht sind schwammige Aussagen, die Ihren Angestellten keine Klarheit bringen und allgemeingültig sind.

Um sich als leitender Angestellter dursetzen zu können, verzichten Sie auf solche Wörter und geben Sie klar den Ton an.

Driften Sie während eines Gesprächs nicht vom eigentlichen Thema ab

Damit Sie weiterhin als Mensch mit viel Durchsetzungskraft von Vorgesetzten und Mitarbeitern angesehen werden, sollten Sie bei einem wichtigen Gespräch nicht vom Thema abweichen. In dem Sie klar und deutlich kommunizieren und eine deutliche Linie in Gesprächen beibehalten, können Sie beweisen, dass Sie eine Führungskraft mit klarer Leitlinie sind, die Ihr eigenes Ziel fokussiert im Auge behält und dies auch mit rhetorischen Mitteln durchsetzen kann.

Wenn Ihr Gesprächspartner Bedarf hat, mit Ihnen vom Thema abzukommen und Sie vom eigentlichen Gespräch abbringen möchte, verhindern Sie diese

Taktik indem Sie eine klare Linie ziehen und dem Gesprächspartner gerne einen Termin anbieten, um das andere Thema zu besprechen, sich jetzt aber voll und ganz auf das eigentliche Thema konzentrieren möchten.

Die Körpersprache unterstreicht die verbale Kommunikation

Nicht nur die fachliche Kompetenz, die emotionalen Fähigkeiten sowie die rhetorischen Kenntnisse sind für eine Führungskraft wichtig, damit Sie erfolgreich im Umgang mit Mitarbeitern und Vorgesetzten sein können. Aber nichtsdestotrotz sollten Sie durch die richtige Körpersprache Ihre Stellung unterstreichen und können sogar Ihre Mitmenschen lesen, wenn Sie einige wichtige Merkmale der Körpersprache kennen.

Wie Sie durch die richtige Körperhaltung Ihre Kompetenz unterstreichen und wie Sie Anhand der Körpersprache erkennen können, wie Ihre Mitmenschen „ticken" können Sie nun hier nachlesen.

Sie sind leitender Angestellter und müssen Ihre Abteilung repräsentativ führen. Dies sollte sich auch in Ihrer Körperhaltung widerspiegeln, denn die richtige Körperhaltung symbolisiert nicht nur Ihre Stellung, sondern macht auch deutlich, dass Sie Macht in Ihrer Anstellung besitzen.

Nutzen Sie diese Möglichkeit der Repräsentation und nutzen Sie dieses Tool um Ihre Position nach Außen hin klar zu machen.

Bauch rein, Brust raus

Ein leitender Angestellter der seine Macht nicht nach Außen hin zeigen kann, der die Schultern hängen lässt und sich so selbst klein hält, kann seine Macht als Führungskraft nicht klar machen.

Wer eine gerade Körperhaltung einnimmt und den Körper durchstreckt, der zeigt dadurch direkt, dass er Selbstbewusstsein besitzt, dass er geradlinig ist und sich so auch zeigen will.

Auch Sie können Ihre Stärken nach Außen hin zeigen indem Sie den Rücken gerade machen, den Bauch nach innen ziehen und die Brust nach oben recken. Symbolisieren Sie Vorgesetzten und den Mitarbeiter aus Ihrem Team so, dass Sie eine starke Führungspersönlichkeit besitzen und diese auch durch Ihre Körperhaltung beweisen können.

Um Ihre Bodenhaftigkeit präsentieren zu können, stehen Sie mit festen Boden auf dem Boden. Beide Beine in Schulterbreite signalisieren Ihrem Gegenüber, dass Sie eine Person mit Standfestigkeit sind, die geerdet ist und seine Position auch in schwierigen Zeiten beweisen kann.

Bleiben Sie auf Augenhöhe

Wer sich in einer übergeordneten Position befinden, der schaut auf seine Angestellten oft von oben herab. Seinen eigenen Vorgesetzten aber nur von unten.

Zeigen Sie als offene Führungspersönlichkeit dass Sie menschlich auf einer Augenhöhe mit Ihren Mitarbeitern und auch den Vorgesetzten sind und suchen Sie stets den Augenkontakt zu Ihren Mitmenschen. Wer Augenkontakt zu seinen Gesprächspartnern hält, symbolisiert seine aufrichtige Anerkennung zu seinem Gegenüber.

Im Auge behalten

Lassen Sie Ihr Gegenüber nie aus den Augen. Wer seinen Blick immer wieder schweifen lässt, zeigt deutliches Desinteresse an seinem Gesprächspartner. Halten Sie in einem Gespräch stets Augenkontakt, aber starren Sie die Person nicht an. Das wichtige Element der nonverbalen Kommunikation ist ein unverkrampfter Augenkontakt, der Standhaftigkeit signalisiert, denn wer es nicht einmal schafft, seinem Gegenüber in die Augen zu sehen, der kann auch kein echtes Interesse an einem Gespräch mit der Person vorweisen.

Ein kleiner Trick:

Manchen Menschen fällt es schwer, einem anderen Menschen standhaft in die Augen zu blicken. Um die Scheu vor einem intensiven Blick zu verlieren können Sie diesen kleinen Blick nutzen:

Versuchen Sie bei Ihrem Gegenüber die Augenfarbe zu definieren. Dazu müssen Sie einen intensiven Blick riskieren und ihm oder ihr direkt in die Augen blicken.

Ein kräftiger Händedruck

Der erste körperliche Kontakt zwischen zwei Menschen ist meist der Händedruck. Schon hier können Sie direkt beim ersten Kontakt Ihre Position darstellen, indem Sie Ihrem Gegenüber durch einen kräftigen Händedruck zeigen kann, dass er ein Gegenüber hat, dass seine Stärke beweisen will.

Auch für Frauen in Führungspositionen gilt: Zeigen Sie Ihre Position durch einen kräftigen Händedruck und lassen Sie sich nicht durch das zu zaghafte Hände schütteln in eine weichere Ecke stellen und machen Sie besonders männlichen Kollegen klar, dass auch das schwache Geschlecht Stärke beweisen kann.

Eine Armlänge bewahren

Treten Sie Ihren Mitmenschen sprichwörtlich nicht zu nahe. Im beruflichen Alltag müssen wir zwar oft eng zusammenarbeiten, doch im übertragenen Sinne sollten Sie die sogenannte Intimsphäre wahren und etwa eine Armlänge Abstand halten, wenn Sie mit Angestellten und Vorgesetzten arbeiten.

Wer sich nicht an diese persönliche Grenze halten kann, stört die persönliche Grenze seiner Mitmenschen. Als Chef sollten Sie diese Grenze unbedingt einhalten um Ihren Mitarbeitern eine ungezwungene Arbeitsatmosphäre bieten zu können.

Zeigen Sie Ihren Standpunkt durch Ihre Gestik

Nicht nur die eigene Privatsphäre können Sie durch eine Armlänge Abstand bewahren, Sie zeigen oft auch unbewusst durch die Haltung Ihrer Arme im Gespräch die innere Einstellung.

Wenn Sie einige Regeln befolgen, können Sie bald Ihre innere Haltung auch durch die Gestik kommunizieren.

Ich bin hier der Boss

Ihr Angestellter kommt zu Ihnen ins Büro um kurzfristig ein Anliegen besprechen zu können. Sie gestikulieren Ihrem Mitarbeiter durch die Haltung Ihrer Arme, die Sie hinter dem Kopf nach Außen strecken, dass Sie der Führer der Abteilung sind. Sie signalisieren Ihrem Mitarbeiter durch diese Gestik, dass er seine Meinung nicht frei äußern sollte, das Sie am Ende das letzte Wort haben.

Besser machen Sie es so:

Ihr Mitarbeiter kommt in Ihr Büro und möchte Ihnen sein Anliegen schildern. Als aufgeschlossener leitender Angestellter, der offen für neue Ideen seiner Mitarbeiter ist, zeigen Sie ihm diese Haltung auch durch Ihre Gestik. Begrüßen Sie ihn mit offenen Armen und leiten ihn direkt zu einem Platz der Ihrem Gegenüber steht.

Durch die offenen Arme zeigen Sie Ihren Mitmenschen, dass Sie offen für Neues sind und sich gerne die Ideen Ihrer Mitarbeiter anhören möchten.

Verschränkte Arme zeigen ängstliche Gefühle

In Abwehrhaltung gehen Sie durch Ihre Gestik, wenn Sie die Arme vor der Brust verschränken. Diese oft unbewusste Haltung wird hervorgerufen durch ängstliche Gefühle. Ein Mensch in dieser Haltung möchte sich defensiv geben und sich am liebsten in sein eigenes Schneckenhaus zurückziehen. Als Schutzbarriere sollen die vor der Brust verschränkten Arme dienen, um einen Wall vor der eigentlichen Person zu bauen.

Sie als leitender Angestellter sollten diese Geste meiden. Vor Ihren Angestellten büßen Sie durch diese Haltung an Professionalität ein, da Sie sich als Führungsperson ängstlich zeigen, im Gespräch mit Ihren Vorgesetzten begeben Sie sich durch diese Schutzhaltung ebenfalls in eine defensive Haltung.

Wie Sie die Körpersprache Ihrer Mitmenschen lesen und deuten können

Im Mitarbeitergespräch werden Ihnen viele Emotionen der Mitarbeiter entgegenkommen. Oft kann Ihnen die Körpersprache mehr signalisieren als die Worte, die ein Mensch ausspricht. Wie Sie diese Sprache verstehen und wie Sie dieses Wissen ausnutzen können, können Sie nun lernen:

Um die Körpersprache Ihrer Mitmenschen lesen zu können, müssen Sie den Anfang erst wieder bei sich selbst machen.

Denn an der eigenen Körperhaltung kann man seine Emotionen besser begreifen und dann dieses Wissen im Umgang mit seinen Mitmenschen umsetzen.

Deshalb schauen Sie in bestimmten Situationen an sich herab und geben Sie auf die Gestik Acht.

Defensive Körperhaltung

Eben haben Sie bereits gelernt, dass verschränkte Arme, die einen instinktiven Schutzwall vor dem Körper darstellen, auf eine defensive Haltung deuten. Der Mensch vor Ihnen möchte Ihre Anweisungen am Liebsten gar nicht annehmen, würde sich lieber dieser, für ihn unangenehmen, Situation entziehen.

Auch die ineinander verschränkten Hände sind ein klares Zeichen einer defensiven Körpersprache, die signalisieren will, dass die Person nicht einer Meinung mit Ihnen ist. Sind die Hände dem Körper zugewandt, so will diese Person sich innerlich verschließen.

Ebenfalls ein Zeichen für eine defensive Körperhaltung ist der zurückgezogene Oberkörper. Ist der Rücken durchgedrückt und wirkt steif, dann mangelt es dem gegenüber an Interesse für das Gespräch.

Achten Sie auf die Hände Ihrer Mitmenschen

An den Händen kann man viel aus der Haltung herauslesen. Viele Menschen spielen während eines Gespräches unbewusst mit den Händen. Wenn Sie bemerken dass Ihr Gegenüber immer wieder mit den Fingern spielt und nervös mit den Fingern spielt, so deutet diese Bewegung auf eine Übersprungshandlung und ist ein Zeichen von Nervosität.

Auch wer mit einem Gegenstand in der Hand spielt, möchte seine Aufgeregtheit vor dem Gesprächspartner verbergen.

Hält Ihr Gegenüber zum Beispiel eine Tasse demonstrativ vor dem Körper, so sollte dieser Gegenstand auch als eine Art Schutzwall angesehen werden. Im schlimmsten Fall deutet diese Gestik darauf hin, dass der Gesprächspartner etwas zu verbergen hat und durch diese unbewusste Geste etwas verheimlichen, was bisher noch im Verborgenen bleiben soll.

Lösen Sie keinen Fluchtreflex aus

Mitarbeitergespräche sind manchmal sehr nervenauftreibend für einige Mitarbeiter.

Das Gespräch mit dem Chef kann bei manchen sogar für starke Emotionen sorgen, die sie zwar vor Anderen verbergen können, Ihnen aber durch die Kenntnisse über Körpersprache bekannt sind. Wippelt Ihr Angestellter oder die Mitarbeiterin immer auf dem Stuhl vor Ihnen herum, so deutet dies darauf hin, dass Ihr Gegenüber sehr unsicher ist und dieser Situation sprichwörtlich entfliehen möchte.

Wenn Sie eine solche körperliche Reaktion während eines Gesprächs mit Ihrem Angestellten erkennen, versuchen Sie die Situation durch Ihre aufgeschlossene Art zu entspannen. Signalisieren Sie Ihrem Mitarbeiter, dass er nichts befürchten muss.

Wo sind die Hände

Sicherlich kennen auch Sie mindestens einen Mitarbeiter, der während des Gesprächs seine Hände immer versteckt. Ob unter dem Tisch oder unter die Beine geklemmt, diese Haltung signalisiert eine evolutionsbedingte Haltung. Menschen die ihre Hände versteckten, hielten oft im Verborgenen eine Waffe für den Notfall zurück.

Hält Ihr Mitarbeiter die Hände bewusst unter dem Tisch, so könnte es sein, dass er mit Informationen zurückhält, bei denen er nicht sicher ist, ob er diese preisgeben soll.

Wer nicht hören will.....
....greift sich ans Ohr.

Der Mensch der Ihnen eigentlich zugewandt sein sollte, zeigt durch diese unbewusste Gestikulation, dass er eigentlich gar keine Lust auf diese Unterhaltung hat. Sie haben nun das Zepter in der Hand und können durch kleine verbale Hinweise zeigen, dass Sie erkannt haben, dass er kein interessierter Zuhörer ist.

Die Kobra Geste entlarvt überhebliche Gesprächspartner
Mitten im Gespräch hebt Ihr Gegenüber die Arme und breitet sie hinter

dem Kopf aus. Die Hände ineinander verschränkt, die angewinkelten Arme ausgebreitet, erinnert diese Haltung an die namensgebende Kobra. Wer sich in einem Gespräch derart gestikuliert, will seinem Gesprächspartner damit zeigen, dass er sich in dieser Situation überlegen fühlt. Manch ein Mitarbeiter will durch diese überhebliche Gestik seine eigene Unsicherheit überspielen, manch anderer fühlt sich dem Gesprächspartner aber tatsächlich überlegen und zeigt dies auch durch seine protzige Körperhaltung. Zeigen Sie Ihrem Gesprächspartner dass Sie sich von dieser Gestik nicht einschüchtern lassen.

Unsichere Gesprächspartner zeigen Ihre Ängstlichkeit durch diese Geste

Sie kenne sicher auch Menschen, die sich immer ans Ohr fassen und an den Ohrläppchen spielen. Diese weit verbreitete Geste ist ein eindeutiges Zeichen von Unsicherheit und einem unguten Gefühl, dass die Gesprächsbasis zwischen den beiden Parteien erheblich stören kann.

Durch das knibbeln am Ohrläppchen verliert das Gegenüber von seiner Souveränität und büßt damit seine eigene Position ein.

Als Führungskraft, die diese Körperhaltung deuten kann, sind Sie nun in der Lage, die Führung des Gesprächs übernehmen zu können und den weiteren Gesprächsverlauf in die gewünschte Bahn zu lenken.

Mit der Zeit werden Sie die Eigenheiten der Körpersprache jedes Mitarbeiters individuell beurteilen und lesen können. Durch die emotionale Intelligenz, die Sie durch den täglichen Umgang mit Ihren Mitarbeitern perfektioniert haben, und den Kenntnissen über rhetorische Möglichkeiten und der Interpretation der Gestikulation sind Sie zu einer Führungspersönlichkeit geworden, die nicht nur fachliche Kompetenzen vorweisen kann, sondern auch durch soziale Fähigkeiten und herausragende Soft Skills beweisen konnte.

Zum Abschluss zeigen wir noch einmal zwei Fallbeispiele von Mitarbeitergesprächen auf, die so jedem Tag in Ihrer beruflichen Karriere auftreten könnten.

Fallbeispiel 1:

Beurteilungsgespräch

Sie haben seit drei Monaten eine neue Mitarbeiterin in Ihrem Team. Zum Ende der Probezeit bitten Sie Ihre Angestellte zu einem ersten Beurteilungsgespräch.

Das Feedback gibt der neuen Mitarbeiterin die Möglichkeit, eigene Fähigkeiten zu reflektieren und zu optimieren. Ebenso erhält die Mitarbeiterin die Gelegenheit, ihrerseits Dinge anzusprechen, die ihr wichtig sind.

„Guten Tag Frau Schneider, schön dass Sie die Zeit gefunden haben, sich zu einem Gespräch in meinem Büro einzufinden. Sie sind ja nun seit fast drei Monaten in unserem Team beschäftigt. Haben Sie sich mittlerweile gut eingefunden?“

Frau Schneider entgegnet: „Ja, ich habe bereits viele Eindrücke in diesem Unternehmen gewinnen können und konnte auf die Unterstützung meiner Kollegen bauen. Ich habe mich sehr gut in meine neue Position einfinden können.“

„Das haben mir Ihre Kollegen auch berichtet. Ich habe beobachten können und ebenfalls von einigen Kollegen erfahren, dass Sie sehr engagiert arbeiten und viele neue Ideen in das Team einbringen. Ebenfalls möchte ich loben, dass Sie stets als erste Mitarbeiterin im Büro erscheinen.

Allerdings ist mir aufgefallen, dass Sie Ihren Arbeitsplatz immer sehr unordentlich am Feierabend hinterlassen.

Wir schätzen hier ein aufgeräumtes und geordnetes Arbeitsumfeld. Ich würde mir von Ihnen für die Zukunft wünschen, dass Sie sich etwa 5 Minuten vor dem Feierabend die Zeit nehmen und Ihren Arbeitsplatz ordnen. Gerne stellen wir Ihnen auch dafür mehr Ablagen zur Verfügung wenn Ihnen das hilft.“

„Ja, Herr Wagner, Sie haben Recht, ich neige zur Unordnung. Wenn ich in meinem eigenen Arbeitsflow bin, veranstalte ich ein Chaos, dass ich aber überblicken kann. Wenn Sie in Ihrem Team aber großen Wert auf Ordnung legen, werde ich gerne Ihre Kritik annehmen und meinen Arbeitsplatz in Zukunft geordnet und aufgeräumt hinterlassen.“

„Was wünschen Sie sich denn eigentlich in der weiteren Zusammenarbeit mit uns? Gibt es Anregungen, die wir Ihrer Meinung nach in der Abteilung umsetzen könnten?"

„Ich habe gemerkt, dass meine Kollegen in der Abteilung erweiterte Kenntnisse mit dem Zeichenprogramm Skizze3 haben. Ich konnte in meiner bisherigen beruflichen Laufbahn leider noch nicht so oft mit diesem PC-Programm arbeiten. Vielleicht ergibt sich demnächst eine Möglichkeit, innerhalb einer Fortbildung den Umgang mit diesem Programm zu erlernen?"

„Ich werde mich darum kümmern, dass Sie in nächster Zeit einen Intensivkurs für die Bearbeitung mit Skizze 3 erhalten. Wenn ich weitere Informationen habe, gebe ich diese natürlich sofort an Sie weiter Frau Schneider."

Dieses Beispiel ist der Verlauf eines optimalen Beurteilungsgespräches. Als leitender Angestellter sollten Sie neuen Mitarbeitern gegen Ende der Probezeit immer die Chance geben, in einem Beurteilungsgespräch die bisherige Zeit in der Firma und die erbrachten Leistungen reflektieren zu können.

In diesem Beispiel geht der Vorgesetzte Herr Wagner das Gespräch richtig ein. Er begrüßt seine neue Mitarbeiterin freundlich und zeigt durch die Aufzählung der positiven Aspekte direkt die Wertschätzung für seine neue Angestellte.

Zwar hält er auch einen Kritikpunkt bereit, gibt der neuen Mitarbeiterin aber direkt einen konstruktiven Lösungsvorschlag mit auf den Weg und bietet ihr sogar an, ihr weitere Ordner zur Verfügung zu stellen.

Im weiteren Verlauf des Gesprächs bietet der leitende Mitarbeiter seiner neuen Angestellten die Chance, eigene Punkte anzusprechen, und gibt ihr auch die Gelegenheit Wünsche für die zukünftige Zusammenarbeit äußern zu können.

Wenn ein leitender Angestellter diese Möglichkeit zur Äußerung der Wünsche direkt von sich aus anspricht, kann er so leichter die Vorstellungen der Mitarbeiter erfahren, denn viele Angestellte trauen sich von sich aus nicht, solche Wünsche in einem Gespräch mit dem Chef zu äußern.

Auf die Bitte nach einer Fortbildung äußert sich die Führungskraft nicht zu schwammig, sondern gibt eine klare Aussage und wird sich an diese

Absprache auch halten.

Er hat somit einen vertrauensvollen zukünftigen Weg für eine gute Zusammenarbeit gelegt.

Anders sieht es beim folgenden Beispiel aus. Hier wurde durch den Mitarbeiter die vertrauensvolle Arbeitsatmosphäre gefährdet. Für beide Parteien bedeutet dies, dass ein Kritikgespräch nun unausweichlich ist. Auch wenn dies für Arbeitnehmer und leitendem Angestellten eine unangenehme Situation darstellt, kommt das Kritikgespräch in jedem Betrieb häufiger vor.

Die Situation in unserem Beispiel liegt folgendem Verhalten zu Grunde:

Herr Köhler hat sich am Dienstagmorgen wiederholt verspätet. Dieses Verhalten musste der leitende Angestellte Hoffmann in letzter Zeit häufiger bei seinem Angestellten Köhler beobachten. Er wünscht sich nun eine Veränderung des Verhaltens seines Mitarbeiters und vereinbart mit Köhler ein Mitarbeitergespräch.

Der Ablauf eines solchen kritischen Mitarbeitergesprächs stellt sich so dar:

Hoffmann: „Herr Köhler, ich begrüße Sie. Lassen Sie uns keine Zeit verlieren, ich komme direkt auf den Grund, warum ich Sie heute zu einem Gespräch in mein Büro geladen habe. Und zwar hab ich heute morgen leider wieder beobachten müssen, dass Sie als letzter Mitarbeiter der Abteilung um 8.25 Uhr zur Arbeit erschienen sind. Wie Sie wissen beginnt unser Arbeitstag pünktlich um 8 Uhr. Ich kann und will in meiner Abteilung eine solche Arbeitshaltung nicht dulden und bitte Sie hiermit direkt, in Zukunft pünktlich im Büro zu erscheinen.

„Herr Hoffmann, ich weiß dass ich heute leider wieder zu spät war. Ich musste meine Tochter noch in den Kindergarten bringen. Es fällt ihr momentan so schwer alleine dort bleiben zu müssen. Deshalb war ich in der vergangenen Zeit immer wieder zu spät."

„Ich verstehe Ihre familiäre Situation. Wie Sie vielleicht wissen, bin ich selbst Vater und kann mich da auch gut einfinden. Jedoch kann ich als Ihr Vorgesetzter keine Ausreden gelten lassen. Ihre Kollegen, Frau Buchfeld ist eine alleinerziehende Mutter und schafft es auch jeden Tag pünktlich im Büro zu erscheinen. In Zukunft verlange ich von Ihnen, dass Sie Ihr privates

Zeitmanagement so optimieren, dass auch Sie es schaffen, um 8 Uhr im Büro zu erscheinen. Haben Sie eine Idee, wie Sie das in Zukunft schaffen wollen?" „Ich werde meine Frau bitten, den Fahrdienst für unser Kind zukünftig zu übernehmen, damit ich es wieder rechtzeitig hierher schaffe."

„Herr Köhler, ich freue mich, dass wir in dieser Sache einen Weg finden konnten, der dann in Zukunft auch durchgeführt wird. Ich wünsche Ihnen noch einen produktiven Tag."

In diesem Beispiel zeigt sich der Mitarbeiter Köhler einsichtig und kann sein Fehlverhalten sofort reflektieren. Durch die familiäre Situation konnte er es nicht früher zur Arbeit schaffen.

Der Abteilungsleiter Hoffmann hat selbst einen Sohn und weiß wie hektisch der Morgen in einer jungen Familie ablaufen kann. Dennoch kann er seine Seriosität und die Autorität die seine Position als leitender Angestellter beinhaltet, nicht verlieren und kann diese Ausrede nicht gelten lassen.

Sein Angestellter Köhler kann einen Lösungsvorschlag präsentieren, der das Verhältnis zwischen Arbeitsgeber und leitenden Angestellten wieder in Gleichklang bringen kann.

Wichtig für den leitenden Angestellten, der ein solches Kritikgespräch führen muss ist der Punkt, dass er einen Weg findet, die Einsicht seines Angestellten erlangen zu können. Außerdem darf er sich nicht von Ausreden oder emotionalen Ausbrüchen dazu verleiten lassen, auf die Kritik zu verzichten.

Zum Abschluss des Gespräches muss die Führungskraft es schaffen, seinen Angestellten für die zukünftige Arbeit zu motivieren und sein Pflichtbewusstsein dem Unternehmen gegenüber wieder herstellen.

Das Mitarbeitergespräch ist ein wertvolles Werkzeug, mit dem Sie Ihre Angestellten nicht nur für die berufliche Zukunft motivieren können, sondern auch Ihre eigenen sozialen Kompetenzen beweisen, indem Sie dem Angestellten anbieten, gemeinsam mit ihm konstruktive Lösungen zu erarbeiten, mit denen die Arbeitsatmosphäre wieder hergestellt werden kann.

Nutzen Sie diese wertvolle Möglichkeit, um einen menschlichen Umgang mit den eigenen Mitarbeitern zu üben. Das der Chef kein übernatürliches Wesen, sondern ein Mensch wie jeder andere auch ist, wissen die Angestellten natürlich, nun liegt es an Ihnen, dieses Verhalten auch an den Tag zu legen.

Mit den klaren Tipps und Tricks, die Sie durch diesen Ratgeber erfahren haben, können Sie die oft gefürchteten Mitarbeitergespräche in Zukunft leichter bewerkstelligen.

Wie Sie bemerkt haben, liegt Ihre größte Verantwortung in der Vorbereitung der Gespräche mit Ihren Mitarbeitern. Wer seine Mitarbeiter, deren Fähigkeiten, menschlichen Schwächen und Stärken kennt, kann jedem Mitarbeiter das individuelle Gespräch bieten und somit gemeinsame Ziele erarbeiten, mit denen sie Beide in Ihren Karrieren weiter kommen können und auch dem Unternehmen Erfolg bringen können.

Wer in der Führungsebene arbeiten möchte, der muss sich im Klaren darüber sein, dass Gespräche mit Mitarbeitern, anderen leitenden Angestellten oder mit eigenen Vorgesetzten an der Tagesordnung sind. Wenn Sie sich noch schwer in der Kommunikation tun, sollten Sie jede Gelegenheit dazu nutzen, Ihre individuellen rhetorischen Fähigkeiten weiter auszubauen. Vielleicht können Sie selbst hin und wieder Situationen mit anderen jungen Führungskräften durchspielen, damit Sie bei ernsten Mitarbeitergesprächen für jede Situation gewappnet sind.

Ebenso empfiehlt es sich, in alltägliche Situationen Ihre sprachlichen Kompetenzen weiter auszubauen. Sie werden mit der Zeit merken, wie die gelernten Inhalte in Ihren Alltag übergehen.

Gutes Führungspersonal zeigt sich längst nicht mehr nur durch die erlernten fachlichen Kompetenzen, sondern zeigt sich besonders sensibel im Umgang mit den Mitmenschen, führt die Angestellten motiviert und menschlich und kann auch im Umgang mit Vorgesetzten überzeugen.

Wer über dieses Wissen verfügt, kann sich im Bewerbungsprozess für Führungskräfte gegen die anderen Kandidaten durchsetzen.

Sie werden schon bald sehen, dass Sie Ihre unterschiedlichen Kompetenzen auch im Alltag vernünftig einsetzen können und so schon bald Erfolg auf der ganzen Linie einfachen können.

Wer über große rhetorische Fähigkeiten verfügt, der schafft es, seine Mitarbeiter begeistern zu können. Sie werden zu einem Macher, dem die Mitmenschen gerne folgen. Sie können besser mit Menschen flirten und finden durch Ihr rhetorisches Geschick vielleicht schon bald die große Liebe.

Überzeugen Sie Ihre Mitmenschen und genießen Sie die Anerkennung, die Sie sich durch die Erarbeitung der facettenreichen Soft Skills so hart erarbeitet haben. Sie werden schon bald großes Ansehen in Ihrem privaten, aber auch dem beruflichen Umfeld erfahren, wenn Sie es in kurzer Zeit auf der Karriereleiter weit nach oben schaffen.

Sie können sich selbst auf Ihre beste Weise präsentieren und wissen genau, wie Sie sich durch die perfekte Körperhaltung für andere Menschen zeigen. Diese Fähigkeit hilft Ihnen auch, die innere Haltung Ihrer Mitmenschen anhand der Körpersprache zu lesen.

Diese einzigartige Kombination von soft Skills und Wissen der Führungskräfte macht aus Ihnen einen empathischen Menschen, der für seine Mitmenschen, Angestellten und Vorgesetzten zu einem erfolgreichen Menschen wird, der seine Fähigkeiten aber auch an seine Mitarbeiter weitergeben will.

Für Sie als Person, die es ganz nach oben auf der Karriereleiter schaffen möchte, ist es unabdingbar, diese rhetorischen und emotionalen Fähigkeiten für sich zu beanspruchen. Setzen Sie sich von anderen Mitarbeitern ab, die es ebenfalls auf eine Anstellung in der Führungsposition abgesehen haben und überzeugen Sie Ihre Vorgesetzten von Ihren Kenntnissen und besonderen Fähigkeiten.

Lassen Sie sich auf der Karriereleiter nicht überholen und lernen Sie Ihre Mitmenschen durch Ihre emotionale Intelligenz zu verstehen und zu führen.

Wer diese Skills in sich trägt und die einzelnen Komponenten zu einer Fähigkeit zusammenfügt, wird zu einem Mitarbeiter in der oberen Führungsetage, der unverzichtbar für jedes Unternehmen ist.

Wenn Sie ein Meister im emotionalen Umgang mit Ihren Mitmenschen geworden sind, können Sie nicht nur Ihre Angestellten motivieren und überzeugen, sondern sich auch als Verkäufer beweisen, als Fachkraft tätig sein und sich auf Ihrem Gebiet so spezialisieren, dass Sie in jeder Branche eine Anstellung anstreben können.

Mit diesem Ratgeber haben Sie den ersten Schritt auf der langen Leiter einer erfolgreichen Karriere bereits gemacht. Wer nun seine Fähigkeiten optimiert und den täglichen Umgang mit seiner emotionalen Intelligenz probt, spürt schon bald den Wunsch, auch seine Mitmenschen auf einen erfolgreichen Weg zu führen.

Sie werden durch diese neuen Erfahrungen weiterhin motiviert, an Ihren eigenen Fähigkeiten zu arbeiten und können so neue Aufgaben übernehmen und sich auch Ihrem Chef beweisen.

Lassen Sie sich von Rückschlägen nicht entmutigen, sondern nutzen Sie diese Rückschläge um Ihre eigenen Fähigkeiten zu reflektieren und zu erkennen, wo Sie noch mehr Potential entwickeln können.

Ich wünsche Ihnen viel Erfolg in Ihrem beruflichen und privaten Leben und wünsche Ihnen stets einen fairen Umgang mit Ihren Mitmenschen.

Zugangscode - Kostenfreies e-Book

Gehen Sie auf **https://link.cherrymedia.de/EPUB** und geben Sie Ihren Zugangscode ein um Ihr kostenfreies e-Book herunterzuladen.

B76Y-KO91-81WE

ERFOLGSMAGNET

Der praxisnahe Ratgeber für eine schnelle, sichere und erfolgreiche Existenzgründung!
Auch optimal neben dem Beruf geeignet!

CHERRY MEDIA

Ein Buch von: **Monique Claire Hiltenbach**

INHALTSVERZEICHNIS

Kostenfreies e-Book & Hörbuch inklusive

Beim Kauf jedes Taschenbuches von Cherry Media ist das **e-Book**, **spannende Bonusinhalte** sowie das **Hörbuch kostenfrei** für Sie **inkludiert**. Gehen Sie dazu einfach auf

https://link.cherrymedia.de/EPUB

oder scannen Sie den abgebildeten QR Code. Auf der Website können Sie dann Ihren einmalig gültigen Zugangscode eingeben.

Den **Zugangscode** zu Ihrem kostenfreie eBook, Hörbuch und zu den Bonusinhalten finden Sie auf der Seite: **436.**

Wir wünschen **viel Freude** mit Ihren **kostenfreien** Inhalten!

Haben Sie Fragen zu Ihrem e-Book? Wir sind gerne für Sie da!

Sie erreichen Sie uns unter info@cherrymedia.de

TEIL - THEORIE

Vorwort - Einleitung

WIE DU MIT EINEM Blick auf das Inhaltsverzeichnis bereits erkennen konntest, haben wir dieses Buch in zwei Teile unterteilt. Im ersten Teil befassen wir uns mit der Theorie, die hier jedoch alles andere als trocken ist. Visualisierung ist ein spannendes Thema und wir laden Dich ein, mit uns tief in diese Materie einzutauchen. Im zweiten Teil geht es danach ans Eingemachte. Um den zweiten Teil und die Übungen perfekt abarbeiten zu können, benötigst Du ein Heft, einen Notizblock oder ein eigenes Tagebuch für Visualisierung. Du musst nicht zwingend zuerst den ersten Teil von vorne bis hinten gelesen haben, um mit dem zweiten Teil zu beginnen. Natürlich ist es besser, wenn Du den Sinn der Visualisierung zuvor etwas erkennst. Es kann aber auch durchaus interessant sein, wie sich Deine Übungen mit der Zeit verändern. Du wirst überrascht sein, wenn Du die Unterschiede in Deinen Formulierungen erkennen kannst.

Wir wollen uns jetzt jedoch nicht mehr lange mit vielen Worten aufhalten, denn das wichtigste folgt in den einzelnen Kapiteln. Wir wünschen Dir viel Spaß und gutes Gelingen bei Deinen Visualisierungen und vergiss nie: Alles, was Du Dir vorstellen kannst, kann auch tatsächlich wahr werden. Man muss nur ganz fest und mit Überzeugung daran glauben.

Was ist Visualisierung überhaupt und warum ist Visualisierung so wichtig?

Visualisieren bedeutet, etwas sichtbar machen. Es dreht sich hier alles um Bilder, die von Deinem Inneren heraus sichtbar werden. Sie entstehen in Deinem Gehirn, werden über Deine Gedanken transportiert, Du siehst sie danach klar vor Deinen Augen und kannst diese Bilder dadurch auch verwirklichen.

Visualisierung ist deshalb so wichtig, weil Du dadurch Deine wichtigen Ziele und Wünsche viel einfacher erreichen kannst. Ein kleines Beispiel dafür: Du wirst Deine Diät nicht durchhalten, wenn Du die ganze Zeit nur denkst, dass Du es ohnehin nicht schaffst, wenn Du Dir nicht vorstellen kannst, dass Du eines Tages schlank und rank durch die Gegend laufen wirst, dann wird das Unternehmen richtig hart. Ebenso wirst Du Dein Laufpensum nie erreichen, wenn Du immer nur denkst: "Ich schaffe das nicht".

Manche werden schier sagen, dass dies alles Träumerei oder sogar Spinnerei ist. Jedoch ist Visualisierung alles andere als irrational. Der Schweizer Psychiater Carl Gustav Jung konnte bedeutende Forschungen auf diesem Gebiet unternehmen. Es war ihm möglich durch seine Studien positive Auswirkungen auf Körper, Geist und Seele im Bereich Selbsterkenntnis und Selbstverwirklichung nachzuweisen.

Ein großer Beweis, dass alles einer Vorstellungskraft entspringen muss, ist jener, dass alles, das sich rund um uns befindet, von irgendjemanden zuerst erfunden werden musste. Es gäbe keinen Fernseher, wenn nicht jemand eine Idee dazu gehabt hätte und diese deutlich vor Augen hatte. Dasselbe ist mit Telefon, Computer, mit der neuesten Mode, den Autos, Motorrädern, Flugzeugen und mehr.

Am Anfang steht immer eine Idee. Diese Idee muss wie von einem Architekten skizziert werden. Hier kommt die Visualisierung ins Spiel. Du bist nun der Architekt Deiner Wünsche und Träume und bringst diese in Gedanken quasi aufs Papier. Du zeichnest den Grundriss für Deine Träume und Wünsche. Ganz klar kannst Du diese vor Deinem inneren Auge erkennen, ganz so, als würdest Du einen Bauplan lesen.

Visualisierung hat auch sehr viel mit Optimismus zu tun. Es ist mittlerweile erwiesen, dass Optimisten nicht nur sympathischer wirken und besser ankommen, sondern auch tatsächlich erfolgreicher sind. Wenn das nicht Grund genug ist, dass Du Dich näher mit dem Thema befassen solltest? Du kannst Prüfungsängste damit abbauen, Dein Selbstbewusstsein stärken, Blockaden lösen, persönliche Ziele erreichen, Stress abbauen und sportliche Leistungen absolvieren. Es liegt an Dir alleine.

Das Gute beim Visualisieren ist, es liegt tatsächlich alles in Deiner Hand. Du alleine bist Deines Glückes Schmied und Du kannst Deine Zukunft von nun an ganz alleine gestalten.

Meditative Visualisierung

Wenn Du Deine Vorstellungskraft für die Meditation nutzen kannst, dann hast Du das Prinzip der Visualisierung bereits verstanden. Vielleicht hast Du, wenn Du regelmäßig meditierst die Visualisierung bereits häufig erfolgreich angewendet. Denk daran, wie beginnst Du eine Meditation?

Nachdem Du Dir einen guten Platz gesucht hast, beginnst Du doch meist, Dir einen schönen Ort vorzustellen, an den Du Dich begibst. Bei diesem Traumort handelt es sich um einen Platz, der nur in Deiner Vorstellung existiert. Und doch ist dieser Ort in diesem Moment Realität, denn Du begibst Dich während Deiner meditativen Reise dorthin.

Wenn Du noch nie auf diese Art und Weise meditiert hast, hier eine kurze Anleitung. Du machst es Dir bequem, schließt die Augen und stellst Dir ganz fest einen schönen Ort vor, an dem Du gerade sein möchtest. Dabei kann es sich um einen traumhaften Strand am Meer handeln, um eine Berghütte in absoluter Abgeschiedenheit oder um das Haus am See. Stell Dir nun vor, wie Du dorthin gehst. Fühle wie Du ankommst und einfach glücklich bist. Du hörst das Rauschen des Meeres, riechst den Waldboden, spürst die Sonne auf der Haut und spürst den erfrischenden Regen.

An diesem Ort kannst Du Dich bewegen und alles kann passieren. Wenn Du an Deinem Ort Deiner Träume fliegen möchtest, dann kannst Du hier fliegen. Dir ist es möglich auf Einhörnern zu reiten, Riesen zu bekämpfen, aber auch einfach in der Hängematte zu liegen und zu entspannen. Du kannst Dich hier leicht und glücklich fühlen. An diesem Ort bist Du gesund und hast keine Sorgen. Du bist frei und leicht und alles ist so, wie es sein sollte.

Durch die Visualisierung kannst Du auch immer wieder und auch schneller an diesen Ort der Entspannung gelangen. Während es am Anfang sicher etwas dauert, bis Du diesen Ort erschaffen hast, und Dich hier auch frei bewegen kannst, so musst Du später vielleicht nur mehr durch eine Türe treten und erreichst diesen Ort. Vielleicht gelingt es Dir besser, wenn Du die Vögel des Walds singen hörst, oder das Meer rauscht. Ganz egal welche Impulse Dir dabei helfen - wichtig ist, dass Du diesen Ort auch wirklich bunt und in allen Farben, mit allen Gerüchen und Geräuschen vor Dir siehst.

Wenn es Dir schwer fällt, diesen Ort vor Deinen Augen zu sehen, liegt es vielleicht daran, dass Du zu wenig entspannt bist, oder von etwas abgelenkt wirst. Suche Dir für Deine Meditation unbedingt einen ruhigen Raum. Auf keinen Fall sollte Dich Dein Mobiltelefon ablenken, und auch die Familie sollte Dir für die Zeit der Meditation eine Ruhepause gönnen. Auch ist es wichtig, dass Du etwas bequemes trägst. Es soll Dich nichts einengen und am Atmen hindern. Zudem sollte die Temperatur angenehm sein. Du sollst weder frieren noch schwitzen und auch ist es wichtig, dass der Raum gut gelüftet ist. Öffne im Vorfeld das Fenster und lass frische Luft hinein. Du kannst Dir auch zusätzlich eine nette Atmosphäre schaffen. Egal ob Räucherstäbchen, Weihrauch, Kerzen oder Duftlampen - erlaubt ist, was Dir angenehm ist.

Wenn diese äußeren Umstände passen, dann wird es Dir auch immer leichter fallen, dass Du Dich auf eine Traumreise an einen schönen Ort begibst. Visualisierung und Meditation sind wie Du siehst sehr eng miteinander verbunden. Im Laufe des Buches wirst Du noch viele Situationen kennenlernen, in welchen Visualisierung und Meditation eine große Rolle spielen. Bereits im nächsten Kapitel werden wir sehr intensiv darauf eingehen, wenn es darum geht, wie Du mit Visualisierung Deinen Stress abbauen kannst.

Abbauen von Stress und relaxen mit Visualisierung

Im letzten Kapitel haben wir über Meditation gesprochen. Doch es ist nicht immer Zeit für eine Meditation. Dennoch kann Dir Visualisierung auch im stressigsten Moment helfen, die Anspannung abzubauen. Wichtig kann dies zum Beispiel sein, wenn Dein Chef explodiert und im Büro Bombenstimmung herrscht. Es kann nützlich sein, wenn Du gerade in Gefahr läufst, einen Streit anzufangen oder wenn Dir die Arbeit einfach über den

Kopf zu wachsen droht. Egal ob am Arbeitsplatz oder im Haushalt. Mit diesen kleinen Tricks verschwindet der Stress im Nu.

Durch Visualisierung kannst Du viele dieser Situationen gelassener meistern. Es ist wichtig, dass Du die stressigen Situationen auch erkennst. Wie oft kommst Du abends nach Hause und bist einfach kaputt. Dies ist der Moment, an dem Du zum ersten Mal zu Deinem Notizbuch greifen kannst. Nimm Dir abends die Zeit und schreib auf, was Dich an diesem Tag so erledigt hat. Dies können oft wenig offensichtliche Punkte sein. Eventuell ist es die Kollegin, die eine absolute Energieräuberin ist, möglicherweise ist es der Chef, der stets missgelaunt und laut ist, oder vielleicht bist es Du selbst, weil Du Dir viel zu viel aufbürdest. Es kann der ständige Streit Deiner Kinder sein, es können die vielen unwichtigen Anrufe der Auslöser sein, oder auch Dein schlechter Schlaf.

Oft können auch Gerüche, Geräusche oder Temperaturen Stress auslösen. Wenn es an Deinem Arbeitsplatz für Dich ständig zu warm oder zu kalt ist, so kann dies nerven und ab einem gewissen Grad unerträglich sein. Der Kollege mit seinem aufdringlichen Eau de Cologne kann Kopfschmerzen bei Dir hervorrufen und ein immens hoher Lärmpegel kann ebenso schnell auf die Nerven gehen. Doch wie sollst Du nun durch Visualisierung diese Situationen ändern? Wie sollen Kinder plötzlich zu streiten aufhören, oder der Boss zu einem frommen Lämmchen werden?

Bei der Visualisierung steht an erster Stelle nicht, dass Du andere und das Umfeld veränderst, sondern Dich selbst. Nur wenn Du bei Dir selbst beginnst, kannst Du auf Dauer auch alles rundherum verändern. Der erste Schritt dazu ist, dass Du absolut ruhig bleibst. Wenn Dich die Situationen sofort in Rage versetzen oder Dich nervös machen, so fühlst Du Dich dadurch schnell abgekämpft. Somit beginnen wir damit, dass Dir diese Situationen nichts mehr anhaben können.

Nimm nun Deine Notizen zur Hand. Hier hast Du vermerkt, welche Situationen Dich besonders ermüden, stressen oder nerven. Jetzt stellst Du Dir genau diese Situation wieder vor. Vor Deinem geistigen Auge durchläufst Du die Szene wieder, in welcher Dein Boss Dich angepflaumt hat, warum der Drucker immer noch nicht funktioniert, oder warum die Ablage so unordentlich ist. Spürst Du, wie Dich diese Situation gestresst hat? Vielleicht wird Dir alleine bei dem Gedanken daran schon wieder heiß und Du möchtest zurück brüllen, weil Du Dich ungerecht behandelt fühlst.

Nun aber stell Dir exakt diese Situation wieder vor. Nur dieses Mal lässt Du das Gefühl von Angst, Ärger, Wut, Enttäuschung oder Stress gar nicht zu. Du siehst Dich vor Deinem geistigen Auge, wie Du tief durchatmest, freundlich lächelst und Dir die Worte nicht zu Herzen nimmst. Spürst Du, wie sofort alles einfacher und erträglicher wird? Dasselbe machst Du in einer Situation, wenn Dir die Kollegin wieder ein Ohr abkauen möchte und Dich mit sinnlosem Gejammer belastet. Atme tief durch und stell Dir vor, wie die Worte einfach an Dir abprallen. Du sollst es tatsächlich genau so sehen. Die Worte kommen aus ihrem Mund, können jedoch nicht in Dein Herz eindringen. Stell Dir vor, Du trägst eine Rüstung oder hältst ein Schild vor Deiner Brust. Daran prallen alle Worte einfach ab.

Wenn Du bis jetzt alles geduldig ertragen hast, einfach weil Du zu schüchtern warst, Dich über die kalt eingestellte Klimaanlage zu beschweren, so stell Dir nun vor, wie Du mutig aber freundlich vor die Belegschaft trittst und um eine faire und für alle akzeptable Lösung bittest. Stell Dir vor, wie Du diese Situation souverän meisterst. Spiel diese immer wieder vor Deinem geistigen Auge durch. Du musst diese Situation visualisieren, bis Du Dir ganz sicher bist, dass Du es auch wirklich genauso hinbekommst.

Wenn Du abends schlecht einschlafen kannst, so hilft Dir eine kleine Meditation. Du kannst Dir auch einfach vorstellen, wie Dein Körper müde und schwer wird. Stell Dir vor, wie jeder einzelne Körperteil müde und schwer wird und einschläft. Verbanne alle Gedanken an Schlaflosigkeit. Stell Dir vor, wie Du sofort in schöne Träume eintauchst. Du kannst Dich zum Einschlafen ebenfalls an Deinen persönlichen Ort der Träume beamen.

Morgens stellst Du Dir vor, dass Du ausgeschlafen, fit und taufrisch wie eine Rose bist. Du musst Dir stets vor Augen halten, dass ein wunderbarer Tag auf Dich wartet. Stell Dir vor, wie Du mit jedem Atemzug Energie pur einatmest und fülle Deinen Körper damit auf. Verbanne Deine Gedanken an Müdigkeit, lass sie einfach nicht zu. Sieh Dich, wie Du vor Lebenslust durch den Tag tanzt und schon wirst Du spüren, wie der Tag besser beginnt.

Du kannst mit der Visualisierung auch eine tägliche Energiedusche genießen. Stell Dir einfach vor, wie Du Dich unter eine Regendusche stellst und die Energie nur so auf Dich herunter prasselt. Dies kannst Du auch immer und jederzeit wiederholen. Visualisiere dies immer dann, wenn Du einen extra Energiekick benötigst. Das Spiel kannst Du auch mit Kraft, Ruhe,

Gelassenheit, Liebe, Zuversicht, Mut und vielem mehr spielen. Sämtliche Emotionen und Gemütszustände können so visualisiert werden und prasseln auf Dich herab, wie ein warmer Sommerregen.

Visualisieren von Wünschen

Jeder Mensch hat Wünsche. Jeden Tag, große Wünsche, kleine Wünsche und alle Wünsche können mehr oder weniger, früher oder später in Erfüllung gehen. Natürlich nur, wenn Du auch wirklich etwas dafür tust und vor allem daran glaubst, dass alles zu erreichen ist. Natürlich ist es Utopie, wenn Du Dir für morgen drei Millionen Euro auf dem Konto wünschst, dies hat mit Visualisierung nicht viel zu tun. Nichts geht von heute auf morgen, doch alleine, dass Du Deine finanzielle Unabhängigkeit visualisierst, bringt Dich ein Stück näher erfolgreich zu sein.

Nimm nun wieder Dein Notizheft zur Hand und notiere die Wünsche, welche Dir spontan einfallen. Das können die unterschiedlichsten Wünsche wie Gesundheit, einen neuen Partner, Freundschaft, Wunschgewicht, Schulabschluss oder vieles mehr sein. Schreib einfach auf, was Dir auf dem Herzen liegt und wonach Du Dich so sehr sehnst. Nun schreib daneben auf, woran es bisher gescheitert ist. Hast Du die Diät bis jetzt nie durchgehalten, gehst Du nie raus und kannst somit niemanden kennen lernen, ernährst Du Dich ungesund, rauchst und trinkst und machst durch viel Stress Deine Gesundheit kaputt, lernst Du nicht für Deine Prüfungen oder scheitern Deine Freundschaften, weil Du gerne über andere lästerst?

Nachdem Du Deine Wünsche notiert hast und auch weißt, warum es bislang nichts damit geworden ist, kannst Du beginnen, Deine Wünsche zu visualisieren. Stell Dir vor, wie Du gesund bist. Deine Schmerzen sind weg, Dein Gewicht hat sich reduziert und Du kannst Dich stolz im Spiegel betrachten. Du siehst Dich Hand in Hand mit Deinem neuen Partner durch den Wald gehen oder mit Deinen Freunden im Park beim Picknick lachen. Du siehst Dich erfolgreich die Prüfungen absolvieren, einen tollen Job ausführen oder ähnliches. Du musst Dir nur ganz konkret vorstellen, wie Du in den einzelnen Situationen handeln würdest.

Das Visualisieren Deiner Wünsche bedeutet, dass Du diese ganz deutlich vor Dir siehst. Male Dir jeden einzelnen Moment intensiv und konkret aus. Du musst es fühlen, riechen und schmecken können. Alleine bei der Vorstellung solltest Du ein Glücksgefühl verspüren. Du kannst hier absolut kreativ sein. Wichtig ist, dass Du dies nicht nur einmal machst, sondern immer wieder, am besten mehrmals täglich wiederholst.

Durch das konkrete Visualisieren steuerst Du Deine Gedanken. Wie oft passiert es, dass wir uns im Geheimen negative Gedanken machen. Wir zweifeln an uns selbst und schüren somit die Angst. Wenn es im Hals kratzt und Du pausenlos daran denkst schwer krank zu sein, wirst Du Dich über kurz oder lang auch richtig krank fühlen. Wenn Du Dich stets versagen siehst, dann wirst Du vor Angst auch wirklich versagen.

Durch das Visualisieren Deiner Wünsche gibst Du diesen negativen Gedanken jedoch keine Chance mehr. Sobald Du bemerkst, dass sich wieder diese negativen Gedanken einschleichen möchten, aktivierst Du nun Deine Wünsche und Träume und beginnst diese zu visualisieren. Durch das Visualisieren vertreibst Du Deine Zweifel und es wird Dir sonnenklar, dass all Deine Wünsche auch tatsächlich zu erreichen sind. Du überzeugst Dich dadurch selbst von Deinem Erfolg. Und bekanntlich kann ja der Glaube Berge versetzen.

Du kannst in Form von einzelnen Bildern visualisieren, oder vor Deinem geistigen Auge einen richtigen, kleinen Film ablaufen lassen. Gerade in stressigen Momenten hilft es oft, wenn Du nur an ein bestimmtes Bild denkst und dieses für einige Sekunden vor Deinem geistigen Auge aufleuchten lässt.

Tapping - die Macht der Gedanken

Tapping ist ein Instrument aus der Energetik, welche auf Visualisierung basiert. Durch Tapping kannst Du erfolgreich, glücklich und auch reich werden. Reich ist hier nicht immer mit finanziellem Reichtum gleichzusetzen, doch schwören auch viele darauf, durch Tapping immer wieder aus finanziellen Nöten gerettet worden zu sein. Doch auch hier ist es wichtig, dass Du den positiven Ausgang deutlich vor Deinem inneren Auge siehst und auch wirklich davon überzeugt bist.

Das Tapping beginnt damit, dass Du einen großen oder kleinen Wunsch festlegst. Überlege, welcher Deiner Wünsche Dir am wichtigsten ist, oder welches Problem Dich gerade am meisten quält. Wir wollen das Tapping jetzt anhand einiger kleinen Beispiele veranschaulichen, damit Du es Dir auch wirklich gut vorstellen kannst. Für das erste Beispiel nehmen wir am besten einen finanziellen Engpass vor. Das kennt garantiert jeder. Vom Monat ist noch so viel übrig, doch das Geld ist bereits alle.

Du setzt Dich nun gemütlich auf einen Stuhl, das Sofa oder Dein Bett. Wichtig ist, dass Du absolut entspannt bist. Nun willst Du für Geld tappen. Dabei bedankst Du Dich jedoch für einen gewissen Betrag. Du nimmst Deine rechte Hand und klopfst Dir einige Male leicht auf den Kopf. Dabei wiederholst Du immer wieder die Worte: "Danke für die 10.000 Euro auf meinem Konto". Danach klopfst Du einige Male sanft auf Deine Stirn und wiederholst die Worte wiederum. Danach klopfst Du Dir auf Dein Kinn, danach auf die Wange, danach folgt Dein Unterkiefer - hier klopfst Du von unten nach oben. Danach klopfst Du einige Male auf Deine Brust, Dein Herz und Deine linke Hand. Immer wieder wiederholst Du wie ein Mantra dieselben Worte. Dabei solltest Du keine anderen Gedanken zulassen.

Du schließt dabei am besten Deine Augen. Sobald Du fertig bist öffnest Du die Augen, stehst auf und streckst Dich ordentlich durch. Du streckst Dich zum Himmel und bedankst Dich ein weiteres Mal. Danach schüttelst Du Dich kräftig durch und solltest ein absolutes Glücksgefühl verspüren. Das Tapping solltest Du regelmäßig durchführen, am besten mindestens zweimal am Tag. Nach einigen Tagen wirst Du eine positive Wende Deines Problems bemerken. Das klingt zwar mysteriös, wurde jedoch von vielen Leuten bereits bestätigt und viele Menschen schwören auf das Tapping.

Du kannst durch Tapping sämtliche Deiner Probleme los werden und Dich für all Deine Wünsche bedanken. Wenn Du auf der Suche nach einem neuen Job bist, bislang jedoch nichts gefunden hast, dann bedankst Du Dich für den tollen neuen Job. Wenn Du krank bist, bedankst Du Dich für die Heilung und wenn Du mehr Selbstbewusstsein erlangen möchtest, bedankst Du Dich eben genau dafür.

Tapping kann als eine Art Wunderwaffe auf Basis der Visualisierung gesehen werden. Auch hier hast Du den positiven Ausgang Deines Problems fest vor Augen. Mit dieser Technik befreist Du Dich vom ersten Moment von Deinen negativen Emotionen, da Du diese vom ersten Moment an umkehrst. Du bittest nicht verzweifelt nach Geld, weil Du knapp bei Kasse bist, sondern bedankst Dich für die finanzielle Spritze. Du jammerst nicht wie schlecht es Dir geht, sondern bedankst Dich für Deine Gesundheit, Deine Stärke, Dein Selbstbewusstsein und vieles mehr.

Konzentriere Dich jedoch immer nur auf einen Wunsch und tappe so lange, bis er sich erfüllt hat. Glaube fest daran und schiebe alle komischen Gefühle von Dir fort. Du wirst Dich jetzt fragen, warum es dann noch Armut und Leid auf dieser Welt gibt, wenn es doch so einfach ist, diese aus der Welt zu schaffen. Da hast Du recht, doch die wenigsten Menschen glauben an die Macht der Gedanken. Viele Menschen vertrauen nicht darauf, mit Visualisierung glücklicher zu werden. Sie kanzeln dies als Spinnerei ab und laufen lieber missmutig, traurig und unzufrieden durchs Leben.

Viele haben auch noch nie von der Macht der positiven Gedanken und von der Kraft der Visualisierung gehört. Viele aber praktizieren es zwar zu Hause, würden jedoch nie davon erzählen, da sie sich schämen oder Angst davor haben, als esoterische Spinner bezeichnet zu werden.

Durch das Tapping stimulierst Du, neben Deinen positiven Gedanken, auch das Meridiansystem des Körpers. Dadurch kannst Du Blockaden lösen, Energie tanken und stark belastende Emotionen neutralisieren. Tapping bietet Dir die Möglichkeit, eine gewisse Art von Freiheit zu erlangen. Du verspürst mehr Freude, Glück und Zuversicht. Du musst Dir auch nicht zwingend materielle Dinge wünschen. Du kannst Dich so auch von Ängsten oder sogar Phobien befreien. Wichtig ist stets, dass Du Dich beim Tapping bedankst und Deine Wünsche dementsprechend in einen Dank umwandelst.Schon nach wenigen Tagen wirst Du bemerken, wie Deine Probleme kleiner und kleiner werden, alleine dadurch, da sie immer mehr aus Deinen Gedanken verschwinden. Je weniger Du Dich auf Deine Probleme konzentrierst, um so kleiner sind diese auch. Dies schafft alleine die Macht unserer Gedanken.

Was sind Wünsche ans Universum?

Auch das klingt für viele auf den ersten, und auch auf den zweiten Blick sehr esoterisch, doch auch die Wünsche ans Universum haben ihre Daseinsberechtigung. Zudem sollte man die Wirkung und die Macht des Universums nicht unterschätzen. Wie oft haben wir uns heimlich schon ewig etwas gewünscht, das eigentlich unerreichbar schien, und plötzlich ist es in Erfüllung gegangen. Einfach daher, weil wir es uns immer und immer wieder klar und deutlich gewünscht haben.

Das Universum ist unser Wunschzentrum. Hier können wir unsere Wünsche abgeben, sei es durch stumme Wünsche, offen ausgesprochene Wünsche oder auch Wünsche in Papierform. Viele schreiben Wünsche gerne auf einen Zettel, verbrennen ihn anschließend, oder lassen den Wunsch mit einem Luftballon in den Himmel steigen. Auch in anderen Kulturen gibt es diese Art von Wünschen ans Universum. Dabei kommt es nicht darauf an, welcher Religion wir angehören.

In Asien zum Beispiel werden Wünsche mit Kerzen, Blumen und Geld bestückten Booten einmal pro Jahr aufs Wasser gelassen. Hier sollen die Wünsche die Geister erreichen. Mit den kleinen Geschenken werden die Geister quasi bestochen, um die Wünsche auch wirklich zu erfüllen. Auch gibt es den Brauch Wünsche mit Lampions in den Himmel zu schicken, ebenso, wie sich Wünsche erfüllen sollen, welche man ausspricht sobald man einen Vogel oder eine Schildkröte in die Freiheit entlässt.

Es gibt viele Möglichkeiten, die Wünsche darzubringen. Wichtig ist jedoch immer, dass diese klar und deutlich formuliert werden. Es dürfen dabei keinerlei Hintergedanken bestehen und jeder, der seinen Wunsch äußert, sollte davon überzeugt sein. Der Wunsch muss von Herzen kommen, ebenso, wie der Wunsch niemand anderem schaden darf. Wer sich permanent Schlechtes für andere wünscht, für den wird sich die Wunschkiste umkehren und das Gewünschte wird sich gegen sich selbst richten.

Auch das klingt nun wieder mystisch, doch musst Du es nur versuchen, es klappt. Es ist in erster Linie nur wichtig, die Wünsche ans Universum richtig zu deponieren. Hüte Dich vor negativen Formulierungen, doppelten Verneinungen und komplizierten Satzkonstruktionen. Das Universum ist in dieser Beziehung sehr einfach und simpel gestrickt und genau so sollten auch Deine Wünsche formuliert werden.

Du wünschst Dir nun diesen Wunsch täglich. Dadurch wirst Du eins mit dem Wunsch und der Wunsch verankert sich fest in Deinem Unterbewusstsein. Jeden Tag wird nun das Universum daran arbeiten, den Wunsch zu erfüllen. Meist geht dies in kleinen Schritten, manchmal jedoch geht es auch sehr rasch und direkt. Wichtig ist nur, dass auch Du immer fokussiert bleibst. Das Universum arbeitet nicht auf jene Art, dass Du den Wunsch einmal deponierst und danach nie wieder daran denkst.

Ebenso wichtig ist auch, dass Du es ernst meinst, und Dein Wunsch eine positive Energie hat. Daher hat Dein Wunsch nach einer Million Euro und dem Ferrari in der Garage schlechte Karten. Natürlich können sich aus diese Wünsche auf die ein oder andere wundersame Weise verwirklichen, in der Regel aber sollte man das Glück und auch das Universum nicht überstrapazieren, sondern im normalen Rahmen bleiben. Kleinen Kindern würde man sagen, dass sie sich nichts Unverschämtes wünschen dürfen.

Das Universum erkennt natürlich, wenn wir uns etwas mit absolutem Herzblut wünschen. Dennoch musst Du darauf achten, wie Du Deine Wünsche formulierst. Neben dem positiven Aspekt ist es meist am besten, wenn Du den Wunsch spontan formulierst, ohne großartig daran herumzubasteln. Du musst Dir das Universum als sehr freundlich vorstellen, welches Dich bei allen positiven Dingen des Lebens gerne unterstützen will.

Der Wunsch, der Dir auf dem Herzen liegt, der löst eine gewisse Energie aus. Diese Energie ist es, welche das Universum erreicht. Danach musst Du nur aufpassen, damit Du nicht ungeduldig wirst. Das Universum ist kein Zauberkasten. Das bedeutet, die Wünsche werden nicht auf der Stelle erfüllt, sondern es kann dauern. Werde nicht ungeduldig oder gar böse auf das Universum, weil es Dich vermeintlich vergessen hat. Glaube weiter daran, nur so kann sich Dein Wunsch auch erfüllen.

Dein oberstes Gebot also ist nun Geduld. Genauso wichtig ist auch, auf das Universum zu vertrauen. Vielleicht wünschst Du Dir gerade in dem Moment einen neuen Job. Das Universum aber hat für Dich erkannt, dass dieser Job nicht das Richtige für Dich ist. Es hält für Dich in 4 Monaten vielleicht einen viel besseren Job bereit. Vertraue darauf, und verzweifle nicht.

Warum müssen diese Wünsche ans Universum visualisiert werden?

Durch die Visualisierung Deiner Wünsche identifizierst Du Dich mit Deinen Wünschen und erzeugst dadurch auch diese besondere Energie, die zur Umsetzung und zur Erfüllung durch das Universum benötigt wird. Du kannst Dir das Ergebnis genau vorstellen - auch wenn das tatsächliche Endergebnis, welches das Universum für Dich vorgesehen hat ganz anders aussehen kann.

Das Visualisieren der Wünsche ist auch so wichtig, damit Du die Wünsche auch richtig formulierst. Denn genau hier passieren immer noch die meisten Fehler. Menschen formulieren ihre Wünsche falsch, das Universum erfüllt die Wünsche, doch das Ergebnis enttäuscht die Empfänger nur. Doch wie kann das passieren?

Zum Beispiel kannst Du Dir ganz fest wünschen, dass Du endlich dünn wirst. Vielleicht leidest Du schon Dein Leben lang unter Übergewicht und willst endlich abspecken. Nun sollst Du Dir dies ganz intensiv vorstellen. Vielleicht, wie Du durch Sport, gesunder Ernährung und einem gut funktionierenden Stoffwechsel rank und schlank wirst. Auf keinen Fall darfst Du Dir hier schlank sein um jeden Preis wünschen.

Das Universum kann hier nicht unterschieden, wie gut oder schlecht die verschiedenen Wege zur Erfüllung der Wünsche ist. Das heißt, es kann das Endergebnis auch durch eine schwere Krankheit erreicht werden. Wir wollen Dir damit keine Angst machen, Dich lediglich davor warnen, damit Du genau aufpasst, wie und was Du Dir wünschst.

Du kannst Dir zum Beispiel eine neue Wohnung wünschen. Dabei sollst Du darauf achten, dass Du genau visualisierst, wie Du Dir Deine neue Wohnung vorstellst. Visualisiere, wie Du zusammen mit Deinem Partner dort einziehst und glücklich bist. Du sollst Dich sehen, wie Du ebenda in der Küche stehst, die Blumen gießt, und durch die Zimmer schlenderst. Eine nicht erwünschte Erfüllung dieses Wunsches könnte sein, dass Du Dich von Deinem Partner trennst und daher eine neue Wohnung benötigst. Verstehst Du, was wir Dir damit sagen wollen? Sei vorsichtig was Du Dir wünschst, Deine Wünsche können schneller als Du denkst wahr werden. Wenn Du Deine Wünsche jedoch ordentlich visualisierst, und bis ins Detail durchlebst, dann besteht diese Gefahr nicht. Das Universum kann dann anhand der Energie ganz genau erkennen, wie Dein Wunsch aussehen soll.

Visualisieren bedeutet, den Wunsch in allen Farben und Facetten bereits zu durchleben. Natürlich darfst Du dabei nicht übersehen, dass das Universum dennoch manchmal andere Wege für uns vorgesehen hat. Diese Wege können uns auf das selbe Ziel hinführen oder es erwartet uns ein noch besseres oder schöneres Ergebnis. Du musst jedoch auf die kleinen Zeichen des Universums achten. Erwarte nicht einen komplett erfüllten Wunsch, der wie ein Sommerregen vom Himmel fällt. Oft benötigt es viele kleine Schritte auf dem Weg dahin.

Es können zum Beispiel Menschen sein, die Dir das Universum unterwegs schickt. Diese Menschen können Dir bei der Verwirklichung und der

Umsetzung dieser Wünsche helfen. Es kann auch die Zeitung sein, die Du zufällig auf der Straße findest. Vielleicht ist hier die Anzeige für die Traumwohnung versteckt.

Das bedeutet nun, dass Du Deine Wünsche zwar zu hundert Prozent präzise formulieren sollst und diese auch genauso visualisieren musst. Bei der Umsetzung und der Erfüllung jedoch sollst Du genauso in hohem Maße flexibel sein. Das Universum ist kreativ und hält die spannendsten Dinge für uns bereit. Meist will Dich das Universum auch herausfordern, bekannte und ungefährliche Wege zu verlassen. Nur wenn Du Dich auf Neues einlässt, kannst Du auch Wunderbares erfahren.

Der wichtigste Grundsatz aber ist, dass nichts negativ formuliert werden darf. Das haben wir zwar zu Beginn schon erwähnt, doch weil genau dies so extrem wichtig ist, wollen wir noch einmal intensiv darauf eingehen. Das Universum kann mit dem Wort „nicht“ nichts anfangen. Das bedeutet, es darf in keinem Deiner Wünsche eine Verneinung vorkommen. Das Universum erkennt die Verneinung nicht und daher kann es passieren, dass genau das Gegenteil Deines Wunsches erfüllt wird. Das ist enttäuschend und Du würdest mit Deinem Schicksal und dem Universum hadern - bist aber im Endeffekt selbst schuld.

Eine schlechte Formulierung wäre zum Beispiel: “Ich will nicht krank werden”. Da das Universum das Wort „nicht” nicht erkennen kann, denkt es, Du wünschst Dir eine Krankheit, aus welchem Grund auch immer. Das Universum hinterfragt nicht. Es erfüllt die Wünsche. Daher ist es in diesem Fall wichtig, dass Du diesen Wunsch positiv umformulierst. “Ich will gesund sein” wäre die richtige Formulierung. Zusätzlich sollst Du diesen Wunsch auch visualisieren, damit Du dem Ganzen noch mehr Kraft verleihst. Stell Dir Dich gesund und kräftig vor, wie Du vor Lebenslust strotzend durch das Leben gehst. Zusammen mit der Visualisierung und einer ordentlichen Formulierung kann mit Deinen Wünschen ans Universum eigentlich nichts mehr schief gehen.

Das kann am Anfang etwas schwierig sein. Daher ist es am besten, dass Du Deine Wünsche zuerst in Dein Buch oder Notizblock schreibst. Hier kannst Du die Wünsche noch einmal überprüfen und kontrollieren, ob diese von der Formulierung her passen. Sobald Du den Wunsch nun liest, solltest Du auch schon das passende Bild dazu im Kopf haben.

Der Unterschied zwischen Visualisierung und Vorstellungskraft

Nachdem Du bereits so weit gelesen hast, solltest Du schon eine ungefähre Ahnung davon haben, was Visualisierung ist. Es ist das Entstehen der Bilder im Kopf. Du stellst Dir vor, wie die unterschiedlichsten Situationen sein könnten und hast diese Bilder direkt vor Deinem geistigen Auge.

Vorstellungskraft spielt dabei eine große Rolle. Denn ohne Phantasie und ohne Imagination wäre es nicht möglich, diese Bilder im Kopf entstehen zu lassen. Dennoch besteht ein kleiner und feiner Unterschied zwischen Visualisierung und Vorstellungskraft. Die Vorstellungskraft geht etwas weiter als die Visualisierung. Während es bei der Visualisierung stets um reale Dinge geht, können in Deiner Vorstellung die wunderbarsten Dinge entstehen. Diese müssen mit der Realität nichts gemeinsam haben.

Wenn Du zum Beispiel von Feen und Einhörnern träumst, dann entspringen diese Phantasien Deiner Vorstellungskraft. Die Vorstellungskraft zeigt, wie kreativ Du bist. Es geht hier darum, wie gut Du Dir auch abstrakte Dinge vorstellen kannst. Dies ist zum Beispiel für Künstler extrem wichtig, dass Sie diese Fantasien auch visualisieren können. Nur so können abstrakte Gemälde, Comics oder Zeichnungen von Fabelwesen entstehen.

Vorstellungskraft oder Fantasie kann häufig auch mit Fiktion gleichgesetzt werden. In Deiner Fantasiewelt ist alles möglich und natürlich kannst Du sämtliche Szenen Deiner Traumwelt auch visualisieren. Das passiert täglich in unseren Träumen. Doch wenn Du Dinge, Wünsche, Emotionen und Erlebnisse des täglichen Lebens visualisierst, dann bleibt es hier immer im Bereich der Realität.

Während einer Meditation begibst Du Dich auf sogenannte Phantasiereisen. Bei diesen bedienst Du Dich Deiner Vorstellungskraft und lernst danach, diese fiktiven Erlebnisse zu visualisieren. In Deiner Vorstellung erlebst Du alles sehr intensiv. Du nimmst den Duft der Blumen wahr und erlebst sämtliche Geräusche sehr intensiv. Beim Visualisieren stehen die Bilder im Vordergrund.

Wenn Du einen Wunsch visualisierst, dann erlebst Du die Situation an sich. Du stellst Dir Dich am neuen Arbeitsplatz vor, oder wie Du mutig und selbstbewusst einen Vortrag vor einer riesigen Menschenmenge hältst.

Um sämtliche Emotionen, Gerüche, Geräusche und Geschmäcker in diese Phantasie mit einzubringen, kommt die Vorstellungskraft zum Einsatz. Du hörst zum Beispiel wie die Menge applaudiert, riechst wie die Blumen duften, die man Dir zum Einstand überreicht und schmeckst vielleicht das Aroma der Häppchen, die nach dem Vortrag serviert werden.

Du siehst nun, Visualisierung und Vorstellungskraft gehen eigentlich Hand in Hand und das eine kann ohne dem anderen nicht existieren. Während die Visualisierung hauptsächlich für die Bilder und für die Realität verantwortlich ist, so entführt Dich die Vorstellungskraft häufig auch in eine Fantasiewelt. Die Vorstellungskraft ist für Gerüche, Geschmäcker und Geräusche verantwortlich, die Visualisierung rein für die Bilder.

Der große Unterschied liegt also darin, dass sich Visualisierung auf jene Eindrücke beschränkt, die Du sehen kannst. Die Vorstellungskraft oder Imagination schließt sämtliche Sinneseindrücke mit ein. Alles, das Du visualisierst wird durch Deine Vorstellungskraft plastisch und erhält eine Form. Zu den Elementen, die Du bildlich vor Dir siehst kommen durch Deine Vorstellungskraft Empfindungen. Du spürst die Kälte der Nacht, schmeckst das Salz auf der Haut und riechst den Duft, wenn Du über ein Lavendelfeld läufst.

Durch das Zusammenspiel von Visualisierung und Imagination wird alles mehrdimensional. Deine Bilder erhalten einen Körper und werden komplex. Sobald sich Visualisierung und Vorstellungskraft vereinen, arbeitet auch unser Gehirn auf Hochtouren. Es wurden zahlreiche Versuche durchgeführt. Sobald beides verbunden wird, werden weitaus mehr Gehirnbereiche aktiviert und stimuliert als wenn Du nur bildlich denkst. Auch bei Nachgesprächen erklärten die Probanden, dass bei einer Kombination, die Bilder und Geschichten im Kopf lebhafter gesehen und gefühlt wurden.

Kreativität ist immens wichtig, denn nur so wird das Leben bunt. Gehörst Du zu den Menschen, denen es an Kreativität fehlt? Sei ehrlich zu Dir selbst - denkst Du, dass Du Fantasie hast? Auch wenn es nicht so ist, es ist absolut nicht schlimm, denn es lässt sich wunderbar lernen. Nimm dazu am besten wieder Dein Heft oder Dein Notizbuch zur Hand und versuche, eine fantasievolle Geschichte zu schreiben. Damit Du einen einfacheren Anfang hast, schreibe zum Thema, "Der Ritt durch den Zauberwald auf einem magischen Einhorn". Du musst jetzt keinen mehrseitigen Aufsatz schreiben und es reicht auch, wenn Du Stichwörter notierst. In Gedanken aber sollst Du eine komplexe Geschichte dazu entstehen lassen. Das muss auch nicht sofort passieren. Arbeite immer wieder daran und versuche die Geschichte immer wieder mit noch mehr Details auszuschmücken.

Visualisierung für mehr Motivation

Visualisieren ist eine tolle Motivationstechnik, zu welcher heute auch immer mehr Motivationstrainer greifen. Doch auch im täglichen Leben gibt es Punkte, die, sobald wir sie visualisieren extrem motivierend sein können.

Nichts kann im Berufsleben so motivierend sein wie die Aussicht auf eine Gehaltserhöhung. Sobald Dir diese in Aussicht gestellt wird, wirst Du selbstverständlich mit noch mehr Fleiß und Eifer bei der Sache sein. Du kannst Dir schon genau vorstellen, was Du mit dem monatlichen Mehrbetrag alles anstellen kannst. Du siehst Dich schon im neuen Auto fahren, freust Dich darauf, dass Du dieses Jahr einen tollen Urlaub buchen oder endlich den neuen Computer kaufen kannst. Diese Visualisierung ist motivierend.

Der Hintergrund dafür ist, dass wir gerne auf Ziele hinarbeiten und Belohnungen lieben. Sobald uns diese in Aussicht gestellt werden, können wir die neuen Situationen schon perfekt vor Augen sehen und geben dafür alles. Diese Motivation durch Belohnung kann in allen Bereichen des Lebens angewendet werden.

Wenn Du Deine Diät durchhältst, kannst Du Dir ein neues Kleid kaufen, oder machst eben eine gute Figur in der neuen Bademode. Dieses Bild von Dir, rank und schlank in neuen Klamotten, sollst Du immer wieder visualisieren. Dies ist die beste Motivation, die es nur geben kann.

Wenn Du täglich Deine gewisse Zeit lernst, kannst Du Deine Noten verbessern und musst nicht während der Sommerferien schwitzen und zu Beginn des neuen Schuljahrs eine weitere Prüfung absolvieren. Wenn Du fleißig Gitarre übst, dann kannst Du beim nächsten Konzert der Star sein, und die Lorbeeren ernten. Wenn Du täglich einige Vokabeln einer bestimmten Fremdsprache lernst, kannst Du Dich bald für das Austauschjahr im Ausland bewerben.

Sämtliche dieser Ergebnisse musst Du nun visualisieren. Stell Dir vor, wie Du entspannt Deine Ferien genießt, wie Du auf der Bühne stehst und mit jeder Faser Deines Körpers das Adrenalin spürst. Stell Dir vor, wie Du an einem aufregenden neuen Arbeitsplatz die Welt eroberst und alle Anstrengungen werden Dir viel einfacher von der Hand gehen.

Du kannst die Visualisierung somit für sämtliche Bereiche für Dich nutzen und Dich selbst oder auch andere damit motivieren. Nimm nun wieder Dein Heft zur Hand und schreib ganz ehrlich hinein, in welchen Bereichen es Dir gerade an etwas Motivation fehlt. Das können ganz banale Dinge wie das Arbeiten im Haushalt sein, aber auch Dinge wie Auto putzen, die Großmutter besuchen, den Steuerbescheid ausfüllen oder viel mehr.

Nun stell Dir genau vor, was passiert, wenn Du Deine Wohnung putzt. Denk daran, dass Du dann endlich Deine Freunde einladen kannst und ihr zusammen viel Spaß haben werdet. Das ist doch motivierend. Lass das Bild vor Deinen Augen erscheinen, wie Du mit dem frisch geputzten Auto durch die Stadt fährst und zur Belohnung am neuen Eissalon Halt machst. Denk daran, wie gemütlich es bei der Großmutter ist, wenn Sie frischen Kuchen auf den Tisch stellt und spannende Geschichten von früher erzählt. Auch das wird Dich motivieren, und Du fährst gleich mit viel mehr Freude den langen Weg zu der alten, lieben Dame. Male Dir aus, was Du von Deiner Steuerrückzahlung alles kaufen kannst. Vielleicht geht sich sogar der langersehnte Kurzurlaub in Venedig aus? Stell Dir vor, wie Du mit Deinem Partner Hand in Hand über den Markusplatz schlenderst und schon wird sich der Steuerbescheid beinahe von selbst erledigen.

u kannst alles visualisieren, was Du nur möchtest. Überlege, wo Du etwas mehr Motivation, quasi den kleinen Tritt in den Allerwertesten benötigst. Warum kannst Du Dich nicht dazu aufraffen? Was müsste denn passieren, dass Dir die Arbeit leichter von der Hand geht? Sobald Du dies eruiert hast, kannst Du Dir auch vorstellen, wie es ist, wenn Du die lästigen Arbeiten erledigt hast.

Du darfst nur nicht an die Mühe denken, sondern sollst Dir immer nur das Danach vor Augen halten. Natürlich steht vor jedem Ziel auch der Weg am Programm und natürlich kann mancher Weg anstrengend sein und Aufwand bedeuten. Doch im Nachhinein lohnt sich jeder Aufwand. Male Dir das Ziel in den schönsten Farben aus.

Auf diese Art und Weise kannst Du auch andere motivieren. Wenn zum Beispiel die Freundin jammert, dass sie sich nicht aufraffen kann, den Rasen zu mähen, male ihr in den schönsten Bildern aus, wie ihr beide einige

Tage später gemütlich ein Picknick auf ihrem Rasen veranstalten werdet. Wenn sich Mitarbeiter beschweren, dass die Inventur so anstrengend ist, stell Ihnen doch ein gemütliches Beisammensein im Anschluss in Aussicht. Es ist so einfach mit schönen Bildern etwas Motivation in alle Situationen des Lebens zu zaubern. Du musst diese Bilder nur malen, und dies ist dank der Visualisierung und Deiner Vorstellungskraft absolut einfach.

Wie prägt Visualisierung unser Verhalten?

Visualisierung kann den entscheidenden Unterschied zwischen Mauerblümchen und Rampensau ausmachen. Es kann verantwortlich dafür sein, ob Du Dich gut fühlst oder traurig bist. Mit Hilfe der Visualisierung kannst Du im Prinzip alles werden, was Du sein möchtest. Visualisierung kann Dir helfen, Deine Persönlichkeit zu entwickeln.

In unserem zweiten Teil, dem Praxisteil dieses Buches, kommen wir explizit zu einigen Übungen, wie Du mit Deinem neuen Ich mit Hilfe der Visualisierung arbeiten kannst. Hier wollen wir nun eher auf den theoretischen Teil dieses Kapitels eingehen.

Mit Hilfe von Visualisierung kannst Du Dich von einer schüchternen Person zu einem mutigen Menschen entwickeln. Du kannst sämtliche Eigenschaften, welche Dich stören, umkehren und auch negative Emotionen oder Handlungsweisen umkehren. Wichtig ist nur, dass Du Dich ganz genau einschätzt und auch explizit weißt, wie Du sein möchtest.

Als Vorarbeit kannst Du bereits heute Deine Eigenschaften, die für Dich prägnant und beschreibend sind, aufschreiben. Notiere aber unbedingt das Datum Deiner Notizen dazu - dies ist wichtig für den späteren Vergleich. Wahrscheinlich wird sich im Laufe des Lesens bereits einiges verändert haben. Interessant wäre auch, wenn Du einen engen Freund oder Vertrauten bitten könntest, Dich ebenfalls offen und ehrlich mit je 5 positiven und 5 negativen Eigenschaften zu beschreiben. Hier ist absolute Offenheit jedoch ein Muss. Bitte jemanden, der keine Scheu davor hat, auch unangenehme Eigenschaften von Dir aufzuzählen. Im Gegenzug solltest Du auch ganz neutral und wertfrei damit umgehen.

Häufig unterscheidet sich die eigene Wahrnehmung etwas von der Fremdwahrnehmung. Dies zeigt sich nicht unbedingt nur bei den negativen Eigenschaften. Häufig unterschätzt man sich selbst auch. Gerade, wenn man eher zu den bescheidenen oder ruhigeren Personen zählt.

Unser Verhalten wird zu einem hohen Prozentsatz von unserem Unterbewusstsein geprägt. Das Unterbewusstsein ist meist dafür verantwortlich, ob Dir etwas gelingt oder misslingt. Es kommt stets darauf an, wie Du zu jener Sache stehst. Wenn Du selbst nicht wirklich an Deinen Erfolg glaubst, dann wird es auch nichts. Meist aber steuern wir unser Unterbewusstsein nicht selbst, da wir einfach nicht wissen, wie es geht, oder uns noch nie damit befasst haben, dass wir dies machen könnten. Diese Zeiten sind nun vorbei, denn spätestens im zweiten Teil des Buches lernst Du, wie Du Dein Unterbewusstsein und somit Dein Verhalten beeinflussen und steuern kannst.

Vergiss nie, dass alles so abläuft, wie Du es für richtig hältst. Alles geht den Weg, den Du als den richtigen ausgewählt hast. Bereits Walt Disney hat einst gesagt: "Wenn Du es träumen kannst, dann kannst Du es auch erreichen". Dieser Satz sollte extrem wichtig für Dich sein - vergiss ihn daher nie. Auch in vielen Religionen, egal ob im Christentum, dem Judentum, dem Buddhismus oder dem Hinduismus existieren zahlreiche Sprichwörter, die uns stets daran erinnern, dass unsere Worte und Gedanken zu unseren Taten werden und diese für unseren Charakter verantwortlich sind.

Vielleicht sollten wir uns einen kleinen Einblick in unser Gehirn genehmigen. Keine Angst jetzt folgt keine trockene Materie - wir wollen Dir nur kurz erklären, wie faszinierend das Gehirn ist. Das Gehirn besteht aus etwa 86 Milliarden Nervenzellen, den Neuronen. Diese sind untereinander mit etwa 100 Billionen Synapsen verbunden. Jede einzelne Gehirnzelle ist somit mit mindestens 1.000 anderen Gehirnzellen gekoppelt und es herrscht ein reger und ständiger Austausch. Informationen werden gesendet und empfangen und es herrscht Hochbetrieb an 365 Tagen des Jahres, rund um die Uhr.

Laut vielen Studien nutzt der durchschnittliche Mensch nur 10 bis 20 Prozent des Potentials. Dies ist erschreckend, denn was könnten wir alles erreichen, wenn wir nur wüssten, wie wir das gesamte Potential unseres Gehirns nutzen könnten. Doch es ist nie zu spät. Wir haben die Möglichkeit, ständig zu lernen, das Gehirn zu trainieren und somit auch besser zu nutzen. Dabei macht es keinen Unterschied, ob Du 15 Jahre, 50 Jahre oder 85 Jahre alt bist.

In unserem Unterbewusstsein nehmen wir etwa 80.000 Informationen pro Sekunde auf. Das Unterbewusstsein ist somit etwa 10.000 Mal schneller im Verarbeiten von Informationen als unser Bewusstsein. Unser Unterbewusstsein handelt eigenständig nach antrainierten Mustern, welche sich hauptsächlich, aber nicht ausschließlich bis zum 6. Lebensjahr bilden. Hierbei spricht man von der sogenannten Prägungsphase. Das retikuläre Aktivierungssystem ist verantwortlich dafür, dass Daten, Fakten und Informationen rund um die Uhr aufgenommen, verarbeitet und gespeichert werden. Dieses System ist auch dafür zuständig, dass unsere Wünsche und Ziele umgesetzt werden.

Ebenfalls interessant ist, dass wir pro Tag etwa 60.000 bis 80.000 Gedanken denken. Das ist doch sagenhaft, oder? Meist wiederholen sich jedoch die Gedanken Tag für Tag und auch unsere Entscheidungen werden nach diesen Mustern getroffen. Wenn wir nun allerdings an unserem Verhalten, dem Unterbewusstsein und unseren Mustern arbeiten, so können wir auch dies verändern und Neues und Individuelles erlernen. Es ist immer der richtige Zeitpunkt, neue Verhaltensmuster zu erlernen. Dies kann uns in unserer Persönlichkeitsentwicklung einen enormen Schritt nach vorne bringen.

Visualisieren - Mentaltraining gegen Gedächtnisblockaden

Es gibt viele Gründe für Blockaden. Schlimme Erlebnisse, negative Erfahrungen, aber vor allem Stress sind die häufigsten Ursachen für Blockaden. Hier kann es zum absoluten Blackout kommen. Du versuchst Dich an etwas zu erinnern, doch in Deinem Gehirn herrscht absolute Leere.
Erinnere Dich zurück an die Schulzeit. Bei schwierigen Tests oder Prüfungen kam es immer wieder dazu, dass plötzlich alles Gelernte wie ausgelöscht war. Du hast nächtelang gelernt und plötzlich fiel Dir absolut nichts mehr davon ein, egal wie sehr Du Dir Dein Hirn zermartert hast. Wie vorteilhaft wäre es gewesen zu jenem Zeitpunkt schon etwas über Visualisierung und Mentaltraining gewusst zu haben.

Doch was genau sind Gedächtnisblockaden? Immer, wenn Du durch anhaltenden und negativ empfundenen Stress dauerhaft belastet wirst, kann es dazu kommen, dass Dein Gedächtnis einfach abschaltet. Du kannst Dir das Ganze vorstellen, wie eine Kreuzung, die heillos überfüllt ist, bei welcher alle Ampeln ausgefallen sind und sich hinter Unfällen die Autos stauen. Genau hier geht gar nichts mehr. Und auch das Gehirn ist manches Mal einfach überfordert und schaltet ab.

Diese Blockaden lassen sich häufig sehr schnell lösen. Manches Mal benötigt man dafür jedoch etwas mehr Zeit, je nachdem, welche Auslöser hinter der Blockade stecken und wie weit fortgeschritten die Beeinträchtigung bereits ist. Handelt es sich um ein Blackout in der Schule, bei Tests, Prüfungen oder während eines Vortrags so ist dies meist kurzfristig gut lösbar.

Mit Mentaltraining kann hier sogar im Vorfeld soweit gearbeitet werden, dass es erst gar nicht zu diesen unangenehmen Situationen kommt. Wenn Du gestresst bist und viel Information in den Kopf bekommen musst, wenn ein wichtiger Termin ansteht, Du eine Prüfung absolvieren musst oder vor der Belegschaft ein Referat abhalten sollst - greif zu diesem kleinen Trick.

Stell Dir die Prüfungssituation genau vor oder mache Dir von Dir selbst ein klares Bild, wie Du souverän vor versammelter Mannschaft Deinen Vortrag hältst. Du musst Dich in absolut positiver Verfassung sehen. Sieh Dir zu, wie Du sämtliche Fragen der Prüfung beantwortest und Dir alles ohne groß nachzudenken einfällt. Spüre, wie Du Dich gut fühlst dabei und erlebe Dich in Deiner Visualisierung absolut entspannt und locker. Stell Dir vor wie Du den Vortrag hältst und alles ohne Stocken und Ausfälle über die Bühne geht. Du fühlst Dich sehr wohl vor der Menge und schaffst es, jeden einzelnen zu fesseln und in den Bann zu ziehen. Stell Dir dieses Bild immer wieder vor. Es darf keine Zweifel geben, dass es auch wirklich so ablaufen wird.

Durch diese Visualisierung nimmst Du Dir sowohl die Angst, als auch den Stressfaktor. Doch es gibt noch viele andere Situationen, in welchen es zu Blockaden kommen kann. Meist werden sie durch Ängste ausgelöst, die tief in uns verwurzelt sind. Viele werden steif und starr, sobald sie im Dunkeln gehen müssen und sind nicht mehr fähig, nur einen klaren Gedanken zu fassen. Andere erstarren bei bestimmten Tieren und das Gehirn schaltet aus. Andere wiederum reagieren bei enormen Menschenmassen, Nähe oder Gewitter mit einer Blockade. Ob Höhenangst oder Panik vor Aufzügen, all diese Situationen verursachen enormen Stress. Und genau diesen Stress gilt es zu bekämpfen.

Zuerst solltest Du natürlich erkennen, wann und wodurch die Blockaden und der Stress ausgelöst werden. Leidest Du unter keinen Ängsten? Dann ist dies gut. Leidest Du unter einer dieser Ängste, so solltest Du diese nun aufschreiben. Weißt Du wodurch diese ausgelöst wurde? Wann ist diese Panik, mit dazugehöriger Blockade, das erste Mal aufgetreten? All dies solltest Du dazu notieren.

Danach können wir beginnen, diese Blockaden mit Hilfe von Visualisierung aufzulösen. Versetze Dich nun genau in eine Situation, in der normalerweise Panik entsteht. Stell Dir vor, Du stehst vor eine langen Hängebrücke oder betrittst gerade den gläsernen Aufzug zum höchsten Gebäude der Welt. Stell Dir vor, wie Du gerade davor stehst und in Begriff bist, hinüberzugehen oder loszufahren. Sieh Dich selbst, aber ohne Panik und ohne Angst. Du musst immer wieder versuchen ein positives Bild von Dir zu erzeugen. Gerade wenn die Ängste sehr groß sind, funktioniert dies natürlich nicht beim ersten Versuch. Bleib aber hartnäckig dran, denn es lohnt sich. Alleine mit positiven Bildern alter Situationen kannst Du viele Blockaden selbst unkompliziert lösen und Dich von einer großen Belastung befreien.

Visualisierung gegen Burnout

Burnout wird immer häufiger und auch wenn diese Krankheit von vielen belächelt wird, so handelt es sich um eine schwere Krankheit und ein großes Problem unter welchem die Betroffenen leiden. Es kann jeden erwischen, der sich großen Belastungen aussetzt und die Warnzeichen des Körpers und der Seele ständig ignoriert. Permanenter Stress, Mobbing und Ärger am Arbeitsplatz können schneller zum Burnout führen als man denken mag.

Bist Du in Deiner Arbeit häufig extremem Stress ausgesetzt oder gibt es in Deinem Leben andere Situationen, welche Dir alle Lebensfreuden rauben und Dir die Luft zum Atmen schier abbinden? Notiere nun diese Situationen. Das kann das morgendliche Meeting mit dem Vorgesetzten sein, der Klatsch der Mitarbeiter, der unerträglich geworden ist, aber auch der Streit mit dem Partner um leidige Themen wie Geld, Treue oder Erziehung. Alles, das Dir Stress bereitet und sich stärker als normaler Stress zeigt, kann eine Vorstufe zum Burnout sein. Möglicherweise sind es die Kinder, die nie hören wollen, vielleicht auch nur der permanente Baulärm der Dauerbaustelle vor Deinem Haus oder die Nachbarn von oberhalb, welche die ganze Nacht Radau machen. Es gibt so viele Auslöser für extremen Stress, der zu Burnout führen kann.

Ein gewisser Stress ist sicher nicht schlecht und viele werden behaupten, dass Sie erst unter Druck so richtig gut arbeiten können. Dies ist wohl wahr und Stress legt auch Energie und Adrenalin frei, doch eben nicht bei jedem und auch nur bis zu einem gewissen Maße.

Es ist daher so wichtig, dass Du Dich auf Dich selbst fokussierst. Wie gefährdet siehst Du Dich selbst? Macht Dich der Stress so fertig, dass Du oft denkst, vor Erschöpfung umzufallen und nie wieder aufzustehen? Wenn ja, dann solltest Du dies auch als Problem erkennen, welches Du unbedingt lösen musst. Es bringt nichts, Dich immer noch weiter abzustressen. Gerade im Beruf solltest Du Dir bewusst sein, dass jeder ersetzlich ist, und das Hamsterrad wegen Dir niemals stehen bleibt.

Sobald Du erkannt hast, dass Du ein ernsthaftes Problem hast, kannst Du mit Mentaltraining und Visualisierung dagegen arbeiten. Werde Dir über Deine Stärken bewusst, vor allem in den Situationen, in welchen Dir alles zu viel wird. Visualisiere Deine Stärken, wenn Dein Boss Dich gerade wieder klein macht. Häufig liegt es nicht wirklich an Dir, dass sich der Ärger der Vorgesetzten gerade über Dir entlädt.

Sieh zu, dass Du Dein Selbstvertrauen und Dein Selbstbewusstsein aufbaust. Das funktioniert ebenfalls durch Visualisierung besonders gut. Stell Dir vor, wie Du stark und gestärkt vor Deinem Chef stehst und sämtliche Gemeinheiten an Dir abprallen. Höre Dich, wie Du ruhig und vernünftig argumentierst und ihm so den Wind aus den Segeln nimmst. Selbstvertrauen und Selbstbewusstsein sind auch Dein Schutzschild gegen Mobbing am Arbeitsplatz.

Visualisiere, wie Du den Klatschschwestern im Betrieb mit erhobenem Haupt gegenüber stehst. Verstecke Dich nicht länger vor den Gemeinheiten, sondern tritt ihnen entgegen. Diese Situationen kannst Du im Vorfeld immer wieder durchspielen. Du musst es sehen, wie stark Du bist. Stell Dir vor, wie Du lachend vor Deinen Kollegen stehst, die Dich wieder fertig machen möchten.

Auf diese Art kannst Du alle beliebigen Situationen entschärfen. Stell Dir vor, wie Du üblicherweise reagierst und Dir alles zu Herzen nimmst. Nun stellst Du Dir vor, wie Du in diesen Situationen anders reagieren und handeln würdest. Sei mutig und denk groß. Beim Streit mit Deinem Partner musst Du nicht immer einstecken. Es muss auch kein Gebrüll geben und auch wüste Beschimpfungen sind nicht produktiv. Stell Dir vor, wie Du vernünftig argumentierst, bestimmt, selbstbewusst und überzeugend.

Spiele die Situationen immer wieder durch und gehe aus jeder gestärkt und mit hoch erhobenem Haupt heraus. Durch diese ständigen und konkreten Visualisierungen wird diese Fiktion zur Realität und Du kannst genauso handeln wie in Deinen Vorstellungen. Es ist wichtig, dass Du in Deiner Vorstellung bereits alle Hindernisse aus dem Weg räumst. Dadurch siehst Du, wie einfach es sein kann.

Es ist wichtig, dass Du, nachdem Du den Stressfaktor erkannt hast, diesen eliminierst. Dies funktioniert durch Visualisierung, da das Gehirn nicht zwischen Vorstellung und Wirklichkeit unterscheiden kann. Für Dein Gehirn sind Deine Vorstellungen genauso Realität. Daher sind diese Episoden, die Du nur im Gedächtnis durchspielst enorm wichtig, damit sich auch im wirklichen Leben etwas ändern kann. Du programmierst praktisch Dein Gehirn selbst um. Auch wirst Du durch die positiven Episoden Deiner Fantasie bereits enorme Glücksgefühle verspüren. Und genau diese Glücksgefühle sind so wichtig, gerade wenn ein Burnout oder Depressionen drohen.

Visualisierung gegen Blockaden im Zwischenmenschlichen

Was sind zwischenmenschliche Beziehungen und was bedeuten Blockaden im Zwischenmenschlichen? Zwischenmenschliche Beziehungen sind alle Freundschaften und alle Bekanntschaften, die wir im Laufe unseres Lebens führen. Hier gibt es die unterschiedlichsten Typen von Menschen. Solche, die sich gut und gerne sozialisieren und andere, die lieber zurückgezogen und eigenbrötlerisch leben. Es gibt Personen, welchen die Herzen im Nu zufliegen und andere, die kaum Freundschaften finden. Es gibt Zeitgenossen, die lieben es, selbst Fremden die intimsten Geheimnisse zu erzählen und andere, die schweigen wie ein Grab und meist weiß nicht einmal der Partner über aller Geheimnisse der Vergangenheit Bescheid.

Unser soziales Verhalten prägt sich meist bereits in der frühen Kindheit. Doch auch während der Schulzeit und der Pubertät entstehen Eigenschaften, die für unsere soziales Verhalten verantwortlich sind. Welcher Typ Mensch bist Du? Bist Du sehr gesellig und hast eine Menge Freunde? Gehörst Du eher zu jenen Menschen, welche die Wochenenden lieber daheim vor dem Fernseher oder mit einem guten Buch in der Badewanne verbringen? Fliegen Dir die Herzen zu oder fällt es Dir schwer, neue Bekanntschaften oder Freunde zu finden? Wie viele gute Freunde hast Du?

Wenn Du zur aufgeschlossenen Kategorie gehörst, dann wirst Du wahrscheinlich seltener bis nie unter zwischenmenschlichen Blockaden leiden. Auch wenn Du ein sehr selbstbewusster Typ bist, wird es weniger häufig zu dieser Art von Blockaden kommen. Doch auch hier ist es nicht ausgeschlossen, dass durch einen Verrat, einer Trennung oder Enttäuschung Blockaden hervorgerufen werden. Diese werden meist durch ein schlimmes Erlebnis ausgelöst, welches unsere Psyche durcheinander bringt und uns an allem und jedem zweifeln lässt.

Blockaden im Zwischenmenschlichen können sich durch Abschottung, Ausgrenzung und Distanzierung äußern. Wenn Du Probleme damit hast, auf andere zuzugehen oder anderen zu vertrauen, dann hat dies häufig zwar einen Hintergrund, meist aber entstehen diese Blockaden im Kopf. Nur weil Du von jemandem enttäuscht worden bist bedeutet das nicht, dass Dich automatisch jeder andere Mensch auch enttäuschen und hintergehen möchte.

Häufig veranlassen uns diese Blockaden auch, dass wir falsch reagieren und Menschen in unserer unmittelbaren Umgebung von uns wegstoßen. Auch wenn diese es gut mit uns meinen, durch die fest eingravierten Muster in unserem Gehirn können wir dieses Verhalten einfach nicht ändern. Können wir dieses Verhalten tatsächlich nicht ändern? Wahrscheinlich kennst Du die Antwort bereits, denn mit Visualisierung lassen sich auch Blockaden im zwischenmenschlichen Bereich lösen.

Um diese Blockaden zu lösen musst Du zuerst wieder herausfinden, wo diese genau sitzen und wodurch diese ausgelöst werden. Notiere nun in Deinem Heft, wo Probleme im Zwischenmenschlichen bei Dir auftreten. Kannst Du nicht vertrauen, lässt Du keine Nähe zu oder hast Du Angst neue Menschen kennenzulernen? Kannst Du keine Gespräche führen, weil Du Angst hast, Deine eigene Meinung zu vertreten oder gibst Du Dich gerne arrogant und unnahbar, damit die anderen nicht bemerken, wie verletzlich Du bist?

Notiere das Problem und auch den vermeintlichen Auslöser. Das kann der Verrat einer Freundin sein, der Seitensprung Deines letzten Partners, der Missbrauch Deiner Gutgläubigkeit und vieles mehr. Doch von diesen Dingen der Vergangenheit musst Du Dich lösen und befreien. Diese sind vergangen und dürfen Deine Zukunft nicht mehr länger belasten. Doch wie hilft Dir das Visualisieren dabei?

Stell Dir vor, wie Du all die Probleme der Vergangenheit in einen Sack packst und diesen von Bord eines Schiffes wirfst. Du kannst die Probleme der Vergangenheit auch auf ein Blatt Papier schreiben und diese verbrennen. So verschwinden diese aus Deinem Leben. Wiederhole dies immer wieder sobald Du bemerkst, dass Dich die Schatten der Vergangenheit wieder einholen.

Im zweiten Schritt malst Du Dir nun aus, wie Du zu einem beliebten und offenen Menschen wirst. Du kannst dies anhand einer kleinen Geschichte gedanklich durchleben. Nimm dazu den Phoenix aus der Asche her oder denk an die Geschichte von der Verwandlung vom Aschenputtel zur strahlenden Prinzessin. Stell Dir vor, wie Du mit Freunden unterwegs bist, stundenlang Gespräche führen kannst und immer das passende Argument auf Lager hast. Du kannst Dir auch vorstellen, wie angenehm liebevolle, freundschaftliche Umarmungen sind, wenn Du Probleme mit körperlicher Nähe hast.

Jede Blockade die Du im Bereich Freundschaft und dem Miteinander hast, musst Du Dir bildlich vorstellen. Der Weg raus aus der Blockade wird zuerst in Gedanken durchgespielt. Stell Dir diesen Weg sehr einfach vor. Hab keine Angst, jedes Problem lässt sich lösen und für alles gibt es einen Weg. Wichtig ist, dass Du die Lösungen im Vorfeld schon fest im Kopf hast und diese auch einige Male gedanklich durchgespielt hast. Jeder Zwist und jeder Konflikt ließe sich auf diese Art so einfach lösen. Lass Dich nicht länger von Deinen Blockaden behindern, nimm Dir die Zeit, finde heraus, wo und warum die Blockaden begonnen haben und übe mit Hilfe der Visualisierung, diese aufzulösen. Alles, was Du Dir gedanklich vorstellen kannst, kannst Du auch in der Realität umsetzen.

Vergiss nie, dass Blockaden immer in Deinem Unterbewusstsein entstehen. Dort verankerte Gedanken hindern Dich daran vernünftig oder konstruktiv zu handeln. Daher ist es nur logisch, dass Du mit einem Umprogrammieren Deiner Gedanken diese Blockaden auch wieder auflösen kannst.

Visualisierung - der Weg für Optimisten

Häufig werden Optimisten als Spinner und realitätsfremd bezeichnet. Doch was soll an Optimismus negativ sein? Es ist doch absolut erstrebenswert ein positives Leben zu führen. Jammerer, Sauertöpfe und Pessimisten gibt es doch bereits genug auf dieser Welt. Daher ist es eine gute und auch gesunde Lebenseinstellung, wenn Du Dich für einen optimistischen Lebensweg entschließt. Und ja, jeder hat es selbst in der Hand und entscheidet, ob er das Leben positiv oder negativ sieht und erlebt.

Doch was genau ist Optimismus? Ist es ein Verdrängen der Realität oder ist es die Entscheidung, das eigene Leben lieber von der sonnigen Seite zu sehen? Optimismus ist die eigene Entscheidung, das Leben mit all den Aufgaben und Ereignissen von der besten Seite zu sehen. Optimum, das Wort, von welchem sich Optimismus ableitet, bedeutet schlicht und weg "das Beste".

In unserem gesamten Leben wollen wie immer nur das Beste. Alles muss die beste Qualität und Verarbeitung aufweisen, unsere Lebensmittel sollen nur vom Feinsten sein und egal ob Elektronik, Autos, Mode oder Einrichtung, das Beste ist uns gerade gut genug. Warum sollten wir dann, wenn es um unser eigenes Leben, die Gefühle, die Stimmung und die Empfindungen geht weniger wählerisch sein und uns freiwillig gegen das Beste entscheiden? Hast Du darüber schon einmal nachgedacht?

ürdest Du Dich als optimistischen Menschen bezeichnen? Falls nicht, woran liegt es? Bist Du schon so oft enttäuscht worden? In welchen Situationen bist Du nicht optimistisch? Gehörst Du zu jenen Menschen, die sich immer sehr stark auf etwas freuen und gleichzeitig aber damit rechnen, dass es gar nicht so toll wird? Ist der Satz: "Nächste Woche habe ich Urlaub, da regnet es garantiert" ein Standard Satz aus Deinem Repertoire? Wenn ja, dann halte jetzt einmal kurz inne. Worum geht es in diesem Buch. Genau, um Visualisierung. Mit Deinen Aussagen und Befürchtungen setzt Du die Visualisierung ja bereits perfekt um, nur eben in die falsche Richtung.

Es ist ja durchaus in Ordnung, wenn Du lieber im Regen wandern gehst, nur darfst Du Dich dann nicht beschweren. Denn mit genau diesen Aussagen und Prophezeiungen bestellst Du quasi vom Universum das Regenwetter. Wenn Du also unzufrieden bist, dann musst Du wieder genau hier ansetzen und Deine Gedanken von Grund auf umprogrammieren. Negative

Gedanken ziehen Negatives wie ein Magnet an, während positive Gedanken das Positive auf genau dieselbe Art anziehen.

Natürlich kann auch hin und wieder etwas schief gehen, und das darf es ja auch. Es muss nicht immer alles nur perfekt und glatt laufen - das wäre doch langweilig. Vielleicht kennst Du sogar eine Person, die leidenschaftlich gerne kocht und bäckt, die jedoch immer jammert, dass etwas schief läuft. Schon bevor sie den Kuchen aus dem Ofen nimmt, ist sie sich sicher, dass er entweder zu wenig durchgebacken ist oder an der Form kleben bleibt. Und natürlich, oh Wunder, meist ist dies dann auch der Fall. Die Person ist dann traurig, obwohl sich eigentlich ihre negative Vorhersage bewahrheitet hat. Diese Menschen geben dann auf, werfen den Kuchen weg und halten sich für absolut unfähig. Wenn jedoch einem Optimisten ein Missgeschick wie dieses passiert, so werden sofort alle kreativen Gehirnzellen aktiviert. Aus dem Kuchen werden Schichtdesserts oder Punschkugeln gezaubert, die doppelt so gut und saftig schmecken als der Kuchen ursprünglich geschmeckt hätte. Na, erkennst Du nun den Unterschied? Du alleine bist dafür verantwortlich, ob die Sonne scheint oder nicht.

Auch wenn sich etwas anders entwickelt hat als erwartet, bedeutet dies nicht das Ende der Welt. Es lässt sich immer noch alles zum Guten wenden, wenn Du offen dafür bist. Steck den Kopf nicht in den Sand. Auch wenn dies jetzt wie eine platte und ausgeleierte Redensart klingt, es steckt soviel Wahrheit darin.

Natürlich ist es doof, wenn Du in Deiner neuen Jeans gestürzt bist und ein fettes Loch in der Hose entstanden ist. Doch Du musst die Jeans jetzt nicht wegwerfen. Sei kreativ. Entweder Du peppst Sie stylisch auf, fügst einige trendige Löcher mehr hinzu, nähst coole Flicken auf oder Du nähst aus der Hose eine Tasche. Die kannst Du dann jeden Tag tragen. Es gibt nichts, das nicht irgendwo einen positiven Hintergrund hat. Manches Mal ist das Positive nicht so offensichtlich erkennbar, da bist Du nun gefragt, es zu erforschen. Es heißt doch, wo Licht ist , ist auch Schatten. Doch es ist auch umgekehrt der Fall, wo Schatten ist, muss auch irgendwo eine Lichtquelle existieren, und genau diese musst Du nur suchen.

Think Pink oder die rosarote Brille

Mit der sogenannten rosaroten Brille lebt es sich einfach leichter. Die Tage sind heller, die Menschen freundlicher und die Blumen blühen bunter. Wenn Du Schwierigkeiten damit hast, versuche es doch einmal damit, Dir wirklich eine rosarote Brille aufzusetzen. Stell Dir nun vor, wie diese Brille wie eine Zauberbrille fungiert. Sobald Du diese Brille auf der Nase trägst, verwandelt sich alles auf wundersame Weise.

Wenn Du zum Beispiel auf eine Party eingeladen bist und denkst, dass dort die Menschen ohnehin alle doof sind und Dich nicht mögen, dann vergiss nicht, dass Du diese rosarote Brille einpackst. Bevor Du den Raum betrittst, setzt Du diese Brille auf und schon verwandeln sich alle Besucher in zauberhafte und nette Menschen. Du musst natürlich keine echte Brille aufsetzen, die Brille kann auch eine imaginäre Brille sein.

Du betrittst den Raum, lächelst alle freundlich an, und Du wirst bemerken, alle werden zurück lächeln. Durch die rosarote Brille erkennst Du, dass die junge Frau am Ecktisch nicht arrogant, sondern einfach nur einsam ist. Lächle sie an, stell eine Frage und komm mit ihr ins Gespräch. Mit der pinken Brille auf der Nase erkennst Du auch, dass die Gruppe an der Seite nicht über Dich tuschelt und lacht. Es befindet sich nur ein Meister des Witze-Erzählens in der Runde und die kleine Gruppe lacht sich über diese kaputt.

Think Pink, das bedeutet auch, dass Du Deinen Gefühlen etwas mehr vertrauen solltest und nicht immer alles bis ins Detail zerpflücken und überdenken musst. Jede Krise bedeutet auch eine Chance. Alles, das misslungen ist gibt Dir die Möglichkeit, es noch einmal und besser zu versuchen. Think Pink steht dafür, Dir selbst immer wieder die Chance auf einen Neustart zu geben. Es ist nie zu spät, dass Du es noch einmal versuchst und besser machst.

Und genau hier liegt der Unterschied zwischen Optimismus und dem Verdrängen. Während der Optimist eine Krise oder ein Missgeschick als Chance für einen Neustart sieht und diese auch so wahrnimmt, gibt es andere, die sich sozusagen pseudo optimistisch verhalten und einfach alles verdrängen.

Wenn Du ein Problem nur verdrängst, ohne nach einer Lösung oder einer Verbesserung zu suchen, dann bist Du nicht optimistisch. Dann steckst Du genauso wie ein Pessimist, der alles Schlechte als gegeben sieht, den Kopf in den Sand. Hast Du Lust einen kleinen Selbsttest zu machen, wie viel Optimismus in Dir steckt? Dann nimm Dein Büchlein zur Hand und schreib die Antworten auf nachfolgende Fragen auf.

Denk an das letzte Jahr zurück. War es ein positives Jahr? Fallen Dir mehr positive oder negative Ereignisse ein? Wenn Du eine neue Aufgabe übertragen bekommst, denkst Du dann im ersten Moment: "Das kann ich nicht" - oder freust Du Dich auf die Herausforderung? Wenn Du Deine Eigenschaften betrachtest, sind es mehr Stärken oder mehr Schwächen, welche Dich ausmachen? Wenn Dir ein Fehler unterlaufen ist, machst Du Dir Vorwürfe? Suchst Du bei allem nach einem Haken? Denkst Du, dass immer irgendwo ein Nachteil versteckt sein muss, weil es einfach zu schön wäre um wahr zu sein? Denkst Du oft schon vor dem Start eines Vorhabens, dass es sicher schief gehen wird? Gehörst Du zu den Menschen, die immer eine Ausrede auf Lager haben, um etwas nicht zu machen? Wenn Du an Deine Zukunft denkst, siehst Du die positiv oder hast Du Angst davor, was die Zukunft für Dich bringt? Würdest Du Dich selbst als Glückskind oder als Pechvogel bezeichnen? Wenn Dir etwas außergewöhnlich gut gelungen ist, denkst Du, dass dies ein reiner Glückstreffer war? Denkst Du häufig über Probleme nach und grübelst viel? Erinnerst Du Dich auch nach Jahren noch an jedes kleine Fettnäpfchen, in welches Du jemals getreten bist? Gibst Du schnell auf?

Deine Antworten sind bereits die Antwort darauf, wie positiv oder wie negativ Du eingestellt bist. Bei allen Punkten, die Du pessimistisch beantwortet hast, denkst Du nun genau an die Situation zurück, an der diese passiert ist. Nun versuche diese genau zu visualisieren, jedoch mit einem positiven Ausgang. Erinnere Dich an die vielen schönen Dinge des letzten Jahres und lass diese noch einmal in Gedanken Revue passieren. Denk an all die tollen Eigenschaften, welche Dich ausmachen, sieh Dich als strahlendes Sonntagskind, welches von einer strahlenden Zukunft erwartet wird. Visualisiere alles, stell es Dir vor Deinem geistigen Auge vor, so als würde es tatsächlich so passiert sein.

Visualisierung und Erziehung

Visualisierung, positive Bestärkung, NLP, das sogenannte neurolinguistische Programmieren und Kindererziehung haben sehr viel gemeinsam. Durch sämtliche dieser Praktiken wird die positive Kommunikation zwischen Eltern und Kind gefördert. Damit kannst Du auch nicht früh genug anfangen. Sobald Du mit Deinem Baby sprichst, quasi von Tag null an, solltest Du darauf achten, immer nur positiv formulierte Sätze zu verwenden. Auch hier ist es wichtig, wie bei einer Unterhaltung mit dem Universum, doppelte Verneinungen und negative Sätze zu vermeiden. So kann das Kind am besten verstehen und auch alles optimal umsetzen.

Vielleicht fragst Du Dich jetzt wie das funktionieren soll, denn gerade Kinder während der Erziehung benötigen Schranken und Verbote. Und das ist auch richtig und besonders wichtig, denn kein Kind sollte vogelfrei und ohne Grenzen aufwachsen. Für Kinder ist es besonders wichtig, dass sie sich an jemandem orientieren können. Und doch ist es bedeutsam, hier die richtige Formulierung zu finden. Damit Du das auch richtig verstehst, greifen wir nun zu kleinen Beispielen.

Du hast zum Beispiel Dein Kind gerade hübsch angezogen, da es in Kürze zu den Großeltern gehen soll. Mahnend sagst Du zu Deinem kleinen Schatz noch: "Mach Dich jetzt nicht mehr schmutzig!" Doch keine fünf Minuten nachdem dieser Satz ausgesprochen ist, hat Dein Kind auch schon den Filzstift in der Hand, öffnet ihn, nuckelt daran und das Gesicht und auch das hübsche Kleidchen sind von farbigen Flecken überzogen. Bei der Ermahnung "Kleckere nicht beim Essen" passiert es statistisch häufiger, dass sich Kinder schon während der ersten paar Sekunden von oben bis unten mit Brei bekleckern. Doch woher kommt das?

Das Gehirn des Kindes nimmt den Satz wahr. Doch im Vordergrund steht nicht das "Nicht", sondern die Aussage des Satzes. Somit werden kleckern und schmutzig machen zu den Kernaussagen. Der warnende Satz wird somit zwar verarbeitet, doch bis das Kind auch die Verneinung im Satz verarbeitet hat, ist es meist schon zu spät, da sofort mit der befohlenen Handlung begonnen wird. Zudem kommt meist noch der Schreck, denn warnende Sätze werden meist in einem strengen, harschen Tonfall kommuniziert. Durch den Schreck werden Kinder zusätzlich schusselig und Missgeschicke geschehen beinahe unvermeidlich.

Doch wie kannst Du diese Warnungen dennoch aussprechen und dabei richtig formulieren? "Bleib sauber", "Halte Deine Hände und Kleidung sauber" - dies sind Sätze, die in diesem Zusammenhang garantiert wirkungsvoller sind. Probier es ruhig aus, es wird Dich überraschen.

Kinder sind meist sorgenfrei und unbedarft. Dass sich Kinder sorgen machen, liegt meist ebenfalls an unserer Erziehung und nicht selten an der falschen Kommunikation. Wie oft sagen Mütter zu ihren Kindern: "Mach Dir keine Sorgen". Das Kind würde sich auch keine Sorgen machen, doch durch diese Aussage kommen Kinder erst darauf, dass es vielleicht einen Grund geben könnte, sich Sorgen zu machen. Es ist erschrecken, wie Eltern oder Erwachsene generell mit einem so kleinen Satz das Kind vielleicht für ewig prägen können. Dabei wäre es ein Leichtes, auch diesen lieb gemeinten Satz positiv umzuformulieren. "Alles ist in Ordnung", "Pass auf Dich auf", "Alles ist perfekt wie es ist" - dies sind Sätze, die wirkungsvoll dasselbe aussagen, ohne dem Kind einen Ansatz für Sorge zu bieten.

Alle Sätze, alle Worte, welche Erwachsene zu Kindern sprechen, erzeugen Bilder im Kopf der Kleinen. Kinder sind viel besser darin, Situationen zu visualisieren. Doch als Basis für diese Bilder dienen meist nur Subjekt, Prädikat und Objekt. Nebenworte, Adjektive und Attribute werden einfach nicht wahrgenommen oder umgesetzt. Übrig bleiben von den oben genannten Beispielen eben „mach Dir Sorgen", „mach Dich schmutzig und kleckere". Wenn Du dies jetzt liest, wird es Dir wie Schuppen von den Augen fallen, denn wir alle kennen diese Situationen, entweder aus eigener Erfahrung oder aus Erzählungen.

Auch später in der Erziehung spielt Visualisierung eine wichtige Rolle. Erinnere Dich an das frühere Kapitel, in welchem wir über Ziele und Belohnungen gesprochen haben. Gerade Kinder sprechen sehr gut auf Ziele und Belohnungen an. Wenn etwas gut läuft, dann können schöne Dinge, eine tolle gemeinsame Zeit oder eben eine simple Belohnung in Aussicht gestellt werden. Auch Kinder lassen sich dadurch wunderbar motivieren. Es muss jedoch nichts großartiges sein. Es kann eine gemeinsame Märchenstunde nach ordentlich ausgeführten Hausarbeiten sein, oder der Eisbecher der wartet, wenn das Kind die übertragenen Aufgaben ordentlich erledigt.

Diese positive Verstärkung ist nicht nur eine sehr wirkungsvolle Erziehungsmethode. Auch das Selbstbewusstsein der Kinder wird dadurch von klein an gestärkt. Doch nicht nur in der Kindererziehung, auch beim Training von Tieren kann positive Verstärkung sehr gut eingesetzt werden. Heutige Hundetrainer arbeiten großteils nur mehr auf dieser Basis. Der Rohrstock und Drill haben ausgesorgt, da man mittlerweile dahinter gekommen ist, dass der positive Weg der einfachere und bessere für alle Beteiligten ist.

Visualisierung für Sexualität und Partnerschaft

Eines der häufigsten Probleme in vielen Partnerschaften ist das Thema Sexualität. Natürlich meist nicht in den ersten Tagen und Wochen, doch nach einiger Zeit kommt es hier zu Flauten. Dies liegt meist auch daran, dass Partner nicht von Anfang an ehrlich mit diesem Thema umgegangen sind. Beide Partner wollen dem anderen gefallen und stellen ihre eigenen Bedürfnisse zurück. Doch irgendwann möchte jeder seine Bedürfnisse befriedigt haben. Kommt es an diesem Punkt nicht zu einem offen und ehrlichen Gespräch, dann stellen sich die Probleme im Schlafzimmer ein.

Wichtig ist, dass sich beide Partner offen eingestehen, was sie möchten und dies später auch kommunizieren. Setzt euch zusammen und schreibt eure sexuellen Wünsche auf ein Blatt Papier. Nun stellt euch beide genau diese Situation bildlich vor. Visualisiert eure sexuellen Wünsche. Ihr sollt ganz aufgehen in diesen Wünschen und hautnah die Emotionen verspüren.

Erst jetzt könnt und sollt ihr darüber sprechen. Klärt den Partner über die sexuellen Wünsche auf und lasst ihn an den Visionen davon teilhaben. Auch nun müsst ihr absolut ehrlich zueinander sein, und den anderen sagen inwieweit ihr mit diesen sexuellen Vorlieben etwas anfangen könnt.

Ein weiteres Problem in der Sexualität und Beziehungen ist, dass sich ein Partner plötzlich nicht mehr attraktiv genug findet. Gerade nach etwa 15 Jahren Beziehung, oder nach Kindern hat sich der Körper natürlich verändert. Dem Partner fällt dies meist gar nicht so stark auf, oder zumindest empfindet er dies nicht als störend. Frauen, meist sind es die Frauen, ziehen sich jedoch gerade sexuell zurück. Aus dem dünnen Negligee wird der Pyjama und statt Löffelchen liegen hüllen sich die Partner einzeln in die warmen Decken. Auf Fragen was denn los sein, reagieren Frauen meist mit Schweigen.

Natürlich sollten beide Partner offen mit der Situation umgehen und darüber reden. Noch wichtiger aber ist, dass sich Frauen, oder auch Männer, die mit ihrem Körper unzufrieden geworden sind, mit sich selbst befassen und sich selbst wieder lieben lernen, genau so wie sie jetzt sind. Dabei hilft Visualisierung.

Stell Dich vor den Spiegel und betrachte Dich. Fass Dich an und fühle, wie angenehm sich Deine Arme, Deine Beine und Deine Schenkel anfühlen. Leg Dich ins Bett und stell Dir vor, wie schön auch mit einigen Kilos mehr jede einzelne Berührung des Partners sein kann. Lass in Gedanken die Hände des Partners über Deine Rundungen gleiten und spüre, wie gut sich das anfühlt. Du musst Dir jede einzelne Situation genau vorstellen und dabei die positiven Gefühle intensiv spüren.

Durch diese Visualisierung und das bildliche Erleben Deiner Sexualität beginnst Du Dich wieder selbst zu akzeptieren und zu lieben. Du siehst, dass sich Dein Körper wunderbar anfühlt und auch immer noch heiß aussieht. So verlierst Du die Angst davor, Dein Partner könnte Dich nicht mehr attraktiv finden.

Auch bei der Partnersuche kann Dir die Kunst des Visualisierens helfen. Stell Dir genau vor, wonach Du suchst. Du kannst Dir auf diese Weise quasi Deinen Traumpartner selbst backen. Dabei solltest Du Dich jedoch nicht auf Äußerlichkeiten beschränken. Notiere Dir genau, wie Dein neuer, zukünftiger Partner sein soll. Schreib alle Eigenschaften auf, die Dir wichtig sind und stell Dir diesen perfekten Partner vor.

Freu Dich darauf, dass dieser Partner bald an Deiner Seite ist. Stell Dir all die schönen Dinge vor, die Du gemeinsam mit dem neuen Partner erleben möchtest. Denke jeden Tag daran, dass dieser Partner gleich ums Eck auf Dich wartet. Das Visualisieren verändert Deine Persönlichkeit. Du bist nicht mehr verbissen auf der Suche, weil Du in Gedanken den richtigen Partner bereits gefunden hast. Dadurch verändert sich Deine Ausstrahlung und Du wirkst auf das andere Geschlecht attraktiver.

Wichtig dabei ist, dass Du, egal was Du vorher in anderen Partnerschaften erlebt hast, Dich wieder auf die Liebe einlassen lernst. Durch das Visualisieren erlebst Du die Liebe neu und verlierst alle Hemmungen, die Du vielleicht mit den Jahren aufgebaut hast. Blockaden werden gelöst und Ängste verschwinden. Du erkennst, dass Du Dir Liebe verdient hast, und dass Du

Liebe auch annehmen und weitergeben kannst. Gerade wenn Du schon einige Zeit alleine warst, ist dies das häufigste Problem. Vielleicht ist die letzte Beziehung unschön zu Ende gegangen und Du hast nun Angst, dass jede Beziehung wieder in einem Fiasko enden könnte. Durch das Visualisieren aber siehst Du eine Partnerschaft, wie sie sein sollte und verlierst dadurch die Angst davor.

Visualisierung und Psychologie

Gerade in der Psychotherapie spielt Visualisierung eine sehr wichtige Rolle. Viele Probleme, die ihre Wurzel in der Vergangenheit haben können, können mit Hilfe von Visualisierung gelöste werden. Durch das gedankliche Zurückkehren an einen bestimmten Ort oder eine bestimmte Zeit in der Vergangenheit können Emotionen, aber auch Verletzungen wieder erlebt werden. Häufig handelt es sich hierbei um verdrängte Probleme, die man komplett aus dem Gedächtnis gelöscht hat. Dieses Verdrängen kann gravierende Probleme und Blockaden auslösen und ausschlaggebend für psychische Belastungen und Störungen werden.

ier werden Übungen zur Visualisierung gegen Belastungsstörungen durchgeführt. Diese Übungen dienen jedoch auch dazu, alte Muster und altes Verhalten abzulegen und neue Muster und Verhalten anzutrainieren. Warum diese Art der Therapie in der Regel besser wirkt als eine reine Gesprächstherapie, ist ebenso schnell erklärt. Für viele bleibt etwas schneller und besser haften, wenn es direkt gesehen, als nur gehört wird. Bei einer Gesprächstherapie kann der Therapeut immer und immer wieder dasselbe wiederholen, wenn Du es Dir jedoch einmal bildlich vorstellst, die Szene vor Dir siehst, dann wird es Dir garantiert sofort in Fleisch und Blut übergehen.

Gesehene Informationen, auch die man selbst visualisiert, lassen sich besser aufnehmen und verarbeiten. Auch können diese Informationen, die Du visualisiert hast, besser im Gedächtnis behalten werden.

Psychische Erkrankungen werden auf alternativem Weg gerne mittels Visualisierung behandelt und sogar geheilt. Diese Art der Therapie und Behandlung bietet häufig die einzige Möglichkeit, psychische Erkrankungen auch ohne Medikamente in den Griff zu bekommen. Natürlich dürfen diese Art der Therapien stets nur mit einem erfahrenen Therapeuten durchgeführt werden. Gerade wenn es um die Absetzung wichtiger Medikamente geht, solltest Du immer mit einem Arzt Deines Vertrauens sprechen.

Gerade bei Psychosen und Angststörungen können diese Übungen zum Visualisieren sehr hilfreich sein. Patienten leiden hier meist jahrelang unter speziellen Zwängen. Diese alten Muster müssen nun abgelegt und durch neue Muster ersetzt werden. Stück für Stück stellt sich der Patient nun vor, wie die alten Ängste abblättern und immer weniger werden. Ob es der böse Geist ist, der den Körper in Besitz genommen hat, oder die Fremden, welche den Patienten ständig verfolgen, durch Visualisieren können diese auf immer verschwinden - doch wie soll das gehen?

Natürlich muss sich der Betroffene auf diese Art der Therapie einlassen. Der Dämon oder die dunkle Macht, welche vom Körper des Patienten Besitz ergriffen hat, muss zuerst lokalisiert werden. Der Patient muss genau erkennen, wo sich der Feind im eigenen Körper befindet. Nun kann er durch Visualisierung bekämpft und vertrieben werden. Die Patienten müssen hier genau sehen, wie der Dämon aus dem Körper verschwindet und weit, weit weg läuft oder sich in Luft auflöst. Dies kann für manche ein Kampf sein, doch durch immer wiederkehrendes Visualisieren können diese Arten von Besessenheit geheilt werden.

Auch Zwangsstörungen werden nach diesem Prinzip sehr erfolgreich behandelt. Eine der häufigsten Zwangsstörungen sind Kontrollstörungen. Der Betroffene steht unter einem permanenten Zwang, ständig alles kontrollieren zu müssen. Diese Kontrolle wird jedoch zwanghaft, wenn der Betroffene 10 Mal in die Wohnung zurückkehren muss um zu überprüfen, ob das Licht auch wirklich ausgeschaltet wurde.

Auch hier muss der Betroffene das Problem als solches erkennen. Zwänge müssen ausgesprochen und beim Namen genannt werden. Während der Sitzungen werden nun genau diese Abläufe immer wieder visualisiert. Nur muss sich der Patient hier bemühen, auf die zwanghaften Handlungen Schritt für Schritt immer mehr zu verzichten. Der Betroffene sieht, dass das Licht einmal ausgeschaltet wurde und verlässt ohne schlechtem Gewissen das Haus. Durch das Visualisieren erkennt der Betroffene, dass keine zwanghaften Handlungen notwendig sind. Doch auch hier kann es ein etwas längerer Weg sein, da diese Muster meist sehr tief verankert sind.

Auch helfen Übungen mit Visualisierungen gegen Depressionen. Wer unter Depressionen leidet ist nicht nur permanent traurig oder befindet sich in einem schwarzen Loch. Es handelt sich hier auch um eine immense psychische Anspannung. Durch Visualisierungsübungen können diese Anspannungen gelockert werden. Der Betroffene träumt sich mehrmals am Tag an den Ort der Träume. Wie dies funktioniert haben wir in einem vorigen Kapitel bereits intensiv besprochen. Wichtig ist, dass immer, sobald wieder ein Schub trüber Stimmung aufkommt, dieser Ort in Gedanken aufgesucht wird. Dort kann sich der Betroffene frei und glücklich fühlen.

Patienten, die unter Depressionen leiden, müssen sich das eigene Ich stets als lachende und fröhliche Persönlichkeit visualisieren. Falls Du immer wieder unter Traurigkeitsschüben leidest und Dir die Last der Welt einfach zu schwer wird, dann flüchte Dich in Deine Traumwelt. Hier kannst Du lachen und glücklich sein. Hier hast Du keine Schmerzen und nichts drückt auf Dein Gemüt. Diese positiven Stimmungen kannst Du dann bequem von der Traumwelt mit in die Realität transportieren.

Spiele diesen Film ab: Du sitzt in einem dunklen Loch. Plötzlich spürst Du, wie sich die Erde über Dir auftut und immer mehr und mehr Sonnenstrahlen zu Dir durchdringen. Du spürst, wie die Sonnenstrahlen Deinen Körper treffen. Mit jedem Sonnenstrahl werden Glück und Freude in Deinen Körper implementiert. Du spürst, wie Dein Herz warm wird und beginnst aus vollem Herzen zu laschen. Du streckst Dich den Sonnenstrahlen entgegen und steigst aus dem dunklen Loch. Du reckst und streckst Dich und wirst Eins mit der Sonne, dem Licht, der Freude und dem Glück.

Visualisierung im Berufsalltag - Kreativität

Egal in welchem Beruf Du arbeitest, ein gewisses Maß an Kreativität wird in allen Branchen erfordert. Natürlich sind manche Berufe kreativer als andere und vielleicht würdest Du gerne in eine andere Branche wechseln, hältst Dich jedoch für zu wenig kreativ. Vielleicht würdest Du gerne bloggen oder für ein Magazin schreiben? Reizt Dich die Stellenausschreibung der Werbeagentur oder möchtest Du als Erzieher, Betreuer, Lehrer oder Koch arbeiten? In all diesen Bereichen wird Kreativität vorausgesetzt und genau daran denkst Du, fehlt es bei Dir.

Doch Kreativität lässt sich erlernen und trainieren - und genau, Du hast es erraten, mit Visualisierung. Eigentlich ist Kreativität an sich schon die Fähigkeit alles und jeden visualisieren zu können. Kreativität bedeutet nichts anderes, als Ideen im Kopf zu haben und diese auch visuell umsetzen zu können. Ein Koch oder Konditor weiß bereits vor dem Zubereiten, wie die neueste Kreation aussehen und auch schmecken wird. Der Erzieher spielt diverse Spiele im Vorfeld in Gedanken durch und findet so heraus, wie diese wohl bei den Kindern ankommen werden.

Für neue Werbeslogans, spannende Romane oder Kurzgeschichten müssen ebenfalls zuerst Ideen gefunden werden. Damit Du siehst, dass Du das auch alles kannst, mach einfach folgende Übungen. Lass Deinen Blick durch den Raum gleiten und such Dir einen beliebigen Gegenstand aus, den Du im Blickfeld hast. Dies ist nun Dein Trainingsobjekt. Zu diesem lässt Du Dir jetzt einen kleinen Werbefilm einfallen, den Du gedanklich durchspielst. Du kannst auch in Gedanken einen Brief an Deine Freundin oder einen Freund verfassen, in welchem Du genau dieses Produkt besonders lobst oder erwähnst. Dies sind kleine Übungen, die Du immer wieder zwischendurch machen kannst, und die Deine Kreativität enorm fördern.

Doch auch Aufgaben, die nahezu unlösbar scheinen, können mit Hilfe der Visualisierung geschafft werden. Verzweifle nicht, wenn Du unter einem Packen Arbeit versinkst. Stell Dir vor, wie schnell Du diese Arbeiten erledigt hast und spüre, wie gut Du Dich dabei fühlst. Auch beim erarbeiten von neuen Projekten kommen Dir Kreativität und Visualisierung idealerweise zur Hilfe. Du kannst Dir bereits im Vorfeld genau ausmalen, wie das Projekt ablaufen soll. So kannst Du auch die unterschiedlichsten Szenarien durchspielen und bereits im Vorfeld die ein oder andere Fehlerquelle eliminieren.

Du kannst Dir auch Deinen Traumberuf immer wieder visualisieren. Als Kinder hatten wir dies absolut perfekt drauf. Wir wussten genau, welchen Beruf wir einmal ausüben würden. Wir stellten uns vor, wie wir als Piloten durch die Lüfte segelten, in Tierkliniken kuschelige Vierbeiner versorgten oder als Model über den Laufsteg stolzierten. Doch irgendwann haben wir diese Fähigkeit verlernt, uns alle Situationen so lebhaft ausmalen zu können. Damit sind auch Teile unserer Träume gestorben.

Lass das nicht mehr länger zu. Aktiviere wieder Deine Träume, Deine Wünsche und beginn damit diese zu visualisieren. Erinnere Dich zurück, welchen Beruf wolltest Du als Kind ausüben. Warum ist aus dem Traum nichts geworden? Würde Dich heute dieser Beruf immer noch reizen? Wenn ja, warum ergreifst Du die Chance nicht? Fehlt Dir die passende Schulbildung dazu? Auch die lässt sich problemlos nachholen. Alles ist möglich, solange Du es Dir selbst vorstellen kannst. Sobald Du sagst: "Das kann ich mir nicht vorstellen", hast Du kapituliert. Du hast aufgegeben an Deine Träume zu glauben.

Überlege, wie es mit der Karriereleiter in Deinem jetzigen Job aussieht. Git es noch Möglichkeiten ganz nach oben zu gelangen, oder bist Du bereits ganz an der Spitze angelangt? Möchtest Du beruflich nicht aufsteigen, mehr Ansehen gewinnen, mehr Geld verdienen und vielleicht körperlich etwas weniger Arbeiten, dafür bessere Gleitzeiten haben? Dann sieh zu, dass Du diese Szenarien in Deinem Gehirn entstehen lässt. Stell Dir vor, wie es ist, befördert zu werden. Male Dir Deine neuen Aufgaben aus, spüre, wie Dich die Energie und der Ehrgeiz packen und treibe Dich selbst zu immer neuen Höhen hin. Visualisiere, wie Du mit Deinen Kollegen, dem Chef und den Untergebenen bestens auskommst, wie das Betriebsklima perfekt ist und ihr ein herrliches Miteinander habt.

Du siehst, die Visualisierung deckt auch sämtliche Arbeitsbereiche ab. Egal ob Du auf Jobsuche bist, Du Dich beruflich Verändern möchtest, Du das Arbeitsklima verbessern willst oder einfach dafür bist, dass Du Dir mehr verdient hast - jede Situation lässt sich in Gedanken so lange durchspielen, bis sie sich bewahrheitet. If you can dream it - you can be it.

Mit Visualisierung zum sportlichen Erfolg

Seit einigen Jahren ist Visualisierung ein fester Bestandteil im Profisport. Nicht nur Mentaltrainer und Motivationstrainer greifen zu dieser Technik, auch Trainer und Sportler selbst sind davon begeistert. Unter berühmten Spitzensportlern der ganzen Welt gibt es zahlreiche, die sich der Visualisierung bedienen, um damit noch größere, schnellere und effektivere Trainingserfolge zu erzielen.

Visualisierung ist ein wichtiger Bestandteil in der Vorbereitung für Wettkämpfe aller Art geworden. Das Interessante ist, dass in diesem Bereich nicht nur der Sport an sich visualisiert wird, sondern auch Abläufe, Techniken, Strecken und vieles mehr in Gedanken durchgespielt und dadurch verinnerlicht werden.

Ein gutes, prominentes Beispiel ist der Schwimmer Michael Phelps. Er arbeitete bei seinen Wettkämpfen stets mit der Visualisierung. Während der Wettkämpfe hatte er stets das Bild von sich selbst vor Augen, wie er mindestens einen Meter vor allen anderen schwamm. Und genau dies hat diesem Schwimmer seine Flügel verliehen und ihn zu Höchstleistungen angespornt.

Auch der Läufer Roger Bannister motivierte sich mit Hilfe der Visualisierung und wurde dadurch zum schnellsten Läufer seiner Zeit. Er war der erste, der eine Meile unter 4 Minuten lief, obwohl alle, sowohl Trainer, als auch Mediziner stets sagten, dass dies ein Ding der Unmöglichkeit wäre. Doch Bannister ließ sich davon nicht beirren - denn was er sich vorstellen konnte, das musste doch auch umzusetzen sein. Und er behielt recht. Lange vor seinem tatsächlichen Erfolg lief er in Gedanken die Meile unter vier Minuten, so lange, bis er das bis dahin Unmögliche in die Tat umsetzen konnte.

In Asien, genau in Nordkorea, wurden bei einer Studie die Küren der Turner nur in der Theorie, quasi nur im Kopf geübt. Die Turner und Turnerinnen lernten die schwierigsten Übungen nur durch visualisieren und hatten die Kür danach perfekt im Kopf, dass sie sich gegen harte asiatische Konkurrenz durchsetzen konnten.

Visualisieren im sportlichen Bereich verleiht den Athleten Impulse, die sich auf Knopfdruck abrufen lassen. Ob Formel 1 Fahrer, welche die Strecke in Gedanken abfahren, Läufer, Schwimmer, Schifahrer oder Turner, alle können vom Visualisieren nur profitieren. Wichtig ist, dass jede einzelne Szene im Gedächtnis manifestiert wird. Ein zusätzlicher Bonus ist, dass beim Visualisieren auch nichts schief gehen kann. Es gibt keine Unfälle, keine Pannen oder Ausfälle. Dadurch wird das Vertrauen und somit auch das Selbstbewusstsein zusätzlich gestärkt. Ängste können dadurch abgebaut werden und die Sportler gehen voller Energie, aber mental absolut gelassen, in den Wettkampf.

Visualisieren läuft hier mit allen Sinnen ab. Das Ziel direkt vor Augen, den Sieg fest in der Tasche stürzen sich die Sportler ins Geschehen. Diese Technik kannst Du selbst auch ganz einfach auf Deine Bedürfnisse umwandeln. Lass das Bild in Deinem Inneren entstehen und sieh Dir den Film vor Deinem geistigen Auge an. Gleichzeitig solltest Du auf Deine innere Stimme hören und auch die Geräusche von außen wahrnehmen. Die innere Stimme motiviert Dich zum Durchhalten. Du spürst, wie Dir der Schweiß von der Stirn läuft und Du bist berauscht vom tosenden Applaus der Menschenmenge. Zum Schluss solltest Du auch den Zieleinlauf genau vor Augen haben. Spüre, wie gut sich die kalte, glatte Goldmedaille an Deinem Hals anfühlt. Genieße den Handschlag Deiner Konkurrenten und nimm die Gratulationen in Empfang.

Nimm Dir täglich mindestens 15 Minuten Zeit, um Deine Ziele und Wünsche zu visualisieren. Das bedeutet für Dich keinen Stress, denn das Visualisieren hat einen sehr meditativen Charakter und Du wirst Dich nach dieser Zeit frisch und erholt fühlen. Wichtig ist, dass Du Dir dafür immer einen ruhigen Ort auswählst, an dem Du ungestört Deine Ziele verfolgen kannst.

Wenn Du sportliche Ziele verfolgst und die täglich visualisierst, vergiss nicht, auch die Entspannungsphase zu visualisieren. Dazu kannst Du Dir ein heißes Bad mit Kräuterölen oder auch eine Massage gönnen. Das visuelle Training in Gedanken ist genauso echt wie ein Training in der realen Umgebung. Nimm Dir Zeit für Dich selbst, gönne Dir auch unbedingt Pausen. Denn auch beim visuellen Training solltest Du nicht übertrainieren.

Zum visuellen Training gehört auch, dass Du nebenbei auf eine gesunde Ernährung und ausreichend Schlaf achtest. Nutze fünf Minuten vor dem Einschlafen dazu, dass Du Dich für Deine Erfolge bedankst, noch einmal freudestrahlend in Deinem Erfolg badest, danach kurz einige Minuten meditierst und anschließend stressfrei einschlafen kannst. Vertraue auf die Kraft Deiner Gedanken. Sie können Dich auch auf sportlicher Ebene zu Höchstleistungen antreiben.

Warum funktioniert das Gesetz der Anziehung bei einigen Menschen nicht

Falls das Prinzip der Visualisierung und das Gesetz der Anziehung des Positiven bei Dir nicht auf Anhieb funktioniert, dann liegt es nicht daran, dass es bei Dir generell nicht klappt, sondern, es sind noch Fehler im System.

Meist ist es so, dass Du selbst nicht wirklich davon überzeugt bist, dass es wirklich klappen kann. Du musst dafür sämtliche Zweifel ablegen. Nur wenn Du dies schaffst, kann es vorwärts gehen. Häufig liegt es auch an der Formulierung. Auch wenn Du vielleicht die Sätze selbst perfekt ausformuliert hast, oft spielen sich in Gedanken andere Formulierungen und andere Worte ab. Höre ganz genau und tief in Dich hinein. Ist da irgendwo eine kleine, leise Stimme, die flüstert: "Das kann doch gar nicht funktionieren". Diese Stimme musst Du vertreiben. Du musst mit der inneren, zweifelnden Stimme sprechen und sie vom Gegenteil überzeugen.

Auch kann es sein, dass Du nicht entspannt genug bist. Vielleicht versuchst Du es, Dir für Deine Visualisierungen wirklich eine Auszeit zu nehmen. Verlasse dazu das laute Wohnzimmer und schließe Dich alleine im Schlafzimmer ein. Bitte Deine Familie darum, Dir diese Auszeit in Stille zu gönnen.

Vielleicht hilft es Dir besser und schneller zur Ruhe zu kommen, wenn Du, bevor Du mit dem Prozess des Visualisierens beginnst, täglich kurze Meditationen in Deinen Tagesablauf einbaust. Dadurch entspannst Du so richtig und lernst auch gleich, den Gedanken freien Lauf zu lassen. Das A und O bei der Meditation ist, nichts zu denken und Körper, Geist und Seele frei laufen zu lassen. Dies ist heutzutage die vielleicht schwierigste Übung, in einer Zeit, in der alles unter Kontrolle sein muss.

Visualisierung für das eigene Glückspotential

Was hat Visualisierung mit dem eigenen Glückspotential zu tun? Die einfach Antwort darauf: Einfach alles. Was bedeutet für Dich Glück? Nimm Dir die nächsten zehn Minuten Zeit und notiere in Dein Büchlein, was für Dich absolutes Glück bedeutet. Hier haben wir alle andere Prioritäten, doch die Posten, die beinahe jeder angeführt hat sind wohl Gesundheit, Liebe, finanzielle Sorglosigkeit und Freude bei der Arbeit. Bei vielen steht die Familie an erster Stelle, wieder andere können sich ein Leben ohne spontanen Reisen und absoluter Unabhängigkeit nicht vorstellen. Wie dem auch sei, wichtig ist, was für Dich absolutes Glück bedeutet.

Sobald Du diese Dinge, die Dich absolut glücklich machen visualisierst, wirst Du auch ein angenehmes, warmes Glücksgefühl verspüren. Du kannst sämtliche Dinge die Dich glücklich machen in Gedanken durchleben und somit auch erleben. Zuerst in Gedanken und mit der Zeit auch in der Realität. Sobald Du weißt, was Dich wirklich glücklich macht, kannst Du dieses Glück auch erleben. Hier ist nämlich das Problem der meisten Menschen begraben. Viele wissen nicht, was sie glücklich macht. Sie sind gefangen in ihrer Unzufriedenheit und finden es nicht heraus. Nimm Dir die Zeit und überlege, was Dich glücklich macht.

Im selben Zug kannst Du auch überlegen, welche Dinge Dich unglücklich machen. Du kannst nun auch die Kraft und Macht der Gedanken und die Power des Visualisierens nutzen, um die Dinge, die Dich unglücklich machen, in der Versenkung verschwinden zu lassen. Schreibe diese Dinge, die Dich unglücklich machen, auf einen virtuellen Zettel und verbrenne diese. Du kannst diese Dinge auch auf einen wirklichen Zettel schreiben und den Zettel anschließend verbrennen. Wenn Du Symbolik liebst, kannst Du die Asche Deines Unglückszettels auch im Garten vergraben. Manches Mal schadet ein bisschen Symbolik nicht, auch wenn dies esoterisch klingen mag, doch auch in der Esoterik befasst man sich mit dem Einklang von Körper, Geist und Seele - somit ist absolut nichts Negatives an etwas Esoterik zu finden.

Du hast mittlerweile bereits gelernt, wie Du Deine Wünsche visualisieren kannst. Das machst Du nun auch mit allen Dingen, die Dich glücklich machen. Stell Dir alles ganz genau vor. Sei der Regisseur Deines eigenen Films und glaube an den Erfolg - an Deinen Erfolg. Du darfst nie vergessen, dass Du der Pilot Deines eigenen Lebens bist - und nicht nur ein willenloser Passagier. Du bist der Maler, der Komponist, der Dichter und der Architekt, Du musst nur Deine Möglichkeiten und Dein Potential erkennen und nutzen.

Damit Du Dein eigenes Glückspotential aktivieren kannst, musst Du erst genau wissen, wie sich Glück anfühlt. Für manche fühlt es sich warm an wie ein Sonnenstrahl. Für andere fühlt sich Glück wie das Fell eines Welpen an und für andere wie eine innige Umarmung eines echten Freunds. Finde heraus, wie sich für Dich Glück anfühlen muss und visualisiere dieses Gefühl. Konserviere dieses Empfinden und übe es immer wieder. Bald kannst Du dieses Gefühl innerhalb von Sekunden abrufen. Gerade in Situationen, die stressig sind oder in welchen Du Dich unwohl fühlst, kann das Abrufen dieser Glücksgefühle die Situation retten. Immer wenn Du Dich alleine fühlst, traurig bist oder eine kleine Aufmunterung benötigen könntest, kannst Du nun dieses Glücksgefühl abrufen und innerhalb von Sekunden wird es Dir besser gehen.

Warum funktionieren Placebos?

Wir alle wissen, was Placebos sind. Dabei handelt es sich um Medizin, die keinerlei medizinische Wirkung aufweist. In zahlreichen Studien wird stets mit pharmazeutischen Medikamenten und Placebos gearbeitet. Während eine Gruppe der Probanden immer das wirkliche Medikament erhält, so erhält die zweite Gruppe nur ein Bonbon, welches wie ein Arzneimittel aussieht. Keiner der beiden Gruppen weiß natürlich, wer ein wirkliches Pharmakon und wer ein Placebo erhalten hat. Allein diese Studien sind interessant, doch viel spannender wird es, wenn man etwas tiefer in die Materie eintaucht.

Zum Beispiel sollte man die Gruppe der Probanden betrachten, welche die tatsächliche und echte Medizin erhalten hatten. Hier kann die Gruppe grob in zwei Teile geteilt werden. Eine Hälfte glaubt daran, Medizin zu erhalten haben und vertraut auch auf Heilung, die andere Gruppe dachte der Placebo-Gruppe anzugehören und vertrauten somit nicht auf die Wirksamkeit der verabreichten Medizin. Es ist nicht überraschend, dass genau diese Gruppe, die zwar die echte Medizin erhielt, jedoch nicht daran glaubte, auch keinerlei Wirkung verspürte.

Auch in der Placebo-Gruppe gibt es Vertreter, die darauf vertrauen das richtige Medikament verabreicht bekommen zu haben und andere, die nicht wirklich daran glauben. Auch hier kann wieder dasselbe Phänomen erkannt werden. Die Gruppe, die auf Heilung vertraute, verspürte eine deutliche Verbesserung der Symptome, und dies auch trotz Placebos. In anderen Studien wurden Patienten rein mit Placebos behandelt und auch geheilt. Ein klares Zeichen dafür, dass alleine der Glaube an die Wirksamkeit die Selbstheilkräfte des Körpers aktivieren können.

Wunder basieren auf demselben Schema. Wunder haben nichts mit Glück zu tun, verantwortlich für Wunder sind in erster Linie ein starker Glauben und die Macht von Suggestion und Visualisierung. In der Medizin werden solche Spontanheilungen, Selbstheilungen und Wunderheilungen zwar anerkannt, man steht diesen jedoch skeptisch gegenüber. Positives Denken und die eigene Überzeugung können tatsächlich für diese Phänomene verantwortlich sein, die auch als Placebo Effekt bezeichnet werden.

Wichtig ist im Nachhinein jedoch, dass Betroffene auch an die dauerhafte Heilung glauben. Wer nun beginnt an Ängsten vor einem Rückfall zu leiden, der wird auch zu hohem Prozentsatz mit einem tatsächlichen Rückfall rechnen müssen.

Der Placebo Effekt kann jedoch auch in anderen Bereichen des Lebens bemerkt werden. Häufig tritt dies bei sogenannten Motivations-Trainings oder Seminaren zu diversen Themen auf. Warst Du bereits einmal auf einem Seminar zu einem Thema wie Selbstvertrauen, Teambuilding oder ähnlichem? Hier sind die Redner und Vortragenden stets extrem gut geschult und perfekt im NLP. Diese Vortragenden können perfekt inspirieren, und lösen bei den Besuchern eine prickelnde Art von Euphorie auslösen. Diese Euphorie hält meist für einige Tage an, wird das Thema jedoch nicht weiter verfolgt, so klingt diese auch genauso rasch wieder ab.

Ein gutes Beispiel für den Placebo Effekt im täglichen Leben sind Mitarbeiter diverser MLM Firmen oder auch Verkäufer, vor allem auf Teleshopping Kanälen. Diese Menschen verstehen es perfekt, Bilder in den Köpfen der potentiellen Kunden zu erzeugen. Schon sind wir wieder bei der Visualisierung. Wenn es jemandem gelingt, Dir ein perfektes Idealbild von einem bestimmten Produkt einzupflanzen, dann wirst Du gar nicht anders können, Du musst dieses Produkt einfach haben.

Wenn Du nun für einen Monat tagtäglich im TV siehst, wie toll und einmalig der Allzweckschneider oder Dampfreiniger ist, so wirst Du denken, ohne diesem nicht mehr leben zu können. Wenn Du jedoch nur einmal diese Kaufvorführung siehst, wirst Du dasselbe Produkt genauso schnell wieder vergessen haben. Die Bilder im Kopf verblassen. Das bedeutet und beweist, dass Visualisierung keine einmalige Geschichte sein darf. Wenn Du damit etwas erreichen willst, dann müssen diese Bilder im Kopf immer wieder erzeugt werden. Der Placebo Effekt lebt alleine durch permanente Wiederholung.

Doch auch bei Partnerschaften kann dieser Placebo Effekt auftreten. Jeder, der einen neuen potentiellen Partner kennenlernt, präsentiert sich natürlich von der besten Seite und betont die eigenen Vorzüge und guten Eigenschaften, während die negativen Eigenschaften beiseite gelassen werden. Der andere Partner glaubt auch felsenfest daran, den idealen Partner gefunden zu haben. Solange Du denkst, den richtigen Partner an der Seite zu haben, wird er auch der Idealpartner für Dich sein. Sobald jedoch erste Zweifel aufkommen, beginnt die Beziehung zu bröckeln.

Wünsche und Wunder werden wahr

Wir sind zu Beginn schon auf dieses Thema eingegangen und wollen es hier noch einmal vertiefen. In diesem Kapitel geht es mehr um das Warum, natürlich auch um das Wie, aber hauptsächlich versuchen wir einen Weg zu finden, um auch den größten Zweifler zum Nachdenken zu bringen.

Dass Du im Stande bist kleine Wunder zu erzeugen, das macht Dich noch zu keinem Zauberer und Du kannst dadurch auch nicht beliebig die Ereignisse auf der Welt beeinflussen. Es gibt Dinge, die unterliegen den Naturgesetzen und lassen sich nicht vollständig beseitigen. Denk einfach an eine klaffende Wunde, die kann nicht von einem Tag auf den anderen versorgt werden. Es kann jedoch gut sein, dass die Wunde mit der Kraft der Selbstheilung in der halben Zeit abheilt, sich nicht entzündet und auch nicht genäht werden muss.

Deine Selbstheilungskräfte aktivierst Du ebenfalls durch Visualisierung. Betrachte Deine Wunde und stell Dir vor, wie diese im Zeitraffer verheilt, immer und immer wieder. Spüre, wie Deine eigenen Zellen stark werden und keinerlei Eindringlinge in die Wunde lassen. So wird auch die Chance gemindert, dass sich die Wunde entzündet.

Die Kraft und Macht der Gedanken ist jedoch immer von Dir selbst abhängig. Du musst mit ganzem Herzen dabei sein, um die Wunder auch tatsächlich wahr werden zu lassen. Hier gibt es keine halben Sachen. Du musst auch Deine eigene Lebensweise an Deine Wünsche anpassen. Du kannst nicht von der perfekten und harmonischen Beziehung träumen, und gleichzeitig Deinem Partner täglich unfaire Gemeinheiten an den Kopf werfen. Auch Du selbst musst Dich bemühen.

Du kannst Dir wochenlang Deine Idealfigur vorstellen, wenn Du aber auf der anderen Seite so überhaupt nicht aufhören möchtest, Zucker, Schokolade und Fast Food in Dich hineinzustopfen, dann hilft das beste Visualisieren nichts. Es kann Dich unterstützen, auf einen besseren Weg zu gelangen, Du musst jedoch ebenfalls mitarbeiten. Wenn Du täglich Deine Traumfigur visualisierst, wirst Du automatisch Deine Heißhunger Attacken verlieren und mehr Lust auf gesunde Ernährung bekommen. Es ist jedoch wichtig, dass hier alles zusammen passt. Körper, Geist und Seele müssen eine Symbiose ergeben und Hand in Hand funktionieren. Du musst absolut hinter Deinen Wünschen stehen und diese nicht nur halbherzig visualisieren.

Beim Visualisieren geht es vor allem darum, dass Du Dein Leben positiv veränderst und negative Lebensgewohnheiten in gesunde Gewohnheiten umwandelst. Es unterliegt jedoch alles einem Lernprozess und erst, wenn Du Dich voll auf Dein eigenes Potential einlassen kannst, wird Dir das Visualisieren und das Erleben der großen und kleinen Wunder absolut leicht fallen. Es ist nämlich auch nicht so einfach, immer die kleinen Wunder des Lebens zu erkennen.

Das Universum schickt uns des öfteren Hilfe in einer Art und Weise, mit der wir niemals gerechnet hätten. Es kann in Form einer Person sein oder sich in einer anderen Form zeigen. Der Besuch einer engen Freundin, die Du schon ewig nicht mehr gesehen hast kann Dich aus einer Phase der Einsamkeit holen. Das sonnige Wetter kann Dich ebenfalls aufmuntern oder das Lächeln der Nachbarin am Morgen Sonnenstrahlen in Dein Herz zaubern. Du musst nur ganz genau hinsehen - und nicht nur mit den Augen, sondern auch mit dem Herzen sehen.

Es ist ein kleines Wunder, wenn es während einer andauernden Regenphase genau dann nicht regnet, wenn Du zu Fuß zur Arbeit gehen musst, weil Dein Auto gerade den Geist aufgegeben hat. Es ist genauso Dein kleines, eigenes Wunder, wenn im Supermarkt genau jene Artikel reduziert wurden, die Du gerade benötigst - besonders wenn Du Dich gerade in einem finanziellen Engpass befindest. Der 10 Euro Schein in einer alten Manteltasche ist ebenfalls ein kleiner Wink des Universums, genauso wie der Anruf einer Firma, bei der Du Dich vor ewiger Zeit beworben hast.

Du darfst nur niemals aufhören, an die kleinen Wunder zu glauben. Für Kinder ist jeder neue Tag ein Wunder und Kinder erleben täglich die spannendsten Abenteuer, einfach, weil sie es noch nicht verlernt haben an Wunder zu glauben und zu träumen. Oft nehmen diese Wunder auch einen kleinen Umweg und Du musst den Sinn dahinter erst erkennen. Natürlich ist es nicht schön, wenn Du in Deiner Wohnung ständig Probleme mit dem Vermieter hast und dieser Dir die Kündigung präsentiert. Aber nur dadurch hast Du später die Chance erhalten, in Dein absolutes Traumhaus zu ziehen. Alles geschieht zur rechten Zeit, höre nur nicht auf, daran zu glauben.

Die kleinen Zufälle des Lebens, die sich im Nachhinein als absoluter Glücksfall entpuppen, dies sind dic kleinen Wunder des Lebens. Das sind die Zeichen des Universums, dass Deine Wünsche erhört werden.

Das eigene Potential erkennen

In jedem Menschen steckt so viel mehr Potential als wir denken, auch in Dir. Du musst beginnen, an Dich zu glauben und zu sehen, wie wunderbar Du bist. " Ich kann das nicht, ich bin hässlich, ich bin ungeschickt, ich bin dumm..." - Sätze wie diese dürfen von nun an in Deinem Wortschatz nicht mehr existieren. Bevor Du Dein eigenes Potential erkennen kannst, musst Du beginnen Dich selbst wertzuschätzen.

Was bedeutet Potential? Potential beschreibt einfach Deine eigenen Möglichkeiten, wozu Du fähig bist. Wenn wir uns an die Schulzeit zurück erinnern, war ein beliebter Ausspruch der Lehrer oft: "Du hättest so viel Potential, bist jedoch leider viel zu faul." Damals konnten wir damit vielleicht zu wenig anfangen, denn wäre es nicht gerade die Aufgabe der Lehrer gewesen, uns dieses Potential aufzuzeigen, herauszukitzeln und zu fördern? Denn wer noch nie vom eigenen Potential gehört hat, wie soll er es dann erkennen?

Das Potential beinhaltet alle Deine Talente, vor allem die versteckten. Das Potential ist ein verborgener Schatz, der in uns schlummert. Auch wenn dies nun wieder esoterisch klingt oder an eine Sekte, oder an Mentaltraining auf Basis der Tschacka-Methode erinnert, es ist eine Tatsache, dass in jedem von uns ein enormes Potential steckt - auf den unterschiedlichsten Ebenen.

Nun ist es vor allem wichtig, dass Du daran glaubst, dass in Dir viel mehr steckt, als man bisher sieht. Schreibe nun in Dein Notizbuch sämtliche Deiner Talente auf. Nun überlege, was Du zusätzlich gerne können möchtest, aber bis jetzt noch nie versucht hast. Gerade unsere geheimen Vorlieben und Interessen weisen uns oft den Weg dahin, welches Potential in uns schlummert. Hab keine Angst davor irgend etwas aufzuschreiben, das Dich überfordert. Notiere alles, was Dir durch den Kopf geht.

Das kann von Altenpflege, Tierpflege, das Spielen eines Instruments, singen, Tanzen, malen, forschen einfach alles beinhalten. Hast Du schon jemals Deine künstlerische Ader entdeckt? Faszinieren Dich Bastelarbeiten oder hast Du viele Ideen, wie man selbst Kleider entwerfen und nähen könnte, es jedoch noch nie selbst versucht?

In der heutigen Zeit ist es einfach, die eigenen Fehler und Unsicherheiten zu erkennen, da wir jeden Tag damit konfrontiert werden. Um jedoch dem Potential Freiraum zu geben, dazu gehört auch eine Menge Mut, denn Du musst es wagen. Ohne Angst davor zu haben, zu versagen. Wer es versucht, der hat bereits gewonnen.

Stell Dir nun vor, welche Dinge, die Dir Spaß machen, auch wirklich Dein Potential widerspiegeln. Visualisiere und anschließend versuche es. Du darfst nicht nur davon sprechen, sondern musst es auch tatsächlich tun. Wie viele Menschen reden ihr ganzes Leben lang davon, wie gerne sie Gitarre spielen würden. Wenn Du dann jedoch nicht zur Gitarre greifst und ausprobierst, ob Du es auch wirklich kannst, dann machst Du Dich nicht nur vor Dir selbst lächerlich. Die einfachste Methode das Potential zu erkennen ist somit, es einfach zu versuchen. Besorg Dir einen Online Kurs für eine Fremdsprache - nach kurzer Zeit wirst Du bemerken, wie talentiert Du auf diesem Gebiet bist. Vergiss dabei nie, Dein Ziel auch zu visualisieren. Dann gelingt alles viel einfacher.

Du kannst Dein Potential auch entdecken, indem Du Dich auf Deine vermeintlichen Schwächen konzentrierst. Gibst Du in der Arbeit die Buchhaltung immer gerne ab, da Du denkst, andere können es besser als Du? Wirfst Du kaputte Textilien lieber weg, als sie zu reparieren, weil Du denkst, Du kannst nicht nähen oder handarbeiten? Überlege, vor welchen Aufgaben Du Dich gerne drückst, weil Du denkst Du kannst sie nicht. Genau auf diese Dinge sollst Du Dich nun konzentrieren und herausfinden, ob hier nicht ein verstecktes Talent schlummert.

Warum hast Du Dich noch nie für eine höhere Position in Deinem Betrieb beworben? Einfach weil Du denkst, Du bist den neuen Aufgaben und Anforderungen nicht gewachsen? Nimm Deinen Mut zusammen und bewirb Dich. Du kannst auch im Vorfeld daran arbeiten, genau diese neuen Aufgaben zu erlernen.

Dein Potential kann aber auch darin liegen, dass Du ein faszinierendes Allgemeinwissen hast. Daran kannst Du wunderbar jeden Tag arbeiten. Sei neugierig und interessiere Dich für alles. Lies viel, sieh Dir die Nachrichten an und stecke Deine Nase auch ab und zu in Klatschmagazine. Informiere Dich über verschiedenste Gebiete und sprich auch mit vielen Leuten über Deine breit gefächerten Interessen. Auch hier hilft es Dir, wenn Du die Kunst des Visualisierens zu Hilfe nimmst. Stell Dir vor, wie Du in Deinem Freundeskreis stets die Menschen um Dich scharrst, einfach, weil es spannend ist, mit Dir eine Unterhaltung zu führen.

Hab keine Angst davor, dass Du Dich blamieren könntest. Du beweist extrem viel Mut, indem Du neue Wege beschreitest. Hab auch keine Angst vor Neidern. Es wird immer Menschen geben, welche Dir den Erfolg nicht gönnen. Lass Dich davon jedoch nicht runterziehen und Dir Deine Träume schlecht reden. Gerade im Bezug auf Neider und Menschen, die Dir den Erfolg nicht gönnen, hilft ebenfalls das Visualisieren sehr gut. Denk Dir immer wieder, wie Du die anderen von Deinen Talenten überzeugst, ohne sie neidisch zu machen.

Visualisierung und Spiritualität

Was ist denn nun Spiritualität? Ist es reiner Hokuspokus, sind spirituelle Menschen solche, die sich nur nach dem Lesen des Horoskops außer Haus trauen und täglich ihre Räucherstäbchen und Kräuter verbrennen? Und was hat Spiritualität mit Visualisierung gemeinsam? Wie soll das eine das andere unterstützen?

Unter Spiritualität versteht man ein tiefes Verständnis für die Welt im Allgemeinen auf geistiger Ebene. Spirituelle Menschen stecken voll Liebe und haben es gelernt, Körper, Geist und Seele in Einklang zu bringen. Spirituelle Menschen lassen sich nicht von Oberflächlichkeiten täuschen und haben auch gelernt, mit dem Herz zu sehen.

Das Eintauchen in die Welt der Spiritualität bedeutet, eine Reise ins eigene Ich zu unternehmen. Du wirst eins mit dem Universum und lernst, mit dem Universum zu kommunizieren. Dazu ist es natürlich wichtig, dass Du das Visualisieren bereits beherrschst. Spiritualität bedeutet jedoch auch, dass Du fähig bist Dich selbst und auch alle anderen bedingungslos zu lieben. Hier ist kein Platz für negative Gedanken, für Hass oder Neid.

Doch wie kann man das Gute in anderen Menschen erkennen? Dazu musst Du natürlich absolut in Dir selbst ruhen. Danach kannst Du das Gute in Deinen Mitmenschen visualisieren. Erkenne, dass die grantige Nachbarin nicht abgrundtief böse ist, sondern nur einsam und verhärmt wurde. Geh auf diese Menschen zu. Ein Lächeln verbindet und wenn Du anderen etwas Liebe, Wärme oder Zuspruch schenkst, so wirst Du dies garantiert wieder zurückbekommen.

Spiritualität bedeutet auch, dass Du es genießt, während einer ausgiebigen Meditation zu entspannen. Auch kannst Du auf Deiner spirituellen Reise viele kleine Hilfsmittel in Anspruch nehmen. Vielleicht hast Du bereits von Deinem persönlichen Krafttier gehört oder Du vertraust auf die Kraft der Runen. Spiritualität funktioniert jedoch nie, wenn Du diese verschiedenen Komponenten nicht visualisieren kannst.

Im Zentrum der Spiritualität stehen die essentiellen Fragen woher wir kommen, wer wir sind und wohin wir gehen. Stell Dir diese Fragen und beantworte sie auch. Ebenfalls eine wichtige spirituelle Frage ist jene, wie Du selbst über Dich hinaus wachsen kannst. Dies musst Du Dir einfach bildlich vorstellen. Deine Spiritualität zu entdecken bedeutet auch, Deine eigene Kreativität, Deinen Mut, Dein Potential und Deine Seele zu erforschen.

Doch wozu ist Spiritualität gut? Wie und wo kann sie uns in unserem Leben helfen? Spiritualität unterstützt uns dabei, Aufgaben und Ziele besser zu verstehen und diese dadurch auch unkomplizierter zu meistern. Spiritualität ist jedoch auch eine Lebenseinstellung. Du kannst nicht eine Stunde pro Tag spirituell sein und den Rest des Tages davon nichts wissen wollen. Es ist eine Entscheidung für ein sanftes, sensibles und einfühlsames Leben.

Um Deine eigene Spiritualität zu entdecken ist es hilfreich, in Dein Innerstes zu sehen. Das ist auch besonders wichtig, wenn Du auf der Suche nach Deinem persönlichen Glück bist. Viele Menschen in der heutigen Zeit suchen Ihr Glück in materiellen und oberflächlichen Werten. Das neue Auto, die teuerste Mode der angesagtesten Labels und kein Geld der Welt können Dir eine riefe Zufriedenheit garantieren. Natürlich ist es beruhigend, ausreichend Geld zu besitzen, doch Geld alleine macht nicht glücklich, wenn Du dabei mit Dir selbst nicht im Einklang bist.

Auf der Suche nach Spiritualität in Deinem Inneren wirst Du viel Liebe entdecken. Diese Liebe zu Dir selbst und die Fähigkeit auch die Welt zu lieben. Spiritualität bedeutet innerer Frieden und Gelassenheit. Du findest den Absprung aus einer rastlosen Welt, die Dich auf Dauer nicht befriedigen kann. Oberflächlichkeiten machen unglücklich. Wer permanent auf der Suche nach Glück ist und dabei vergisst dieses im Inneren zu suchen, der wird haltlos und rastlos durchs Leben gehen.

Visualisiere die Liebe und das Glück in Dir selbst. Du kannst Dir diese abstrakten Empfindungen als strahlende Sonne oder leuchtend rotes Herz vorstellen. Schließe die Augen und beginne eine Reise ins Ich. Hast Du Deine innere Sonne gefunden? Spürst Du, wie sie Dich wärmt und Deine Tage etwas heller macht? Fühlst Du die Liebe, die von Deinem Herz in Dein Innerstes ausstrahlt. Du kannst Dir nun auch jedesmal vorstellen, dass diese Wärme und diese Liebe in Dir auf Deine Mitmenschen ausstrahlt. Spüre, wie die Sonnenstrahlen die Menschen berühren. Deine Sonne und Deine Liebe werden dadurch nicht weniger. Ganz im Gegenteil - sie wachsen, je mehr Du davon verschenkst.

Karma

Bis vor einigen Jahren konnten mit dem Begriff Karma nur jene Menschen etwas anfangen, die sich mit Buddhismus und Hinduismus beschäftigt haben. Durch die immer häufiger werdenden Reisen nach Asien aber kommen immer mehr Menschen mit dem Begriff in Kontakt. Und natürlich vermittelte der Bestseller "Mieses Karma" den Begriff auf sehr spielerische Art und Weise. In diesem Buch wird eine lustige Geschichte rund um dieses Thema gesponnen, so dass auch wirklich jeder Karma visualisieren kann.

Karma ist enorm wichtig in der fernöstlichen Kultur und hängt stark mit der Wiedergeburt zusammen. In jedem Leben sammelt man gutes Karma, quasi Pluspunkte, damit man im nächsten Leben auf einem höheren und besseren Leben zur Welt kommt. Gutes Karma wird durch gute Taten, durch gute Gedanken, durch Spenden im Tempel und durch ein freundliches und ruhiges Miteinander gesammelt. Minuspunkte kann man natürlich ebenfalls sammeln. Was wir in unserem Glauben als Sünden verstehen, sind in den asiatischen Religionen Minuspunkte auf dem Karma Konto.

Sowohl der Buddhismus, als auch der Hinduismus sind sehr visuelle Religionen, die sich eigentlich mehr als Lebenseinstellung verstehen, denn als Religion. Geister leben mit den Menschen auf der Erde und werden auch absolut irdisch behandelt. Ein gutes Beispiel dafür sind die Geisterhäuschen in Thailand. Wer bereits einmal in Thailand auf Urlaub war, hat sicher diese kleinen Häuschen bewundern können, die in beinahe jedem Garten und vor jedem Gebäude zu finden sind. Vor öffentlichen Gebäuden und auch Hotels haben diese Geisterhäuschen die Ausmaße eines Schreins.

Wird in Thailand ein Haus gebaut, so muss auch ein Geisterhaus aufgestellt werden. Das hat einen triftigen Grund. An dem Ort, an dem das Haus errichtet wird, werden ja die Geister vertrieben, die bisher hier gehaust hatten. Um sich nicht den Ärger der Geister zuzuziehen, wird den Geistern nun ein schönes Alternativhaus aufgestellt, in welches die Geister dann gerne umziehen. Die Einweihung dieser Geisterhäuser erfolgt mit einer Zeremonie, bei welcher auch immer buddhistische Mönche anwesend sein müssen. Und natürlich kann es nicht ein x-beliebiges Geisterhaus sein, und auch der Ort an dem das Geisterhaus aufgestellt wird, muss ein besonderer sein. Es darf zum Beispiel niemals der Schatten des neu erbauten Hauses darauf fallen - doch dies ausführlich zu erklären würde ein komplettes, neues Buch füllen.

Nun reicht es jedoch nicht, den Geistern ein schönes Haus zu bieten, die Geister wollen auch versorgt werden. Geister lieben rote oder grüne Limonaden, sie mögen selbst gebrannten Schnaps und rauchen gerne sogenannte Burma Zigarren. Kleine Süßigkeiten, Reis und scharfe Speisen dürfen ebenfalls nicht fehlen, ganz zu schweigen von den obligatorischen Räucherstäbchen und den duftenden Blumenketten.

Indem man die Geister versorgt sammelt man hier auch Pluspunkte fürs Karma. Auch ist es gut für das eigene Wohlbefinden, denn sind die Geister hungrig, durstig oder unzufrieden, dann stiften sie Unsinn. Ein unzufriedener Geist ist häufig dafür verantwortlich, dass es in der Familie zu Streit oder Unglücksfällen kommt. Auch wenn ständig Haushaltsgeräte kaputt werden oder Geld verschwindet kann dies daran liegen, dass man sich zu wenig um die Geister gekümmert hat.

In Thailand zweifelt auch niemand an der Existenz der Geister. Sie sind absolut real und schon von Kindesbeinen an lernt man, die Geister zu visualisieren. Das gehört hier ganz normal zum Alltag dazu. Niemand findet dies befremdlich oder eigenartig und die Menschen sind vereint mit der realen Welt und einer zauberhaften Fantasiewelt.

Wie oft haben wir schon gehört, dass sich das Karma garantiert rächen wird. Dies mag vielleicht für unser westliches Verständnis zutreffend sein, in der asiatischen Kultur ist Karma kein Racheengel. Es ist eine Reaktion auf eine Aktion - nicht mehr und nicht weniger. In Asien sieht jedoch auch jeder, wie das Karma arbeitet. Hier visualisiert man sowohl das Vorleben und auch das Leben danach und es gibt für alle Lebenslagen eine Erklärung, warum man gerade gelandet ist, wo man gelandet ist.

Eine spannende Geschichte dazu ist jene der Ladyboys. Viele kennen die sogenannten Katoys, das dritte Geschlecht in Asien. Hier werden Jungs im falschen Körper geboren und verkleiden sich schon in der Grundschule lieber als Mädchen. Touristen denken häufig, dass Ladyboys rein aus beruflichen Gründen existieren, da eben viele dieser Transvestiten oder Transgender Menschen im Rotlicht Milieu arbeiten. Das mag schon zutreffen, doch ursprünglich kommt dies aus einer anderen Richtung und hat mit Karma zu tun. Auch dies wird von klein auf schon so visualisiert, ein Grund dafür, dass das dritte Geschlecht tadellos akzeptiert wird.

Ist man im Vorleben ein Ehebrecher oder sehr schlecht zu seinem Ehepartner, so wirkt sich dies natürlich negativ aufs Karmakonto aus. Als "Strafe" wird man im nächsten Leben im falschen Körper geboren. Wenn heute also ein Junge lieber mit Puppen spielt, den Lippenstift der Mama ausprobiert und in die Kleider und Schuhe der Schwester schlüpft, so ist niemand peinlich berührt. Jeder visualisiert diese Karma Geschichte und weiß genau, dass dies ein ganz normaler Verlauf des Lebens ist. Auch hier sind die phantastischen Geschichten Teil der Realität und niemand zweifelt an der Echtheit.

Visualisierung für unsere Grundbedürfnisse

Wir alle haben Grundbedürfnisse und wenn diese nicht gegeben sind, läuft unser Leben aus dem Ruder. Eines unserer wichtigsten Grundbedürfnisse ist ein erholsamer Schlaf. Und bereits hier beginnt das Problem für viele. Es gehört heute beinahe zum guten Ton unter Schlafproblemen zu leiden. Viele können nicht einschlafen, kommen nicht zur Ruhe oder wachen im Rhythmus von 2 Stunden auf und wälzen sich dann wieder stundenlang von einer Seite auf die andere.

Um gegen Schlafprobleme anzukämpfen gehen viele in die Apotheke oder zum Arzt und lassen sich Schlaftabletten verschreiben. Das Tückische daran ist, dass Du nicht nur schnell abhängig von Schlaftabletten werden kannst, sondern dadurch auch morgens oft schwer in die Gänge kommst. Der Teufelskreis beginnt dann, wenn Du morgens Aufputschmittel einnehmen musst um überhaupt in den Tag starten zu können.

Dabei könnte es viel einfacher gehen und es ist absolut kein Geheimnis, wie Du mit Hilfe von Visualisierung wie ein Baby schlafen kannst. Woher kommt überhaupt der Begriff schlafen wie ein Baby? Babies und Kleinkinder haben in den meisten Fällen einen gesunden und tiefen Schlaf, einfach, weil sie sich noch keine Sorgen über Gott und die Welt machen müssen. Die meisten Schlafprobleme beginnen mit Mobbing in der Schule, Stress im Alltag und Überbelastung am Arbeitsplatz.

Wenn Du Probleme mit Deiner nächtlichen Ruhe hast, dann achte auch darauf, dass das Schlafzimmer stets gut gelüftet ist, die Fenster sich verdunkeln lassen und die Matratzen, Kopfkissen und Decken eine gute Qualität aufweisen. Damit hast Du schon fast gewonnen. Nun geht es nur mehr darum, dass Du abends zur Ruhe kommst und auch richtig abschalten kannst. Dafür kannst Du ebenfalls wieder die Technik des Visualisierens anwenden.

Es beginnt damit, dass Du einen positiven Bezug zur Nacht und zu Deinem Schlaf aufbaust. Gerade wer schlecht schläft, denkt immer mit Grauen an die Nacht. Diese Gedanken musst Du so schnell als möglich aus Deinem Kopf und Deinen Gedanken verbannen. Wenn Du an die nächtliche Ruhe denkst, so sollst Du Dir ein kuschelig, warmes Nest vorstellen. Sieh Dich vor Deinem inneren Auge, wie Du Dich in Deine Decken hüllst, in der weichen Matratze versinkst, Dich warm und geborgen fühlst und sofort in einen tiefen und ruhigen Schlaf fällst. Dies ist das einzige Bild, das in Deinem Kopf existieren darf.

Ein häufiger Grund für Schlaflosigkeit ist das Kreisdenken. Das bedeutet, Deine Gedanken drehen sich unablässig um irgendwelche Probleme, die häufig nicht einmal in diesem Ausmaß vorhanden sind. Du machst Dir Sorgen um die Zukunft, um Deine finanzielle Lage, denkst, was Du in der Arbeit besser hättest machen können, oder denkst generell über die Probleme der Welt nach. Dies ist natürlich zum Einschlafen absolut kontraproduktiv.

Eine kleine Meditation lässt Dich da wunderbar runterkommen. Auch wenn Du kein Fan von Meditation bist, wenn Du Deinen Lieblingsort visualisierst und Dich in Gedanken dorthin beamst, so ist dies ebenfalls eine große Einschlafhilfe - besser und auf jeden Fall effektiver und gesünder als jede Schlaftablette. Garantiert auch ohne Nebenwirkungen.

Ein weiteres Grundbedürfnis ist das Essen und auch hier treten bei vielen Menschen Probleme auf. Kaum in einem anderen Gebiet gibt es so viele psychische Störungen, die absolut belastend und sogar gesundheitsbedrohlich sein können. Essstörungen treten häufig bereits bei Jugendlichen ab dem 12. Lebensjahr auf und ziehen sich durch alle Generationen.

Auch hier hilft es, mit Visualisierung dagegen zu wirken. Bei Essstörungen wie Bulimie oder Magersucht wird meist ein falsches eigenes Körperbild gesehen. Daher ist es wichtig, dass Du wieder ein besseres Verhältnis zu Dir und Deinem Körper erhältst. Wenn Du unter einer Essstörung leidest, so belügt Dich das Spiegelbild. Auch wenn Du bereits gefährlich dürr bist, siehst Du Dich im Spiegel immer noch fett und kannst nichts dagegen machen. Es zwingt Dich einfach zu hungern.

Natürlich musst Du das Problem zuerst erkennen und akzeptieren, dann jedoch kannst Du mit der Visualisierung los starten. Schließe Deine Augen und sieh Dich so, wie Du sein möchtest. Du musst nicht in den Spiegel blicken, Dein inneres Auge sagt Dir genau, dass Du wunderschön und perfekt bist. Zudem stell Dir vor, wie Du das Essen wieder genießen kannst. Du musst nicht drei Tage lang an einem Apfel knabbern oder Tausende von Kalorien in Dich reinstopfen um Dich anschließend wieder zu übergeben. Sieh Dich, wie Du am Tisch sitzt und zivilisiert ein schönes Essen genießt. Lass Dir in Deinem Film das Essen schmecken und jeden einzelnen Bissen so richtig auf der Zunge zergehen.

Du kannst sämtliche Bedürfnisse, alles, wonach Du Dich sehnst visualisieren und somit Deine privaten und persönlichen Signale ins Universum senden. Vergiss dabei nicht auf knackig kurze und positive Formulierungen und bleib immer fest davon überzeugt, dass Du es auch wirklich möchtest.

Visualisierung und Heilung

In einem vorherigen Artikel haben wir dieses Thema bereits kurz angeschnitten und über Selbstheilungskräfte und auch die Wirkung von Placebos besprochen. Doch was genau nun sind Selbstheilungskräfte und wie funktioniert das, dass wir uns selbst heilen können?

Das Gegenteil von Selbstheilungskräfte sind die Gedanken, die uns selbst krank machen. Vielleicht hast Du es selbst schon einmal erlebt. Du hast Angst, von dem Lärm, der Hitze oder der Luftverschmutzung Kopfschmerzen zu bekommen, und prompt fängt Dein Kopf auch zu hämmern an. Meist sind nicht die äußeren Einflüsse, sondern tatsächlich Deine Gedanken daran schuld. Wenn Du nicht mehr daran denkst, oder Dir vorstellst, dass die Kopfschmerzen verschwinden, werden sie meist auch wieder erträglicher oder gänzlich aufhören.

Dasselbe ist im Winter, wenn wir panisch darauf warten krank zu werden. Wenn Du in der U-Bahn sitzt und denkst, die Viren und Bakterien der Mitfahrenden springen Dich regelrecht an, dann wirst Du Dich auch garantiert anstecken. Du kannst hier aber wunderbar Deine Macht der Gedanken und das Visualisieren einsetzen. Stell Dir einfach vor, Du hältst ein imaginäres Schild, welches Dich vor allen ansteckenden Keimen abschirmt. Egal wo und wann Du Dich irgendwo befindest, Dein eigenes Schutzschild kann Dich vor allem bewahren, wenn Du es Dir auch immer ganz intensiv vorstellst. Du kannst dabei auch soweit gehen, dass Du die Viren siehst, wie sie auf Dich zukommen und am Schild abprallen und zerschellen. Zeig hier ruhig Schadenfreude und sei stolz darauf, wie gut geschützt Du bist.

Doch immer und überall kann man sich auch mit den besten Vorsätzen nicht schützen und irgendwann passiert es und wir werden krank. Doch auch hier ist es noch nicht zu spät, und Du kannst jede Erkrankung, mit Hilfe der Visualisierung, erträglicher machen oder sogar heilen. Dies funktioniert bei allen Krankheiten. Natürlich ist es schwer, einen Knochenbruch ungeschehen zu machen, mit der richtigen Visualisierungstechnik unterstützt Du Deinen Organismus jedoch dabei, dass sogar Brüche bedeutend besser und schneller heilen.

Auch kannst Du von vorne herein Deinen Körper stärken, damit er erst gar nicht krank wird oder weniger anfällig für Infektionen ist. Stell Dir einfach täglich vor, dass Dein Körper gesund und fit ist. Lass das Bild von einem starken Immunsystem vor Dir aufblinken. Streck die Arme in die Höhe und wiederhole eventuell Dein Mantra: "Ich bin gesund, kräftig und stark". Du kannst dies zu Deinem täglichen Ritual nach dem Erwachen machen und somit maßgeblich zu Deiner körperlichen und auch geistigen Gesundheit beitragen.

Wenn Du aber krank bist, dann konzentriere Dich auf die Körperregion, die befallen ist. Wenn Du Halsschmerzen hast dann stell Dir vor, wie sich ein samtiger Balsam über das Kratzen im Hals legt. Bei Husten stell Dir vor wie Du mit jedem Huster die gemeinen Bakterien aushustest und bald komplett davon befreit bist. Egal wo die Krankheit sitzt, stell Dir vor, wie Dein Körper die eigenen Abwehrkräfte mobilisiert und diese wie Soldaten ausschickt.

Du musst auch stets davon überzeugt sein, dass Du wieder gesund wirst. Du darfst Dich nie krank oder schwach sehen. Sieh Dich vor Deinem inneren Auge stark und kräftig. Natürlich solltest Du bei schweren Krankheiten dennoch immer einen Arzt aufsuchen, doch das Visualisieren unterstützt Dich auf jeden Fall sehr stark bei der Genesung. Mach Dir auch nicht andauernd Sorgen, dass Du irgendwann an einer schweren Krankheit leiden könntest. Durch diese Gedanken sendest Du Signale ans Universum, die dort falsch gedeutet werden könnten. Vergiss nie, das Universum erhört nur Deine Signale und Sätze, kann jedoch nicht zwischen positiv und negativ unterscheiden. Darum ist es besonders wichtig, dass Du stets Deine Gedanken unter Kontrolle hast.

Du kannst auch Freunden, die erkrankt sind, positive Energie schicken. Stell Dir dazu diese Person ebenfalls gesund und stark vor. Hier ist es auch nicht wichtig, dass diese Person daran glaubt oder davon weiß. Positive Energie kannst Du jedem schenken. Dadurch schenkst Du nicht nur jemandem etwas Besonderes, es stärkt gleichzeitig auch Deine Energie. Alles Gute, das Du für andere tust, wenn auch nur gedanklich, erhältst Du doppelt und dreifach zurück.

Die richtigen Techniken finden

Jeder hat eine andere Art zu lernen und Dinge anzupacken. So unterscheidet sich auch die Technik des Visualisierens von Mensch zu Mensch. Hier gibt es kein richtig oder falsch. Wichtig ist nur, dass Du Deine für Dich ideale Technik findest. Dafür solltest Du am besten zuerst alle Varianten ausprobieren und Dich anschließend für die beste Möglichkeit entscheiden.

Du kannst Dir alles in Bildern vorstellen, oder in Form eines Films. Dies ist für viele sehr einfach, denn gerade diese Art der Filme kennen wir aus unseren Träumen. Versuche Dich einfach im Tagträumen und wiege ab, wie einfach und angenehm es für Dich ist. Denn, das Visualisieren sollte für Dich weder anstrengend, noch unangenehm sein.

Vielleicht aber benötigst Du auch etwas greifbares, das Du selbst auch betrachten kannst. Du kannst Dir dafür zum Beispiel Kärtchen mit Bildern zurechtlegen. Suche zum Beispiel für Deinen Lieblingsort ein Bild von einer Waldlichtung, einem Traumstrand oder einer einsamen Berghütte, je nachdem wo sich Dein persönlicher Ort Deiner Wünsche befindet. Wenn Du auf dieses Bild blickst, kannst Du vielleicht einfach eintauchen und Deine Wünsche visualisieren.

Es kann Dir auch helfen, wenn Du alles, das Du visualisieren möchtest aufschreibst. Dazu kannst Du ebenfalls kleine Kärtchen oder auch sogenannte Post-its verwenden. Die kannst Du an allen Orten anbringen, an welchen Du die Hilfe der Visualisierung benötigst. Am Kühlschrank eine kleine Notiz mit "Ich ernähre mich gesund", am Spiegel im Badezimmer ein Zettel mit der Aufschrift "Ich bin schön und glücklich" und an der Schlafzimmertüre eine Notiz mit "Heute ist ein schöner Tag" oder "Ich schlafe tief und fest und absolut entspannt ein". Diese Mantras können Dir immer wieder dabei helfen, dass Du die richtigen Bilder dazu in Deinem Kopf erzeugen kannst.

Vielleicht hilft es Dir auch, die Bilder sprachlich zu formulieren. Du kannst dafür ebenfalls die unterschiedlichsten Mantras verwenden. Zusätzlich kannst Du für die richtige Atmosphäre und für die passende Kulisse sorgen. Vielleicht benötigst Du für Deine virtuelle Traumreise einen absolut ruhigen Ort, an dem nichts stört und nichts zu hören ist. Vielleicht möchtest Du angenehme Musik hören, die Dich begleitet. Viele greifen hier zu Klangschalen, Vogelgezwitscher, Meeresrauschen oder ähnlichem zurück. Du kannst Salzlampen anzünden, Duftkerzen aufstellen, Räucherstäbchen oder Kegel abbrennen oder richtiges Rauchwerk mit Weihrauch und Kräutern entzünden. Wichtig ist, dass Du Dich dabei absolut wohl fühlst und richtig loslassen kannst.

Du kannst immer nur an einzelne Bilder denken, oder auch ganze Filme im Geiste drehen. Gerade für den sportlichen Bereich sind diese Filme absolut wichtig. Auf diese Art und Weise kannst Du Spielzüge, Trainingsstrecken und vieles mehr immer wieder in Gedanken durchleben.

Du kannst das Visualisieren auch immer mit einer kleinen Meditation beginnen. Dazu schließt Du die Augen und konzentrierst Dich auf nichts anderes als auf Deine Atmung. Atme durch die Nase ein und durch den Mund aus. Versuche richtig tief zu atmen und verfolge den Weg des Atems durch Deinen Körper. Spüre, wie der Sauerstoff Deine Lungen füllt und wie Du mit jedem Atemzug mehr Energie in Dich hinein beförderst. Nach einigem

Üben wird das Atmen absolut automatisch gehen und Du kannst Dich auf Deine Bilder und Filme im Kopf konzentrieren.

Die Meditationen kannst Du im Sitzen, im Stehen oder auch im Liegen durchführen. Besonders bei Schlafproblemen ist es sehr empfehlenswert, die Übungen zum Visualisieren mit einer kleinen Meditation zu verbinden. Hier legst Du Dich wie gewohnt in Dein Bett, deckst Dich zu, machst es Dir bequem und schließt die Augen. Nun stellst Du Dir vor wie Dein ganzer Körper müde und schwer wird. Stell Dir vor, wie jede einzelne Deiner Zehen einschläft. Die Müdigkeit und angenehme Schwere wandern über die Waden und die Knie hinauf bis zu den Oberschenkel. Die Müdigkeit dehnt sich über den Oberkörper aus und geht weiter bis zu den Fingerspitzen. Zuletzt wird auch Dein Kopf müde und Du spürst, wie alles, bis zu deinen Haarspitzen, schwer wird. Dabei versuche so ruhig als möglich zu atmen und alle anderen Gedanken auszusperren. Dies ist eine perfekt kombinierte Technik von Meditation und Visualisierung.

Du kannst Deine Visualisierung auch durch bestimmte Bewegungen und Gesten unterstreichen, falls es Dir dadurch leichter fällt. Wenn Du Dir vorstellst, wie Du selbstbewusster wirst, kannst Du dabei ruhig mit den Füßen aufstampfen. Wenn Du mehr Liebe visualisieren möchtest kannst Du Deine Hände von Deinem Herzen ausgehend in weiten Kreisen vom Körper wegbewegen. Du kannst auch die Arme im rechten Winkel vom Körper strecken und die Handflächen nach oben drehen. Dies ist eine Pose für das Empfangen. So kannst Du Dir immer vorstellen, dass Du vom Universum all die Dinge empfängst, die Du Dir gerade so fest gewünscht hast.

Vielleicht hilft es Dir auch zu tanzen, während Du Deine eigenen Bilder im Kopf erzeugst. Es bleibt einzig und alleine Dir überlassen. Wichtig ist nur, dass Du Dich davon nicht ablenken lässt. Die Technik und Dein Visualisieren sollen harmonisch miteinander harmonieren und nicht das eine das andere ausstechen.

Es steckt alles in Dir

Du hast bis jetzt gelernt, dass Du alles visualisieren kannst. Doch im Endeffekt steckt bereits alles in Dir. Auch wenn Deine Fähigkeiten und Dein Potential häufig noch gut versteckt sind, beides ist bereits vorhanden - Du musst es nur noch freilegen. Es ist ein großer Schatz, der in Dir verborgen ist und Dein ganz persönlicher Schlüssel zum Glück.

Jeder Mensch hätte eigentlich die Möglichkeit, diesen zu nutzen, doch nur die wenigsten ergreifen diese Chance auch. Aber es ist wie bei allem im Leben. Jeder Mensch hat die Chance ein freundlicher, höflicher und liebenswerter Mensch zu sein, und viele nehmen diese Möglichkeit nicht wahr, sondern lassen nur ihre negativen Eigenschaften an die Oberfläche. Doch das ist auch in Ordnung, denn jeder muss nach seinem eigenen Schema leben und das Leben führen, welches er für richtig erachtet.

Es ist dasselbe wie bei der Ernährung. Alle Personen haben dieselben Möglichkeiten in den Supermarkt oder auf den Markt zu gehen und frisches Gemüse zu kaufen. Und dennoch gehen viele lieber in den Fast Food Laden oder besorgen sich fettige und ungesunde Tiefkühlpizza und Burger. Dies ist mittlerweile auch keine Preisfrage mehr, denn sowohl Obst und Gemüse, als auch Convenience Produkte befinden sich in etwa in einer Preisklasse. Es ist rein eine Lebenseinstellung. Sei Du Dir jedoch mehr wert. Lege Dein Potential frei und achte auch rundherum auf Deine Gesundheit und Dein Wohlbefinden.

Es spielen so viele Faktoren zusammen, um ein glückliches, zufriedenes und erfülltes Leben zu führen. Achte auf Dich selbst. Geh mit Deinem Ich behutsam um und behüte Deine Seele genauso wie Du Deinen Körper behütest und pflegst. So wie Du täglich Dein Gesicht reinigst und Deine Finger schrubbst, genau so solltest Du auch Deine Seele und Deinen Geist immer wieder reinigen.

Es ist einfach, auf Äußerlichkeiten zu achten. Du trägst gepflegte Kleidung, bist stets ordentlich gekämmt und legst gerne Deinen Lieblingsduft auf. Die Zähne werden drei Mal täglich geputzt und Maniküre und Pediküre sind keine Fremdwörter. Deinen Körper entgiftest Du mehrmals pro Jahr mittels einer Tee- oder Saftkur und Du achtest auf Deine Ernährung. Doch wie kannst Du Geist und Seele reinigen? Auch das liegt alleine an Dir und in Dir.

Unter Seele reinigen versteht man, dass Du Dich von unnötigem Ballast befreien solltest. Genauso wie Du Dich nach den Feiertagen von unnötigen Pfunden befreist, so benötigen auch Deine Seele und Dein Gemüt ab und zu eine Diät. Doch wie funktioniert eine Diät für die Seele? Setz Dich hin und notiere alle Dinge die Dich belasten. Gibt es Menschen in Deiner Umgebung, welche Dir die Energie rauben? Bekannte oder Freunde, die immer nur nehmen und fordern, jedoch nie geben. Arbeitskollegen, die Dich ausnutzen, Dinge um welche Du Dich immer sorgen musst und Aufgaben, wie Du übernommen hast, obwohl sie Dir von Anfang an keinen Spaß machten und Dir auch alles abverlangen?

Notiere all diese Punkte und überleg, wie Du Dich davon befreien kannst. Visualisiere, wie Du alle Menschen, die Dir nicht gut tun, aus Deinem Leben verbannst. Du kannst daran denken, wie Du diese Leute buchstäblich aus Deinem Herzen verjagst, ohne dass diese eine Narbe hinterlassen. Denk daran, wie Du künftig ungeliebte Aufgaben zurückweist, ohne ein schlechtes Gewissen zu haben und spüre, wie Du Dir keine unnötigen Sorgen mehr machst. Stell Dir vor, die sogenannten Energieräuber stehen vor Dir und Du hältst wieder Dein imaginäres Schutzschild vor Deine Brust. Hier prallt alles ab und diese Mitmenschen haben keine Chance, Dir die Energie zu stibitzen.

Auf diese Art und Weise reinigst Du auch Deinen Geist und Deine Seele. Du hast wieder Platz für die schönen Dinge im Leben und nichts belastet Dich oder liegt Dir schwer auf der Brust. Es liegt alleine an Dir, wie sehr Du Dich auch um Dein psychisches Wohlbefinden kümmerst. Und es ist wichtig, dass Dir dies auch bewusst wird. Denn viele beklagen sich nur, und unternehmen nichts dagegen. Doch wenn Du Dich ständig nur beklagst, wird die Sachlage nicht besser. Ganz im Gegenteil, durch das ständige Beklagen sammelst Du ein Depot an Negativität an. Und diese Negativität wiederum sendet Negatives ans Universum aus. Du bist somit in einem Teufelskreis und einer Spirale gefangen - aus der Du Dich jedoch, alleine mit der Macht Deiner Gedanken, schnell selbst wieder befreien kannst.

Visualisierung und unsere Sinne

Die bekanntesten Sinne sind die sechs Sinne: Sehen, Hören, Riechen, Schmecken, Fühlen und der Gleichgewichtssinn. Mit diesen Sinnen können wir unsere Umgebung wahrnehmen und auch für unsere Fantasie sind diese absolut wichtig. Denn in unseren Gedanken können wir uns die einzelnen Empfindungen vorstellen, welche die unterschiedlichsten Dinge erzeugen. Denke doch jetzt zum Beispiel an eine Zitrone. Du schneidest die Zitrone in zwei Hälften und leckst ganz intensiv an der einen Hälfte. Spürst Du, wie sich das Wasser in Deinem Mund sammelt und Du die extreme Säure fast körperlich erkennen kannst?

Denk an den herrlichen Duft eines Kuchens. Rieche den Zimt und die karamellisierten Äpfel. Sofort wird Dir warm werden und vielleicht fühlst Du Dich in einer Zeit zurück versetzt, als Du bei der Großmutter in der Küche gesessen bist und auf das erste Stück des warmen Apfelstrudels gewartet hast. Du kannst Dir genau ins Gedächtnis rufen, wie eine Güllegrube oder ein Silo riecht und versinkst bei den Gedanken an Lavendel und Rosen in süßen Träumen. Jeder Geruch erzeugt in uns auch Reaktionen und Emotionen. Häufig verbinden wir bestimmte Gerüche mit spezifischen Situationen. Zum Beispiel werden wir nie vergessen, wie die Sporthalle in der Grundschule gerochen hat, und wie wir uns dort gefühlt haben.

Zum Visualisieren können Dir eben diese vielen Sinne helfen, mit welchen wir gesegnet sind. Geräusche oder auch bestimmte Geschmäcker können Dir dabei helfen, die gewünschten Bilder im Kopf zu erzeugen. Unsere Sinne leiten das Erlebte sofort an unser Gehirn weiter. Dort werden die jeweiligen Informationen unmittelbar verarbeitet. Du kannst zum Beispiel ein ganz besonders intensives Gefühl verspüren, wenn Du über das Fell Deines Haustiers streichelst, oder die Wange an ein Stück Samt schmiegst.

Die Sinne benötigen wir auch für unser Körperbewusstsein. Du merkst es sofort, wenn einer der Sinne beeinträchtigt ist, wie schwierig es ist, die Welt "normal" zu erkennen. Denk nur an Deinen letzten Schnupfen. Du konntest absolut nichts riechen und plötzlich wurden auch alle Speisen total geschmacklos. Wenn Du Dir die Zunge schlimm verbrannt hast, auch dann schmecken alle Speisen und Getränken absolut fade.

Wie beeinträchtigt sind wir, wenn unsere Ohren zugeschlagen sind und wir nichts hören können. Noch mehr beeinträchtigt aber sind wir, wenn die

Augen entzündet sind und wir nichts sehen können. Wenn der Gleichgewichtssinn im Eimer ist, dann wanken wir unsicher durch die Gegend und fallen hin. Somit sind unsere Sinne enorm wichtig, um die Welt in ihrem Facettenreichtum zu erleben.

Und genauso wichtig wie für unser tägliches Leben, sind die Sinne auch beim Visualisieren auch enorm bedeutsam. Ohne unsere Sinne wären unsere Imaginationen sehr eindimensional, grau und trostlos. Die Phantasien werden so richtig plastisch, wenn Du alle Sinne dafür einsetzt. Daher ist es nicht nur wichtig, dass Du Deine Gedanken auf Reisen schickst, sondern auch die Sinne so trainierst, dass Du alleine durch gedankliche Reize riechen, schmecken und hören kannst. Dazu solltest Du folgende kleine Übung machen.

Wenn Du Dir vorstellst, dass Du am Strand liegst, so spürst Du den feinen Sand unter Deiner Haut. Laufe nun in Gedanken die Meereslinie entlang. Das Wasser umspielt immer wieder Deine Füße, der Sand wird etwas weggeschwemmt und Du bemühst Dich, nicht den Halt zu verlieren. Es kommt mit tosendem Lärm eine Welle herangebraust. Du hörst noch das tiefe Rauschen, willst zur Seite springen, doch es ist zu spät, das Wasser spritzt Dich bereits von oben bis unten an. Du spürst, dass das Wasser etwas kühl ist und beginnst leicht zu frösteln. Das Salz ist stark und brennt leicht auf Deinem Sonnenbrand. Es brennt auch etwas in Deinen Augen und läuft in Deinen Mund. Du schüttelst Dich etwas, denn es schmeckt sehr salzig. Doch gleichzeitig lachst Du, denn Du bist frei und sorglos. Du riechst die typische Mischung aus Fisch, Algen und Wasser und fühlst Dich einfach wohl.

Hast Du diese Geschichte richtig visualisieren können? Hast Du dabei all Deine Sinne eingesetzt? Was ist Dir dabei besonders leicht gefallen und wo hattest Du etwas mehr Schwierigkeiten? Konntest Du alles fühlen und umsetzen? Je nachdem wo nun eventuelle Schwierigkeiten aufgetreten sind, solltest Du Deine visuellen Sinne schärfen und üben. Stell Dir Gerüche vor, bis Du denkst, die Wurst wird tatsächlich gerade vor Deiner Nase gebraten oder stell Dir vor, wie Salz, Chili und Zucker schmecken. Spüre Hitze, Kälte und Wind auf Deiner Haut und laufe in Gedanken über verschiedenst beschaffene Böden. Spüre die spitzen Steine, die weiche, matschige Erde oder das feuchte Gras, welches Deine Fußsohlen kitzelt. Danach bist Du richtig fit, die unterschiedlichsten Dinge und Situationen zu visualisieren.

Körper, Geist und Seele

Immer hören und lesen wir davon, dass wir Körper, Geist und Seele in Einklang bringen sollen. Doch was ist damit gemeint? Wie wir unseren Körper kräftigen und auf uns achten, lernen wir schon von Kindesbeinen an. Die wichtigsten Punkte im Erwachsenenleben sind die gesunde Ernährung und darauf zu achten, sich psychisch nicht zu sehr zu stressen. Stress wirkt sich negativ auf unseren Geist aus und äußert sich in Schlaflosigkeit, Übergewicht, Untergewicht und physischen oder psychischen Erkrankungen. Auch die Seele leidet darunter. Wie Du Deine Seele von Zeit zu Zeit reinigst, haben wir im vorherigen Kapitel ausführlich beschrieben.

Doch was ist jetzt so wichtig an der Harmonie von Körper, Geist und Seele? Der Mensch besteht aus dem Zusammenspiel dieser drei Komponenten und sobald einer dieser Elemente beeinträchtigt ist, kommt es auch bei den anderen zu Problemen. Sie machen den Menschen als Ganzes aus. Der Körper besteht aus unseren Organen, den Gliedmaßen und natürlich dem Gehirn. Das Gehirn ist jenes faszinierende Gebilde, welches unser gesamtes Tun und Sein steuert. Hier werden Informationen verarbeitet und Gedanken und Gefühle gespeichert. Ebenso ist hier unser gesamtes Wissen verankert.

Beim Geist handelt es sich um einen sogenannten immateriellen Teil des Körpers. Es ist als solches überliefert, dass der Geist für unser Empfinden von Wollen verantwortlich ist. Unsere Gedanken werden von unserem Geist gesteuert. Somit hängen Körper und Geist eng zusammen, da Gehirn und Geist miteinander kommunizieren müssen und sich gegenseitig Impulse übermitteln.

Der Geist ist für unsere Kreativität verantwortlich und macht uns zu einzigartigen Geschöpfen. Alles was wir schaffen, sprechen, jede Idee, jedes Gedicht das wir schreiben oder jedes Bild das wir malen, wurde von unserem Geist geschaffen.

Die Seele ist für unsere Empfindungen, die Gefühle und unser emotionales Handeln verantwortlich. Die Seele ist besonders zart und kostbar und kann sehr leicht verletzt werden. Die Seele ist nicht direkt mit unserem Körper verbunden und in vielen Religionen lebt die Seele auch nach unserem Tod weiter oder wird in einer neuen Hülle in einem neuen Körper wiedergeboren. Wenn die Seele leidet werden wir traurig oder schwermütig. Visualisieren von kleinen Traumreisen, Meditation und gute Menschen in unserer Umgebung hingegen sind Balsam für unsere Seele.

Wenn Körper, Geist und Seele nicht mehr zusammenarbeiten, können wir krank werden. Nicht nur psychisch, sondern auch körperlich. Viele der heutigen Krankheiten haben ihren Ursprung im seelischen Umfeld. Gerade wenn Geist und Seele krank sind, machen sie auch den Körper krank. Daher ist es immer besonders wichtig, dass Du in Dich hinein hörst und auf Deine Seele und Dein emotionales Gleichgewicht Acht gibst.

Unter Lebensbalance versteht man, wenn Körper, Geist und Seele perfekt im Einklang sind. Vor allem in der buddhistischen Religion wird dies noch effizient gelehrt. Hier heißt es, dass es wirksam und notwendig ist, ohne Extreme zu leben. Es ist wichtig sowohl exzessiven Genuss als auch endlose Qualen zu vermeiden. Nur durch einen ausbalancierten Mittelweg und einem kühlen Herzen kann Ruhe und Ausgeglichenheit erreicht werden.

Es ist wichtig, dem Körper einen Ausgleich zwischen Arbeit und Freizeit zu bieten. Daher solltest Du Dir täglich nach Deinem Arbeitspensum, Zeit für Bewegung in der freien Natur nehmen. Sport sollte in Deinem Leben ebenfalls eine Rolle spielen, denn beim Sport erzeugst Du Serotonin, ein natürliches Glückshormon. Es ist somit sehr einfach, Dich selbst glücklich zu machen. Du musst Dich dazu in keinem Fitness Studio anmelden, es reicht, wenn Du zu Hause Seil springst, laufen gehst, den Hula Hoop Reifen auspackst oder mit dem Rad fährst. Überlege einfach was Dir Spaß machen könnte und nimm Dir vor, in Zukunft etwas mehr Bewegung in Dein tägliches Leben einzubauen.

Zu einer gesunden Ernährung für einen gesunden Körper gehört auch das Trinken. Sieh zu, dass Du täglich mindestens 2 Liter hochwertiges Wasser trinkst und vermehrt auf Limonaden und Alkohol verzichtest. Du kannst Dich auch mit interessanten, gesunden Küchen wie der asiatischen Küche, der Ayurveda Küche oder der basischen Küche befassen. Diese haben den Ruf, eine tolle Auswirkung auf unsere Gesundheit zu haben.

Für Körper, Geist und Seele ist es auch wichtig, dass Du die Medien kontrollierst, die Dich vielleicht bis jetzt kontrolliert haben. Dazu zählt natürlich das Fernsehen, aber in der heutigen Zeit ist das Internet das wohl größere Problem. Wann hast Du das letzte Mal mit einer Freundin telefoniert oder persönlich gesprochen? Meist schreiben wir nur mehr in diversen Messengern und posten über unsere Erlebnisse, anstatt diese mit geliebten Menschen zu besprechen. Dadurch vereinsamen wir immer mehr, ohne es zu bemerken.

Visualisierung und unser Gehirn

Gerade wenn Du Dich viel mit den Themen Esoterik, Gehirnforschung, Selbstfindung und Arbeiten mit der Macht der Gedanken befasst, wirst Du immer wieder auf kontroverse Thesen stoßen. Auf der einen Seite heißt es immer, dass wir alle unseres Glückes Schmied sind. Auf der anderen Seite wird jedoch propagiert, dass wir alle ein Schicksal haben, und diesem nicht entrinnen können. Was soll von dem nun stimmen? Sind wir selbstbestimmt oder ausgeliefert? Und auch wir, die wir uns Jahrzehnte lang mit diesen Themen befassen müssen, zugeben, dass genau hier eine feine Gratwanderung absolviert wird.

Für die einfachste Erklärung musst Du Dich nur an den Beginn dieses Buches erinnern. Hier haben wir Dir erzählt, dass der durchschnittliche Mensch nur 10 bis 20 Prozent seines geistigen Potential nutzt. Alle, die zu diesem Durchschnitt zählen sind somit mehr oder weniger fremdbestimmt und fallen unter die Kategorie Menschen, die sich ihrem Schicksal ergeben. Der Rest der Menschheit, Menschen wie Du zum Beispiel, die sich für Visualisierung, Gehirnforschung, Mentaltraining und mehr interessieren, gehören zu dem kleineren Prozentsatz, welche die Chance nutzen und ihr Leben selbst in die Hand nehmen und dieses gestalten und steuern.

Für sämtliche mentale Arbeiten und das Visualisieren ist das Gehirn absolut wichtig. Daher ist es bedeutsam, dass wir auch gut darauf Acht geben. Selbstverständlich ist natürlich, dass wir es beim Sport und auf der Straße dementsprechend schützen, nicht durch Alkohol und Drogen zerstören und immer wieder sogenanntes Gehirnjogging machen. Auch solltest Du immer auf Deinen Blutdruck achten. Denn auch ein zu hoher oder zu niedriger Blutdruck wirken sich negativ auf das Gehirn aus.

Zudem möchte Dein Gehirn nicht nur geistig, sondern auch tatsächlich gefüttert werden. Ja, Du hast richtig gehört, denn das Gehirn ist eigentlich ein sehr gefräßiges Organ. Wenn Du bedenkst, dass Dein Gehirn etwa nur zwei Prozent Deines Körpergewichts ausmacht, aber etwas die Hälfte Deines täglichen Kalorienumsatzes beansprucht, so ist dies doch sehr beeindruckend. Doch dies ist sogar sehr wichtig und eine Art Selbsterhaltungstrieb. Das Gehirn schickt und verteilt die Kalorien erst dann, wenn es selbst ausreichend versorgt ist. Das ist auch gut so. Stell Dir vor, das Gehirn würde zwar Deinen Energiespeicher füllen, aber selbst nicht über genügend Energie verfügen um klar denken zu können. Darum ist es auch wichtig, dass Du Dein Gehirn in stressigen Situationen zusätzlich mit Obst, Gemüse, Nüsse und Samen fütterst. Nicht umsonst wurde das beliebte Studentenfutter erfunden, welches aus Nüssen, Kernen und Trockenfrüchten besteht.

Ebenfalls sehr spannend ist, dass die Gehirne von Männern und Frauen tatsächlich unterschiedlich funktionieren. Häufig haben wir den Spruch gehört, dass Frauen nicht Auto fahren können und Männer ihre Gefühle verleugnen. Doch was ist an diesen Behauptungen dran? Natürlich hat dies zu einem großen Tel auch eine erzieherische Ursache, doch es ist erwiesen, dass die Neuronen bei Frauen besser vernetzt und Nervenzellen ebenfalls enger verbunden sind. Das ist auch die Ursache dafür, dass Frauen in der Regel Multi-Tasking fähig sind. Auch die weiblichen Hormone helfen mit, dass Frauen auf dem Gebiet der Sprachkompetenz besser sind. Bei Männern wird in der Regel nur eine Gehirnhälfte stark verwendet. Dies macht Männer effizienter und zielstrebiger. Auch ist dies verantwortlich dafür, dass das starke Geschlecht besser im räumlichen Denken ist, als das schöne Geschlecht.

Um Dein Gehirn nun ordentlich und permanent zu trainieren, egal ob Du männlich oder weiblich bist, reicht es nicht aus, täglich viel zu denken. Viele sagen: “Ich muss in der Arbeit ständig am Computer schreiben, Schularbeiten verbessern, Artikel korrigieren, das trainiert mein Gehirn ausreichend.” - doch so ist das leider nicht. Diese einseitige Arbeit führt zu einem Gewöhnungseffekt und das Gehirn benötigt einen sogenannten Ausgleichssport.

Das Gehirn braucht natürlich Wasser, Kohlenhydrate und Sauerstoff. Wenn Du Dein Gehirn fit machen willst, dann solltest Du nach einem anstrengenden Tag einen Spaziergang an der frischen Luft unternehmen und ein Vollkornbrötchen mit Käse und Tomaten essen. Zum Ausgleich musst Du Deinem Gehirn andere Impulse bieten, als es den ganzen Tag erhalten hat. Sitzt Du zum Beispiel den ganzen Tag vor dem Computer, so solltest Du daheim zu einem guten Buch greifen und lesen. Auch Puzzle spiele, Denkspiele, Kreuzworträtsel, Kartenspiele oder ähnliches eignen sich toll um das Gehirn abwechslungsreich fit zu halten.

Wenn Dein Gehirn nicht eingerostet ist, dann fällt Dir auch das Visualisieren bedeutend leichter. Diese Behauptung kannst Du anhand eines Selbstversuchs ganz einfach kontrollieren. Zuerst versuchst Du, sofort nach einem anstrengenden Arbeitstag zu Hause Deine Wünsche zu visualisieren, oder Dich an Deinen Traumort zu begeben. Am nächsten Tag unternimmst Du zuvor einen kleinen Spaziergang, richtest Dir danach ein großes Glas Wasser mit einem Spritzer Zitrone her und naschst dazu vielleicht ein paar Nüsse und löst ein kleines Kreuzworträtsel. Danach begibst Du Dich ins Schlafzimmer und trittst Deine Traumreise an. Nun kannst Du absolut ehrlich beantworten, an welchem Tag Dir das Visualisieren leichter gefallen ist.

Mit Visualisierung wachsen

An einer Sache wachsen, dies ist wieder so ein Sprichwort, welches häufig bedient wird, doch was soll es genau bedeuten? Wir hören nach der Pubertät auf zu wachsen, und gewinnen maximal an Gewicht und Umfang dazu, was jedoch von den meisten nicht sonderlich positiv aufgenommen wird. Beim Wachsen durch Visualisierung ist sowohl ein geistiges Wachstum als auch ein Wachstum an innerer Stärke, Selbstbewusstsein, innerer Größe, Liebe und mehr zu verstehen. Deine inneren Kräfte werden dadurch gestärkt und Du selbst wirst Dich schnell größer, bedeutender und auch attraktiver oder besser fühlen. Doch auf keinen Fall auf negative oder egoistische Weise. Durch das Visualisieren erfüllst Du nicht nur Deine Wünsche und unterstützt Dich selbst dabei, glücklich zu werden, Du baust Dich auch mental auf und wächst somit daran - mit jeder Übung ein kleines Stück mehr.

Wie bei allem kommt es auch hier auf die Übung an. Du kannst nach drei Jahren fleißigem Gitarre üben besser spielen, als nach der dritten Unterrichtseinheit. Nach jahrelangem Handarbeiten gehen Dir diese Arbeiten leichter von der Hand, als sie dies während der Schulzeit taten und egal was Du auch neu erlernst, je mehr Du übst, um so besser wirst Du. Auch beim Visualisieren sieht das nicht anders aus.

Bevor wir zum zweiten Teil des Buches, zum Praxisteil kommen, wollen wir noch etwas auf die Wichtigkeit eingehen und Dir einiges über die Vorteile des regelmäßigen Visualisierens aufklären. Wie bei allem wird auch das Visualisieren erst durch die Regelmäßigkeit wirksam. Zwar schadet es nicht ab und zu etwas zu Visualisieren um zwischenzeitlich Stress abzubauen. Dauerhaft entspannt und eins mit Deinem Geist wirst Du jedoch erst, wenn Du es regelmäßig praktizierst. Du würdest auch nicht nur einmal in der Woche die Zähne putzen oder die Haare kämmen. Wenn Du jetzt behauptest, dass dieser Vergleich etwas hinkt, dann wirst Du uns spätestens dann recht geben, wenn Du einige Male unsere Praktiken versucht hast, und danach die Wirkung erleben konntest.

Deine Tage können mit dem Visualisieren viel strukturierter verlaufen. Dazu musst Du Dir nur morgens im Bett fünf Minuten Zeit nehmen. Während dieser Minuten visualisierst Du den gesamten Tag und machst im Geist einen Plan und konkretisierst den gesamten Tagesablauf. Du beginnst damit, Dir das Frühstück und den Arbeitsweg vorzustellen, arbeitest in Gedanken die Aufgaben des Tages durch und stellst Dir genau vor, wie Du Deinen Feierabend gestalten möchtest. Dadurch vermeidest Du, dass der Tag chaotisch wird. Falls es zeitliche Probleme im Tagesablauf geben sollte, tauchen die nun bereits während des Visualisierens auf. So kommt es in Zukunft immer seltener vor, dass Termine miteinander kollidieren oder Du Dich heillos verzettelst.

Durch das Visualisieren wächst auch Dein Verständnis für Deine Mitmenschen. Dadurch gehst Du in Zukunft achtsamer mit anderen und auch mit Dir selbst um. Es wachsen Deine Selbstkontrolle und Dein Selbstbewusstsein. Wenn Du Deine Wünsche ins Universum schickst und diese in die Realität umgesetzt werden, wächst Dein persönliches Glück. Wenn Du Deine persönlichen Ziele regelmäßig visualisierst, erreichst Du auch diese schnell und auch hier erlebst Du bisher ungeahnte Glücksmomente. Wenn Dein Ziel ist, vor Menschenmassen zu sprechen, kannst Du dies durch Visualisierung erreichen. Dadurch wächst Dein Selbstvertrauen und Du fühlst Dich akzeptiert und respektiert.

Wenn Du Deine bestehende Beziehung visualisierst und so lang vorhandene Probleme beseitigen kannst, wächst die Liebe und das Vertrauen zwischen Dir und Deinem Partner wieder. Damit wächst auch Du. Du bist wieder fähig Liebe zu geben und Liebe zu empfangen. Das wirkt sich nicht nur auf die Beziehung zu Deinem Partner, sondern auch auf alles Zwischenmenschliche aus.

Wenn Du Visualisierung gegen Schlafprobleme einsetzt, dann kannst Du dadurch nicht nur psychische Belastungen vermeiden und für ein besseres Wohlbefinden sorgen, Du verminderst damit auch die Unfallgefahr und wirst Dich im Allgemeinen besser fühlen. Bei Visualisierung gegen Stress beugst Du nicht nur einem Burn-out und anderen psychischen Belastungsstörungen vor, Du verbesserst damit auch das Miteinander mit Deinen Freunden, der Familie und Deinen Arbeitskollegen.

Diese Liste lässt sich beliebig lange fortsetzen. Egal wo Du die Macht Deiner Gedanken einsetzt, immer wirst Du positive Resultate erleben, an denen Du wachsen kannst. Nimm nun Dein Büchlein zur Hand und notiere zehn Punkte und Bereiche in welchen Du beginnen willst, Visualisierung einzusetzen. Nun überlegst Du zu jedem einzelnen Punkt, inwiefern dies Dein Leben verändern wird. Lies nun auch sämtliche Punkte durch, die Du bis jetzt notiert hast. Auch hier überlegst Du, ob die Macht der Gedanken zum jetzigen Zeitpunkt schon eine positive Auswirkung auf Dich gehabt hat. Falls es bis jetzt noch nicht so geklappt hat, wie Du Dir gewünscht hast, verzweifle nicht, denn erst jetzt kommen wir im zweiten Teil des Buches zur Praxis. Hier werden wir noch einmal ausführlich üben und Dir viele Tipps und Tricks verraten.

Ihre kostenfreies Hörbuch

Dieses Buch können Sie als neuer Audible Nutzer kostenlos als Hörbuch genießen. Folgen Sie dem Link um sich dieses Hörbuch jetzt kostenfrei zu sichern:

http://link.cherrymedia.de/CM06CD

TEIL - PRAXIS

NUN IM ZWEITEN TEIL des Buches geht es quasi ans Eingemachte. Hier findest Du viele Übungen zum Thema Visualisieren und wichtige Anweisungen, wie Du Deine Ziele genau definieren und auch umsetzen kannst. Wir verraten Dir, wie positive Affirmationen funktionieren und was diese für Dich tun können. Wir helfen Dir, Dich objektiv zu beschreiben und machen Dir Vorschläge für eine Tagesroutine, in der Du Affirmationen und Visualisierungen perfekt und unkompliziert einbauen kannst. Wenn Du bis jetzt nur gelesen hast - jetzt ist es wirklich an der Zeit, dass Du Dir ein Büchlein anlegst und dort Deine Notizen aufschreibst. Dies gehört einfach dazu und hilft Dir, das Erlernte schneller umzusetzen. Zudem ist es in einigen Monaten garantiert interessant wenn Du nachlesen kannst, welche Fortschritte Du mit der Zeit gemacht hast. In diesem Sinne, viel Spaß beim Lesen und Üben und vergiss nie: Du hast Dein Leben in der Hand und es gibt keinen Grund, dass Du Dein Leben nicht selbst bestimmst. Einfach, weil Du es Dir wert sein musst.

Visualisieren lernen - Übungen

Im ersten Teil des Buches haben wir schon einige Methoden und Praktiken kurz angeschnitten und Dich auch mit kleinen Übungen darauf vorbereitet, wie Du ganz einfach Deine Wünsche und Ziele visualisieren kannst.

Eine der einfachsten Übungen ist, Dein Gedächtnis zu trainieren. Dazu benötigst Du nichts Spezielles und kannst diese Übung immer und überall durchführen. Blick zum Beispiel auf ein Bild, oder in die Umgebung und präge Dir alles ganz genau ein. Dafür kannst Du Dir eine Minute Zeit geben. Danach schließt Du die Augen und rekapitulierst alles. Was genau hast Du gesehen? Wie haben die Details ausgesehen, die Farben, die Formen, wie viele Tiere, Menschen oder Blumen hast Du gesehen? Dies ist auch ein tolles Spiel, welches Du zu zweit spielen kannst. Dein "Gegner" legt 10 verschiedene Dinge vor Dich hin, Du prägst Dir diese einige Sekunden ein, dann werden die Gegenstände abgedeckt und Du musst sie aufzählen und so präzise wie möglich beschreiben.

Für die nächste Übung suchst Du Dir einen beliebigen Gegenstand aus. Das kann das Buch im Bücherregal, die Blumenvase am Tisch oder der Standmixer in der Küche sein. Auch diesen betrachtest Du intensiv und prägst Dir jede Kleinigkeit ein. Danach schließt Du die Augen und visualisierst Ihn vor Deinem geistigen Auge. Nun versuchst Du, den Gegenstand aus einer anderen Perspektive zu betrachten - natürlich nur in Gedanken. Wie sieht es aus der Vogelperspektive oder von der Rückseite aus? Wie sieht der Gegenstand in einer anderen Farbe aus? Versuche auch den Gegenstand in Gedanken wachsen oder schrumpfen zu lassen.

In der nächsten Übung visualisierst Du eine bestimmte Person. Denk an jemanden, den Du sehr gerne hast. Lass diesen Menschen in all seiner Pracht vor Deinem geistigen Auge erscheinen. Nun verleih ihm einen strahlenden Schein, geh in Gedanken auf ihn zu und umarme ihn herzlich.

Danach denkst Du an jemanden, der ein unangenehmes Gefühl in Dir auslöst. Auch diese Person stellst Du Dir in allen Einzelheiten vor. Nun lässt Du ihn in ein Schwarz-Weiß-Bild verwandeln. Gehe gedanklich auf ihn zu, Blicke ihm in die Augen und schiebe diese Person strikt von Dir weg.

In der nächsten Übung wird es bereits ein bisschen schwieriger. Du sollst Dich nun an eine bestimmte Szene erinnern, welche Dir in der letzten Zeit besonders viel Freude bereitet hat. War es ein lustiger Abend mit Freunden, das Lob der Vorgesetzten, ein Abendessen mit der Familie oder ein Treffen mit den Eltern - egal was es ist, bring diese Szene noch einmal gedanklich zurück und durchlebe sie ein weiteres Mal.

Danach erinnere Dich an eine unangenehme Situation und durchlebe diese auch noch einmal. Nun aber solltest Du versuchen, den Ausgang dahingehend zu manipulieren, dass er für Dich nicht mehr unangenehm ist. Das bedeutet, Du entschärfst die Situation. Lass es in Gedanken nicht zum Streit kommen, ändere die Szenerie so, dass Dein Mobiltelefon nicht zu Boden fällt und zu Bruch geht und mach in Gedanken, dass Du den letzten Bus nach Hause nicht verpasst.

Eine weitere Übung ist eine Übung mit Geräuschen. Bringe Dir verschiedenste typische Geräusche ins Gedächtnis. Das Bellen der Hunde, das Miauen der Katzen, erinnere Dich an das Geräusch, wenn die Kreide an der Schultafel kratzte oder denk an rhythmische Trommelschläge. Hier kannst Du sämtliche Geräusche der Welt durchspielen. Auch diese Übung kannst Du immer und überall durchführen, anfangs wirst Du Dir leichter tun, wenn Du diese in einem stillen Raum beginnst.

Für die nächste Übung nimmst Du ein Blatt Papier zur Hand und schreibst spontan 10 Emotionen auf. Ob Liebe, Trauer, Hass, Wut - alles ist erlaubt. Nun spiele Dich in einer Szene, wo Du all diese Gefühle abwechselnd durchlebst.

Die nächste Übung betrifft Deine Sensorik. Nun stellst Du Dir vor, wie sich die unterschiedlichsten Materialien auf der Haut anfühlen. Wie stark kitzelt es, wenn man mit einer Feder über Deine Haut streicht, wie fühlt es sich an, wenn der Sommerregen auf Deinen Kopf prasselt und was ist es für ein Gefühl, wenn dicke Schneeflocken auf Deiner Jacke schmelzen?

Danach trainierst Du Deinen visuellen Geschmackssinn. Iss in Gedanken ein Stück Schokolade und lass diese genüsslich auf der Zunge zergehen. Beiße auf eine Chili und spüre, wie Dein Gaumen vor Feuer brennt und freu Dich, wenn Du das Brennen mit einem kalten Glas Milch kühlst. Erinnere Dich ganz genau an den Geschmack der einzelnen Früchte in einem tropischen Obstkorb und denke daran, wie lecker es ist, einen saftigen, selbst gemachten Burger zu verspeisen.

Für die nächste Übung benötigst Du eine schöne Tasse Tee, die Du Dir frisch aufbrühst. Nimm die Tasse in die Hand und präge Dir die Wärme der Tasse ein. Beobachte die Farbe des Tees mit allen schillernden Facetten und schnuppere daran. Nun nimm einen Schluck und spiele Verkostung. Schlürfe und gurgle und finde heraus, aus welchen Nuancen sich der Tee zusammensetzt. Sind es Blüten, herbe oder süße Aromen, ist in Deinem Tee Milch, Honig oder Zitrone? Danach erinnerst Du Dich noch einmal daran und trinkst dieselbe Tasse Tee in Gedanken.

Wiederhole die Übungen immer wieder, gönne Dir jedoch dazwischen Pausen. Wenn Du alle Übungen immer auf einmal durchführst, so kann es passieren, dass Deine Sinne überreizt werden und überfordert schlapp machen.

Definiere Deine genauen Ziele - Langzeit und Kurzzeit

Zu Beginn haben wir bereits über Deine Ziele gesprochen und vielleicht hast Du auch schon welche notiert. Nun aber beginnst Du ein neues Kapitel und notierst sowohl Deine kurzfristigen, als auch langfristigen Ziele. Überlege gut, welche Dinge Du in der nächsten Zeit verwirklichen willst und was Du auf lange Sicht erreichen möchtest. Es ist jedoch nicht genug, diese Ziele nur zu notieren, nun wollen wir auch beginnen diese zu definieren.

Nimm Dir zuerst die Rubrik kurzfristige Ziele vor. Warum willst Du genau diese Dinge erreichen? Was ist Dir daran so besonders wichtig? Was hast Du bis jetzt schon dafür getan und warum hat es dennoch nicht geklappt? Dasselbe machst Du nun mit der Rubrik der langfristigen Ziele. Danach liest Du Dir alles noch einmal durch und überlegst, ob dies auch tatsächlich Deine Ziele sind, ob damit wirklich Deine Wünsche erfüllt werden.

Häufig haben wir Ziele, oder benennen diese als Ziel, einfach, weil es so üblich ist. Das ist genau wie mit den guten Vorsätzen zum neuen Jahr. Hier sagen wir schnell, dass wir im nächsten Jahr aufhören möchten zu rauchen, einige Kilos verlieren wollen oder neue Projekte in Angriff nehmen. Doch meist sind diese Vorsätze beinahe herzlos ausgesprochen und sind mehr Klischee als wirklicher Wunsch.

Hier soll es sich jedoch tatsächlich um Ziele handeln, die Du verwirklichen möchtest. Für die Umsetzung musst Du brennen und mit Leib und Seele dahinter stehen. Ein einfaches "Ich will mich ändern" reicht hier absolut nicht aus. Wie oft haben wir dies vielleicht dem Partner schon versprochen oder ebenso halbherzig vom Partner gehört. Damit es mit dem Visualisieren und vor allem mit dem Verwirklichen dieser Ziele ein für allemal klappt, musst Du alles dafür geben und vor allem Deine Ziele auch ernst nehmen.

Es kann natürlich durchaus sein, dass Du Dich ernsthaft ändern willst. Nur, was ist Veränderung? Diese Floskel alleine ist hier zu wenig. Du musst es klar definieren. Willst Du in Zukunft mehr Zeit mit Deinem Partner verbringen? Willst Du den Haushalt gewissenhafter führen und auch regelmäßig den Abwasch übernehmen? Ist es Dein innigster Wunsch, nicht mehr so aufbrausend zu sein und wünscht Du Dir, dass ihr nicht mehr so laut streitet? Was möchtest Du konkret bei der Erziehung und im Umgang mit den Kindern ändern?

Nimm Dir zum Definieren richtig viel Zeit, denn dies ist nichts, was man zwischen Tür und Angel beschließen sollte. Es handelt sich hier um Lebensziele und Lebensaufgaben, welche Dich, Dein Umfeld und Dein weiteres Leben massiv verändern können.

Nun geh noch ein weiters Mal die vielleicht ohnehin schon überarbeiteten Fragen durch. Frag Dich bei jedem Deiner Ziele, was genau Du erreichen willst. Hast Du zum Beispiel notiert, dass Du beruflich erfolgreicher werden möchtest, dann solltest Du hier definieren, wie Du Dir die ganze Sache vorstellst. Möchtest Du Dich selbständig machen? Wenn ja, mit welcher Idee? Möchtest Du in Deinem Job eine höhere Position einnehmen? Wenn ja, wie ist das möglich? Welche Kurse oder Qualifikationen müsstest Du dafür aufbringen?

Danach geht es weiter zur nächsten Frage. Wieviel willst Du erreichen? Möchtest Du nur mehr Geld verdienen? Wenn ja, wie viel in etwa? Möchtest Du dadurch mehr Ansehen erlangen und mehr Respekt von anderen Mitarbeitern erhalten? Willst Du in eine Führungsposition aufsteigen?

Danach gilt es die Frage nach dem Warum zu beantworten. Willst Du es, damit man Dich besser sieht? Machst Du diesen Karrieresprung für Dich, oder steckt das Drängen Deiner Familie dahinter? Ist es der innere Ehrgeiz der Dich treibt oder einfach das Ego, weil Du den Ruhm erleben möchtest? Es ist egal, welche Beweggründe auch immer dahinter stecken - wichtig ist nur, dass Du diese beantwortest, damit Du sie auch selbst erkennst. Oft denken wir nur, wir haben diese Wünsche und Ziele, dabei sind es eigentlich die Wünsche unseres Partners, der Eltern oder der Gesellschaft. Wenn Du nun dahinter kommst, dass es eigentlich gar nicht Dein eigener Wunsch ist, habe auch keine Hemmungen, diesen Wunsch auch wieder von Deiner Liste zu streichen.

Danach solltest Du Dir Gedanken machen, wie der zeitliche Ablauf sein könnte. Diese Zeitspanne kann sich von wenigen Wochen bis hin zu zwei Jahren oder mehr ausdehnen. Gib Dir aber einen realen Zeitrahmen. Du kannst nicht einen Gewichtsverlust von 10 kg in 2 Wochen erreichen oder vorhaben, den Chefposten in drei Tagen übernehmen. Wenn Du zum Rauchen aufhören möchtest, kann dies durchaus bereits ab sofort sein, rechne jedoch auch immer wieder mit Rückschlägen und lass Dich von diesen nicht entmutigen.

Danach definiere noch einmal den Lösungsweg, wie Du Deine Ziele erreichen willst. Das kann eine spezielle Diät sein wie Keto oder Low Carb, ein Kurs den Du besuchst, ein Rauchentwöhnungskurs oder vieles mehr. Auch hier nimm Dir die Zeit, wirklich intensiv über einen schlüssigen Lösungsweg nachzudenken. Lösungsorientiert heißt hier das Zauberwort.

Nun nimmst Du am besten einen Leuchtstift, besser gesagt drei verschieden farbige Stifte und markierst jeweils die unterschiedlichen Bereiche, welche Deine Wünsche betreffen. Markiere alle privaten Wünsche, alle beruflichen Wünsche und alle Ziele, welche Deine Freizeit betreffen.

Wenn Du Dir zum Beispiel schwer tust, irgendwelche Ziele zu finden, dann kannst Du Dein gesamtes Leben beleuchten. Wie steht es um Deine sportliche Fitness, die Ernährung und Deinen Schlaf? Wie zufrieden bist Du mit Deinem Job, mit dem Arbeitsumfeld, mit dem Arbeitsweg, Deinem Verdienst und der Tätigkeit selbst, die Du ausführst? Danach geh weiter zu Deinen sozialen Beziehungen zum Partner, zu den Kindern, den Eltern und den Freunden. Wie sieht Deine finanzielle Lage aus? Achte hier nicht nur auf Dein Konto und Deinen Verdienst, sondern auch auf Deine Altersvorsorge und eventuelle Möglichkeiten, das Geld anzulegen. Anhand dieser Punkte kannst Du vielleicht das ein oder andere Ziel für Dich selbst definieren.

Nun mach auch eine Liste mit allen Dingen, die zur Zeit in Deinem Leben weniger positiv verlaufen. Gleiche diese mit Deinen Zielen ab. Eigentlich sollten Deine Ziele diese negativen Aspekte in Deinem Leben auflösen. Falls nicht, dann kannst Du gleich ein weiteres Ziel definieren. Sprichst Du zum Beispiel zu wenig mit Deinem Partner oder ist die Beziehung zu Deinem pubertierenden Nachwuchs im Moment etwas eisig? Stört es Dich, dass Du schon außer Atem gelangst, wenn Du ins obere Geschoss des Hauses läufst oder nervt es Dich, dass Deine Mutter immer Deinen Lebensstil kritisiert? Dann denke auch über diese Punkte nach und versuche hier, ein positives Ziel zu definieren.

Erstelle Deine individuellen Affirmationen laut dieser Ziele

Affirmationen sind positiv formulierte Sätze - Du kannst diese auch Mantras nennen. Diese sollen Dir helfen, Deine Ziele umzusetzen und nie darauf zu vergessen. Positive Affirmationen helfen Dir auch dabei, Deine Ziele zu visualisieren. Diese Affirmationen sollten immer kurz und möglichst knapp und einfach gehalten sein. Du kannst diese Sätze oder Mantras laut oder leise vor Dich hersagen oder diese auch auf einen Zettel schreiben und immer wieder ablesen. Du kannst die Mantras auch aufschreiben und verbrennen oder in den Himmel schicken, jedoch solltest Du sie auch dann immer wiederholen.

Nun nimmst Du die Liste Deiner Ziele und suchst zu jedem Ziel mindestens drei positiv formulierte Affirmationen. Warum drei? Dann hast Du eine Auswahl und merkst schnell, mit welchem Mantra Du Dich wirklich wohlfühlst. Ein Mantra sollte auch unbedingt zu Dir passen. Es sollte angenehm tragbar sein, wie ein Schuh, und eben Dich und Deinen Charakter widerspiegeln. Alles andere würde sich komisch anfühlen, wie eine schlechte Verkleidung.

Wir wollen Dir nun einige Beispiele geben, wie Du Affirmationen richtig formulierst, obwohl es hier kein richtig oder falsch gibt, solange die Sätze kurz und positiv gestaltet werden. Du kannst die Mantras oder Affirmationen eins zu eins übernehmen und verwenden, oder sie nach Deinen eigenen Wünschen abwandeln. Vergiss dabei nicht, dass Du auf Verneinungen verzichten musst, nur positiv formulierte Affirmationen können hier funktionieren.

Wenn Du zu rauchen aufhören willst verwendest Du das Mantra: Ich bin rauchfrei, ich bin Nichtraucher, ich lebe rauchfrei.

Wenn Du abnehmen möchtest wären Sätze wie diese vorteilhaft: Ich verzichte auf ungesundes Essen, ich werde schlank und fit, ich halte die Diät durch, ich werde immer leichter oder ich werde immer schlanker.

Ich werde erfolgreich, ich bin erfolgreich, ich bin selbstbewusst, ich bin stark, ich bin zielstrebig, ich schaffe den Aufstieg, ich schaffe den Kurs, ich lerne schnell - all diese Mantras kannst Du für Deine beruflichen Erfolge verwenden, je nachdem wie und wo Du Deine Ziele gesetzt hast.

Ich bin voll Liebe, ich bin voll Verständnis, ich verstehe meinen Partner, ich verstehe mein Kind, ich unterstütze meinen Lebensgefährten, ich vergebe meinem Partner, ich verzeihe, ich liebe, ich vertraue, ich bin stark, ich bin glücklich, sind Mantras, die Du im zwischenmenschlichen und partnerschaftlichen Bereich anwenden kannst.

Natürlich sind das nur kleine Anregungen und nur dazu da, dass Du eine ungefähre Vorstellung hast, wie die Affirmationen aufgebaut sein können. Am besten ist es, wenn Du die Affirmation vor der Verwendung noch einmal aufschreibst. Dann kannst Du noch einmal kontrollieren, ob auch keine negative Formulierungen, also kein nein und kein nicht vorkommen.

Wie schon erwähnt, kannst Du diese Affirmationen beliebig oft wiederholen. Perfekt ist es natürlich, wenn Du den Tag mit einem positiven Mantra beginnst. Du solltest aus Deinen Affirmationen ein Ritual machen, auch vor dem Einschlafen ist es sinnvoll, die Mantras noch einmal zu sprechen oder zu denken. Auch kannst Du die Mantras in Deine Meditationen einbauen. Ebenso während Deinen Yoga Übungen kommen Mantras besonders gut. Egal wann und wo, wichtig ist, dass Du sie regelmäßig immer wieder vorsagst oder denkst.

Du kannst die Affirmationen auch mit anderen kleinen Ritualen verbinden. Du könntest zum Beispiel drei Räucherstäbchen oder einen Räucherkegel anzünden und die Mantras wiederholen. Du kannst auch eine Räucherschale mit Weihrauch und weißem Salbei füllen, diese entzünden, damit durch das Haus gehen und dabei Dein Mantra aufsagen. Weihrauch und weißer Salbei haben eine verstärkende und reinigende Wirkung. Auch kannst Du die Mantras mit Trommelschlägen, Glockenschlägen, Klangschalen oder dem Klang einer Triangel begleiten. Wichtig ist, dass es ganz Deinem Charakter entspricht und Du Dich rundum wohl dabei fühlst. Am besten Du probierst am Anfang die verschiedenen Möglichkeiten aus. Auch musst Du es nicht immer gleich ablaufen lassen. Lass Dich hier von Deiner Stimmung leiten - oft verrät Dir Dein Unterbewusstsein, was für den Moment gerade passend ist.

Mit den Affirmationen kannst Du auch Blockaden auflösen, die vielleicht bereits seit Deiner Kindheit tief in Dir verwurzelt sind. Hältst Du Dich für tollpatschig oder dumm, weil es Dir als Kind immer gesagt wurde? Hältst Du Dich für langsam, unordentlich oder unfähig Beziehungen zu führen, weil es Dir einfach immer wieder so eingetrichtert wurde? Dann ist es nun die Chance, damit ein für allemal aufzuräumen. Formuliere diese negativen Dinge um und mach eine schöne Affirmation daraus. Ich bin geschickt und kann alles schaffen, ich bin intelligent, ich bin schnell und habe eine gute Auffassungsgabe, ich bin fähig Beziehungen zu führen sind zum Beispiel Möglichkeiten, diese tief verwurzelten Blockaden aufzulösen.

Ist dies nicht eine enorme Erleichterung endlich zu wissen, dass Du mit nur so wenig Aufwand ganz Großes erreichen kannst? Ist es nicht wunderbar, dass Du so tief verankerte Verletzungen endlich selbst loswerden und heilen kannst? Freu Dich darauf und spüre, wie die Ketten endlich von Dir abfallen. Stell Dir bildlich vor, wie Du diese Ketten sprengst, die sich mit den Jahren um Dein Herz und Deine Seele gebildet haben.

Beschreibe Dein zukünftiges Ich

Auch dafür nimmst Du zuerst wieder Dein Heft zur Hand und schreibst Deine Notizen ein. Das hilft Dir, Deine Gedanken besser zu sortieren und den Überblick zu behalten. Dein zukünftiges Ich sollte jedoch nicht nur Deine äußerlichen, sondern auch Deine inneren Qualitäten widerspiegeln. Schreib vielleicht als Überschrift "Mein zukünftiges Ich" und unterteile es, wenn nötig in die Rubriken Optik und innere Werte. Wenn Du Dich äußerlich nicht verändern möchtest, kannst Du Dir die Optik natürlich sparen.

Nun notierst Du alles, was Dir in den Sinn kommt. Wie möchtest Du aussehen? Nimm dazu auch Deine Ziele zur Hand. Hast Du als Ziel mehr Sport und eine durchtrainierte und definierte Figur? Dann notier dies. Schreib auf: "Ich wiege XX Kilogramm und mein Körper ist trainiert". Auch kann es sein, dass es Dein Ziel war, generell eine Typveränderung durchzuführen. Ob Kontaktlinsen anstatt Brille, eine flotte neue Frisur und eine modische Haarfarbe, stylische Kleidung oder ähnliche sollen hier Deine Optik beschreiben. Nun sollst Du anhand dieser Beschreibung Dein neues Ich wie ein Foto vor Dir sehen. Dreh Dich in Gedanken wie vor einem Spiegel und betrachte Dich stolz von allen Seiten.

Nun geht es weiter zur Rubrik innere Werte. Hier kannst Du sämtliche Eigenschaften vermerken, welche Dich in Zukunft beschreiben sollen. Ob geduldig, liebevoll, durchsetzungsstark, leiser, lauter, nett, bestimmt, ruhig, verständnisvoll und vieles mehr - hier beschreibst Du Dich mit all jenen Eigenschaften, welche Dein Zukünftiges Ich ausmachen. Auch hier visualisierst Du nun wieder Dein neues Ich. Spiele sämtliche Situationen durch, in welchen die neu erlernten Eigenschaften zum Einsatz kommen. Sieh Dich zum Beispiel, wie Du in einer Konfrontation ruhig und gelassen reagierst oder in der Arbeit selbstbewusst auftrittst. Sieh Dich im Kreise Deiner Freunde spannende Geschichten erzählen und beobachte Dich dabei wie Du aus vollem Herzen lachst oder Hand in Hand mit Deinem Liebsten die Promenade entlang spazierst.

Du bist der Künstler, der Dein neues Leben und Dein neues Ich gestaltet. Niemand anderer hat hier das Recht einzugreifen und Dich zu beeinflussen. Du kannst sein, wie und was Du immer sein möchtest. Lass Dich niemals beirren oder verunsichern, denn genau so wie Du bist, bist Du perfekt, wenn es für Dich passt. Du alleine kannst fühlen, ob Du Dich wohl in Deiner Haut fühlst und Du alleine musst in Deinen Schuhen gehen. Niemand anderer kann dies für Dich übernehmen, daher ist es auch Deine Entscheidung, Dich und Dein Leben nach Deinen Wünschen zu gestalten.

Doch warum ist es so wichtig, dass Du Dein Ich und auch Dein Leben so gestaltest, wie Du es für richtig hältst? Vielleicht ist es bereits geschehen, oder wenn nicht, dann würde es sicher dazu kommen, dass Du eines Tages erwachst und Dich fragst, wer Du eigentlich bist und welches Leben Du führst. Du würdest Dich müde und ausgebrannt fühlen und zudem immer unzufriedener werden. Des Weiteren ist es so, dass das Leben kurz ist, und Du es daher so gestalten solltest, wie Du es möchtest. Du sollst jede Sekunde nutzen und jede Minute glücklich sein.

Wenn Du nun sagst, das absolute Glück gibt es nicht, so liegst Du falsch. Wenn Du zufrieden bist mit Dir selbst und in Dir selbst ruhst, wenn Du achtsam und Dir auch selbst genug bist, dann gibt es keine Momente des Unglücks. Natürlich passieren Schicksalsschläge, welche Dich zwischendurch traurig stimmen. Ob der Tod eines geliebten Menschen oder eine Trennung, doch in beiden Fällen solltest Du es als großes Ganzes sehen. Und Trauer und Tränen sind durchaus erlaubt. Doch Tränen bedeutet nicht, dass das Leben nur aus Unglück besteht.

Der Tod bedeutet zwar Abschied und Schmerz für die Hinterbliebenen, der Verstorbene aber hat nun weder Schmerzen noch Sorgen und macht sich auf in ein neues Leben. Zudem solltest Du es immer so sehen, dass sich Seelen, die zueinander gehören auch in den nächsten Leben wieder treffen. Auch wird Dich das Andenken an eine geliebte Person und der Geist dieses Menschen Dein gesamtes restliches Leben begleiten. Doch es soll

Dich nicht traurig stimmen, sondern mit Glück erfüllen.

Eine Trennung von einem geliebten Menschen kann ebenfalls schmerzhaft sein, aber eben auch eine Chance für einen Neubeginn bedeuten. Wenn ihr alles versucht hat und die Beziehung dennoch keine Chance hat, dann ist es besser loszulassen, als dauerhaft an etwas festzuhalten, das nicht sein sollte. Auch hier darfst Du ruhig traurig sein und den Tränen freien Lauf lassen. Doch Du sollst auch das Glück sehen, dass Du nun die Möglichkeit hast, einen Partner zu finden, der Dich absolut erfüllt. In jedem Ende steckt auch ein Neubeginn und gerade dies ist das Schöne an unserem Leben. Kein Unglück der Welt dauert ewig. Du musst es nur schaffen loszulassen. Dabei kann Dir auch die Macht des Visualisierens helfen. Stell Dir die Trennung oder den Verlust als Vogel vor. Lass ihn fliegen und in den Himmel empor steigen. Stell Dir dabei vor, dass Du zwar melancholisch, aber auch erleichtert und glücklich bist.

Neue Glaubenssätze definieren

Glaubenssätze haben nicht wirklich etwas mit Religion zu tun. Es sind Richtlinien, Überzeugungen, Einstellungen und Meinungen, nach welchen das Leben geführt wird. Unsere ersten Glaubenssätze erhalten wir während der Kindheit von unseren Eltern. Diese prägen uns massiv. Viele übernehmen die Glaubenssätze der Eltern automatisch, wieder andere machen später genau das Gegenteil, meist um gegen die strengen Glaubenssätze der Eltern zu rebellieren.

Glaubenssätze können ebenfalls wie Gewohnheiten positiv oder negativ sein, doch jeder der seine Glaubenssätze verfolgt denkt, seine eigenen wären die Richtigen. Nun gilt es herauszufinden, inwieweit die Glaubenssätze tatsächlich positiv sind und das Leben auf positive Weise beeinflussen und Dich unterstützten. Fest steht auf jeden Fall, dass Glaubenssätze wichtig für uns sind, denn der Glaube kann Berge versetzen und ohne Glauben wären wir absolut orientierungslos. Denk aber daran, dass es dabei nicht darauf ankommt, an welchen Gott oder welche Götter Du glaubst und ob Du einer bestimmten Religion angehörst.

Glaubenssätze entstehen nicht nur durch Erziehung, sondern auch durch sämtliche Erlebnisse in der Vergangenheit. Es sind unsere unterbewussten Regeln für unser Leben, die uns und unser Verhalten steuern. Die Glaubenssätze sind jedoch nicht in Stein gemeißelt. Du kannst jederzeit daran arbeiten, sie ändern oder eben auch verstärken.

Doch was genau sind jetzt diese Glaubenssätze, wenn sie doch mit Religion so gar nichts zu tun haben. Hier nun einige Beispiele. Wenn Du Dich zum Beispiel erkältest, suchst Du einen Grund für diese Erkältung. Die einen sagen, es war, weil sie einfach zu dünn angezogen waren, andere, weil sie zu kalte Getränke oder zu viel Eis konsumiert haben, wieder andere denken es liegt daran, dass sie im Windzug gesessen hatten oder mit nassen Haaren beim offenen Fenster sitzen mussten. Für einige liegt es an der Klimaanlage oder am Kontakt mit zu vielen erkrankten Menschen. Für wieder andere sind einfach Stress oder eine körperliche Belastung die Auslöser für diverse Erkrankungen. Je nachdem welche Glaubenssätze man hat, so wird die Antwort ausfallen. meist ähneln diese Glaubenssätze die der Eltern.

Wenn Du erkrankst, kann es sein, dass Du sofort die Schuld bei Dir suchst. Andere aber sehen eine Krankheit als Strafe für irgendetwas. Wieder andere erkennen in Krankheiten eine Warnung des Körpers, der möchte, dass man mehr auf sich aufpasst oder seine Art zu leben ändert. Diese Glaubenssätze werden meist von dem sozialen Umfeld oder durch bisherige Erlebnisse geprägt. Auch hier können alle Möglichkeiten zutreffen und sind von Person zu Person verschieden.

Viele leiden unter negativen Glaubenssätze. Diese Menschen neigen auch vermehrt zu Depressionen, sind häufig unzufrieden und treten privat und auch beruflich auf der Stelle. Wenn Du auch zu dieser Gruppe gehörst, wenn Du oft grundlos traurig oder wütend bist, dann solltest Du Deine Glaubenssätze überprüfen. Falls negative Glaubenssätze an Deinem pessimistischen Verhalten Schuld tragen, so kannst Du noch heute damit beginnen, diese zu ändern.

Denkst Du oft, dass jeder gegen Dich ist und dass generell alle Menschen gegen Dich arbeiten? Hast Du das Gefühl, dass jeder es schlecht mit Dir meint? Fühlst Du Dich von Gott und der Welt verlassen und haderst Du mit Deinem Schicksal, das anscheinend nur das Negative für Dich vorgesehen hat? Behauptest Du ständig, dass die Welt immer schlechter wird? Dass früher alles besser war und jetzt nur mehr Leid, Kriminalität und Verderben die Welt regieren? Fühlst Du Dich häufig klein und wertlos und denkst Du gleichzeitig, dass Du Dir auch nichts besseres verdient hast? Hast Du Angst, wenn Dir etwas Gutes widerfährt, dass Du es sofort wieder verlierst, einfach, weil das Glück nicht für Dich gemacht ist? Denkst Du, dass immer nur andere glücklich sein dürfen? Fühlst Du Dich, als würdest Du im Keller wohnen, während alle anderen an der Sonne spazieren?

Wenn Du Dich so oder ähnlich fühlst, dann dominieren bei Dir negative Glaubenssätze. Wichtig ist nun, dass Du Dir bewusst machst, dass dieses Leben nicht so sein muss, sondern dass Du durch das Ändern der Glaubenssätze alles umkehren kannst. Deine negativen Glaubenssätze schränken Dich ein. Sobald Du Deine negativen Glaubenssätze erkannt hast, kannst Du Dich fragen inwiefern sie Dich einschränken. Du musst Dich auch fragen, ob Du diese Glaubenssätze ändern willst. Du musst für Dich selbst entscheiden, ob die Glaubenssätze für Dich fix sind, oder ob Du diese auch ablegen würdest. Nun beginnst Du diese umzuformulieren und in positive Glaubenssätze umzuwandeln.

Beginnen wir anhand des Beispielsatzes: "Die ganze Welt und alle Menschen sind gegen mich". Nun formuliere den Satz um in: "Die Welt und alle Menschen lieben mich". Stell Dir diesen Satz auch bildlich vor und fühle, wie Dich die Wärme ummantelt. So wandelst Du sämtliche negativen Glaubenssätze in Deinem Leben um und stellst Dir die positiven Glaubenssätze auch bildlich vor.

Eine neue Tagesroutine finden - Affirmationen und Ziele visualisieren

Nun weißt Du über das Visualisieren Deiner Ziele, den Wünschen ans Universum, positive Affirmationen und Mantras und Glaubenssätze Bescheid. Du hast gelernt, wie Du Deine Ziele visualisierst und herausfindest, wie und wo Du im Leben stehst. Du weißt nun, wie Du negative Aspekte in Deinem Leben detektierst und umformulieren kannst. Nun geht es darum dies auch alles umzusetzen. In der Theorie bist Du mittlerweile perfekt, nun musst Du alles in die Praxis umzusetzen. Hier ist es wichtig, dass Du alles in Deinen normalen Tagesablauf integrieren kannst.

Du kannst Dir morgens angewöhnen, mit positiven Affirmationen zu beginnen. Starte mit einem schönen Mantra in den Tag und mach Dir dies zur Gewohnheit. Sei dankbar, dass Du wieder einen wunderschönen Tag erleben darfst und beginne den Morgen mit einem Lächeln, welches aus tiefstem Herzen kommt. Versuche bereits morgens, Dich gesund zu ernähren und achte darauf, dass Du auch Deinen Lunch gesund gestaltest.

Nimm Deinen neuen Lebensweg als Startschuss dafür, zum Beispiel selbst einen gesunden Lunch vorzubereiten, den Du dann in der Mittagspause auf der sonnigen Parkbank genießen kannst. Nutze Deine Pausen dafür Sonne und frische Luft zu tanken. Ebenfalls kannst Du damit beginnen, vielleicht Deinen Arbeitsweg nicht mehr mit dem Auto, sondern eventuell zu Fuß oder mit dem Fahrrad zurückzulegen. Dadurch stärkst Du bereits Deinen Körper und unterstützt Deine Gesundheit.

Während der Arbeit solltest Du ebenfalls darauf achten, dass Du stressige Situationen vermeidest oder diese entschärfst. Wenn es zu einer brenzligen Situation kommt, nimm Dir schnell einige Minuten Auszeit. Nutze diese für eine kurze Meditation und atme tief ein und aus. So beruhigt sich Dein Puls wieder und Du kannst klar denken und überlegter handeln. Sobald Du negative Gedanken hast, versuche diese positiv umzuwandeln und visualisiere diese.

Zu Hause solltest Du Dir auch wieder Zeit für Dich nehmen und den Arbeitsalltag bei einer Meditation ausklingen lassen. Bedanke Dich beim Universum für die positiven Dinge, die Du an diesem Tag erleben durftest. Dazu kann es sehr hilfreich sein, wenn Du dafür ein sogenanntes Dankbarkeits Tagebuch führst. Hier kannst Du stichwortartig mit Datum versehen die positiven Dinge jeden Tages notieren. Es muss natürlich nicht jeden Tag etwas großartiges passieren. Doch es ist bereits positiv, wenn Dir im Laufe des Tages eine freundliche, herzliche oder lächelnde Person begegnet.

Genieße den Abend und mache es Dir so richtig gemütlich. Nutze Deine Freizeit eventuell für eine Sporteinheit oder für Dinge, welche Dich Deinen Zielen ein bisschen näher bringen. Wenn Du zu Bett gehst beendest Du den Tag am besten mit einem schönen Mantra, positiven Wünschen ans Universum und einer kleinen Meditation. Du kannst auch einen Yoga Kurs in Deiner Nähe besuchen oder Dir ein entspannendes neues Hobby wie malen zulegen. Alles künstlerische, alles was Deine Kreativität fördert, wirkt sich positiv auf Deine Fähigkeiten im Visualisieren aus.

Tägliche Übungen

Wir haben schon etliche Übungen erklärt, in diesem Kapitel wollen wir Dir einige Übungen vorstellen, die Du bequem in Deinen täglichen Alltag einbauen kannst. Wir wollen Dir hier eine bunte Mischung aus Visualisierung, Meditation und Mantras anbieten. Natürlich kannst Du diese auch nach Deinen eigenen Bedürfnissen individuell abwandeln. Es sind Übungen, die Du zum Beispiel am Arbeitsweg in der Bahn durchführen oder Entspannungs-Trainings, für die Du Deine 5-Minuten Pause während der Arbeit verwenden kannst. Sinn und Zweck dieser Übungen ist, dass es Dir immer einfacher fällt zu visualisieren, Du zwischendurch entspannen kannst und negative Stimmungen vermeidest.

Steh morgens nach dem Aufstehen kurz neben dem offenen Fenster, strecke Dich durch und begrüße den Tag. Schicke Deine Wünsche ans Universum und stell Dir vor, wie Dich die Sonne küsst. Mach Dir eine schöne Tasse Kaffee und genieße die einzelnen Aromen. Stell Dir vor, wie das Koffein durch Deinen Körper fließt und sämtliche Zellen mit Energie versorgt. Dabei übst Du Visualisieren. Indem Du Dein Frühstück, das Brot, das Joghurt oder den Smoothie so richtig intensiv genießt, schärfst Du Deine Sinne. Schließe die Augen und sieh Dein Frühstück vor Deinen geistigen Augen exakt in allen Farben und Formen und stell dir auch Konsistenz und Geschmack vor.

Wenn Du am Morgen aufwachst und Dich krank fühlst, dann darfst Du auf keinen Fall denken: "Ich bin nicht krank" - dies wäre eine negativ formulierte Affirmation. Erinnere Dich, das Universum kann diese kleinen Worte nicht erkennen. Der richtige Weg wäre hier: "Ich bin gesund, ich bin stark, ich bin fit, mein Körper steckt voll Energie, meine Abwehrkräfte kämpfen gegen die Krankheit"

Weiter geht es mit dem Bus oder der Bahn zur Arbeit. Beobachte die Menschenmasse und stell Dir zu jedem einzelnen kleine Geschichten vor - auch das fördert die Kreativität. Wie viele Kinder haben sie zu Hause, was arbeiten sie, was sind deren Hobbies und so weiter. Danach fasst Du eine Person ins Auge, prägst sie Dir ein und schließt die Augen. Nun versuchst Du diese Person zu visualisieren. Die Kleidung, den Gesichtsausdruck, die Haltung, die Accessoires, versuche so nahe wie möglich an die Realität heranzukommen. So vergeht die Fahrt im Nu und Du hast gleichzeitig geübt.

Während der Mittagspause oder einer kurzen Verschnaufpause, kannst Du auch in der Arbeit schnell eine Meditation einbauen, die Dir so viel Kraft schenkt wie ein ausgiebiges Power Napping. Dazu setzt Du Dich aufrecht hin, stellst die Beine nebeneinander fest auf den Boden, damit Du geerdet bist. Besser wäre, wenn Du dazu die Schuhe kurz abstreifen könntest. Schließe die Augen und atme durch die Nase ein und durch den Mund aus. Konzentriere Dich hier ausschließlich auf Deine Atmung. Lasse keine anderen Gedanken zu. Du könntest bei der Meditation auch eines Deiner wichtigsten Mantras wiederholen. Es reichen fünf Minuten und Du fühlst Dich wieder frisch.

Wenn Du zwischendurch einen kleinen Energieschub benötigst, setz Dich ebenfalls gerade hin, stell die Füße am besten barfuß nebeneinander auf den Boden und halte die Arme im rechten Winkel abgewinkelt von Dir weg. Die Handflächen werden nach oben gedreht. Nun schließt Du die Augen und denkst daran, dass Du nun Energie vom Universum erhältst, das Du mit Deinen Händen auffängst. Spüre, wie die Energie Deinen Körper augenblicklich durchfährt. Du kannst dies ebenfalls immer und überall machen, auch im Stehen und so lange Du möchtest. Ob Du dafür eine Minute oder eine halbe Stunde Zeit hast, das spielt keine Rolle.

Informationsdiät - Anleitung

Unser Leben besteht aus Informationen. Morgens ist es absolut normal, dass wir das Radio aufdrehen und zum Smartphone greifen. Wir checken unsere sozialen Netzwerke und lesen die Nachrichten am Tablet oder Mobiltelefon. Wir bilden uns ein, dass dies absolut wichtig ist und jeder würde nervös werden, müsste er nur einen Tag ohne das geliebte Handy leben. Wir lesen zusätzlich noch Fachzeitschriften, die den Beruf oder das Hobby betreffen und schalten den Fernseher ein, sobald wir nach Hause kommen. Dort wird ebenfalls rund um die Uhr Programm geboten.

Wir müssen immer informiert sein und hätten ohne die neuen Medien das Gefühl etwas zu verpassen. Doch dieses immer informiert sein müssen, das verlangt uns auch einiges an Energie und Konzentration ab. Es ist natürlich ein absoluter Fortschritt, dass wir über alle Kriege, Massaker, Schreckenstaten und sonstige Geschehnisse beinahe unmittelbar erfahren. Doch ist dies auch notwendig?

Wenn wir nun überlegen, welche Art von Nachrichten wir täglich lesen. Sind es mehr positive oder negative Meldungen? Richtig, meist werden wir von negativen und teils auch grausamen Neuigkeiten unterhalten. Das bedeutet, das Negative beeinflusst auch unser Unterbewusstsein, unser Denken und uns selbst. Wir lesen oder hören es und nehmen es somit auf. Das Negative, mit all den schlechten Schwingungen, wird unvermittelt ein Teil von uns selbst.

Doch Du kannst dagegen etwas unternehmen, denn es ist nirgends bestimmt, dass Du Dich von den Medien diktieren lassen musst. Im Moment wird die nackte Panik in Dir aufsteigen und Du klammerst Dich verzweifelt an Deinem Smartphone fest. Du kannst es Dir nicht vorstellen, auch nur einen Tag ohne Facebook, Instagram und Co zu überleben? Glaub uns, es klappt ganz wunderbar, aber es muss nicht so radikal gemacht werden. Für den Anfang wäre es absolut ausreichend, wenn Du gewisse Zeiten festlegst, an welchen Du Deine sozialen Netzwerke besuchst. Lass den Morgen ohne digitalen Stress von außen vergehen. Nimm Dir zum Beispiel vor, das erste Mal erst gegen 10 Uhr in Deiner ersten Pause auf das Telefon zu blicken. Auch dafür solltest Du Dir einen Zeitrahmen von etwa 10 Minuten geben. Dies muss reichen, um alle wichtigen Dinge zu überfliegen. Der nächste Schritt wäre, einen Tag pro Woche ohne Social Media einzulegen. Das wird Dir am Anfang schwer fallen, mit der Zeit aber wirst Du eine enorme Erleichterung spüren. Es belastet Dich bedeutend weniger und Du hast mehr Zeit für die wirklich wichtigen Dinge im Leben.

Ganz schlimm im TV ist auch die Fernsehwerbung. Auch im Radio wirst Du immer wieder von Werbung bombardiert. Diese manipuliert uns ganz hervorragend und auch wenn Du denkst, Du sprichst darauf nicht an, blick Dich um, welche Produkte Du zu Hause hast. Wenn Du keine Werbung mehr siehst, hörst oder liest, dann bist Du in Zukunft auch beim Einkaufen viel freier. Du bist nicht mehr auf der Suche nach dem einen Produkt, welches alle Deine Probleme im Haushalt und der Küche lösen sollen. Alleine durch den Verzicht auf diese Manipulation kannst Du übers Jahr gesehen eine Menge Geld sparen.

Dasselbe gilt für Zeitungen. Kündige Dein Zeitungs-Abo. Du musst nicht täglich alles Schreckliche der Welt lesen. Dies verschmutzt und belastet nur Dich und Deinen Geist. Zudem kannst Du das Geld dafür sparen und Dir vielleicht im nächsten Jahr einen kleinen entspannten Wellness Urlaub gönnen. Das ist doch auch eine sehr erfreuliche und positive Aussicht. Und sei beruhigt, wenn es etwas gibt, dass Du unbedingt wissen solltest, dann wirst Du es auf jeden Fall erfahren.

Dasselbe machst Du auch mit den Nachrichtendiensten im Internet. Besuche diese Seiten einfach nicht und schalte auch im TV keine Nachrichten mehr ein. Die Welt wird sich weiter drehen und nichts Schreckliches wird passieren. Im Gegenteil, Du wirst schnell bemerken, wie befreit Du Dich fühlst. Lies stattdessen ein gutes Buch. Lies etwas, dass Dich vielleicht beruflich oder auch mental weiterbringt. Greif zu eine Buch, dass Dich zum Lachen oder Träumen bringt. Nutze die gewonnenen Zeit um mit Deinem Hund spazieren zu gehen, mit den Kindern Memory zu spielen, geh mit einer Freundin in eine Smoothie Bar oder tu was immer Dir Spaß macht. Es ist erschreckend, wieviel Zeit wir täglich vor und mit den Medien verschwenden. Dies ist Lebenszeit, die wir nie wieder zurückbekommen. Abgesehen davon, dass das Negative der Welt Körper, Geist und Seele verpesten.

Du alleine hast es in der Hand, Deinen Medienkonsum zu kontrollieren und zu minimieren. Du kannst es auch ruhig in kleinen Schritten vollziehen. Reduziere jeden Tag ein bisschen mehr. Und hab keine Angst, dass Du dumm und uninformiert bleibst. Alles was wirklich wichtig ist, wirst Du während eines Gesprächs erfahren. Soziale Kontakte und persönliche Gespräche sind tausend Mal besser als Unterhaltungen via Facebook, Chat, Twitter und Co.

Ganz schlimm ist es jedoch, wenn sich Familien oder Freunde beim Essen nicht mehr miteinander unterhalten, weil jeder nur mit seinem Handy beschäftigt ist. Führe doch zu Hause das Handyverbot am Esstisch ein und schlage auch Deinen Freunden vor, beim nächsten Besuch beim Italiener auf die Mobiltelefone zu verzichten. Jedem kannst Du ein obligatorisches Foto gestatten, welches jedoch erst nach eurem Treffen hochgeladen werden darf. Ihr werdet erstaunt sein, wie viel lockerer die Runde wird und wie viel Spaß ihr haben werdet, weil ihr auch tatsächlich wieder miteinander sprecht.

Natürlich ist ein Tablet ein bequemes Utensil um Kinder zu beschäftigen und auch der Fernseher ersetzt günstig eine Nanny. Doch das ist nicht der Sinn und Zweck von Elternschaft und auch garantiert nicht das Gelbe vom Ei im Bezug auf Kindererziehung. Wir alle sollten wieder lernen, uns miteinander zu beschäftigen. Kinder können heutzutage zum Beispiel nicht mehr stundenlang mit Bauklötzen spielen, einfach weil sie durch Medien verdorben wurden. Häufig ist dieses Verhalten auch der Auslöser für ADHS und mehr. Lass dies sinken und verarbeite diese Information und überlege gut, ob Du lieber mit Deinem Kind auf den Spielplatz gehst, ihm Märchen vorliest oder Bilder mit Fingerfarben malst, anstatt es einfach vor dem Computer oder dem TV zu parken.

Zu Beginn wirst Du direkt Entzugserscheinungen verspüren. Das alleine sollte uns erschrecken, zeigt es doch, wie abhängig wir uns von der digitalen Welt gemacht haben. Du wirst Dich immer wieder ertappen, wie Du zum Mobiltelefon greifen möchtest. Sag bewusst "Nein" dazu, klopf Dir gedanklich auf die Finger und sei stolz über jedes Mal, wenn Du der Versuchung widerstanden hast.

Dein tägliches Mentaltraining für eine gestärkte Persönlichkeit

Wenn Du Mentaltraining hörst, denkst Du vielleicht an Seminare, wo alle Teilnehmer begeistert Chacka rufen und dann gemeinsam über glühende Kohlen laufen. Und ja, auch das ist ein Teil des Mentaltrainings, doch dieses faszinierende Thema umfasst noch viel mehr. Mentaltraining kann uns von der Zeit noch vor unserer Geburt bis hin zum Tod begleiten. Vielleicht hast Du schon öfter davon gehört, dass Babies im Mutterleib sehr positiv auf Stimmen und auf bestimmte Musik reagieren. Diese Stimulation ist bereits eine Art von Mentaltraining. Das Baby fühlt sich wohl, entwickelt sich besser und kommt bereits mit gestärkten Eigenschaften zur Welt.

Mentaltraining wirkt sich positiv auf den Stresslevel aus. Es kann Dir helfen, selbstbewusster zu sein und Deine Ängste zu überwinden. Deine Persönlichkeit wird gestärkt und Mentaltraining unterstützt Dich dabei, Deine Ziele einfacher zu erreichen. Mentaltraining kann Dich zu besseren Leistungen, egal ob Arbeit, Sport, Freizeit oder Familie anspornen und Deine Disziplin verstärken. Du kannst Dich besser konzentrieren, besser entspannen und bist im Gesamten ausgeglichener und zufriedener.

Doch wie funktioniert Mentaltraining und wie kannst Du es selbst, auch ohne Trainer und ohne Seminar in Deinen Alltag einbauen und anwenden? Auch hier geht es wieder darum, dass Du Deine Ziele definierst. Dieses Thema haben wir schon ausführlich behandelt. Hier gehst Du jedoch noch ein Stück weiter und erinnerst Dich an Deine Wünsche und Ziele, die Du als Kind oder Jugendlicher hattest. Welche dieser Ziele hast Du verfolgt? Welche hast Du verwirklicht? Welche hast Du aufgegeben und warum? Hinterfrage Deinen privaten und beruflichen Status. Wie zufrieden bist Du mit der jetzigen Situation und was hast Du bis jetzt dafür getan, um es zu ändern?

Nun erkennst Du auch Deine Fehler und Schwächen. Diese musst Du annehmen und akzeptieren, doch Du musst diese nicht wiederholen und in Zukunft nicht damit leben. Du alleine bist verantwortlich dafür, diese Fehler wieder auszubügeln. Hast Du Deinen Traumberuf nicht ergriffen, weil Du zu faul warst, zu studieren? Hast Du lieber Party gemacht und bereust es jetzt? Es gibt genügend Möglichkeiten, auch später noch zu studieren. Du kannst auch neben Deinem Berufsleben studieren und sogar das Abitur auf dualem Weg neben Deinem Arbeitsleben nachholen. Du musst es nur wollen. Niemand anderes ist dafür verantwortlich. Erkundige Dich nach Deinen Möglichkeiten und wenn Du es wirklich willst, dann zieh Dich selbst da durch. Es ist auch hier immer hilfreich, wenn Du das Ziel visualisierst und schon jetzt fest daran glaubst, dass Du es schaffst.

Das A und O für mentale Stärke ist, dass Du immer konzentriert bist und Dich von nichts ablenken lässt. Wenn Du arbeitest, dann sollst Du nicht nebenbei träumen, im Internet surfen oder am Mobiltelefon spielen. Das erfordert eine gewisse Disziplin, doch da musst Du durch. Arbeit ist Arbeit und Freizeit ist Freizeit. Hier musst Du bewusst etwas strenger mit Dir sein. In den Pausen kannst Du Dich wieder entspannen und den Feierabend nach Lust und Laune gestalten.

Lass Dich nicht stressen und nicht in Rage bringen. Suche Dir im Supermarkt das nächste Mal bewusst die längste Schlange aus. Normalerweise würdest Du ungeduldig von einem Fuß auf den anderen trippeln, nervös werden und vielleicht sogar Ärger verspüren. Versuche, Dich ruhig zu halten und nutze die wenigen Minuten, die Du nun hast, um an etwas Schönes zu denken. Du kannst nichts anderes machen, als zu warten. Warum sollst Du Dich ärgern, das ändert an der Situation nichts. Denk an Deinen Lieblingsort, mach eine kleine visuelle und virtuelle Reise, das entspannt und die Zeit wird wie im Flug vergehen.

Beginne solche Zwangspausen wie Stau, extrem lange, rote Ampelphasen, Stromausfall oder Computer-Absturz nicht als Ärgernis, sondern als kleine geschenkte Zeit zum Verschnaufen zu sehen. Du kannst während dieser wenigen Minuten wunderbar entspannen und dies wiederum führt dazu, dass Du mental gestärkt bist.

Mentaltraining ist nichts anderes, als all die Punkte, die wir bereits in diesem Buch behandelt haben. Es ist ein Zusammenspiel aus Wünsche und Ziele zu visualisieren und diese auch konsequent zu verfolgen. Auf gut Deutsch ist es auch nichts anderes, als den inneren Schweinehund zu überlisten und zu besiegen. Wenn Du das geschafft hast, wirst Du stolz auf Dich sein und darfst dies auch zu Recht. Egal ob es die extra Einheit Sport war, zu der Du Dich aufraffen konntest, der Verzicht auf Medien, das gute Gespräch mit Deinem Partner oder die entspannte Meditation - alles führt dazu, dass Du Dich besser fühlst und Deine Persönlichkeit gestärkt wird.

Fazit

Alles, was Du Dir vorstellen, und wovon Du träumen kannst, kannst Du in gewisser Weise auch erreichen. Es gehört natürlich auch viel Fleiß und Disziplin dazu, doch Du kannst anschließend stolz auf Dich sein, für alles was Du erreicht hast.

Nutze die Visualisierung um Dich zu entspannen, um Deine Wünsche und Träume zu sehen und um Ängste und Blockaden zu lösen.

Vergiss nicht, dass Du Deine Glaubenssätze, Mantras und positiven Affirmationen täglich und konsequent wiederholst. Nur so können Sie auch Wirkung zeigen. Ebenso wichtig ist es, dass Du diese Sätze immer positiv formulierst. Sei überzeugt von dem was Du tust und glaube an Deine eigene Kraft und an das Universum. Es ist kein esoterischer Hokuspokus, wenn uns das Universum mit positiven Schwingungen beschenkt.

Verabschiede Dich von negativen Gedanken und mach in Deinem Herzen Platz für Liebe, Güte, Verständnis und Achtsamkeit. Lerne zu verzeihen und nimm andere Menschen so an wie sie sind. Trenne Dich von allem, das Dir nicht gut tut und umgib Dich mit Menschen und Dingen, die Dir Freude bereiten und Dich auf dem Weg des positiven Denkens begleiten.

Zugangscode - Kostenfreies e-Book

Gehen Sie auf **https://link.cherrymedia.de/EPUB** und geben Sie Ihren Zugangscode ein um Ihr kostenfreies e-Book herunterzuladen.

KL24-2T5R-NA25